PENTECOSTALISMOS

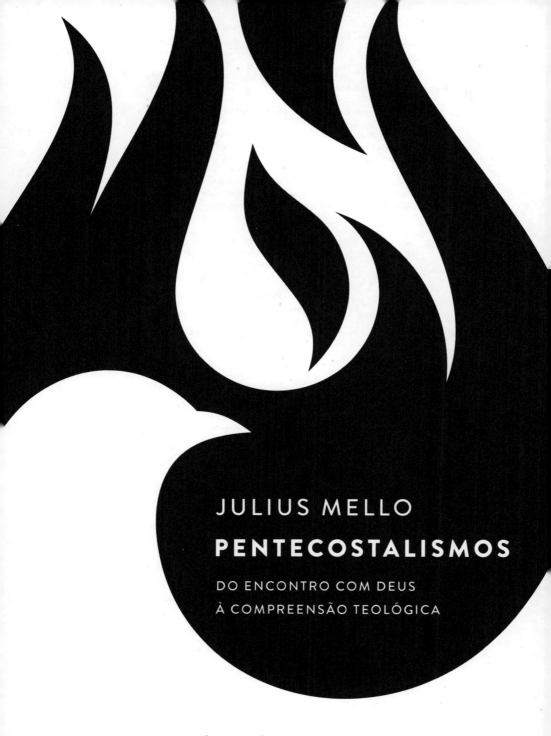

JULIUS MELLO
PENTECOSTALISMOS

DO ENCONTRO COM DEUS
À COMPREENSÃO TEOLÓGICA

THOMAS NELSON
BRASIL

PENTECOSTAL
CARISMÁTICO

Copyright © 2024, de Julius Mello.

Todos os direitos desta publicação são reservados por Vida Melhor Editora LTDA.

Citações sem indicação da versão *in loco* foram extraídas da Nova Versão Internacional.
Citações com indicação da versão *in loco* foram extraídas da Almeida Revista e Corrigida (ARC)
e Almeida Revista e Atualizada (ARA).

Os pontos de vista desta obra são de responsabilidade de seus autores e colaboradores
diretos, não refletindo necessariamente a posição da Thomas Nelson Brasil,
da HarperCollins Christian Publishing ou de sua equipe editorial.

Preparação	*Judson Canto*
Revisão	*João Arrais* e *Shirley Lima*
Diagramação	*Sonia Peticov*
Capa	*Rafael Brum*

EQUIPE EDITORIAL

Diretor	*Samuel Coto*
Coordenador	*André Lodos*
Produção editorial	*Fabiano Silveira Medeiros*

Dados Internacionais de Catalogação na Publicação (CIP)
(BENITEZ Catalogação Ass. Editorial, MS, Brasil)

M478p   Mello, Julius
1. ed.   Pentecostalismos : do encontro com Deus à compreensão teológica / Julius Mello.
             – 1.ed. – Rio de Janeiro : Thomas Nelson Brasil, 2024.
             384 p.; 15,5 x 23 cm.

             Bibliografia.
             ISBN 978-65-5689-903-9

             1. Cristianismo. 2. Pentecostalismo. 3. Teologia cristã. I. Título.

03-2024/39   CDD 269.4

Índice para catálogo sistemático

1. Pentecostalismo: Teologia cristã   269.4

Aline Graziele Benitez – Bibliotecária – CRB-1/3129

Thomas Nelson Brasil é uma marca licenciada à Vida Melhor Editora LTDA.
Todos os direitos reservados à Vida Melhor Editora LTDA.
Rua da Quitanda, 86, sala 218 — Centro
Rio de Janeiro — RJ — CEP 20091-005
Tel.: (21) 3175-1030
www.thomasnelson.com.br

Sumário

Introdução	7

1. A ASCENSÃO DO CRISTIANISMO GLOBAL   13

O pressuposto experiencial dos pentecostalismos	13
A expansão do cristianismo para o Sul Global: breve análise da história da igreja	20
A expansão global dos pentecostalismos: análise de Philip Jenkins	45
De Aldersgate a Azusa: raízes teológicas e históricas dos pentecostalismos	57

2. O NOVO PARADIGMA DO CRISTIANISMO GLOBAL   83

A mudança de paradigma e a nova fisionomia da fé cristã	83
As três eras do cristianismo	120

3. PENTECOSTAIS OU NEOPENTECOSTAIS? TAXONOMIA E TERMINOLOGIA   142

Teologia e sociologia: abordagens diferentes do fenômeno religioso	142
A origem sociológica do termo "neopentecostalismo" e as tipologias pentecostais	148
A "crítica" da crítica	163
Tipologias teológicas dos pentecostalismos	167

4. PENTECOSTALISMO: UM MOVIMENTO DE RENOVAÇÃO   192

A unidade teológica dos pentecostalismos	192
O distintivo pentecostal segundo Paul A. Pomerville	199
O distintivo pentecostal segundo Frank D. Macchia	203

O distintivo pentecostal segundo Amos Yong   211
O distintivo pentecostal segundo Allan H. Anderson   216

5. PENTECOSTALIDADE, REINO DE DEUS E EXPERIÊNCIAS PENTECOSTAIS   228

O princípio da pentecostalidade   229
O reino de Deus: "já/ainda não"   238
Pentecoste: a matriz dos pentecostalismos   252
Jesus: o Cristo carismático, o Profeta
    ungido e a importância de Lucas-Atos   275

6. ENCONTRO COM DEUS, ESPIRITUALIDADE E TEOLOGIA PENTECOSTAL   301

O encontro com Deus e o pentecostalismo
    como espiritualidade   301
Espiritualidade pentecostal e teologia   308
Steve Jack Land: espiritualidade pentecostal e
    paixão pelo reino   336
Regula spiritualitatis, regula doctrinae:
    a contribuição de Christopher A. Stephenson
    para o método teológico pentecostal   343
Rumo a uma teologia pentecostal: raízes da
    teologia pentecostal   347
Vivendo o evangelho pleno: a teologia
    pentecostal de Wolfgang Vondey   357
A teologia pentecostal como jogo   362

Conclusão   371

Bibliografia   373

Introdução

Quando iniciei minha caminhada cristã, fui conduzido pelo Senhor a uma igreja pentecostal independente. Dizer que fiquei entusiasmado é pouco ao me lembrar das experiências com o Espírito Santo vividas no ambiente pentecostal daqueles dias.[1] Minha alegria e minha euforia foram tais que, só algum tempo depois, percebi que havia severas críticas ao "mover do "Espírito". Na minha inocência de recém-convertido, eu via todos os cristãos como uma grande família que amava a Bíblia e celebrava todo tipo de ação divina sobre a vida das pessoas, independentemente da natureza e do *modo* desse agir. Toda vez que eu conhecia um cristão, tinha prazer em me identificar como um irmão em Cristo, até que comecei a perceber sinais de desaprovação da parte de muitos deles. Mais que me intrigar, esse comportamento me entristeceu. Contudo, "sabemos que Deus age em todas as coisas para o bem daqueles que o amam, dos que foram chamados de acordo com o seu propósito" (Rm 8:28). Aqueles questionamentos me levaram a empreender uma busca pela fundamentação teológica de minhas experiências com o Espírito Santo. Este livro é o resultado dessa empreitada.

Como sempre tive uma mente inquieta e investigativa,[2] passei a buscar subsídios para justificar aquela enorme gama de manifestações do Espírito que eu experimentava e testemunhava. Comecei, obviamente, pela Bíblia. Para a minha perplexidade (para não dizer decepção), dei-me conta de que os críticos dos movimentos do Espírito contavam com uma sofisticada estrutura exegética e hermenêutica para refutar (e, em alguns casos, anatematizar) as experiências pentecostais. Para aumentar meu

---

[1] Quando falo de "ambiente pentecostal", refiro-me à enorme diversidade de locais que formam a grande rede de convivência pentecostal e vão muito além do prédio de uma igreja. Assim, os pentecostais vivem a vida no Espírito em reuniões de oração, vigílias, células, ministérios de intercessão, montes de oração, jejuns e evangelismos.

[2] "Os seres humanos podem ser definidos como *Homo quaerens*, as criaturas teimosas que não conseguem parar de perguntar 'por que' e depois perguntam por que perguntam 'por quê' '" (H. Cox, *O futuro da fé*, p. 43).

PENTECOSTALISMOS

drama teológico e psicológico, testemunhei a confusão de vários colegas por causa da retórica e da apologética cessacionistas.[3] Concluí o óbvio: os pentecostais leem a Bíblia de forma distinta de outros protestantes; porém, essa "leitura pneumática" era objeto de severas objeções. Por mim, eu teria parado nesse ponto, pois só queria orar em línguas, evangelizar e adorar a Deus. Cheguei a argumentar várias vezes com irmãos pentecostais hesitantes e também com alguns críticos que toda aquela celeuma se dava pelo fato de haver diferentes tradições cristãs cujas ênfases interpretativas eram distintas, que bastava dar uma olhada rápida no cenário cristão ao redor para perceber a unidade na diversidade: a presença simultânea do catolicismo e das diversas igrejas protestantes era prova disso. No entanto, prosseguiam as críticas de um lado e as dúvidas de outro. Mas, como já afirmei, o Senhor me dotou de uma mente inquieta.

Ao mesmo tempo, como tenho um temperamento conciliador e sigo uma linha de conduta pacificadora, decidi me aprofundar na compreensão teológica da fé pentecostal-carismática, não para discutir, mas para dialogar e fortalecer a fé dos meus irmãos pentecostais. Uma primeira constatação foi empírica: a maioria das igrejas que eu via nas ruas, a maior parte dos programas de rádio e TV e as maiores igrejas do universo protestante que eu conhecia estavam, de alguma forma, inseridas no âmbito do que se pode chamar "pentecostalismo". Ainda que por intuição, e não por pesquisa estatística, percebi que os pentecostais, pelo menos no rincão protestante, eram a maioria esmagadora. A primeira questão que me veio à mente foi: "Como essa gente toda pode estar tão equivocada?". Eu mesmo me perguntava: "Como posso estar enganado?". Eu sabia que minhas experiências tinham sido com o próprio Espírito Santo e que, por isso, eu estava a cada dia mais apaixonado por Jesus e pela Bíblia. Eu sabia que era dotado de um senso crítico pelo menos razoável. Tinha certeza de que não estava sendo induzido, manipulado ou algo do tipo.

As páginas a seguir objetivam apresentar as principais informações históricas e teológicas que fundamentam o cristianismo pentecostal-carismático como um todo, principalmente o cristianismo experiencial das igrejas que compõem o gigantesco campo do chamado *pentecostalismo independente*. Meu lugar de fala é o de um cristão

---

[3] Sobre a teoria cessacionista, Pablo A. Deiros afirma: "Esta teoria negava a possibilidade de dons sobrenaturais em tempos modernos. Em 1918, Benjamin B. Warfield (1851-1921), então professor no Seminário Teológico de Princeton, publicou um livro anticarismático intitulado *Counterfeit miracles* [Milagres falsos], que representava uma oposição fundamental ao movimento pentecostal emergente" (*História global do cristianismo*, p. 1163-4).

INTRODUÇÃO

situado no campo das igrejas pentecostais-carismáticas independentes que começaram a surgir em todo o mundo no final do século passado. É extensa a fundamentação teórica do pentecostalismo clássico, tanto nos Estados Unidos como no Brasil. Em nosso país, temos uma longa tradição de ensino das Assembleias de Deus, com a implementação de institutos bíblicos, vasta publicação de periódicos, livros teológicos e a tradicional escola bíblica dominical.[4] Também é robusta a teologia carismática das igrejas protestantes históricas e da Renovação Carismática Católica. Ambos os movimentos estiveram ligados desde o início a eruditos e universidades de alto nível acadêmico.[5] As igrejas da Terceira Onda, que, de certa maneira, formaram a plataforma para as igrejas independentes mundo afora, gozam de amplos subsídios teóricos. Vale a pena ressaltar que os dois principais líderes do movimento, Charles Peter Wagner e John Wimber, foram professores do prestigiado Seminário Teológico Fuller, nos Estados Unidos. Contudo, as igrejas pentecostais-carismáticas que surgiram recentemente pelo globo, em especial no Hemisfério Sul, são muito práticas e pouco teóricas. A ênfase educacional recai sobre o treinamento ministerial, não sobre a fundamentação teológica de viés acadêmico. As igrejas pentecostais independentes, com raras exceções, não têm uma noção clara de suas ligações históricas com as raízes da tradição pentecostal, muito menos com a tradição cristã mais ampla. O foco está na ação, na experiência, na formação da liderança, no evangelismo, na leitura popular da Bíblia, no culto e nos pequenos grupos. Há, porém, uma robusta teologia por trás do movimento, por mais diversificado que se apresente. Há também algumas razões para o crescimento explosivo do pentecostalismo independente.

O cristianismo experiencial não anula a reflexão teológica rigorosa. Muitos dos que compõem as comunidades pentecostais independentes estão em busca da fundamentação teológica de suas experiências de fé. Não me refiro à fundamentação *racionalista* da fé, que consagra a razão como o *único* crivo apto a julgar a experiência e a possibilidade ou não da existência do sobrenatural, mas à busca pela fundamentação teológica da experiência ligada necessariamente ao testemunho da tradição teológica cristã que considera a experiência com Deus a própria *conditio sine qua non* da reflexão teológica. Trata-se da busca pelo fundamento

---

[4] *Dicionário do movimento pentecostal*, p. 282-3.
[5] O exemplo clássico é o surgimento da renovação carismática católica, que se deu em ambiente universitário. V. Synan, *O século do Espírito Santo*, p. 288-317.

que abastece e fortalece a fé. É a busca ligada à máxima *fides quaerens intellectum* ("fé em busca de entendimento").[6]

Como eu disse, em dado momento, percebi que o pentecostalismo, em sentido amplo, constituía o maior segmento do protestantismo brasileiro. Mas isso era apenas a ponta do iceberg. Na verdade, o pentecostalismo em geral é o ramo do cristianismo de maior crescimento em todo o mundo. Talvez estejamos vivenciando uma expansão cristã sem precedentes na história. Como se não bastasse, dei-me conta, pela pesquisa teórica, de um fenômeno que passava despercebido para muitos, associado à expansão pentecostal: o deslocamento do centro demográfico e teológico do cristianismo do Hemisfério Norte (Europa e Estados Unidos) para o Hemisfério Sul (África, Ásia e América Latina). Esse deslocamento tem deflagrado o chamado Novo Cristianismo Global.

Segundo Gina A. Zurlo e Todd M. Johnson, 82% de todos os cristãos viviam na Europa e nos Estados Unidos em 1900. Em 2020, esse número caiu drasticamente para 33%.[7] Em contrapartida, se em 1900 apenas 18% dos cristãos estavam no Sul Global, esse número aumentou para 67% em 2020. Para uma noção mais precisa do deslocamento do cristianismo do Norte para o Sul, Zurlo e Johnson apresentam o número de cristãos por continente, relativo ao ano de 2020:[8]

- Estados Unidos: 268 milhões;
- Europa: 565 milhões;
- Ásia: 379 milhões;
- América Latina: 612 milhões;
- África: 667 milhões.

Além dessa contundente demonstração estatística, os autores ainda fazem uma asserção sociológica: o cristianismo pentecostal-carismático é o que está experimentando o crescimento mais rápido.[9]

Tal dinâmica, que inclui crescimento explosivo, mudança geográfica e surgimento de uma nova fisionomia teológica e litúrgica, tem sido chamada Nova Reforma ou Nova Cristandade.[10] Em suma, estamos vendo

---

[6] A frase é de Anselmo da Cantuária (1033-1109) e tornou-se clássica na teologia cristã. A. McGrath, *Teologia histórica*, p. 131.

[7] G. A. Zurlo; T. M. Johnson, *O cristianismo está encolhendo ou deslocando-se?*, p. 4.

[8] Ibidem, p. 5.

[9] Ibidem, p. 5.

[10] P. Jenkins, *A próxima cristandade*, p. 18, 23.

INTRODUÇÃO

com nossos olhos um dos momentos de maior mudança do cristianismo e, por conseguinte, da história da humanidade. Devemos começar nossa abordagem pela análise desse movimento tectônico do cristianismo. É preciso contextualizar o pentecostalismo dentro do panorama maior do deslocamento revolucionário do cristianismo para o Sul Global. Por isso, precisamos de um passeio panorâmico pela história. Quem quiser entender por que o cristianismo experiencial e dinâmico do pentecostalismo está varrendo o mundo precisará dar um bom sobrevoo e alguns mergulhos na história do cristianismo. Começaremos pela síntese de alguns períodos da história do cristianismo.

Uma última observação é necessária. Considero sinônimas as expressões "pentecostalismo", "movimento pentecostal", "pentecostalismos" e "tradição pentecostal-carismática". Desse modo, refiro-me ao pentecostalismo em *sentido amplo*, ou seja, contemplando a diversidade que engloba o pentecostalismo clássico, o movimento carismático protestante e católico e a gigantesca variedade global de igrejas pós-denominacionais independentes. Ainda que algumas igrejas não se autodenominem pentecostais ou carismáticas e não utilizem a terminologia pentecostal, todas compartilham a ênfase comum na atuação carismática e contemporânea do Espírito Santo. Por essa razão, faço minhas as palavras de Wolfgang Vondey: "Neste livro, o pentecostalismo se refere, em um sentido amplo, à complexa diversidade dos pentecostais clássicos, do movimento carismático e das igrejas pentecostais independentes".[11]

---

[11] W. Vondey, *Teología pentecostal*, p. 13.

CAPÍTULO • 1

A ascensão do cristianismo global

O PRESSUPOSTO EXPERIENCIAL DOS PENTECOSTALISMOS

Os pentecostais sempre enfatizaram mais o cristianismo experiencial do que a confissão doutrinária.[1] Em razão dessa ênfase, quase sempre mal compreendida e muitas vezes mal explicada, decidi começar por esta pressuposição básica: o pentecostalismo é o ramo experiencial do cristianismo por excelência.[2] Acredito que, em vez de colocar a carroça à frente dos bois, tal esclarecimento, na verdade, põe a ordem necessária na casa. É importante, ou talvez imprescindível, esclarecer desde já, ainda que sumariamente, a importância que a tradição pentecostal-carismática atribui à experiência com o Espírito Santo. A ênfase pentecostal na experiência com Deus precisa ser explicada, a fim de que se compreenda não só a prática pentecostal, mas também a própria identidade teológica da tradição.

Embora historicamente o pentecostalismo tenha surgido no início do século 20, suas raízes históricas e teológicas retrocedem no tempo até o dia de Pentecoste. O pentecostalismo não deu à luz o cristianismo experiencial, mas representa o clímax dos movimentos que o antecederam. De diferentes formas, tais movimentos desejavam profundamente a mesma coisa: recuperar a vida no Espírito experimentada pela igreja do primeiro século. Por isso, a (re)leitura da história da igreja e o empenho para a construção de uma teologia pentecostal global demandam esta

---

[1] K. Warrington, *Pentecostal theology*, p. 15.
[2] P. D. Neumann, *Pentecostal experience*, p. 11.

PENTECOSTALISMOS

pressuposição: os pentecostais estão em continuidade com as tradições, grupos e personagens da história do cristianismo que entendem a fé cristã a partir da experiência com o Espírito Santo, conforme o testemunho do Novo Testamento. Com efeito, Kenner Terra afirma:

Para compreender as características históricas da fé e as experiências teológicas do pentecostalismo, não se pode tratá-lo isoladamente (isso se aplica a qualquer grupo religioso). Deve-se tratá-lo, então, como *parte de irrupções carismático-pentecostais e perspectivas teológicas anteriores que encontram, em outro tipo de compreensão da fé, o lugar importante da experiência*; além de uma leitura bíblica muito peculiar, dando a esse movimento seus traços identitários.[3]

A questão dos pressupostos, permitam-me o truísmo, é patente na teologia. Não há teologia sem pressupostos. Não é possível empreender algo teologicamente na área exegética, sistemática ou histórica "em uma posição independente ou afastada da influência dos pressupostos".[4] Roger Stronstad vai além do lugar-comum ao não só afirmar a inevitabilidade dos pressupostos na teologia, mas também asseverar que todos os pressupostos são, de alguma forma, experienciais. Segundo Stronstad, há pelo menos um *pressuposto experiencial geral* na teologia: a experiência da fé salvadora. Diz o autor:

Embora possam utilizar uma terminologia diferente, os estudiosos que refletem sobre a atividade exegética e teológica invariavelmente insistem na necessidade de pelo menos uma pressuposição experiencial, que é a fé salvadora. Em outras palavras, *a fé salvadora é o pré-requisito experiencial necessário ou o pressuposto experiencial para se compreender a mensagem bíblica* de forma exegética e teológica.[5]

Nesse sentido, o fato é que a teologia é sempre desenvolvida no âmbito de uma *experiência sobrenatural* de salvação. Assim, é necessário admitir que a experiência cristã de salvação é imprescindível a uma compreensão

---

[3] K. Terra, "Racionalidade, experiência e hermenêutica pentecostal", in: *Diálogos sobre a experiência de Deus*, p. 114 (grifo nosso).

[4] R. Stronstad, *Hermenêutica pentecostal*, p. 88.

[5] Stronstad, *Hermenêutica pentecostal*, p. 90-1 (grifo nosso). Segundo César Moisés Carvalho, "a experiência religiosa ou do Espírito [...] está na origem de todo pensamento teológico e também do início de qualquer religião, inclusive e, sobretudo, das monoteístas e bíblicas (judaísmo e cristianismo)" (*Pentecostalismo e pós-modernidade*, p. 353).

A ASCENSÃO DO CRISTIANISMO GLOBAL

autenticamente cristã da Sagrada Escritura, ou seja, da história da redenção. Não obstante, Stronstad avança na argumentação ao afirmar que qualquer tradição cristã que defenda a cessação dos dons carismáticos e dos milagres com o término da era apostólica baseia sua exegese na própria *experiência não carismática*.[6] Além disso, a experiência não carismática das gerações anteriores de uma tradição transmite uma pressuposição igualmente não carismática à geração seguinte.[7] Daí haver, por exemplo, um grande número de cristãos que trazem consigo uma bagagem negativa e hostil para com a atividade carismática do Espírito Santo relatada em Lucas-Atos e em 1Coríntios.

Ou seja, até mesmo os pressupostos cessacionistas são experienciais, pois baseiam-se na experiência da falta de uma experiência carismática. Por isso, Stronstad os denomina "pressupostos experienciais negativos".[8] Eles são negativos quanto à contemporaneidade da experiência carismática, já que a negam. Por isso, no que concerne *especificamente* à experiência carismática, é possível conceber tanto uma "teologia da negação" quanto uma "teologia da afirmação".[9] A primeira teologia não nega que a categoria da experiência seja um pressuposto necessário à reflexão cristã; porém, nega a experiência pentecostal do Espírito. A segunda teologia assume completamente o pressuposto experiencial do cristianismo, ou seja, tanto a operação interna do Espírito Santo na salvação quanto a externa no empoderamento carismático. Como uma autêntica teologia da afirmação, a reflexão teológica pentecostal precisa assumir, apriorística e explicitamente, sua identidade de tradição experiencial sem nenhum constrangimento.[10] A experiência com o Espírito é a característica central para a identidade e a autocompreensão pentecostal.[11] Grande parte da paradoxal timidez pentecostal no diálogo teológico se deve ao fato de que muitas vezes os pentecostais não conseguem situar o sentido

---

[6] De acordo com César Moisés Carvalho, "se uma teologia parte de um pressuposto racionalista, antissobrenatural e cessacionista, tal paradigma e/ou sistema teológico é incompatível com o pentecostalismo, pois este valoriza a experiência e acredita no sobrenatural" (*Pentecostalismo e pós-modernidade*, p. 357-8).

[7] Stronstad, *Hermenêutica pentecostal*, p. 85.

[8] Ibidem, p. 88.

[9] Ibidem, p. 104.

[10] "O que está se propondo acerca da necessidade de se ter uma *Teologia pentecostal* diz respeito ao fato de que ficamos à mercê de teólogos que não creem, nem respeitam as crenças da tradição pentecostal, sobretudo as que se referem à experiência do Espírito. Logo, é preciso produzir teologia e suprir as necessidades do Movimento Pentecostal" (*Pentecostalismo e pós-modernidade*, p. 346).

[11] P. D. Neumann, *Pentecostal experience*, p. 11.

PENTECOSTALISMOS

da experiência pentecostal no panorama mais amplo da tradição cristã. Trazendo luz à questão, Peter D. Neumann ensina:

> No que diz respeito ao "Espírito", os pentecostais precisam lembrar que os primeiros pentecostais sempre identificaram o Espírito como o *Espírito escatológico da narrativa bíblica*, trazendo esperança para o futuro e libertação para o presente. No que diz respeito à experiência de Deus, os primeiros pentecostais sempre a entenderam como um encontro com esse mesmo Espírito.[12]

É preciso deixar claro que a experiência pentecostal é um meio pelo qual Deus se revela e torna-se conhecido. A experiência não cria a realidade espiritual: ela a torna conhecida.[13] Assim, Roger Stronstad afirma que a teologia afirmativa pentecostal tem um pressuposto experiencial mais adequado à compreensão da Escritura, visto que "o testemunho unânime dos Evangelhos, de Atos e das epístolas paulinas é de que Jesus, os apóstolos e a igreja primitiva em geral eram todos carismáticos em seu ministério".[14] Como "a experiência de Deus é *um encontro* com o Espírito identificado na narrativa bíblica",[15] então, em relação aos pentecostais, "sua experiência carismática se constitui em um pressuposto experiencial que os capacita a entender melhor a vida carismática da igreja apostólica [...] do que os cristãos contemporâneos que não passaram por essa experiência".[16] Stronstad explica isso com grande clareza:

> Em termos gerais, o cristão que experimenta milagres, independentemente de qual seja a sua tradição teológica, entenderá melhor o relato bíblico dos milagres do que aquele cuja cosmovisão nega completamente que eles existem e, por causa disso, explica o relato bíblico em termos racionalistas, ou mesmo restringe esses milagres ao passado e rejeita sua aplicabilidade ao momento atual.[17]

Percebi pela minha vivência a exatidão do ensino de Stronstad. Até os 20 anos de idade, eu nem sequer havia pisado em uma igreja evangélica,

---

[12] Ibidem (grifo do autor).
[13] Ibidem, p. 11.
[14] Stronstad, *Hermenêutica pentecostal*, p. 86.
[15] Neumann, *Pentecostal experience*, p. 12 (grifo nosso).
[16] Stronstad, *Hermenêutica pentecostal*, p. 88.
[17] Ibidem, p. 93.

A ASCENSÃO DO CRISTIANISMO GLOBAL

muito menos estudado a Bíblia. Minha percepção era a de que *todas* as igrejas eram lugares extremamente calmos, onde se ouvia um sermão. Quando comecei a frequentar igrejas pentecostais, no início dos anos 2000, todas as minhas percepções anteriores foram abruptamente dissolvidas. Ainda que eu não fosse incrédulo em relação ao sobrenatural, vivia na prática como se essa dimensão fosse algo distante de minha vida. Contudo, o contato com o pentecostalismo mudou uma página em minha história. Comecei a perceber que as igrejas pentecostais não eram apenas a parte barulhenta da família cristã: havia muito mais que gritos de "glória a Deus" e "aleluia". A vida com Deus prosseguia frenética e intensamente fora do prédio da igreja e o sobrenatural era o ordinário. Para mim, uma pessoa enferma era curada com uma consulta médica, exames e antibióticos, enquanto exorcismo era coisa de filme, até que passei a testemunhar curas e exorcismos. Lembro-me de que apreciava mais as partes "didáticas" da Bíblia e tinha pouco interesse pelas "histórias". No entanto, as experiências que passei a presenciar e a viver alteraram esse quadro de preferências. Compreendi que as narrativas contavam a história de Deus, a história de como Deus vinha ao encontro de seu povo.

A melhor forma que encontrei para expressar o significado da teologia pentecostal e sua ênfase na experiência com Deus foi a terminologia cunhada por Keith Warrington: a teologia pentecostal é uma *teologia de encontro*.[18] Para Warrington, o que é central para a prática e a fé pentecostais são os conceitos de *encontro* e *experiência*; por isso, "a teologia pentecostal pode ser mais bem identificada como uma teologia de encontro".[19] Para o autor, é a expectativa permanente de um encontro pessoal e experiencial com o Espírito de Deus que indica onde o coração pentecostal bate mais intensamente. Assim, para Warrington, "o caminho mais produtivo na busca para se identificar a teologia pentecostal pode portanto reconhecer a expectativa central de uma experiência radical do Espírito". Entendo que Warrington está coberto de razão. Os pentecostais vivem em permanente expectativa de serem encontrados por Deus segundo o modelo da igreja apostólica. Por isso, os pentecostais se engajam na busca pela presença de Deus. Eles têm fome e sede de Deus.

---

[18] Warrington, *Pentecostal theology*.

[19] Ibidem, p. 21. "Logo, a experiência do encontro com Deus é a ênfase central dos pentecostalismos e não a doutrina ou o ensino. Essa experiência pode ser chamada de experiência da comunidade pneumática. Mesmo que herde da tradição protestante a centralização da Bíblia, os pentecostais se aproximam da Bíblia com 'óculos pneumáticos'" (D. M. Oliveira; K. R. C. Terra, *Experiência e hermenêutica pentecostal*, p. 42).

Inspirados pelos relatos bíblicos, os pentecostais são intensos nas práticas espirituais que os posicionam para o encontro: orações, jejuns, cânticos e vigílias. Por certo, há muitos exageros entre os pentecostais. Contudo, onde há grande expectativa, também há exageros, e os pentecostais preferem o risco da excentricidade ao apagar da chama da firme expectativa de encontrar Deus pelo seu Espírito. Há uma intensa prontidão entre os pentecostais para permitir que o Espírito Santo inicie qualquer tipo de ação, mesmo que inusitada e sem precedentes. O que realmente importa para os pentecostais é que a ação do Espírito os leve para mais perto de Deus. O pentecostalismo reconhece que é praticamente impossível articular um rígido sistema conceitual que descreva com precisão o que o Espírito está fazendo no mundo. Por isso, narrar histórias das manifestações ou apenas cantá-las é o meio mais utilizado para falar de Deus no pentecostalismo global.[20] Os pentecostais sabem que uma experiência *com* Deus pode transformar uma vida mais do que a leitura de um tratado teológico *sobre* Deus. Com efeito, Warrington afirma:

> A expectativa de um encontro experiencial com Deus pode fornecer uma proteção contra uma teologia meramente cerebral. Assim, os pentecostais valorizam encontros com Deus baseados na experiência, porque eles têm o potencial de transformar os crentes.[21]

É à luz de tais pressuposições experienciais tipicamente pentecostais que convido o leitor a uma jornada histórica e teológica por algumas questões importantes para a formação e a consolidação da identidade e da autocompreensão pentecostais. Tenhamos sempre em mente que, sem uma completa rendição à absoluta liberdade do Espírito, não é possível compreender o pentecostalismo apenas por um conjunto articulado de doutrinas. Contudo, estou ciente de que o estabelecimento de uma identidade caminha lado a lado com uma honesta autocrítica. Nos pentecostalismos, existe o perigo constante de fomentar o emocionalismo, o triunfalismo, o subjetivismo e a redução da autêntica experiência com Deus a um experiencialismo superficial. No pentecostalismo brasileiro, o que muitas vezes ocorre é uma oferta de experiências pré-moldadas *on demand*, ou seja, a gosto do freguês.[22] Por isso, a abordagem metodológica

---

[20] Warrington, *Pentecostal theology*, p. 25.
[21] Ibidem, p. 26.
[22] Ibidem, p. 27.

A ASCENSÃO DO CRISTIANISMO GLOBAL

do pentecostalismo precisa estar em uma linha de continuidade com o quadrilátero wesleyano: Escritura, Tradição, Razão e Experiência.[23] Sobre esse método, Alister McGrath observa:

> Em termos gerais, quatro fontes principais são reconhecidas na tradição cristã. Essas fontes são mencionadas às vezes como "quadrilátero wesleyano" e são características do metodismo, baseado nos escritos de John Wesley (1703-1791). Wesley defendeu que o cerne vivo da fé cristã foi revelado na Escritura, iluminado pela tradição, trazido à vida na experiência pessoal e confirmado pela razão.[24]

Vinicius Couto enriquece sobremaneira a análise ao ensinar que o termo "quadrilátero wesleyano" foi cunhado pelo teólogo metodista Albert C. Outler (1908-1989), em 1964. Segundo Couto, a expressão faz referência a uma metodologia hermenêutica que entende serem a razão, a experiência e a tradição cristã elementos imprescindíveis à interpretação das Escrituras.[25] Assim, cabe aqui afirmar que a ênfase experiencial do pentecostalismo não ocorre em um quadro antirracional, mas, sim, *antirracionalista*.[26] O movimento pentecostal-carismático não defende o irracionalismo, mas está em oposição ao *racionalismo* desenvolvido pela modernidade iluminista.[27] Roger Stronstad demonstra grande perspicácia ao lembrar que muitos não pentecostais hipervalorizam o lugar da racionalidade na reflexão teológica à custa da experiência e que, por isso, os pentecostais não devem cair no erro oposto, ou seja, hipervalorizar o experiencial em detrimento do racional.[28] Assim, reconhecendo os

---

[23] Neumann, *Pentecostal experience*, p. 11. Segundo Roger Olson, "o quadrilátero wesleyano estabelece quatro fontes e ferramentas essenciais da teologia: as Escrituras, a razão, a tradição e a experiência" (*História da teologia cristã*, p. 548).

[24] A. McGrath, *Teologia sistemática, histórica e filosófica*, p. 185.

[25] V. Couto, *Quadrilátero wesleyano como método teológico e hermenêutico*, p. 25.

[26] "O Movimento Pentecostal acredita na atuação divina nos dias de hoje, tal como nos tempos bíblicos, em termos de sobrenaturalidade. Esse aspecto imprescindível e caro ao pentecostalismo foi completamente descartado nos séculos 17 e 18 com o advento do racionalismo, pois, para esse paradigma, apenas unicamente a razão, e nunca a experiência, é via de acesso legítima e segura para o conhecimento" (C. M. Carvalho, *Pentecostalismo e pós-modernidade*, p. 348).

[27] Terra, *Autoridade bíblica e experiência no Espírito*, p. 176. Segundo Justo L. González, o racionalismo "em geral refere-se a qualquer sistema de pensamento ou metodologia de investigação que empregue a razão como medida final da verdade". Ainda de acordo com González, "muitos teólogos liberais do século XIX foram também racionalistas, porque buscavam uma interpretação do cristianismo que pudesse ser expressa e defendida em termos racionais" (*Breve dicionário de teologia*, p. 275).

[28] Stronstad, *Hermenêutica pentecostal*, p. 112.

19

benefícios de não se perder de vista o quadrilátero wesleyano, uma teologia pentecostal autêntica e responsável precisa demonstrar a capacidade de integrar sua ênfase na experiência com Deus em articulação com as outras fontes teológicas.[29] Para os pentecostais, como assevera Wolfgang Vondey, "a experiência refere-se ao encontro com o Espírito Santo registrado nas Escrituras e manifestado no dia de Pentecostes em sinais e prodígios".[30] Portanto, cabe aos próprios pentecostais a tarefa de oferecer diretrizes teológicas consistentes que validem a experiência pneumática como um autêntico encontro com o Deus das Escrituras.[31] Além disso, o pentecostalismo é uma forma primordial de aceitar a liberdade do Espírito Santo em expectativa, adoração e gratidão.[32]

A EXPANSÃO DO CRISTIANISMO PARA O SUL GLOBAL: BREVE ANÁLISE DA HISTÓRIA DA IGREJA

O movimento pentecostal-carismático "é o elemento do cristianismo de mais rápido crescimento hoje".[33] Segundo Allan H. Anderson, "os movimentos pentecostais-carismáticos, em toda a sua multifacetada diversidade, provavelmente constituem as igrejas de mais rápido crescimento dentro do cristianismo atual".[34] De fato, o crescimento pentecostal ao longo do século 20 e neste início do século 21 corresponde a um dos maiores fenômenos da história da fé cristã. Para Pablo A. Deiros, "em toda a história da humanidade, jamais se viu algum movimento de qualquer ordem experimentar tamanho crescimento".[35] Mark A. Noll relaciona o surgimento do pentecostalismo a um dos momentos mais decisivos na história do cristianismo ao afirmar que "a emergência do pentecostalismo como uma força dinâmica em todo o mundo certamente foi um dos acontecimentos mais importantes da história do cristianismo no século 20".[36] Tal multiplicação tem desafiado a capacidade de análise de muitos especialistas, diante da enorme complexidade de manifestações da fé pentecostal-carismática. A única conclusão uniforme talvez seja a de que "algo significativo está acontecendo na demografia do cristianismo mundial".[37]

---

[29] Neumann, *Pentecostal experience*, p. 16.
[30] W. Vondey, *Religion as play*, p. 7.
[31] Warrington, *Pentecostal theology*, p. 27.
[32] Vondey, *Teología pentecostal*, p. 24.
[33] McGrath, *A revolução protestante*, p. 409.
[34] A. H. Anderson, *Uma introdução ao pentecostalismo*, p. 13.
[35] P. A. Deiros, *História global do cristianismo*, p. 939.
[36] M. A. Noll, *Momentos decisivos na história do cristianismo*, p. 311.
[37] Anderson, *Uma introdução ao pentecostalismo*, p. 13.

A ASCENSÃO DO CRISTIANISMO GLOBAL

Realmente, tanto a demografia quanto a "fisionomia" do cristianismo passam por um processo radical de mudança. Segundo Harvey Cox, "o cristianismo não é mais uma religião 'ocidental'; ele recentemente explodiu e virou uma religião global", e, desse modo, "seus centros vitais hoje estão na Ásia, na África e na América Latina".[38] Depois de séculos fincada no âmbito geográfico e cultural europeu, a fé cristã desloca-se agora, impetuosamente, para América Latina, África e Ásia, também chamadas Sul Global ou Mundo Majoritário. Pablo A. Deiros comenta:

> Na China, com o advento do comunismo, o cristianismo praticamente foi cortado pela raiz, mas no início do século XXI havia mais de 150 milhões de cristãos praticantes na igreja subterrânea dessa nação populosa. Em outros países do Oriente, as igrejas cristãs passaram e estão passando por momentos de extraordinários avivamentos e desenvolvimento, como na Coreia do Sul e na Indonésia. Na África, apesar dos confrontos políticos, raciais e culturais, o desenvolvimento é explosivo. [...] Por outro lado, a América Latina está se voltando massivamente a uma compreensão evangélica (mais especificamente pentecostal e carismática) da fé cristã, com taxas de crescimento recordes.[39]

Esse deslocamento tem deflagrado uma mudança não só na geografia e na demografia do cristianismo, mas, acima de tudo, como já afirmei, em sua fisionomia. O cristianismo está deixando de ser uma expressão da cultura euro-americana para se tornar uma fé que manifesta as características específicas dos povos dos continentes mencionados. Essa transição tem causado efeitos surpreendentes, por exemplo, na forma de ler a Bíblia e na maneira de viver o cristianismo na prática (oração, liturgia, pregação etc.). Bruce L. Shelley ressalta alguns aspectos ligados à nova fisionomia que o cristianismo vem adquirindo no Sul Global. O *louvor* vibrante é um exercício de todo o corpo para muitos cristãos no Hemisfério Sul e, a rigor, pode soar deveras barulhento e extravagante em relação ao culto de muitas igrejas ocidentais. A *oração intercessora* é também um elemento marcante do culto sulista: os períodos de oração muitas vezes não têm hora para acabar e a profecia e a glossolalia são utilizadas em larga escala. A *guerra espiritual* também se tornou um elemento central do novo cristianismo, em virtude do forte senso de sobrenaturalidade das culturas do

---

[38] H. Cox, *O futuro da fé*, p. 80.
[39] Deiros, *História global do cristianismo*, p. 31.

PENTECOSTALISMOS

sul. Com efeito, lidar com manifestações demoníacas e declarar guerra aos principados e potestades do mal "durante o culto coletivo é uma das características centrais do cristianismo global e do pentecostalismo em particular". Assim, "renunciar e denunciar demônios e orações de cura encontram seu lugar na adoração".[40]

Geográfica e culturalmente, o cristianismo tem suas raízes na Palestina do século 1. Em seus primórdios, o movimento — ou o Caminho (At 9:2; 24:14) — via a si mesmo como uma continuação do judaísmo.[41] Nessa primeira fase, a proclamação priorizava os judeus, e "a igreja primitiva foi primeiramente judia e existiu dentro do judaísmo".[42] Os doze primeiros capítulos do livro de Atos dos Apóstolos relatam esse desenvolvimento inicial do cristianismo em seu círculo judaico. Assim, por volta de 30 a 44 d.C., teve como base a cidade de Jerusalém, que, paradoxalmente, concentrava também a oposição. Contudo, em pouco tempo o movimento foi ganhando identidade, e os que o compunham passaram a ser reconhecidos como "cristãos" (At 11:26). Segundo Everett Ferguson, "foi em Antioquia que o novo termo *cristãos* passou a ser utilizado para designar aquele povo que, embora incluísse tanto judeus quanto gentios, estava começando a ser identificado com algo distinto de ambos".[43] Ao final do século 1, o cristianismo já estava estabelecido na região banhada pelo Mediterrâneo oriental e contava com uma presença marcante em Roma, capital do império.[44]

O Espírito Santo teve papel preponderante não só na fundação, mas também, e principalmente, na expansão do cristianismo.[45] A dependência desse "impulso pneumático" é lida em Atos 1:8: "receberão poder quando o Espírito Santo descer sobre vocês, e serão minhas testemunhas em Jerusalém, em toda a Judeia e Samaria, e até os confins da terra". A descida do Espírito Santo, como cumprimento da promessa de Jesus, deu-se no dia da festa judaica de Pentecoste, conforme a narrativa de Atos 2. Para os pentecostais em geral, o Espírito Santo continua sendo derramado e capacitando a igreja do Senhor a testemunhar nos mesmos moldes da igreja primitiva, pois o "Pentecoste é um paradigma para a

---

[40] B. L. Shelley, *História do cristianismo*, p. 517-8.
[41] "O cristianismo, como vimos, começou como uma pequena ramificação do judaísmo" (B. L. Shelley, *História do cristianismo*, p. 44).
[42] E. E. Cairns, *O cristianismo através dos séculos*, p. 48.
[43] E. Ferguson, *História da igreja*, p. 33.
[44] McGrath, *Teologia sistemática, histórica e filosófica*, p. 39.
[45] Cairns, *O cristianismo através dos séculos*, p. 49.

A ASCENSÃO DO CRISTIANISMO GLOBAL

missão da igreja"; por isso, "longe de ser único e irrepetível, Lucas prevê que a história do Pentecoste molda a experiência de cada seguidor de Jesus".[46] Nessa perspectiva, a expansão pentecostal tem sido levada a cabo pela ação do Espírito, que empodera a igreja em sua tarefa missionária. A recente explosão pentecostal no cristianismo global, portanto, está ligada ao *paradigma do Pentecoste*, que pode ser sintetizado na ideia de que o Pentecoste do Novo Testamento apresenta um modelo para a missão da igreja em todas as épocas e lugares.[47]

Como ensina Bruce L. Shelley, "o cristianismo do primeiro século foi uma explosão espiritual".[48] Jesus comissionara os discípulos para a tarefa missionária, o Espírito Santo os capacitara e, por conseguinte, a expansão foi um corolário do impulso divino. Vemos com o apóstolo Paulo, a partir do capítulo 13 de Atos dos Apóstolos, a poderosa atuação do Espírito na propagação do evangelho aos gentios pelo Império Romano. A Bíblia relata que essa expansão levada a cabo pelo Espírito foi acompanhada de muitos milagres, exorcismos, sonhos, visões, profecias, curas e línguas realizados por meio dos apóstolos e de outros discípulos do Senhor. Como, para os pentecostais, Lucas não escreve apenas como historiador, mas também como teólogo, essa *teologia do Espírito* está contida no *paradigma do Pentecoste* e estabelece que o caráter do cristianismo é essencialmente carismático.[49] Encontramos aqui o viés restauracionista do pentecostalismo. Segundo Craig S. Keener, o pentecostalismo é um "movimento de restauração".[50] O restauracionismo manifesta-se no afã encontrado em determinada geração de cristãos, em diferentes lugares e épocas, condizente com o desejo de restaurar a pureza e o poder da igreja do Novo Testamento.

A abordagem restauracionista pentecostal não nega a existência de movimentos carismáticos ao longo da história da igreja; pelo contrário, ela os pressupõe. Para alguns, entretanto, a abordagem restauracionista parece reduzir-se à afirmação de que foi o movimento pentecostal do início do século 20 o único responsável pela reintrodução do cristianismo carismático. Contudo, o restauracionismo é um ímpeto encontrado ao

---

[46] R. P. Menzies, *Pentecoste*, p. 34.

[47] Segundo Stanley M. Horton, "Joel 2.28-32 mostra um derramamento contínuo, não apenas no dia de Pentecoste, não apenas sobre Israel, mas também 'sobre toda carne'" (*O ensino bíblico das últimas coisas*, p. 189).

[48] Shelley, *História do cristianismo*, p. 43.

[49] Segundo Gutierres Fernandes Siqueira, "a ideia hermenêutica central é a de que Lucas escrevia como historiador e teólogo, ou seja, temos a formação de uma teologia a partir da narrativa lucana" (*Revestidos de poder*, p. 26).

[50] C. S. Keener, *Hermenêutica do Espírito*, p. 72.

longo da história da igreja que se mostra ao mesmo tempo inconformista e reformador.[51] É inconformista por não se moldar, não se formatar nem se conter em modelos de cristianismo excessivamente ritualistas, frios, formais, racionalistas, destituídos de paixão e vividos com excesso de parcimônia. É reformador porque busca encontrar algum paradigma nas Escrituras e/ou na tradição cristã que o remeta a uma fé cristã viva, efervescente, apaixonada, fervorosa, vibrante, dotada de certo grau de espontaneidade e que não se reduza a apenas mais um elemento que componha, dentre tantos outros, a vida individual e social. Ao contrário, o fogo reformador restauracionista que atravessou e ainda atravessa o coração de indivíduos e comunidades inteiras, busca revigorar o cristianismo apostólico de rendição total a Cristo, o cristianismo que diz: "Fui crucificado com Cristo. Assim, já não sou eu quem vive, mas Cristo vive em mim" (Gl 2:20).

Entendo que o pentecostalismo reintroduziu "definitivamente" esse tipo de cristianismo, sem rejeitar o fato de que, ao longo da história, muitos grupos carregaram a bandeira do restauracionismo. Uma vez que o movimento pentecostal não surgiu em um vazio histórico, e sim em decorrência da influência de outros movimentos que vieram antes dele, como o movimento de santidade, podemos perceber pelo menos uma breve progressão no ímpeto restauracionista a partir do pré-reformador John Wycliffe, no século 14. Assim, Martinho Lutero, no século 16, sacudiu a teologia medieval ao recolocar a fé cristã em suas bases bíblicas e restaurar a noção de salvação e justificação somente pela graça mediante a fé, em oposição ao complexo esquema soteriológico da Igreja Católica Romana vigente na época. O retorno à simplicidade graciosa do plano da salvação conforme revelado nas Escrituras estava diretamente ligado à ideia do retorno do cristianismo às suas bases bíblicas, não obstante Lutero não ter sido avesso à tradição da igreja como um todo. Após Lutero, como outro marco da progressão restauracionista, o Senhor usou John Wesley no século 18 para restaurar o evangelho da santificação pela graça mediante a fé. Mais tarde, ao longo do século 19, especialmente nos Estados Unidos, Deus "ainda usou vários outros para restaurar o evangelho da cura divina pela fé (Tg 5:14,15) e o evangelho da segunda vinda de Cristo (At 1:11)".[52] E, desde o início do século 20, "o Senhor está usando muitas testemunhas, no grande avivamento pentecostal, para restaurar o evangelho do *batismo com o Espírito Santo* e com fogo (Lc 3:16; At 1:5) com os sinais que o acompanham (Mc 16:17,18; At 2:4; 10:44-46;

---

[51] E. Hyatt, *2000 anos de cristianismo carismático*, p. 20-1.
[52] *Dicionário do movimento pentecostal*, p. 598.

A ASCENSÃO DO CRISTIANISMO GLOBAL

19:6; 1:1—28:31)".[53] A ênfase dos primeiros pentecostais no Espírito e na experiência reflete um tema que permeia as Escrituras e, especialmente, a vida do cristianismo primitivo exemplificada em Atos e nas cartas paulinas.[54] Craig S. Keener, ensinando sobre os movimentos que antecederam o pentecostalismo nos Estados Unidos no século 19, ao qual denomina "evangélicos radicais", afirma que "sua piedade constituiu o cenário intuitivo das primeiras práticas pentecostais, práticas também atestadas hoje entre carismáticos globais e outros cristãos".[55]

Não há compreensão teológica sem contextualização histórica. A grande dificuldade em se compreender *teologicamente* o experiencialismo pentecostal está ligada à falta de contextualização histórica do cristianismo como um todo e das tradições que enfatizaram a experiência de encontro com Deus em particular. Aqui, volto a colocar os bois à frente da carroça e examino panorâmica e sumariamente a história da igreja, com destaque para os movimentos restauracionistas que antecederam os pentecostalismos. Com isso em mente e voltando à história da expansão do cristianismo, sigo o roteiro sugerido por Pablo A. Deiros e mantenho o propósito de focarmos, em última análise, no deslocamento do cristianismo do Hemisfério Norte para o Sul. Com efeito, segundo Deiros, podemos dividir a história da igreja em quatro períodos:[56]

Primeiro período (1-500 d.C.)

Abarca os primeiros quinhentos anos do cristianismo e pode ser considerado o "período fundacional da fé cristã".[57] Como já mencionado, após o dia de Pentecoste, os discípulos foram empoderados para a missão de levar o evangelho às nações. Judeus de todas as partes do mundo mediterrâneo estavam em Jerusalém para participar da festa de Pentecoste. O crescimento foi rápido, o número de batizados chegou a cinco mil (At 4:4) e não parava de crescer. De acordo com Atos 5:14, "em número cada vez maior, homens e mulheres criam no Senhor e lhes eram acrescentados".[58]

---

[53] *Dicionário do movimento pentecostal*, p. 598.
[54] Keener, *Hermenêutica do Espírito*, p. 72.
[55] Keener, *Hermenêutica do Espírito*, p. 72.
[56] Deiros, *História global do cristianismo*.
[57] Deiros, *História global do cristianismo*, p. 20.
[58] F. Ferreira, *A igreja cristã na história*, p. 27. "Os primeiros cristãos passaram a acreditar que a morte, o sepultamento e a ressurreição de Jesus, seguidos pela vinda do Espírito no Pentecoste, eram acontecimentos divinos que inauguraram uma nova era" (B. L. Shelley, *História do cristianismo*, p. 33).

PENTECOSTALISMOS

Tal crescimento também desencadeou as primeiras perseguições capitaneadas pelo Sinédrio e pelo aparelho político-jurídico romano. Estêvão se tornou o primeiro mártir cristão (At 7:60).[59] A perseguição deflagrada após sua morte levou à dispersão dos discípulos pelas regiões da Judeia e de Samaria (At 8:1). Herodes também mandou matar o apóstolo Tiago, irmão de João (At 12:2). Contudo, em vez de enfraquecerem o movimento, essas primeiras perseguições forçaram os discípulos a se espalharem e levarem a mensagem para além da Palestina. Se os perseguidores tivessem verdadeiramente acolhido o parecer de Gamaliel, não teriam assumido o risco de estar "lutando contra Deus" (At 5:39). Não obstante, não poderiam ter feito isso, pois tudo foi e continua sendo feito "por propósito determinado e pré-conhecimento de Deus" (At 2:23). Ainda no século 2, surgiu o primeiro movimento de renovação da história da igreja: o *montanismo*.[60] Preocupado com a crescente institucionalização, o formalismo e a lassidão moral que assolavam a igreja por volta do ano 172, Montano iniciou o movimento que destacava o ministério sobrenatural do Espírito Santo e a operação dos carismas. As semelhanças do montanismo com o pentecostalismo são notáveis. Havia operação de sinais e milagres, visões, revelações, ênfase no ministério profético, ênfase escatológica na segunda vinda de Cristo e as mulheres ocupavam lugar de destaque no ministério.[61] Em suma, é "seguro dizer que o montanismo foi o primeiro renovo carismático dentro da igreja".[62] Discorrendo sobre os movimentos de renovação na história da igreja, Vinson Synan afirma:

> *Em mais de dois mil anos de história cristã, ocorreram muitas renovações, avivamentos e reformas.* Sem esses eventuais despertamentos, a igreja poderia ter-se desviado para o caminho da corrupção, do ritualismo sem vida e da completa inépcia. Algumas dessas renovações proporcionaram aos seus entusiasmados seguidores uma experiência espiritual ou uma forma de culto bem diferente dos sacramentos tradicionais da Igreja.

---

[59] Cairns, *O cristianismo através dos séculos*, p. 49.

[60] "Parece que o declínio dos dons espirituais começou bem cedo, pois já no século II os montanistas acreditavam que seu movimento restaurava os dons do Espírito à sua importância original. Falar em línguas e profecia eram comuns entre Montano e seus discípulos" (A. H. Anderson, *Uma introdução ao pentecostalismo*, p. 31).

[61] Hyatt, *2000 anos de cristianismo carismático*, p. 46-52; J. B. Libanio, *Qual o futuro do cristianismo?*, p. 99.

[62] Hyatt, *2000 anos de cristianismo carismático*, p. 51. Segundo Anderson, o "montanismo foi de início um movimento carismático que reagia ao que parecia uma ortodoxia fria" (*Uma introdução ao pentecostalismo*, p. 31).

A ASCENSÃO DO CRISTIANISMO GLOBAL

Por exemplo, entre os *montanistas do século II*, a forma extática de expressão da "nova profecia" gerou um senso de entusiasmo e zelo apocalíptico.[63]

O cristianismo se expandiu como fé vigorosa que periodicamente enfrentava perseguições,[64] mas superava-as e fortalecia-se, até que o Édito de Tolerância, de Galério (311), e o Édito de Milão, de Constantino (313), viraram o jogo e encerraram as perseguições.[65] Como se não bastasse, em 28 de janeiro de 378, o imperador Teodósio estabeleceu o cristianismo como religião oficial do império.[66] Assim, "de perseguidor, o império passou a ser o maior promotor da fé cristã".[67] Sobre esse drástico câmbio, Pablo A. Deiros mostra como tais mudanças acabaram por desembocar no chamado *cristianismo nominal*, que é basicamente a adesão à fé cristã sem a conversão de coração:

> Agora a igreja tinha de enfrentar outros perigos mais graves do que a perseguição: o mundanismo, o mau uso do poder, a flexibilização das pautas morais, a corrupção, a perda da visão, a flexibilização do zelo evangelizador, o desenvolvimento da ideologia da cristandade e o processo de institucionalização. A partir desse tempo, o cristianismo vai transformando-se em cristandade, enquanto a civilização romana vai se convertendo em civilização cristã. O período das perseguições e a oposição estatal haviam passado, mas a igreja no Ocidente paulatinamente foi se institucionalizando como a igreja do império, acomodando-se a seus valores e, por fim,

---

[63] Synan, *O século do Espírito Santo*, p. 30 (grifo nosso).

[64] "Muitos têm uma ideia confusa acerca do número, duração, escopo e intensidade das perseguições que a igreja sofreu. Antes de 250, a perseguição era predominantemente local, esporádica e geralmente mais um produto da ação popular do que resultado de uma política definida. Após essa data, porém, a perseguição se tornou, às vezes, uma estratégia consciente do governo imperial romano e, por isso, ampla e violenta. A igreja continuou a se desenvolver apesar disso, ou talvez parcialmente por isso, até o período em que conseguiu a liberdade de culto no governo de Constantino" (E. E. Cairns, *O cristianismo através dos séculos*, p. 73).

[65] Sobre a ascensão de Constantino, o Grande, no século 4, e sua importância para o cristianismo a partir de então, Everett Ferguson escreve: "A conversão e o reinado de Constantino marcam um importante ponto de virada na história da Europa e do Oriente Médio. Em muitos tópicos na história cristã, a distinção pré-constantiniana e pós-constantiniana é mais do que uma divisão cronológica conveniente que os historiadores empregam. Os termos representam diferenças reais e simbólicas" (*História da igreja*, p. 209). Segundo Ferreira, "desde o início a fé cristã foi perseguida" e, no total, "houve dez perseguições oficiais, isto é, perseguições patrocinadas pelo império romano". Ainda segundo Ferreira, "com o édito de tolerância de 311, que dava aos cristãos legalidade e liberdade de culto, as perseguições acabaram" (*A igreja cristã na história*, p. 35-7).

[66] De acordo com Cairns, o Édito de Teodósio estabeleceu que "qualquer pessoa que seguisse outra forma de culto seria punida" (*O cristianismo através dos séculos*, p. 106).

[67] Deiros, *História global do cristianismo*, p. 89.

imitando-o em sua estrutura de poder. O cristianismo se inseriu na sociedade de tal maneira que, com todas as mudanças posteriores, jamais se viu ameaçado no Ocidente, até os tempos modernos. Isso abriu as portas para extraordinárias oportunidades, mas também para numerosíssimos problemas, principalmente o da autenticidade da fé de enormes multidões cujas conversões muitas vezes eram apenas nominais.[68]

Contudo, esse período também traria à tona as primeiras respostas à institucionalização da igreja e à sua consequente perda de vitalidade espiritual, dadas, por exemplo, pelo incipiente *movimento monástico*.[69] Após a ascensão de Constantino ao poder, no século 4, o monasticismo surgiu como reação à aliança entre a igreja e o império. O monasticismo ganhou notoriedade pela vida ascética e pela grande ênfase dada à vida de oração, milagres e exorcismos. A presença dos dons espirituais foram características marcantes do movimento.[70] Segundo Libânio, a vida espiritual monástica tem expressado mais claramente, ao longo da história do cristianismo, o lado carismático da fé cristã.[71] A queda do Império Romano, em 476, por causa das invasões bárbaras, somada à expansão monástica para o norte da Europa, deflagrou definitivamente o processo que veio a culminar na nova civilização europeia e no surgimento da cristandade.[72] Foi o cristianismo que sobreviveu à derrocada do Império Romano do Ocidente, fortalecendo na Europa um senso de unidade e identidade que prevaleceria incontestável por mais de mil anos. Datam desse primeiro período também a transmissão, a seleção e a consolidação do Novo Testamento.[73] Além disso, os cristãos dessa época atestaram a validade do Antigo Testamento e, com isso, nos legaram a Bíblia Sagrada e a afirmação de sua autoridade canônica. Algumas bases doutrinárias que vieram a

---

[68] Deiros, *História global do cristianismo*, p. 89.

[69] "No quarto século, os defensores do monasticismo trataram-no não como uma forma especial de vida cristã, como veio a ser mais tarde, mas como uma atualização do que era, em princípio, uma vida exigida a todos os cristãos" (E. Ferguson, *História da igreja*, p. 269); "Os monges renovaram o entusiasmo cristão e a piedade intensa de um tempo anterior mais exigente, e transformaram o espírito do martírio no compromisso extremo com Deus e na imitação de Cristo" (B. L. Shelley, *História do cristianismo*, p. 142).

[70] Hyatt, *2000 anos de cristianismo carismático*, p. 61-2, 73.

[71] Libanio, *Qual o futuro do cristianismo?*, p. 100.

[72] Ferreira observa que, "no vácuo de poder que se seguiu à destruição do Império Romano do Ocidente, o papado surgiu como uma instituição que dominaria grande parte da Europa na Idade Média, só sendo abalada no tempo da Reforma Protestante, no século XVI" (*A igreja cristã na história*, p. 84).

[73] Ferreira, *A igreja cristã na história*, p. 47-8.

A ASCENSÃO DO CRISTIANISMO GLOBAL

consolidar a identidade teológica cristã igualmente datam desse período, como o Credo Apostólico e os credos dos quatro grandes concílios ecumênicos: Niceia (325), Constantinopla (381), Éfeso (431) e Calcedônia (451).[74]

Segundo período (500-1500 d.C.)

Esse período é caracterizado pela consolidação do cristianismo, não obstante dois fatos que o ameaçaram sobremaneira: a queda do Império Romano do Ocidente e o surgimento do islamismo. O primeiro significou, pelo menos em tese, o fim do ambiente estável e seguro a partir do qual a fé cristã se havia disseminado desde o final do século 4. O segundo marcou o surgimento do maior rival religioso, social e político do cristianismo. Contudo, o caminho de Jesus superou esses desafios e, ao final desse período, a civilização cristã europeia estava consolidada. Franklin Ferreira observa que esse foi "o tempo em que o cristianismo se consolidou na Europa" e que, por isso, "o cristianismo ocidental deixou de ser uma fé mediterrânea e voltada para o oriente para ser uma fé europeia e voltada para o norte".[75] Pela extensão de anos, já se pode imaginar a gigantesca gama de acontecimentos e de personagens envolvidos no cristianismo medieval. Não é meu propósito aprofundar-me nos complexos meandros da fé cristã da Idade Média, mas, sim, concatenar questões históricas relevantes para elencar fatos que, de algum modo, contribuíram para o deslocamento do cristianismo para o Hemisfério Sul e para a explosão pentecostal-carismática a partir do século 20. Portanto, não percamos esse objetivo de vista. É só com o intuito de estabelecer uma visão panorâmica que menciono alguns acontecimentos importantes desse riquíssimo e complexo percurso do cristianismo ao longo das épocas.

Além dos dois fatos já mencionados, esse segundo período abarcou a ascensão de Carlos Magno (742-814),[76] a consolidação do sistema

---

[74] Os credos "são fórmulas pelas quais a igreja tenta resumir seus ensinamentos, em geral diante de desafios específicos quando o credo em questão é formulado" (J. González, *Breve dicionário de teologia*, p. 75). Sobre o Credo Apostólico, Ferreira afirma que, "em submissão às Escrituras, o Credo afirma o caráter trino de Deus, a encarnação de nosso Senhor Jesus Cristo, sua morte, ressurreição e ascensão, a igreja como criação do Espírito Santo, o perdão dos pecados, a ressurreição do corpo e a vida eterna" (*A igreja cristã na história*, p. 49).

[75] Ferreira, *A igreja cristã na história*, p. 88-9.

[76] O período foi marcado pelo surgimento do Sacro Império Romano-Germânico e da Dinastia Carolíngia. Carlos Martel (690-741) liderou o exército franco na batalha contra os mouros em Poitiers, em 732, o que "salvou a Europa ocidental do expansionismo muçulmano". Carlos Magno (747-814), rei dos francos e neto de Martel, foi coroado primeiro imperador do

feudal, o surgimento do escolasticismo, o advento das Cruzadas, o Cisma Ocidente-Oriente (1054), a consolidação do monasticismo, o surgimento da piedade mística, o gigantesco desenvolvimento artístico e teológico cristãos, a criação das universidades junto às catedrais e tantas outras realizações, acontecimentos e personagens de grande importância.[77] Cabe aqui uma menção especial à ascensão do poder papal e à hierarquização da igreja nesse período, com a posterior diferenciação entre a classe sacerdotal e o laicato.[78] Sem negar a existência de papas piedosos e muito bem preparados para sua função, uma eclesiologia altamente hierarquizada foi se solidificando, sendo corrupta e amalgamada ao poder político. Segundo Franklin Ferreira, "era visível a corrupção do clero em geral e dos papas em particular", e "práticas como nepotismo, adultério, filhos ilegítimos e indulgência tornaram-se lugar-comum".[79] Assim, "a situação de toda a cristandade no final da Idade Média era alarmante" e a "perspectiva do cristianismo no fim da época medieval não poderia ser mais devastadora", pois "a igreja do Ocidente estava passando por seu pior momento em termos morais e espirituais".[80]

Esse cenário suscitou o surgimento do espírito reformista antes mesmo da eclosão da Reforma Protestante, no início do século 16. Esse desejo por reforma postulava, no geral, o retorno do cristianismo aos padrões do Novo Testamento. Dos vários nomes que incorporaram esse ímpeto reformista, os mais proeminentes foram John Wycliffe (1329-1384) e

---

Sacro Império Romano-Germânico pelo papa Leão III, em Roma, no dia 25 de dezembro de 800. Segundo Ferreira, "quando Carlos Magno foi coroado como o primeiro imperador do Sacro Império Romano-Germânico, solidificou-se uma relação que se desenvolvera havia mais de meio século. Os papas haviam se voltado para o norte, onde estava emergindo uma nova e forte dinastia imperial. Durante os séculos que se situam ente a morte de Teodósio (395) e a coroação de Carlos Magno (800), começa no Ocidente um mundo novo, que surge lentamente da fusão do mundo romano com o mundo bárbaro. Com isso, toma corpo a Idade Média ocidental" (*A igreja cristã na história*, p. 93-4).

[77] "O testemunho cristão durante o período medieval não era bom nem ruim, nem glorioso nem perverso. Como em qualquer outro momento da história da humanidade, o saldo deixa luzes e sombras, grandes realizações e comportamentos aberrantes. De qualquer forma, foram esses 'vaso de barro', com todas as limitações da natureza humana pecaminosa, que preservaram e transmitiram o testemunho da fé em Cristo, da qual somos herdeiros e responsáveis hoje" (P. A. Deiros, *História global do cristianismo*, p. 473; F. Ferreira, *A igreja cristã na história*, p. 103-4, 111-2, 119-28, 147-50).

[78] "Em 1305, o papa Bonifácio VIII (1235-1303) promulgou uma bula em que afirmava que todo o poder espiritual e temporal pertence aos pontífices romanos, decidindo, assim, que qualquer pessoa que quisesse obter salvação tinha que submeter-se ao papa e, sem submissão a ele, ninguém poderia fazer parte da igreja" (F. Ferreira, *A igreja cristã na história*, p. 140).

[79] Ferreira, *A igreja cristã na história*, p. 140.

[80] Deiros, *História global do cristianismo*, p. 473.

A ASCENSÃO DO CRISTIANISMO GLOBAL

Jan Hus (1373-1415).[81] As ideias sobre a igreja e as Escrituras defendidas por Wycliffe, erudito da Universidade de Oxford, causaram alvoroço e intensas reações contrárias. Sobre a igreja, Wycliffe defendia o sacerdócio de todos os crentes, em detrimento da distinção católica romana entre clero e laicato.[82] Em relação à Bíblia, ele advogava a tese de que a Escritura era a única fonte de revelação e autoridade final para a doutrina e a prática cristãs. Um vínculo importantíssimo entre Wycliffe e os pentecostais se encontra no fato de ele enviar seus seguidores (muitos dos quais vieram a ser conhecidos como lollardos) vestidos de camponeses para pregar o evangelho em meio ao povo e em língua popular, o inglês. Esse tipo de radicalização do princípio do sacerdócio de todos os crentes atravessou a Reforma Protestante, sobrevivendo e fortalecendo-se nos grupos da ala radical dos reformadores, que, por sua vez, exerceram influência sobre os irmãos Wesley pelo movimento morávio. Assim, "esse modelo de envio de leigos pregadores seria imitado, por exemplo, no século XVIII com os irmãos Wesley e o metodismo, e mais tarde pelo pentecostalismo".[83] A forte influência do metodismo advindo de John Wesley sobre o pentecostalismo desaguou, entre tantas outras formas, na forte valorização dos leigos como pregadores e líderes eclesiásticos, em detrimento da exclusividade de uma classe de pastores treinados em ambiente acadêmico. Em suma, para os pentecostais, conhecer o texto da Bíblia e manifestar uma vida piedosa sempre tiveram mais importância que o treinamento acadêmico em teologia. Essa ênfase pode ser rastreada até Wycliffe, e não é padrão em todos os ramos do protestantismo atribuir liderança a pessoas sem treinamento universitário. Assim como Wycliffe, Jan Hus também era um erudito que se tornou líder de um movimento de reforma religiosa, enquanto liderava também o movimento nacionalista tcheco. Seguidor da maioria dos ensinos de Wycliffe, o reformador da Boêmia também defendia o retorno à Bíblia. Ao contrário do destino de John Wycliffe, que morreu em paz, Hus foi condenado pelo Concílio de Constança e morreu queimado em uma estaca, em 1415.

---

[81] "Em lugar do papado corrompido, alguns teólogos e pregadores medievais ofereceram as Escrituras como a fonte de autoridade da igreja. João Wycliffe (1329-1387), professor na Universidade de Oxford, e João Huss, sacerdote na capela de Belém e professor na Universidade de Praga, condenaram a corrupção do clero, rejeitaram o ensino sacramental medieval e colocaram a autoridade das Escrituras acima da autoridade do papado e dos concílios" (F. Ferreira, *A igreja cristã na história*, p. 141).

[82] "Ele passou a defender uma urgente reforma na igreja católica para voltar ao modelo anterior a Constantino, isto é, ao modelo de igreja não hierárquico" (D. M. Oliveira; K. R. C. Terra, *Experiência e hermenêutica pentecostal*, p. 138).

[83] Oliveira; Terra, *Experiência e hermenêutica pentecostal*, p. 139.

PENTECOSTALISMOS

Do movimento hussita, surgiu a Unitas Fratum, que veio a ser a precursora espiritual do movimento morávio.[84]

Esse período também testemunhou, no século 12, o surgimento dos cátaros (do grego *kataros*, que significa "puros").[85] Eles também eram conhecidos como albigenses.[86] Esse grupo desejava abandonar a igreja oficial para retornar ao padrão de cristianismo segundo o modelo do Novo Testamento. Eram receptivos ao ministério sobrenatural do Espírito, oravam em línguas e, em lugar do batismo nas águas, pregavam o batismo no Espírito Santo por imposição de mãos, denominado *consolamentum*.[87] Segundo Eddie Hyatt, não há dúvida de que eles experimentaram os dons carismáticos do Espírito Santo; por isso, podemos dizer que representavam um movimento carismático legítimo.[88] O século 12 testemunhou ainda a voz única do calabrês Joaquim de Fiore (1145-1202). Em tom profético, Fiore concebeu a história da salvação em um esquema de três fases ou dispensações: o Antigo Testamento seria a fase do Pai; o Novo Testamento, do Filho; e, logo depois, a era do Espírito Santo. Para Fiore, a era do Espírito é o tempo de uma igreja renovada e espiritual.[89] O esquema dispensacionalista de Fiore foi repetido pelo grande líder metodista John Fletcher, que concebeu a era do Espírito à luz do livro de Atos dos Apóstolos e do derramamento pentecostal do Espírito Santo. Harvey Cox, em referência direta a Fiore, também denomina "era do Espírito" o período da ascensão pentecostal nos séculos 20 e 21.[90] Ainda no século 12, surgiram os valdenses, liderados por Pedro Valdo. Como um movimento de renovação, os valdenses anelavam ver uma igreja que refletisse os padrões do Novo Testamento. Valdo defendia com vigor o ministério dos leigos, em contraposição à rigidez da hierarquia eclesiástica.[91] Abertos à ação sobrenatural do Espírito Santo, eles concederam lugar central à cura divina.[92]

---

[84] Deiros, *História global do cristianismo*, p. 408.

[85] Libanio menciona que o movimento *patarino* surgiu em Milão, no século 11, em reação à frouxidão moral do clero, e mobilizou setores populares da sociedade em prol do retorno a um verdadeiro padrão evangélico (*Qual o futuro do cristianismo?*, p. 101).

[86] O termo "albigenses" é toponímico dos habitantes de Albi, na França (J. B. Libanio, *Qual o futuro do cristianismo?*, p. 102).

[87] Hyatt, *2000 anos de cristianismo carismático*, p. 91-2; J. B. Libanio, *Qual o futuro do cristianismo?*, p. 102.

[88] Hyatt, *2000 anos de cristianismo carismático*, p. 93.

[89] Libanio, *Qual o futuro do cristianismo?*, p. 100-1.

[90] Cox, *O futuro da fé*, p. 20.

[91] "Por extrema fidelidade à 'vida apostólica', os valdenses inferiram que a maioria do clero perdera a única fonte de legitimidade e que a igreja hierárquica, no conjunto, carecia de poder sacramental, de carisma sagrado e de legitimidade para pregar — enquanto eles, simples fiéis, viviam segundo o evangelho" (J. B. Libanio, *Qual o futuro do cristianismo?*, p. 104).

[92] Hyatt, *2000 anos de cristianismo carismático*, p. 94-6.

A ASCENSÃO DO CRISTIANISMO GLOBAL

Terceiro período (1500-1750 d.C.)

O terceiro período, apesar de sua curta duração, foi simultaneamente rico e complexo. A grande expansão do cristianismo deparou com o surgimento dos maiores desafios que viria a enfrentar e, de certa maneira, ainda enfrenta. Essa fase da história testemunhou a transição do mundo medieval para o mundo moderno. Tal mudança representa, por si só, uma ruptura radical com o passado, pois alterou a maneira de o ser humano enxergar o mundo e a si mesmo. Esse é o período tanto da Renascença (século 15) quanto da Revolução Científica e, por conseguinte, da ascensão da ciência como forma de conhecer baseada *exclusivamente* na razão, contraposta à Revelação.[93] Também foi o período da Reforma Protestante (século 16), movimento que modificou a fisionomia do cristianismo para sempre. Franklin Ferreira observa:

O termo "Reforma Protestante" é usado com referência ao movimento de renovação doutrinal, ética e eclesiástica ocorrido na Europa Ocidental no século XVI. Esse movimento, para fins de estudo, é dividido em "*Reforma Magisterial*", que destaca a relação de apoio mútuo entre os príncipes, magistrados, conselheiros municipais e os reformadores, e "*Reforma Radical*", referindo-se aos reformadores que rejeitavam a ingerência da autoridade secular em assuntos eclesiásticos. A Reforma Magisterial engloba os luteranos, reformados e anglicanos, e a Reforma Radical refere-se aos diversos grupos anabatistas. Essas divisões deram fim ao conceito de cristandade, que perdurou desde a época do imperador romano Teodósio I, surgindo daí as igrejas nacionais e livres.[94]

A Reforma foi impulsionada pelo surgimento da imprensa, que revolucionou a forma de comunicação. O mundo assistiu ainda à expansão marítima

---

[93] Revelação é "a ação pela qual Deus se dá a conhecer"; além disso, "o princípio segundo o qual Deus somente pode ser conhecido pela sua própria revelação é comum através de toda a história da teologia cristã" (J. González, *Breve dicionário de teologia*, p. 291). A tradição cristã, em geral, subdivide a Revelação em geral e especial. Segundo Bruce Milne, "a revelação de Deus possui duas partes principais: uma revelação geral, para todos os homens, especialmente através da natureza e da consciência, e a revelação especial, em Jesus Cristo e na Escritura" (*Estudando as doutrinas da Bíblia*, p. 26). "A época que antecedeu a Reforma Protestante foi de grande inquietação, um período marcado por muitas mudanças na cultura e na sociedade, assinalando o final da Idade Média e o início da Idade Moderna. Essa era, que começou em meados do século XV, ficou conhecida como 'Renascença', em virtude da redescoberta dos valores culturais da Antiguidade Clássica" (F. Ferreira, *A igreja cristã na história*, p. 157-8).

[94] Ferreira, *A igreja cristã na história*, p. 158 (grifo nosso).

PENTECOSTALISMOS

europeia e ao início do processo de colonização que levou ao surgimento dos grandes impérios ultramarinos.[95] O capitalismo também entrou em cena e, pouco a pouco, foi desbancando o sistema feudal e semeando as grandes mudanças sociais e políticas que chegaram para estruturar o mundo moderno. As crises entre o protestantismo e o catolicismo deram margem a inúmeras disputas políticas e deflagraram guerras intensas na Europa.[96] Tais conflitos, somados a outros fatores de caráter religioso, disseminaram o espírito antirreligioso (e especificamente anticristão) que veio se tornar uma grande força no continente europeu e que, de certa forma, alcançou seu ápice no século 20. A Revolução Industrial abriu as portas para uma das maiores mudanças da história da humanidade: a gradual migração do modo de vida predominantemente rural para o urbano.

A riqueza e a complexidade do período nos levam a manter o foco nas razões e nos fatos que desembocaram na expansão do cristianismo para o Sul Global. Mesmo se tratando apenas de um voo panorâmico sobre esse território, não posso deixar de fazer uma breve menção ao fato de que, no âmbito da Reforma, surgiram movimentos que precederam o pentecostalismo. A chamada ala radical da Reforma Protestante defendia uma visão de cristianismo que, do ponto de vista histórico e teológico, pode ser considerada uma importante influência sobre o pentecostalismo, embora a tradição pentecostal-carismática tenha surgido da tradição protestante como um todo.[97] A moderna historiografia consagrou a subdivisão da Reforma em duas alas: a magisterial (também chamada magistral) e a radical. Conforme já mencionado, o termo "magisterial" faz referência aos magistrados, governantes locais e, por conseguinte, aos modelos de igreja associados ao poder estatal. Seus principais nomes foram: Martinho Lutero, João Calvino, Ulrico Zuínglio e Thomas Cranmer. Já o adjetivo "radical", que caracteriza a outra ala da Reforma, "refere-se à tentativa de retornar às raízes encontradas em Jesus Cristo e no cristianismo primitivo do Novo Testamento".[98] Eles eram contrários à aliança entre a igreja e

---

[95] Ibidem, p. 153-4.

[96] O principal conflito foi a chamada Guerra dos Trinta anos (1618-1648), que começou com a defenestração de Praga e encerrou com a Paz de Vestfália. J. González L., *História ilustrada do cristianismo*, p. 259-68; E. E. Cairns, *O cristianismo através dos séculos*, p. 321-2; F. Ferreira, *A igreja cristã na história* p. 187-9.

[97] É da lavra do historiador George H. Williams (1914-2000), na obra *The radical reformation*, a expressão "Reforma Radical" para designar um segmento da Reforma Protestante paralelo ao protestantismo magisterial. *Dicionário global de teologia*, p. 670; D. M. Oliveira; K. R. C. Terra, *Experiência e hermenêutica pentecostal*, p. 142.

[98] *Dicionário global de teologia*, p. 670.

A ASCENSÃO DO CRISTIANISMO GLOBAL

o poder estatal. Seus principais líderes foram: Andreas B. Von Karlstadt, Thomas Müntzer, Menno Simons, Felix Manz, Conrad Grebel e Sebastian Franck. O adjetivo ainda aponta para o fato de que "os radicais não estavam satisfeitos com meras reformas na igreja"; por isso, "muitos desses grupos não se viam como reformadores no sentido daqueles do protestantismo, porém como restauracionistas ou restituidores da igreja".[99]

Grandes são a complexidade e a pluralidade na ala radical da Reforma. Não obstante, três grupos se distinguiram: anabatistas, racionalistas evangélicos e espiritualistas. O grupo dos anabatistas é o mais conhecido e influente, e surgiu de uma dissidência entre os seguidores de Zuínglio. Eles rejeitavam o batismo infantil e participaram de um rebatismo mútuo em 1525.[100] O racionalismo evangélico foi um movimento herdeiro do humanista Erasmo de Roterdã, que seguia uma piedade mais individualista e ética. Já o grupo dos espiritualistas se caracterizava pela "insistência no contato imediato com o divino (Cristo interior, luz divina, a Palavra interior ou simplesmente o Espírito) e na graça acima da lei".[101] Em suma, os radicais, em sua enorme diversidade, esposavam algumas ênfases comuns, a saber: rejeição ao batismo infantil e adoção do batismo adulto; separação entre igreja e Estado; uma concepção não hierárquica de igreja; impulso missionário; hermenêutica bíblica radical e aberta. Sobre essa última ênfase, os radicais adotavam "uma hermenêutica radical porque retornaram às origens em Jesus Cristo e no Novo Testamento" e "aberta, porque eles compreenderam que a Reforma e a Revelação não tinham terminado".[102]

Para o Pentecostalismo, o que importa é salientar que os reformadores radicais deram grande ênfase à atuação do Espírito no âmbito comunitário de maneira muito similar à que vemos hoje nas igrejas pentecostais pelo globo. Eddie Hyatt, discorrendo sobre o período inicial da Reforma Protestante, afirma que "a tarefa de infundir a dimensão carismática nos cultos quotidianos das congregações foi, porém, dada aos contemporâneos mais radicais de Lutero, conhecidos como *anabatistas*".[103] Ainda segundo Hyatt, "não era incomum para os anabatistas dançar, cair no poder e falar

---

[99] Ibidem, p. 670.
[100] Segundo Woodbridge e James III, os anabatistas, ao contrário dos reformadores magistrais, que promoviam o batismo infantil, "rejeitavam o batismo infantil e afirmavam a necessidade do rebatismo — daí o termo *anabatista*, das palavras gregas *ana* (novamente) e *baptizo* (batismo). Essa era a única convicção teológica distinta comum em meio a toda diversidade" (J. D. Woodbridge; F. A. James III, *História da igreja*, p. 233).
[101] *Dicionário global de teologia*, p. 672.
[102] Ibidem, p. 673.
[103] Hyatt, *2000 anos de cristianismo carismático*, p. 106.

PENTECOSTALISMOS

em línguas".[104] Em suma, todo o movimento radical foi uma tentativa de reproduzir a pureza e a simplicidade da igreja apostólica neotestamentária da maneira mais literal possível. Por isso, "certamente os anabatistas foram um movimento carismático".[105] No século 17, surgiram os quacres (Sociedade Religiosa dos Amigos), movimento fundado por George Fox (1624-1691), na Inglaterra. Fox foi se convencendo, pouco a pouco, de que tanto o cristianismo tradicional católico romano quanto o cristianismo protestante estabeleceram doutrinas e formas de culto que constituíam um obstáculo à liberdade do Espírito.[106] As principais ênfases dos quacres eram: vida transformada, repugnância pelo formalismo e zelo missionário.[107] A doutrina da "luz interior" de Fox sustentava que o Espírito Santo falava diretamente ao ser humano, sem intermediações.[108] Para Fox, a verdade última não está nas Escrituras, mas no Espírito Santo, que as inspirou.[109] Vários dons do Espírito se manifestavam entre os quacres: visões, curas, profecias.[110] Consciente de que o conceito de liberdade do Espírito poderia equivocadamente conduzir ao individualismo, Fox destacou a importância da comunidade e do amor que deve regê-la. Segundo Hyatt, "esse movimento impressionante do século XVII foi de fato carismático".[111] O pietismo surgiu na Alemanha, logo após o término da Guerra dos Trinta anos, como um movimento reavivalista no protestantismo.[112] O pietismo foi o mais notável movimento de protesto contra a frieza espiritual e a rigidez intelectual que dominavam sua época.[113] Desapontado com as formas áridas de protestantismo de seu tempo, Philipp Jakob Spener (1635-1705) publicou a obra *Pia desideria*, em 1675, na qual sugere um método e introduz expectativas escatológicas como instrumento devocional. Seu método consistia em: 1) desenvolver períodos de estudos bíblicos, durante os quais os leigos estariam envolvidos com a interpretação da Bíblia; 2) estabelecer o sacerdócio de todos os crentes; 3) dar prioridade à prática da vida cristã sobre

---

[104] Ibidem, p. 108.

[105] Ibidem, p. 115.

[106] J. González, *História ilustrada do cristianismo*, p. 333.

[107] *Dicionário do movimento pentecostal*, p. 586.

[108] Ibidem, p. 586. Para Fox, a "luz interior" existe em todos os seres humanos, mas não deve ser confundida com a consciência, com o intelecto ou com a razão natural. Trata-se de algo melhor, que permite conhecer Deus e Jesus Cristo, e compreender as Escrituras (J. González L., *História ilustrada do cristianismo*, p. 333).

[109] González, *História ilustrada do cristianismo*, p. 334.

[110] Hyatt, *2000 anos de cristianismo carismático*, p. 119-24; *Dicionário do movimento pentecostal*, p. 586.

[111] Hyatt, *2000 anos de cristianismo carismático*, p. 124.

[112] McGrath, *A revolução protestante*, p. 148.

[113] González, *História ilustrada do cristianismo*, p. 337.

A ASCENSÃO DO CRISTIANISMO GLOBAL

o dogma; 4) desenvolver a vida interior do crente. Assim, Spener defendia uma vida devocional baseada em um relacionamento pessoal profundo com Cristo e enfatizava o estudo bíblico pessoal e os pequenos grupos de estudos bíblicos, os *ecclesiolae in ecclesia* ("pequenas igrejas na igreja").[114] O pentecostalismo dos Estados Unidos foi influenciado diretamente pelo pietismo surgido na Alemanha. Os pentecostais norte-americanos, no fundo, articularam o foco central do pensamento pietista.[115] Os morávios, derivados do pietismo do século 18, fundaram, sob a liderança do conde Nikolaus Ludwig Graf von Zinzendorf (1700-1760), a comunidade de Herrnhut. Zinzendorf enfatizava a importância de uma "religião do coração", fundamentada em um relacionamento íntimo com Cristo, e o papel exercido pelos "sentimentos" na vida cristã. A "fé pessoal" que os morávios encorajavam estava expressa no lema "fé viva", em contraste com a frieza do cristianismo nominal. Segundo McGrath, para "a ortodoxia, a fé dizia respeito à concordância com os credos", enquanto, para os morávios, "a fé dizia respeito ao encontro pessoal transformador com Deus".[116] Os milagres, as curas e as profecias entre os morávios caracterizam um típico movimento carismático.[117] O movimento morávio exerceu grande influência sobre John Wesley (1703-1791) e o metodismo na Inglaterra. Wesley, que visitou Herrnhut em 1738, adotou a ênfase pietista na necessidade da "fé viva" e no papel da experiência na vida cristã. Com base em sua experiência pessoal, Wesley desenvolveu uma "nova compreensão da religião protestante" que enfatizava o "lado vivencial da fé".[118] Com efeito, o pietismo, o movimento morávio e o metodismo conseguiram "antecipar, de algumas maneiras, o sucesso do pentecostalismo dois séculos depois".[119]

Quarto período (1750 d.C. até o presente)

Esse período culmina com a ascensão mundial do pentecostalismo e com o deslocamento do "coração" do cristianismo para o Sul Global.[120] O tempo

---

[114] McGrath, *A revolução protestante*, p. 148; *Dicionário do movimento pentecostal*, p. 587.
[115] *Dicionário do movimento pentecostal*, p. 586.
[116] McGrath, *A revolução protestante*, p. 149.
[117] Hyatt, *2000 anos de cristianismo carismático*, p. 128.
[118] McGrath, *A revolução protestante*, p. 149.
[119] Ibidem, p. 150.
[120] "Nos séculos XIX e XX, três áreas da teologia cristã estiveram no centro do debate: as doutrinas das Escrituras, da escatologia e do Espírito Santo. No que se refere a essa última, viu-se no século XX o surgimento de uma série de movimentos de renovação da igreja, que foram chamados, em termos gerais, de movimento 'pentecostal' ou 'carismático'. Esses movimentos cresceram

PENTECOSTALISMOS

testemunhou os movimentos e acontecimentos que serviram de trilhos para que a locomotiva do pentecostalismo adentrasse o século 20 com uma força avassaladora, como o Primeiro Grande Despertamento (1725-1740),[121] o Segundo Grande Despertamento (1790-1840),[122] o Terceiro Grande Despertamento (1850-1900),[123] o movimento de santidade, as conferências de Keswick, o avivamento de Cane Ridge, os acampamentos *holiness* e os ministérios de Edward Irving, Phoebe Palmer, Charles Finney, Asa Mahan, A. J. Gordon, D. L. Moody, R. A. Torrey, John Alexander Dowie, Maria Woodworth-Etter, Johann Blumhardt, John G. Lake, Benjamin Hardin Irwin, Pandita Ramabai e tantos outros. Os avivamentos internacionais também ocupam lugar de destaque na configuração do cristianismo carismático mundial, com ênfase para os que ocorreram no início do século 20 no País de Gales (1904-1905), na Índia (1905-1906) e na Coreia (1907-1908).[124] Todos esses movimentos, personagens e acontecimentos prepararam o terreno para o surgimento do pentecostalismo em janeiro de 1901, com Charles F. Parham, na Bethel Gospel School, em Topeka, Kansas, e para o avivamento da rua Azusa, em 1906, com William J. Seymour e a posterior explosão mundial do pentecostalismo. Parham e Seymour são considerados os cofundadores do pentecostalismo mundial.[125] Para Synan,

---

rapidamente no sul do Pacífico, na África, no leste europeu, no sudeste da Ásia e especialmente na América Latina" (F. Ferreira, *A igreja cristã na história*, p. 281).

[121] O Primeiro Grande Despertamento está associado aos nomes de Theodore J. Frelinghuysen (1691-1747), Gilbert Tennent (1703-1764), Jonathan Edwards (1703-1758) e George Whitefield (1714-1770). O avivamento varreu especialmente a região de Massachusetts, Estados Unidos, na década de 1740, e, sob a liderança de Edwards, espalhou-se para outras regiões dos Estados Unidos (M. O. Moraes, *Panorama histórico do avivamento*, p. 83).

[122] Segundo Marcelo Oliveira Moraes, o Segundo Grande Despertamento começou como um movimento de oração em 1784, com John Erskine, em Edimburgo. Denominações da Grã- -Bretanha e dos Estados Unidos passaram a dedicar uma segunda-feira mensal à oração. A chama do avivamento acendeu no final de 1791, nas cidades industriais de Yorkshire, e passou por País de Gales, Escócia, Suíça e Alemanha. Nos Estados Unidos, todas as denominações foram afetadas e movimento atingiu seu ápice com o ministério de Charles Finney, de 1830 a 1842. M. O. Moraes, *Panorama histórico do avivamento*, p. 83-90. "Durante o Segundo Grande Despertamento, inicia- do por volta de 1800, que atingiu todas as denominações, especialmente os batistas e os metodis- tas, liderados por Charles G. Finney, teriam ocorrido manifestações, ensinos e livros considerados pentecostais" (*Dicionário do movimento pentecostal*, p. 586).

[123] De acordo com Marcelo Oliveira Moraes, em setembro de 1857 Jeremiah Lanphier come- çou uma reunião de oração ao meio-dia, às quartas-feiras, em uma igreja de Nova York. Em seis meses, mais de dez mil homens de negócios estavam participando de reuniões por toda a América. Segundo Moraes, o impactante ministério evangelístico de D. L. Moody nasceu desse despertamento (M. O. Moraes, *Panorama histórico do avivamento*, p. 95-6).

[124] "Os muitos e vários movimentos de avivamentos na virada do século XX tiveram o efeito de criar um clima de expectativa e anseio pelo avivamento pentecostal em muitas partes do mundo" (A. H. Anderson, *Uma introdução ao pentecostalismo*, p. 49-51).

[125] Synan, *O século do Espírito Santo*, p. 19.

A ASCENSÃO DO CRISTIANISMO GLOBAL

a história do moderno movimento pentecostal tem seu ponto de partida na Bethel Gospel School, com Parham, e poucos poderiam imaginar que aquele discreto acontecimento seria o estopim do movimento pentecostal- -carismático mundial. De um pequeno grupo de pessoas em 1901, os pentecostais, ao longo do século 20, cresceram até se tornar o maior ramo protestante do mundo.[126] Com o avivamento da rua Azusa, o pentecostalismo chamou atenção do mundo. De acordo com Synan, "da Azusa, o pentecostalismo espalhou-se com rapidez pelo mundo e cresceu a ponto de se tornar a maior força da cristandade".[127] Com efeito, são precisas as palavras de William Kay acerca do pentecostalismo:

> *Pentecostalismo é um movimento de renovação dentro do cristianismo.* Ele pode ser entendido como a continuação de uma série de movimentos de renovação que remonta aos primeiros dias da igreja. Na sua forma moderna, o pentecostalismo é usualmente datado no início do século XX com raízes diretas no século XIX no avivamento metodista, ramificações do movimento *holiness*, pietismo, missões internacionais e nos protagonistas da cura divina.[128]

Além disso, o quarto período da divisão proposta por Pablo A. Deiros testemunhou também, entre inúmeras coisas, o surgimento do denominacionalismo, das missões modernas, do Iluminismo, dos despertamentos; os concílios Vaticano I e II; o surgimento da crítica bíblica; a ascensão do liberalismo teológico, do fundamentalismo e do darwinismo; a teoria da relatividade e a física quântica; o crescimento do ateísmo filosófico; as duas grandes guerras mundiais; a bomba atômica; a Guerra Fria. Com tantos acontecimentos desconcertantes, podemos dizer que o mundo em que vivemos é o resultado da primeira tentativa da história de estabelecer um mundo divorciado da religião e da crença fundamental da transcendência do ser humano e da existência de Deus. Philip Jenkins observa:

> Na Europa e na América do século XVIII, as ideias seculares do Iluminismo fizeram enorme progresso nas elites sociais. Poucos baluartes tradicionais da fé cristã escaparam ao ataque. A Trindade, a divindade de Cristo e a

---

[126] Ibidem, p. 15-6.
[127] Ibidem, p. 18.
[128] W. Kay, *Pentecostalism*, p. 1 (grifo nosso).

PENTECOSTALISMOS

existência do inferno, tudo caiu em desgraça, enquanto a crítica erudita da Bíblia minava as conhecidas bases da fé.[129]

Contudo, apesar de em diversas ocasiões ter sido diagnosticado como moribundo, o cristianismo não apenas sobreviveu, mas também surpreendentemente cresceu.[130] De acordo com Jenkins, "durante mais de um século, o declínio ou desaparecimento futuro da religião foi um pressuposto corriqueiro do pensamento ocidental".[131] Apesar de seu imenso declínio na Europa, que em grande parte se considera pós-cristã, nas outras regiões do globo, com exceção dos países islâmicos, o cristianismo simplesmente passou e vem passando por uma expansão sem precedentes. O fato é que estamos diante de um verdadeiro "cristianismo mundial".[132] Assim, "em meados da década de 1980, ocorreu um dos acontecimentos mais significativos do século XX — a saber, o centro de gravidade do cristianismo global foi transferido do mundo ocidental para o não ocidental".[133] É exatamente aqui que eu queria chegar: no fenômeno que os historiadores designam por variados nomes: mudança para o Sul Global, Novo Cristianismo,[134] Cristianismo Global,[135] Novas Fronteiras do Protestantismo,[136] Nova Cristandade, Nova Reforma.[137] Woodbridge e James III comentam:

> O cristianismo atualmente tem experimentado um declínio súbito na maior parte do Ocidente (principalmente na Europa) — o Norte global (a América do Norte e a Europa) —, sendo que a maioria dos cristãos hoje vive fora do Ocidente no que é chamado de Sul Global (a África, a América Latina e a Ásia).[138]

É importantíssimo salientar que não se trata apenas de um descolamento geográfico e demográfico-estatístico, mas de algo que vai muito

---

[129] P. Jenkins, *A próxima cristandade*, p. 26.
[130] "Sugiro que são precisamente as mudanças religiosas que se revelam as mais significativas, ou até mais revolucionárias do mundo contemporâneo" (P. Jenkins, *A próxima cristandade*, p. 16).
[131] Jenkins, *A próxima cristandade*, p. 25.
[132] *Dicionário global de teologia*, p. IX.
[133] J. D. Woodbridge; F. A. James III, *História da igreja*, p. 873.
[134] Shelley, *História do cristianismo*, p. 507.
[135] Woodbridge; James III *História da igreja*, p. 870.
[136] McGrath, *A revolução protestante*, p. 434.
[137] As duas expressões: "Nova Reforma" e "Nova Cristandade" foram cunhadas por Philip Jenkins. P. Jenkins, *A próxima cristandade*, p. 18, 23.
[138] Woodbridge; James III, *História da igreja*, p. 873.

A ASCENSÃO DO CRISTIANISMO GLOBAL

além disso: "o Sul representa uma nova tradição, de importância comparável à das igrejas do Oriente e do Ocidente de épocas históricas".[139] Afora a mudança demográfica, o deslocamento do cristianismo para o Hemisfério Sul traz inúmeras implicações para a teologia e para a prática religiosa. À medida que vai se deslocando para o sul, o cristianismo é contextualizado em diferentes culturas do Sul Global. Não se trata de sincretismo, mas, sim, de contextualização. É da natureza do cristianismo. Com efeito:

> Muitos cristãos, em especial dos países em desenvolvimento, têm percebido que as teologias recebidas das igrejas, missionários e livros teológicos euro-americanos dificilmente estabelecem um vínculo com suas experiências e situações. A contextualização procede dessa percepção e afirma que a teologia precisa não somente estar fincada na história bíblica, mas também participar das realidades concretas (locais) em que os cristãos se encontram.[140]

A fé cristã começou na cultura judaica, porém foi difundida nos escritos em grego, por causa da herança cultural helênica vigente no Império Romano. Os próprios textos sagrados escritos em hebraico passaram pela helenização (Septuaginta) decorrente da disseminação da cultura grega após as conquistas de Alexandre, o Grande (356-323 a.C.). A própria transição do viés judaico, do evangelho enraizado na Igreja de Jerusalém para o evangelho que contemplava os gentios, causou espécie entre os judeus, mas a operação do Espírito Santo na casa de Cornélio afastou qualquer dúvida acerca do plano de Deus.[141] O cristianismo dos três primeiros séculos era bem distinto do cristianismo pós-Constantino. Com efeito, a fé da igreja dos três primeiros séculos é considerada autenticamente cristã, ainda que tenha abarcado uma enorme diversidade em seu seio. As invasões bárbaras e o grande deslocamento do cristianismo para o norte da Europa mais uma vez alteraram a fisionomia do cristianismo, em razão do encontro com culturas bem diferentes daquelas que anteriormente haviam servido de anfitriãs.

Esses breves exemplos servem apenas para demonstrar que o cristianismo do Sul Global não pode ser medido pela régua conceitual e

---

[139] Jenkins, *A próxima cristandade*, p. 18.
[140] *Dicionário global de teologia*, p. 138.
[141] "O conflito entre o evangelho e o judaísmo na igreja primitiva, tema importante do Novo Testamento, provou que o evangelho do Reino de Deus é *universal*" (P. A. Pomerville, *A força pentecostal em missões*, p. 340).

litúrgica utilizada em sua fase áurea no Hemisfério Norte. Segundo Alister McGrath, "as formas de protestantismo que estão surgindo no Hemisfério Sul também representam um poderoso desafio para as noções ocidentais de teologia", e isso se dá pelo fato de que, "para líderes e pastores do Sul, o protestantismo ocidental sofre de uma tradição teológica superintelectualizada e de espiritualidade debilitada".[142] Obviamente, não estamos afirmando que o cristianismo, ao desembarcar em uma nova cultura, possa se desfigurar a ponto de se tornar um subproduto da cultura local. O cristianismo que alcança determinada cultura, permitam-me o truísmo, é o cristianismo, com toda a sua história e tradição, com seu livro sagrado, com a ceia do Senhor e o batismo, com a pregação e todo o arcabouço hermenêutico, litúrgico e sacramental que necessariamente não só o acompanha, mas também o caracteriza como tal. É claro que existem as grandes variações no que chamamos "cristianismo": católico romano (que nunca foi, não é e nunca será homogêneo, basta dar uma simples olhada no catolicismo romano brasileiro para confirmar essa observação); protestantismos (no plural, mesmo); os diferentes cristianismos orientais. O fato é que a fé cristã tem uma unidade em uma grande diversidade.

O cristianismo, de modo geral, se reconhece como tal quando preserva em sua transmissão, mesmo que não explicitamente e às vezes nem mesmo de modo consciente, as crenças contidas no Credo Apostólico e nos quatro primeiros concílios ecumênicos.[143] A maioria dos pentecostais espalhados pelo mundo nunca ouviu falar do Credo Apostólico nem dos concílios ecumênicos. Contudo, creem no conteúdo deles,[144] porque as verdades cristãs contidas nessas grandes expressões da fé lhes são transmitidas, na maioria dos casos, de maneira muito simples: pelos hinos, pelo modo de orar, pelos grupos de estudo e pela pregação. Nesse sentido, são lapidares as palavras de Philip Jenkins ao discorrer sobre a

---

[142] McGrath, *A revolução protestante*, p. 452.

[143] Sobre o Credo Apostólico, Franklin Ferreira afirma que, "em submissão às Escrituras, o credo afirma o caráter trino de Deus, a encarnação de nosso Senhor Jesus Cristo, sua morte, ressurreição e ascensão, a igreja como criação do Espírito Santo, o perdão dos pecados, a ressurreição do corpo e a vida eterna" (*A igreja cristã na história*, p. 49).

[144] "Os pentecostais também se veem herdeiros da Reforma do século XVI. A partir dos quatro princípios da Reforma (*só a Bíblia, só a fé, só Cristo, só a graça*) e do credo niceno--constantinopolitano do século IV (*Creio na igreja uma, santa, católica e apostólica*), é possível perceber como a perspectiva pentecostal relê a tradição. Esses fundamentos seriam assumidos pelos pentecostais e conferem identidade cristã e unidade como igreja, mas, ao mesmo tempo, os pentecostais recuperam explicitamente a dimensão do Espírito, tornando mais complexa a correlação quaternária tanto dos *solas* da Reforma quanto das *marcas* da igreja" (D. M. Oliveira; K. R. C. Terra, *Experiência e hermenêutica pentecostal*, p. 27-8).

A ASCENSÃO DO CRISTIANISMO GLOBAL

mudança do centro teológico do cristianismo do Hemisfério Norte para o Hemisfério Sul:

> Essas igrejas têm uma convicção inabalável da divindade de Cristo, seus milagres e sua ressurreição. As declarações de fé das diferentes igrejas são afirmações clássicas da doutrina cristã. De muitas maneiras, os textos e credos cristãos fazem muito mais sentido para as igrejas independentes do que sucede no Ocidente. E, enquanto muitos cristãos ocidentais têm dificuldade de aceitar as ideias da vida após a morte ou da ressurreição como verdades literais, e não simbólicas, essas teorias têm uma poderosa repercussão nas igrejas independentes africanas ou asiáticas.[145]

O cristianismo do século 21 é o cristianismo do Hemisfério Sul, tanto do ponto de vista geográfico e demográfico quanto do ponto de vista teológico: isso significa que o cristianismo não pode ser interpretado unicamente de uma perspectiva ocidental.[146] Quem não atentar para essa mudança jamais perceberá o que o Espírito Santo está fazendo pelo mundo. Quem não for sensível a essa transição não conseguirá acompanhar as mudanças na teologia e na liturgia cristã, pois "ninguém põe vinho novo em vasilha de couro velha; se o fizer, o vinho novo rebentará a vasilha, se derramará, e a vasilha se estragará" (Lc 5:37). O fato é que "a era do cristianismo ocidental já passou".[147] Uma nova era cristã já começou; por isso, é necessário ter ouvidos para ouvir o que o Espírito diz à igreja. A exortação de Jesus sobre discernir o tempo me parece perfeitamente adequada ao momento presente: "Vocês sabem interpretar o aspecto da terra e do céu. Como não sabem interpretar o tempo presente?" (Lc 12:56). O crescimento do pentecostalismo é ainda mais extraordinário, segundo Woodbridge e James III, pelo fato de que o movimento, do ponto de vista histórico, só passou a existir no começo do século 20 e, nesse período, "passou a representar talvez a força missionária mais enérgica na história da igreja cristã".[148] Ainda segundo os autores, "ao adentrarmos o terceiro milênio, o movimento pentecostal-carismático não demonstra sinais de declínio" e, "em suas três ondas, ele ainda representa a expressão mais vibrante do cristianismo no mundo".[149] Por isso, é necessário

---

[145] Jenkins, *A próxima cristandade*, p. 168.
[146] *Dicionário global de teologia*, p. IX.
[147] Jenkins, *A próxima cristandade*, p. 17-8.
[148] Woodbridge; James III, *História da igreja*, p. 899.
[149] Ibidem, p. 899-900.

PENTECOSTALISMOS

compreender que os dois principais centros do cristianismo do século 21 serão (ou talvez já sejam) a África e a América Latina.[150]

Por que isso é tão importante para os pentecostais brasileiros? Ora, mesmo para os não pentecostais, tem importância singular. Estamos falando de uma das maiores reconfigurações da história da humanidade, que está acontecendo agora, em nosso país, em nossas cidades, em nossos bairros e diante de nossos olhos. Creio que qualquer pessoa que queira compreender o tempo em que vive deve estar atenta a essas mudanças. Para os pentecostais, essa alteração no cristianismo é importantíssima, pois o cristianismo que floresce no Hemisfério Sul é carismático, ou seja, "a expansão global, é na verdade, a expansão pentecostal".[151] A história do surgimento e do desenvolvimento do movimento pentecostal é possivelmente "a história mais importante do século XX para a compreensão do cristianismo hoje".[152] Segundo Mark A. Noll, "uma vez iniciado, o movimento pentecostal rapidamente tornou-se um fenômeno mundial".[153] São precisas as palavras as palavras de Bruce L. Shelley:

> A primeira observação indiscutível sobre as igrejas em regiões abaixo da linha do Equador é que elas são carismáticas. Sendo assim, "os dons" desempenham um papel preeminente no culto público e na devoção privada, portanto entender a história desse movimento preparará o leitor para compreender o Sul Global.[154]

Diante desse cenário, Alister McGrath menciona três fatores que considera importantes na mudança do eixo do cristianismo para o Sul Global. O primeiro é o contingente numérico: o cristianismo, quanto ao número de adeptos, deslocou-se do Hemisfério Norte para o Hemisfério Sul. O segundo é que a mudança de eixo do Norte para o Sul Global implica uma alteração na fisionomia da fé cristã. Os estilos do cristianismo em desenvolvimento na América Latina, Ásia e África são perceptivelmente diferentes dos encontrados nos Estados Unidos e, mais ainda, na Europa.[155] Segundo o autor, "o protestantismo no sul global tende a ser mais carismático ou pentecostal, a manter os valores morais tradicionais

---

[150] Jenkins, *A próxima cristandade*, p. 29.
[151] Shelley, *História do cristianismo*, p. 511.
[152] Shelley, *História do cristianismo*, p. 510.
[153] Noll, *Momentos decisivos na história do cristianismo*, p. 315.
[154] Shelley, *História do cristianismo*, p. 508.
[155] McGrath, *A revolução protestante*, p. 434.

A ASCENSÃO DO CRISTIANISMO GLOBAL

e a ter pouco tempo para os modos modernistas de leitura bíblica que dominaram o Ocidente até recentemente".[156] O terceiro fator mencionado por McGrath diz respeito ao apelo popular, ao impacto social e à perspicácia teológica do Novo Cristianismo Global. O autor destaca a capacidade do pentecostalismo de envolver as pessoas com sua mensagem, seja proclamada em ambientes rurais, seja proclamada em ambientes urbanos.[157] De fato, o crescimento avassalador do pentecostalismo no Sul Global tem atraído a atenção de todos os que não perderam a admiração pela liberdade com que o Espírito conduz a igreja.

A EXPANSÃO GLOBAL DOS PENTECOSTALISMOS: ANÁLISE DE PHILIP JENKINS

O livro *A próxima cristandade*, publicado em 2002 pelo historiador Philip Jenkins, causou grande alvoroço nos estudos sobre o cristianismo. A obra versa sobre o crescimento avassalador do cristianismo em direção ao Sul Global.[158] Esse crescimento, denominado "macrorreforma" por Justo L. González, diz respeito a uma mudança sem precedentes na história do cristianismo.[159] Digno de nota é que essa revolução no cristianismo é um fenômeno pentecostal-carismático. Amos Yong, fazendo menção à obra de Jenkins, afirma:

> A súbita expansão do pentecostalismo no século XX tem despertado o interesse tanto dos próprios pentecostais quanto de acadêmicos de fora do movimento. Recentemente, o conhecido historiador Philip Jenkins escreveu sobre o tema em seu livro A Próxima Cristandade. Philip Jenkins dá a entender que a Nova Cristandade será radicalmente plural. Sua sede não será em Roma ou na Cantuária, mas será paralelamente em Seul, Pequim, Singapura, Bombaim, Lagos, Rio de Janeiro, São Paulo e Cidade do México.[160]

Essa questão é de máximo interesse para os pentecostais no Brasil por uma razão óbvia: o Brasil está se tornando uma das sedes do cristianismo

---

[156] Ibidem, p. 434.
[157] Ibidem, p. 435.
[158] *Dicionário global de teologia*, p. IX.
[159] González, *Mañana*, p. 49.
[160] A. Yong, *O Espírito derramado sobre a carne*, p. 24-5. Bruce L. Shelley também menciona a obra de Jenkins quando discorre sobre a mudança de eixo no cristianismo global. (B. L. Shelley, História do cristianismo, p. 508-9).

carismático mundial. Além disso, esse novo cristianismo é, por natureza, multifacetário e, portanto, não monolítico. É dinâmico e, de certa maneira, imprevisível. É mais experiencial que conceitual. A razão para tal é que esse cristianismo valoriza e experimenta a *presença extraordinária do Espírito Santo* conforme o modelo do dia de Pentecoste. A estranheza que muitos sentem com o cristianismo pentecostal-carismático está ligada à adoção de um "estereótipo do cristianismo" como uma religião *exclusivamente* europeia. Pelo menos nos últimos cinco séculos, a história do cristianismo esteve tão ligada à Europa que fazer menção a uma civilização cristã europeia soava natural.[161] Contudo, como observa Jenkins, o que acabou se sedimentando na tradição cristã foi o "mito do cristianismo ocidental", pois, "em momento algum o Ocidente deteve o monopólio da fé cristã".[162] Ainda segundo Jenkins, toda a ideia de um "cristianismo ocidental" distorce o verdadeiro padrão do desenvolvimento dessa religião ao longo do tempo.[163]

Essa observação não tem nenhum viés ideológico nem a intenção de desvalorizar o legado teológico, filosófico e cultural do Ocidente. Não se trata, em hipótese alguma, de uma guerra contra a cultura ocidental. O que estou tratando aqui diz respeito apenas à fisionomia monolítica que o cristianismo assumiu *majoritariamente* no Ocidente e à respectiva suspeita dessa visão monolítica em relação às diferentes manifestações doxológicas e litúrgicas que emergiram com a renovação pentecostal-carismática. Um simples exemplo será esclarecedor. Ao longo do século 20, foi enorme a celeuma causada pelo "falar em línguas". O movimento pentecostal foi sobremaneira hostilizado, depreciado e ridicularizado por causa da glossolalia. Até hoje, existem certas milícias especializadas em etiquetar como herético tudo o que se refere à tradição pentecostal-carismática. Contudo, a oração em línguas, seja considerada um sinal do batismo no Espírito Santo (At 2:4), seja considerada apenas um dom do Espírito (1Co 12:4-10,28), consta na Bíblia Sagrada, no Novo Testamento, ou seja, tem sede canônica.[164] Ainda que a glossolalia esteja ancorada *literalmente* no texto sagrado, muitos intérpretes negam a contemporaneidade do falar em outras línguas e, assim, "derrogam" o texto bíblico, por se sentirem incomodados em contrariar princípios hermenêuticos que preconizam que *essas partes das Escrituras não podem*

---

[161] Jenkins, *A próxima cristandade*, p. 16.
[162] Ibidem, p. 34.
[163] Ibidem, p. 34.
[164] S. M. Horton; W. W. Menzies, *Doutrinas bíblicas*, p. 113-9.

A ASCENSÃO DO CRISTIANISMO GLOBAL

mais ser válidas, em relação à fé litúrgica e doxológica contemporânea. O que mais me intriga é que Paulo orava em línguas, Pedro orava em línguas, todos os apóstolos oravam em línguas e o evangelho que chegou aos gentios na casa de Cornélio foi caracterizado pelo falar em línguas (At 10:45-46). Não obstante, alguns afirmam que não se pode orar em línguas como Paulo e Pedro oravam; em outras palavras, não se pode viver o cristianismo que eles viviam e que está nas páginas do livro que é a fonte da fé e da prática cristãs.[165]

Portanto, quando se fala em "mito do cristianismo ocidental", a crítica recai sobre qualquer tipo de expressão cristã surgida no Ocidente que arrogue para si a condição de régua de medir outras expressões da fé cristã. Jenkins esclarece que o cristianismo é uma religião oriental que se disseminou da Palestina para a Europa, a África e a Ásia. Segundo o autor, a expansão do cristianismo obedeceu a um movimento tripartite. Como ensina:

> Fundado no Oriente Próximo, o cristianismo, em seus primeiros mil anos, foi mais forte na Ásia e no Norte da África do que na Europa, e só depois de 1400, mais ou menos, é que a Europa (e a América do Norte europeizada) tornou-se, decididamente, o centro do mundo cristão.[166]

A história do cristianismo mais familiar a nós é a que transcorreu na Europa. Por conseguinte, a teologia cristã surgida na Europa obteve influência e prestígio sobre os povos colonizados pelos europeus. Com o advento da modernidade, um movimento tipicamente europeu, e o surgimento do racionalismo, grande parte desse legado teológico foi submetida à camisa de força do racionalismo iluminista, em detrimento de outros meios epistemológicos.[167] Danilo Marcondes observa que a ideia

---

[165] A questão está ligada ao princípio protestante do *sola Scriptura*, "as Escrituras acima de todas as demais autoridades da fé e da prática cristãs" (R. Olson, *História da teologia cristã*, p. 394).

[166] Jenkins, *A próxima cristandade*, p. 33.

[167] Segundo Justo González, "modernidade" é "o nome que geralmente é dado à cosmovisão da Idade Moderna". Ainda segundo o autor, "a característica principal da cosmovisão da modernidade é sua busca pela objetividade racional e, portanto, também pela universalidade. Essa objetividade da modernidade está estritamente ligada à valorização da razão como a própria essência da humanidade [...]. Profundamente impactada pelo êxito das ciências físicas, a modernidade concebe o universo como um mecanismo fechado, que se move mediante uma cadeia irrompível e puramente racional de causas e efeitos e, portanto, *o universo moderno não deixa lugar para o mistério* e até a beleza pode ser objetivada, sendo transformada em uma série de proporções e razões temáticas" (*Breve dicionário de teologia*, p. 214-5, grifo nosso).

PENTECOSTALISMOS

da modernidade estava estreitamente vinculada à ruptura com a tradição, à oposição à autoridade da fé pela razão humana e à valorização do indivíduo em oposição às instituições.[168] A esse respeito, ao discorrer sobre o Iluminismo do século 17, ele afirma:

> O racionalismo iluminista estabelece que o homem, o indivíduo dotado de consciência autônoma, deve ser livre em relação à autoridade externa, política e religiosa que o domina e oprime, mas também em relação às suas próprias paixões, emoções e desejos. O homem é senhor de si também no sentido de que deve exercer controle sobre si e agir sempre de acordo com sua vontade e decisão racional.[169]

A rigor, é da natureza do cristianismo expressar uma só fé de diversas formas e, sem deixar de fazer uso da razão, não ceder a nenhuma racionalização esterilizante que tente impor uma única forma de expressar a fé. Como afirma Amos Yong, o cristianismo é uma religião essencialmente missionária e, por isso, seria extremamente contraditório impor a uma fé missionária um único modelo aos mais variados contextos nos quais se insere. Segundo Yong, a mensagem fundamental do evangelho adquire diferentes formas em diferentes contextos, sem que se modifique o núcleo essencial da proclamação cristã.[170] Jenkins esclarece que, durante os cem ou duzentos primeiros anos da era cristã, a Síria, o Egito e a Mesopotâmia eram grandes centros do cristianismo. Em meados do século 4, grande parte do cristianismo estava associada ao Império Romano do Oriente e, dos cinco grandes patriarcados, apenas um, Roma, ficava no Ocidente. Os demais estavam situados na África e na Ásia (Constantinopla, Antioquia, Jerusalém e Alexandria). No século 13, auge da civilização cristã na Europa, "é possível que houvesse mais fiéis cristãos no continente asiático do que na Europa"; por isso, Jenkins afirma que "o cristianismo nunca foi sinônimo de Europa nem de Ocidente".[171]

O fato é que o crescimento do cristianismo na Europa é uma história de enormes mudanças, adaptações e incorporação de várias ideias de diferentes culturas. Contudo, em decorrência da prolongada dominação europeia, os debates sobre a fé passaram a se concentrar em questões

---

[168] D. Marcondes, *Iniciação à história da filosofia*, p. 165.
[169] Ibidem, p. 209.
[170] Yong, *Renewing Christian theology*, p. 1, 7.
[171] Jenkins, *A próxima cristandade*, p. 36, 44.

A ASCENSÃO DO CRISTIANISMO GLOBAL

especificamente ligadas ao modo de pensar europeu. Quando o pensamento europeu praticamente passou a se confundir com as questões ligadas às exigências da epistemologia moderna, a teologia europeia também se adaptou à mudança de cenário do quadro filosófico e cultural mais amplo. Quanto mais se examina a fé cristã em sua versão europeia, mais se percebe que ela também representa uma espécie de inculturação.[172] O problema reside no fato de que a contextualização recente da fé cristã europeia se deu em um cenário de dominação do racionalismo e produziu uma crença sobremaneira afastada da visão de mundo bíblica. O pré-moderno passou a ser visto como o período de ignorância da história da humanidade.[173] A impressão que ficou foi a de que o mundo da Bíblia era um universo de mitos, e não de fatos históricos atravessados pelo sobrenatural. Contudo, os cristãos do Hemisfério Sul se sentem muito à vontade com as concepções bíblicas sobrenaturais, como sonhos, profecias e curas. Os pressupostos sobrenaturalistas, tão estranhos atualmente no Hemisfério Norte, são os pressupostos básicos para as culturas do Sul Global. Por isso, a leitura da Bíblia no Brasil, por exemplo, é diferente da leitura bíblica em um país europeu pós-cristão. E, se a leitura bíblica é diferente, o modo de viver a fé também o é.

Bruce L. Shelley observa que os cristãos do Sul Global se apropriam da Bíblia de maneira direta e leem-na com um senso de imediatismo, como se ela tivesse sido escrita *diretamente* para eles, ou seja, sem distanciamento histórico. Em contrapartida, os leitores ocidentais, via de regra, observam um grande distanciamento histórico, porque o texto não foi escrito diretamente para eles.[174] Como os ocidentais consideram seu mundo muito diferente do mundo da Bíblia, acabam concluindo que as experiências da igreja apostólica não podem ser também suas experiências. Segundo Shelley, "o que se destaca para esses leitores é como sua experiência é diferente da experiência do Novo Testamento".[175] Com efeito, a cultura e a teologia ocidentais acabaram por desenvolver estratégias para explicar racionalmente a distância entre o texto da Bíblia e sua experiência contemporânea. Assim, vários métodos exegéticos e hermenêuticos são utilizados para tentar demonstrar, por exemplo, que algo tido nos tempos

---

[172] Ibidem, p. 152.
[173] A "lei dos três estágios" de Auguste Comte (estágios teológico, metafísico e positivo) é o clímax desse tipo de perspectiva e afirmava que a humanidade é teóloga na infância, metafísica na juventude e física na maturidade (G. Reale; D. Antiseri, *História da filosofia*, p. 292).
[174] Shelley, *História do cristianismo*, p. 514.
[175] Ibidem, p. 514.

PENTECOSTALISMOS

bíblicos como um caso de possessão demoníaca atualmente deve ser visto como uma psicopatologia. Segundo Shelley, o resultado mais drástico dessa tentativa de justificar a distância entre os dois mundos foi a criação da abordagem cessacionista, segundo a qual a época dos milagres e dos dons espirituais simplesmente cessou. Para os cristãos do Hemisfério Sul, não há esse desconforto com os milagres e com o sobrenatural. Pelo contrário, a visão de mundo dominante no Hemisfério Sul praticamente opera uma sobreposição entre o mundo bíblico e o mundo atual, em uma verdadeira fusão de horizontes. Shelley ensina:

> Observações gerais sobre questões filosóficas são perigosas, mas é justo constatar que os cristãos no Sul Global veem o mundo à sua volta como manifestação de uma viva interação entre o que podemos chamar de um reino espiritual (não material) e um reino material (concretamente físico). Os ocidentais costumam considerar que um domínio sobre o reino material (talvez por meio da ciência) altera ou até mesmo nega a necessidade do domínio espiritual.[176]

A verdade é que os efeitos da mudança de eixo no cristianismo são enormes, permanecem em curso e, a rigor, ainda não é possível prever com precisão que impacto terá no cristianismo ao longo do terceiro milênio. Jenkins ensina que, assim como o cristianismo passou por grandes mudanças quando era um movimento judaico e helenista que se deslocou para as terras germânicas da Europa ocidental, a atual mudança demográfica do norte para o sul traz inúmeras implicações para a teologia e para a prática religiosa. À medida que o cristianismo for se deslocando para o sul, a fé cristã continuará sendo grandemente modificada pela imersão nas culturas vigentes dessas sociedades anfitriãs. Isso, porém, não significa dizer que não há algo de imutável na fé cristã histórica, mas, sim, que a orientação sobrenatural típica do sul continuará trazendo à tona um cristianismo mais parecido com o do primeiro século do que com os dos séculos 17 a 19.[177] Com efeito, a corrente dominante do cristianismo mundial emergente será voltada ao sobrenatural. Para Jenkins, essa constatação chega a ser uma "inversão irônica" das percepções ocidentais acerca do futuro do cristianismo.[178] Jenkins chama a atenção para o fato

---

[176] Ibidem, p. 515.
[177] Jenkins, *A próxima cristandade*, p. 21-2, 152.
[178] Ibidem, p. 24-5.

A ASCENSÃO DO CRISTIANISMO GLOBAL

de que o ambiente intelectual de ceticismo do século 20 acabou negligenciando uma corrente religiosa vital como o pentecostalismo.[179] Agora, em face da impressionante expansão da fé pentecostal-carismática, muitos se veem perplexos não apenas com o crescimento numérico dos pentecostais, mas também, e principalmente, com sua forma entusiástica de expressar a fé cristã.

É esse crescimento pujante, associado às novas expressões de fé, que Jenkins chama de Nova Cristandade. Esse termo faz menção a uma era da fé europeia medieval de cultura cristã amplamente difundida. Jenkins afirma que o "sentimento crescente de identidade entre os cristãos do Sul" está dando à luz uma Nova Cristandade que não é cópia da antiga, mas, sim, uma entidade verdadeiramente nova e em desenvolvimento.[180] Diz o historiador:

> Segundo a maioria das fontes, os integrantes das igrejas pentecostais e independentes já estão na casa das centenas de milhões e suas congregações situam-se, justamente, nas regiões de crescimento populacional mais rápido. Dentro de algumas décadas, essas denominações representarão um segmento muito maior da cristandade global, e é até concebível que componham a maioria. Elas pregam mensagens que, para um ocidental, parecem simplisticamente carismáticas, visionárias e apocalípticas. Nesse universo de pensamento, a profecia é uma realidade cotidiana, enquanto a cura pela fé, o exorcismo e as visões oníricas são componentes fundamentais da sensibilidade religiosa.[181]

Convém frisar que, à medida que se vai deslocando para o sul, o cristianismo, na verdade, está voltando às suas raízes escatológicas e carismáticas. Essa volta às raízes é um tema caro para os pentecostais, que, aliás, se autointitulavam Fé Apostólica no início do século 20.[182] A impressão que se tem é de que o verdadeiro cristianismo retornou, mas nem todos ainda perceberam tal fato. Aquilo que muitos críticos entendem como excentricidades é considerado pelos pentecostais cristianismo bíblico, apoiado nos relatos de acontecimentos desconcertantes do Antigo e do Novo Testamento. Inúmeras passagens bíblicas embaraçosas para uma

---

[179] Ibidem, p. 24.
[180] Ibidem, p. 27, 30, 288.
[181] Ibidem, p. 23-4.
[182] *Dicionário do movimento pentecostal*, p. 599-601.

PENTECOSTALISMOS

plateia tipicamente ocidental escolarizada são lidas com grande entusiasmo e fé nas igrejas do Hemisfério Sul. Para esse novo cristianismo, os relatos bíblicos de milagres, curas e exorcismos são cruciais para a mensagem cristã e toda versão do cristianismo em que falte esses sinais de poder incorre em grave suspeita de apostasia. Com efeito, o retorno à fé apostólica suscita a manifestação dos dons do Espírito Santo e, com eles, o empoderamento profético dos "leigos" e o surgimento de uma liderança apostólica e profética. As mudanças na eclesiologia são tão ou mais notórias do que na liturgia. Isso é o que C. Peter Wagner denomina "a Segunda Era Apostólica".[183] Para Wagner, esse é um fenômeno do século 21, intimamente associado à nova fisionomia do cristianismo global. Segundo o autor, "estamos vivendo agora em meio a uma das mais significativas mudanças em direção a um novo tempo na estrutura da igreja de que se tem notícia".[184] A ampla difusão do Movimento Apostólico e Profético é uma demonstração contundente dessa mudança nos modelos de liderança. Não basta a liderança ser academicamente treinada; ela também necessita ser pneumaticamente empoderada. A rigor, na maioria das igrejas do Sul Global, o treinamento acadêmico formal não é um requisito obrigatório para o exercício da função pastoral.

Em suma, estamos presenciando uma das maiores mudanças da história do cristianismo. O deslocamento da fé cristã para o Sul Global consagra o Brasil como uma das grandes sedes do cristianismo carismático mundial no terceiro milênio. Esse cristianismo é profundamente enraizado em uma leitura da Bíblia que conecta o leitor individual e as comunidades *diretamente* com o universo do texto, sem as mediações acadêmicas que possam levantar dúvidas sobre a veracidade dos relatos sobrenaturais da Escritura. A fé pentecostal-carismática do sul dá como pressupostas a presença extraordinária do Espírito Santo e a acessibilidade à experiência com o Espírito, da mesma forma que ocorria na igreja do primeiro século. Logo, o pentecostalismo pode e deve ser considerado um movimento de renovação que recuperou para o cristianismo contemporâneo a dimensão carismática do encontro divino-humano da era apostólica.

Para nossos propósitos, é de suma importância constatar, com Eldin Villafañe, que o crescimento do pentecostalismo na América Latina tem sido considerado por muitos um dos crescimentos mais extraordinários

---

[183] C. P. Wagner, *Apóstolos nos dias de hoje*, p. 8.
[184] Ibidem, p. 8. Sobre os novos modelos eclesiológicos que estão emergindo no Sul Global, v. C. P. Wagner, *Apóstolos e profetas: o fundamento da igreja*. Belo Horizonte: Sete Montes, 2014.

A ASCENSÃO DO CRISTIANISMO GLOBAL

da história da cristianismo.[185] O pentecostalismo alcançou, sem exceção, todos os países da América Latina. Desde o México, passando pela América Central, Caribe e chegando à América do Sul, o fogo pentecostal queima como nunca na América Latina. Ainda segundo Villafañe, os latino-americanos têm feito parte do movimento pentecostal desde o início, pois o avivamento da rua Azusa atraiu grande número de latinos que viviam no arredores de Los Angeles. Por isso, o autor afirma:

> Primordialmente pelo pastoreio de William J. Seymour na rua Azusa em Los Angeles, nasce o movimento pentecostal latino nos Estados Unidos. A esse humilde homem de Deus e pastor do avivamento da rua Azusa, os pentecostais latinos devem honrar como um de seus "pais espirituais".[186]

Depois de 1906, o movimento pentecostal se espalhou rapidamente pelo mundo e chegou aos países latino-americanos ainda na primeira década do século 20. O movimento chegou aos países da região por meio das iniciativas missionárias das igrejas pentecostais dos Estados Unidos.[187] O pentecostalismo se tornou o movimento religioso de crescimento mais rápido na América Latina e tem exercido uma influência cada vez mais crescente.[188] Amos Yong reconhece que a literatura que trata da expansão da fé pentecostal na região é vasta e, por conta disso, afirma que é difícil fazer um julgamento sumário sobre as causas do crescimento pentecostal na América Latina, principalmente em face da enorme "diversidade dos pentecostalismos latino-americanos".[189] Ainda segundo Yong, "a América Latina apresenta as mais diversas variações de protestantismo e pentecostalismo, onde *evangélicos* e *pentecostais* podem significar a mesma coisa ou coisas diferentes".[190] Senia Pilco, reconhecendo a complexidade do pentecostalismo latino-americano, afirma que o movimento na região tem particularidades próprias de cada um dos países e, por conseguinte,

---

[185] E. Villafañe, *Introducción al pentecostalismo*, p. 70. Pablo A. Deiros e Carlos Mraida, quanto aos inúmeros estudos sociológicos sobre a expansão pentecostal latino-americana, afirmam que "as conclusões a que esses estudos têm chegado são variadas, mas quase todos concordam em qualificar o pentecostalismo latino-americano como um movimento religioso fenomenal, sobretudo em relação ao seu crescimento e desenvolvimento" (*Latinoamérica en llamas*, p. 67).

[186] Villafañe, *Introducción al pentecostalismo*, p. 37-8.

[187] S. Pilco, *Movimiento pentecostal, movimiento carismático y movimientos religiosos contemporâneos*, p. 236.

[188] Woodbridge; James III, *História da igreja*, p. 894.

[189] Yong, *O Espírito derramado sobre a carne*, p. 45.

[190] Ibidem, p. 47. Pablo A. Deiros e Carlos Mraida afirmam que o pentecostalismo "tem adotado formas diferentes na América Latina" (*Latinoamérica en llamas*, p. 75).

as definições ou afirmações sobre as igrejas pentecostais latinas não podem ser generalizadas. Contudo, Pico ressalta que existem elementos comuns muito bem demarcados, como a ênfase nas ações do Espírito Santo e a manifestação dos dons espirituais.[191] Diz Pilco:

> Ao nos referirmos ao "movimento pentecostal", não estamos nos situando em uma determinada igreja ou denominação. O movimento pentecostal responde a uma corrente dentro da tradição protestante que vem assumindo constantes mudanças. O movimento pentecostal é conhecido por sua crença e sua convicção na ação do Espírito Santo através da igreja e por sua ênfase em demonstrar a manifestação dos dons na vida cotidiana da igreja atual, na prática dos carismas, das glossolalias e na cura divina.[192]

Acredito que a vertiginosa expansão pentecostal na América Latina esteja ligada ao que Pablo A. Deiros denomina "o mundo sobrenatural latino-americano".[193] Segundo Deiros, o mundo religioso latino-americano é composto por três elementos: a) a religiosidade indígena; b) a religiosidade africana; c) a religiosidade cristã. Para o autor, essa síntese expõe a alma e a consciência religiosa latino-americana.[194] Assim, a heterogeneidade da região não é apenas geográfica e cultural, mas principalmente religiosa. Essa síntese produziu na região um *ethos* religioso-cultural marcadamente sobrenaturalista. A perspectiva de que a realidade é governada por entidades espirituais é praticamente onipresente, mesmo nos setores da sociedade mais escolarizados e, portanto, mais influenciados pelo paradigma técnico-científico ocidental. Assim, mesmo diante dos anúncios e prognósticos mais trágicos do cientificismo acerca da "morte de Deus" e de um futuro sem religião, Deus está mais vivo do que nunca na América Latina.[195] Deiros comenta:

> A morte do religioso e espiritual, prevista por Friedrich Nietzsche, Max Weber, Émile Durkheim, Karl Marx, Augusto Comte, Sigmund Freud e Albert Ellis, para mencionar apenas uns poucos nomes representantes de vários campos das ciências humanas e sociais, não parece ter se cumprido.

---

[191] Pilco, *Movimiento pentecostal, movimiento carismático y movimientos religiosos contemporâneos*, p. 235.
[192] Ibidem, p. 236-7.
[193] Deiros, *O mundo religioso latino-americano*, p. 435.
[194] Ibidem, p. 269-70.
[195] Ibidem, p. 436.

A ASCENSÃO DO CRISTIANISMO GLOBAL

Pelo contrário, tudo parece indicar que a devoção a Deus continua, de longe, a mais popular e difundida em todo o continente.[196]

O mais espantoso é que a religião cristã não apenas não declinou, mas também se revigorou em toda a América Latina como uma impressionante demonstração de vitalidade. No final do século 20, já se percebia um assombroso ressurgimento da espiritualidade nos mais diversos âmbitos latino-americanos, tornando-se patente um "novo clima de abertura e de busca espiritual".[197] Atualmente, o que marca o mundo sobrenatural latino-americano, muito mais do que os compromissos institucionais, é a devoção a Deus. E, por causa da forte influência do elemento cristão na composição do mundo religioso latino, "a crença em Deus está muito ligada à crença em Jesus Cristo" e, por conseguinte, "a crença em Jesus Cristo é seguida pela fé no Espírito Santo".[198] É nesse cenário que Deiros afirma a existência de um "protestantismo inculturado", ou seja, uma forma de protestantismo tipicamente latino-americano chamada "protestantismo popular" ou mesmo "pentecostalismo popular".[199] Em geral, esse protestantismo é pentecostal, com ênfase na cura divina, na prática do dom de línguas, na crença em um mundo sobrenatural de demônios e espíritos malignos, no fervor emocional, na adesão a uma doutrina da santidade de raiz wesleyana, na oração da fé e no literalismo bíblico.[200]

No entanto, os pentecostalismos que crescem na América Latina são formas contextualizadas do protestantismo pentecostal, ou seja, são pentecostalismos autóctones. Tais pentecostalismos recebem também o qualificativo de protestantes pelo fato de estarem inseridos "no marco teológico da Reforma do século XVI" e, portanto, no âmbito dos "quatros pilares básicos da Reforma: *sola fide, sola gratia, solus Christus* e *sola Scriptura*".[201] Seguindo esses critérios de referência protestante, o pentecostalismo popular tem suas raízes históricas e teológicas no

---

[196] Ibidem, p. 436.

[197] Ibidem, p. 436, 439.

[198] Ibidem, p. 438-40. Segundo Deiros, "o assombroso crescimento pentecostal é devido também, em boa medida, à vitalidade entusiasta de sua *experiência religiosa centrada em torno da vivência do poder do Espírito Santo*. Seu estilo espontâneo de adoração tem sido sumamente atrativo para a emotividade latino-americana com um culto em que todos podem participar" (P. A. Deiros; C. Mraida, *Latinoamérica en llamas*, p. 73, grifo nosso).

[199] Sobre o "pentecostalismo popular", Deiros e Mraida afirmam que essa designação "destaca de maneira particular o caráter massivo e popular de certas manifestações de tipo pentecostal-carismática recentes" (*Latinoamérica en llamas*, p. 113).

[200] Deiros, *O mundo religioso latino-americano*, p. 282.

[201] Deiros; Mraida, *Latinoamérica en llamas*, p. 114.

pentecostalismo clássico, mas, no âmbito latino, assume feições particulares, conforme o contexto sociorreligioso em que se insere. Não obstante, é possível afirmar que o pentecostalismo latino-americano, em comparação com o protestantismo tradicional, estabeleceu uma nova forma de culto. No pentecostalismo se fala mais *com* Deus do que *acerca* de Deus. Se, no protestantismo tradicional, o discurso teológico é racional e controlado, no pentecostal, ainda que se fale sobre Deus, há uma expectativa pela irrupção do Espírito na congregação como protagonista do culto que dissolva qualquer tipo de rigidez protocolar. Nesse aspecto, há uma verdadeira recuperação simbólica do discurso, em detrimento da racionalização teológica.[202] No culto pentecostal, as palavras não só informam sobre algo ou alguém, mas também têm viés invocativo e doxológico. Há sempre uma expectativa de que algo novo possa acontecer; por isso, há uma constante abertura à ação imprevisível do Espírito Santo. São precisas as palavras de Deiros e Mraida acerca do culto pentecostal latino-americano:

> As igrejas pentecostais populares são comunidades do Espírito, mais do que de conhecimento. Pelo contrário, as igrejas tradicionais têm desenvolvido, com o passar do tempo, uma forte tradição intelectual. As pessoas são guiadas mais pelo estudo e pelo saber acerca de Deus. Enquanto no culto tradicional tudo está previsto e a verdade é uma questão de demonstração, no culto popular, pela ação imprevisível do Espírito, a verdade vive por meio dos fatos testemunhados e visíveis.[203]

Creio que os autores esclarecem pontos importantes acerca da identidade pentecostal latino-americana. Realmente, mesmo que não haja um ensino teológico formal, existe uma vivência experiencial baseada em uma teologia *ad hoc,* quase sempre transmitida de forma oral e ritual. O próprio culto e seus elementos têm caráter formativo. A "crença" pentecostal não é transmitida em salas de aula, mas em reuniões e campanhas de oração, vigílias, capelanias, evangelismos, diaconias e jejuns. A rigor, a crença é sempre vivida, é uma "crença prática". Quando ingressei nas fileiras pentecostais e comecei a estudar teologia, não compreendia esse *modo de viver*. Meu contato com obras acadêmicas não pentecostais me fez questionar a dinâmica pentecostal de culto, que não parecia centrada

---

[202] Ibidem, p. 117.
[203] Ibidem, p. 118.

A ASCENSÃO DO CRISTIANISMO GLOBAL

na Palavra. O que entendi posteriormente foi que o culto pentecostal não está centrado em uma "perspectiva", em que o discurso *sobre* Deus ocupa o centro das reuniões da igreja, mas, sim, na invocação do *próprio* Deus. O que os pentecostais buscam é o revestimento de poder que vem do alto (Lc 24:49). Ao fim e ao cabo, percebi que os pentecostais buscam em Deus o que ele busca em nós: relacionamento, intimidade e intensidade, ou seja, encontro. Mais bíblico do que isso, impossível.

DE ALDERSGATE A AZUSA: RAÍZES TEOLÓGICAS E HISTÓRICAS DOS PENTECOSTALISMOS

Talvez a maior deficiência com que deparei no pentecostalismo foi a falta de consciência histórica entre seus adeptos. Uma parte considerável dos pentecostais que conheci, acredito que a maioria, não tinha nenhuma ou quase nenhuma noção sobre a história do pentecostalismo. Quando muito, alguns conheciam algo sobre o avivamento da rua Azusa ou pelo menos sabiam de sua existência. Como afirmam Chiquete e Barrios, "parece urgente que na etapa atual dos estudos sobre o pentecostalismo prestemos maior atenção às nossas raízes espirituais e teológicas".[204] A falta de consciência histórica é algo grave em qualquer área da existência humana. Na vida espiritual, a falta de contextualização histórica pode conduzir, por ausência de um senso crítico elementar, aos extremos do fanatismo ou da superficialidade espiritual. Quando conhecemos a história do movimento pentecostal-carismático, nosso senso de pertencimento não fica restrito a uma igreja local, envolvendo um conjunto maior da tradição, com toda a sua riqueza espiritual. Conhecendo o passado, entendemos melhor a razão de nossa fé e encontramos fontes de inspiração que permaneceriam desconhecidas sem o conhecimento histórico. Com efeito, discorrerei tão somente sobre a ligação genealógica entre o metodismo e o pentecostalismo, ainda que abreviadamente. Considero o conhecimento básico da conexão entre metodismo e pentecostalismo imprescindível à maturidade na fé pentecostal, pois "os pentecostais são os herdeiros teológicos de Wesley".[205] Especialistas e pessoas versadas em história do pentecostalismo perceberão nesse ponto a ausência de personagens, fatos e formulações teológicas importantes que vieram à baila

---

[204] D. Chiquete; A. Barrios, *Entre cronos e kairos*, p. 116.
[205] Deiros; Mraida, *Latinoamérica en llamas*, p. 48.

PENTECOSTALISMOS

no período entre o século 18 e o início do século 20.[206] Contudo, procurei fazer uma síntese que deixasse evidente, em uma leitura rápida, o rio que flui da rua Aldersgate até a rua Azusa.

A raiz metodista

Quanto às origens histórico-teológicas dos pentecostalismos, o historiador Vinson Synan afirma que "John Wesley, o indomável fundador do metodismo, foi também o pai espiritual e intelectual da santidade moderna e dos movimentos pentecostais, que surgiram do metodismo no século passado".[207] Essa importante afirmação corrobora as conclusões unânimes da historiografia pentecostal-carismática de que, em relação às suas raízes, os pentecostalismos encontram sua paternidade no metodismo. A obra clássica de Donald Dayton consagrou a tese de que os elementos teológicos que caracterizam os pentecostalismos podem ser rastreados desde a teologia de John Wesley. Embora a teologia de tradições anteriores a Wesley possa ter exercido influência sobre a formação dos pentecostalismos (como o pietismo), Dayton ensina que, com Wesley, o metodismo foi o ponto de confluência do anglicanismo, do puritanismo e do pietismo. Esse amálgama que exerceu decisiva influência sobre a formação pentecostal é denominado por Dayton "a conexão metodista".[208]

Antes de chegar às suas convicções teológicas mais maduras, Wesley bebeu de muitas fontes teológicas. Contudo, o solo sobre o qual sua perspectiva da fé cristã viria a se desenvolver estava localizado no terreno da tradição anglo-católica, à qual ele pertencia, não na tradição protestante reformada continental.[209] A leitura devocional formativa de Wesley continha várias obras ligadas à tradição mística anglicana e católica que influenciaram seu ponto de vista sobre o cristianismo.[210] Além disso, o metodismo foi erigido sobre uma base arminiana, o que acentuou a importância da experiência de conversão. Desse modo, desde o início, por causa dessas influências, o metodismo deu grande ênfase à experiência.[211]

---

[206] "Parece-me importante assinalar que o pentecostalismo, ainda que tenha nascido com o século XX, tem uma larga pré-história que compreende, ao menos, os séculos XVIII e XIX" (D. Chiquete; A. Barrios , *Entre cronos e kairos*, p. 115).

[207] Synan, *A tradição de santidade e do pentecostalismo*, p. 12.

[208] D. Dayton, *Raízes teológicas do pentecostalismo*, p. 73. W. Kay, Pentecostalism, p. 1.

[209] Synan, *A tradição de santidade e do pentecostalismo*, p. 12.

[210] J. Wesley, *Explicação clara da perfeição cristã*, p. 21-2.

[211] Synan, *A tradição de santidade e do pentecostalismo*, p. 12-3; W. Brunelli, *Teologia para pentecostais*, p. 315.

A ASCENSÃO DO CRISTIANISMO GLOBAL

Wesley deixou a Inglaterra em 1735 e viajou para a Geórgia, quando os Estados Unidos eram uma colônia inglesa, para trabalhar como missionário entre os indígenas. Depois do total fracasso da missão, ele retornou à Inglaterra, em fevereiro de 1738, lamentando: "Fui para a América para converter os índios; mas quem me converterá?".[212] Foi em sua viagem missonária que Wesley fez contato com os pietistas morávios alemães.[213]

Após o retorno à Inglaterra, ocorreu o que ficou conhecido como "a conversão de Wesley", na rua Aldersgate, em Londres, no dia 24 de maio de 1738. Vinson Synan narra a experiência da seguinte forma:

> A lenta e dolorosa conversão de Wesley do anglicanismo sacramental ao metodismo evangélico chegou ao clímax em 24 de maio de 1738, enquanto ouvia uma leitura do Prefácio de Martinho Lutero aos Romanos numa reunião da Sociedade Religiosa na Aldersgate Street em Londres. Entrando no culto com uma "estranha indiferença, monotonia e frieza" depois de passar por meses de "mergulhos invulgarmente frequentes no pecado", Wesley sentiu o seu "coração estranhamente aquecido". Esta foi a sua famosa experiência de conversão — simultaneamente consciente, emocional e empírica.[214]

Deve-se ter em mente que, por volta de 1740, a perspectiva de Wesley sobre a fé cristã que moldou o movimento metodista havia amadurecido. Com efeito, Wesley compreendeu que a vida cristã compreendia duas fases separadas de experiências para o crente: a primeira era a conversão ou a justificação; a segunda, a perfeição cristã ou a santificação.[215] Foi justamente essa separação da vida cristã em duas fases experienciais que veio a ter influência decisiva para o desenvolvimento do *ethos* pentecostal.[216] Desse modo, Wesley consolidou a perspectiva de uma segunda *experiência*

---

[212] Synan, *A tradição de santidade e do pentecostalismo*, p. 14; M. Almeida; M. A. Silva; D. Américo; M. Webb, *Do avivamento metodista à igreja do século 21*, p. 14-6.

[213] "A igreja da Morávia teve um efeito profundo sobre John Wesley e o avivamento metodista" (A. H. Anderson, *Uma introdução ao pentecostalismo*, p. 38).

[214] Synan, *A tradição de santidade e do pentecostalismo*, p. 14; Synan, *O século do Espírito Santo*, p. 16; Anderson, *Uma introdução ao pentecostalismo*, p. 38; M. Almeida; M. A. Silva; D. Américo; M. Webb, *Do avivamento metodista à igreja do século 21*, p. 17; W. Brunelli, *Teologia para pentecostais*, p. 319.

[215] Synan, *A tradição de santidade e do pentecostalismo*, p. 16; A. H. Anderson, *Uma introdução ao pentecostalismo*, p. 38.

[216] "Foi essa doutrina da 'segunda bênção' que teve uma influência significativa sobre o pentecostalismo, mas apenas quando essa doutrina foi transmitida e reinterpretada pelo movimento de santidade americano" (A. H. Anderson, *Uma introdução ao pentecostalismo*, p. 38).

PENTECOSTALISMOS

pós-conversão e, com efeito, foi dele que os pentecostais herdaram a concepção da *necessidade* e da *possibilidade* de termos experiências com Deus após a conversão.[217] Segundo William Kay, a mensagem metodista passou a "coordenar emoção e razão em uma poderosa síntese".[218] A "perfeição cristã" era também chamada "segunda bênção", "santificação plena" ou "perfeito amor". Ainda segundo Synan, "John Fletcher, colega de Wesley, foi o primeiro a denominá-la 'batismo no Espírito Santo'".[219] Os metodistas, que, no século 19, formaram o movimento de santidade nos Estados Unidos, em dado momento passaram a denominar de "batismo no Espírito Santo" essa "segunda bênção".[220] Portanto, o grande legado de John Wesley para o pentecostalismo foi a combinação de sua ênfase em uma "religião do coração" vivida por uma "fé viva" e de forte caráter experiencial, com a doutrina da "segunda bênção" da graça após a conversão, que ele denominou "perfeição cristã". Foi principalmente a doutrina da "segunda bênção" como experiência de crise que viria a causar forte impacto sobre o pentecostalismo que a herdou, reinterpretada pelo movimento de santidade do século 19, nos Estados Unidos. Por essa razão, Vinson Synan afirma que John Wesley foi o pai espiritual e intelectual dos pentecostalismos.

John Fletcher (1729-1785) foi escolhido por John Wesley como seu sucessor. Fletcher era sacerdote ordenado pela Igreja Anglicana e passou a maior parte de sua vida como reitor da Paróquia de Medeley. Ele reinterpretou a doutrina e a experiência de Wesley. Segundo Vinson Synan, Fletcher passou a argumentar que "a segunda bênção era, na realidade, um 'batismo no Espírito Santo', bem como uma experiência de 'purificação' ou de 'recebimento do Espírito'".[221] A interpretação de Fletcher, que Dayton denomina de "a divisão crucial", veio a ter desdobramentos de grande proporção na teologia e na espiritualidade metodistas no século 19, nos Estados Unidos.[222] Fletcher entendia que a história era apresentada nas Escrituras

---

[217] "Segundo Anderson, a "possibilidade de experiências espirituais subsequentes à conversão indubitavelmente constituiu a semente que gerou o movimento de santidade e, depois, o pentecostalismo" (*Uma introdução ao pentecostalismo*, p. 38-9). M. A. Noll, *Momentos decisivos da história do cristianismo*, p. 234; P. A. Deiros; C. Mraida, *Latinoamérica en llamas*, p. 47.

[218] W. Kay, *Pentecostalism*, p. 9: "O metodismo, iniciado por John Wesley, era, inicialmente, uma corrente que visava a reavivar a anglicanismo ou o episcopalismo, dando-lhe um método de vida espiritual que favorecesse esse reavivamento" (W. Brunelli, *Teologia para pentecostais*, p. 333).

[219] Synan, *O século do Espírito Santo*, p. 16; Anderson, *Uma introdução ao pentecostalismo*, p. 38.

[220] Synan, *O século do Espírito Santo*, p. 30.

[221] Synan, *A tradição de santidade e do pentecostalismo*, p. 16; Anderson, *Uma introdução ao pentecostalismo*, p. 38.

[222] Dayton, *Raízes teológicas do pentecostalismo*, p. 102.

A ASCENSÃO DO CRISTIANISMO GLOBAL

por meio de um esquema dispensacionalista.[223] Assim, ele sustentava três dispensações na história da salvação: a do Pai, a do Filho e a do Espírito Santo. Cada uma delas apontava para uma promessa de Deus. A dispensação do Pai apontava para a vinda ou a encarnação do Filho. A dispensação do Filho mirava a promessa de derramamento do Espírito, ocorrido no dia de Pentecoste, conforme narrado em Atos dos Apóstolos. Finalmente, a dispensação do Espírito aponta para a volta de Cristo.[224] Contudo, essas dispensações não se restringiam a uma única forma de interpretar a história: seriam também uma descrição dos estágios de desenvolvimento e crescimento espiritual da vida cristã. Ou seja, essa visão, na esteira da concepção que vigorava no metodismo inicial, tinha plena aplicação à vida real e caráter experiencial.

Fletcher entendia que o entusiasmo deveria ser algo comum na vida cristã ao se levar em conta a vigência da dispensação do Espírito Santo.[225] A ideia de que a vida cristã tem um caráter marcado pelo entusiasmo religioso foi herdada pelo movimento de santidade e absorvida pelo pentecostalismo clássico. Para Fletcher, a atual dispensação deveria ser caracterizada por uma forte atuação do Espírito Santo sobre a vida da igreja e dos crentes. Até aquele momento, Fletcher unia a importância do viés experiencial da fé à concepção de uma segunda obra da graça, advindas de Wesley, com o *ethos* do fervor religioso. Não obstante, Fletcher avançou ainda mais quando deu à sua teologia uma marca bem particular, que veio a se mostrar bastante persuasiva no metodismo que desembarcou nos Estados Unidos, no início do século 19. Essa marca foi a mudança dos fundamentos exegéticos de John Wesley. Apesar do compromisso de Wesley com o restauracionismo, seus fundamentos exegéticos não se baseavam no livro de Atos dos Apóstolos.[226] O chamado "motivo primitivista em Wesley" é explicado por Donald Dayton da seguinte maneira:

> Devido à sua experiência na América do Norte, a maior preocupação de Wesley passou a ser a restauração das práticas e ordens da igreja primitiva. E para ele os *antigos* para os quais ele apelava não tinham muito a ver com o período neotestamentário. Wesley, neste afã, apelava para os três

---

[223] Ibidem, p. 102.
[224] Ibidem, p. 103.
[225] Ibidem, p. 105.
[226] Segundo Donald Dayton, "é de se notar a ausência do livro dos Atos dos Apóstolos nesses escritos de Wesley, inclusive qualquer referência ao Pentecoste" (*Raízes teológicas do pentecostalismo*, p. 106).

primeiros séculos da igreja, especialmente os anteriores ao Concílio de Niceia, para a igreja antes do imperador Constantino.[227]

Com efeito, o primitivismo de Wesley tinha um caráter mais historicamente determinado do que o recurso biblicista do livro de Atos dos Apóstolos, que os pentecostais mais tarde usaram para fundamentar seu restauracionismo. Foi Fletcher quem levou o restauracionismo à base exegética de Atos dos Apóstolos.[228] Com efeito, ele "preferia usar 'batismo no Espírito Santo' a usar a 'santificação' de Wesley".[229] A partir dessa base exegética, Fletcher passou a interpretar a segunda bênção como um batismo no Espírito Santo. Segundo Allan H. Anderson, "John Fletcher levou a doutrina um passo adiante quando falou da experiência subsequente de santificação como o 'batismo com o Espírito Santo', ligando a 'segunda bênção' a uma experiência de recebimento do Espírito".[230] Agora, com Fletcher, a concepção wesleyana da possibilidade de experiências espirituais após a conversão migrara para uma base exegética da qual não se descolaria mais. Donald Dayton observa:

> O que podemos identificar é que entre Wesley e Fletcher há uma mudança significativa nos fundamentos exegéticos, indicando mesmo a troca de uma orientação paulina e joanina característica de Wesley por uma orientação lucana, mais própria de Fletcher.[231]

Dessa maneira, com John Fletcher, ficaram estabelecidas as bases exegéticas a partir das quais haveria um paulatino desenvolvimento, até que se chegasse às formulações teológicas tipicamente pentecostais do início no século 20. O amálgama da espiritualidade metodista com a linguagem que começou a surgir com Fletcher teve enorme importância na difusão do metodismo do século 19 nos Estados Unidos. Segundo Eddie Hyatt, o "maior legado de Fletcher para os pentecostais é sua propensão para o uso da linguagem pentecostal".[232] Por isso, ao ressaltar a importância de Fletcher para o pentecostalismo, Hyatt afirma que o "único que talvez

---

[227] Dayton, *Raízes teológicas do pentecostalismo*, p. 81.

[228] Segundo Dayton, "a formulação de Fletcher obviamente dá ao livro dos Atos dos Apóstolos uma nova importância" (*Raízes teológicas do pentecostalismo*, p. 106).

[229] Hyatt, *2000 anos de cristianismo carismático*, p. 138.

[230] Anderson, *Uma introdução ao pentecostalismo*, p. 38.

[231] Dayton, *Raízes teológicas do pentecostalismo*, p. 106.

[232] Hyatt, *2000 anos de cristianismo carismático*, p. 138.

A ASCENSÃO DO CRISTIANISMO GLOBAL

possa receber também o título de 'pai do movimento pentecostal' é John Fletcher'".[233] Quando o metodismo desembarcou na América do Norte, na segunda metade do século 18, a doutrina da segunda bênção veio junto, e "Fletcher tornou-se o teólogo metodista predileto da América do Norte".[234] Em outras palavras, a ideia de uma segunda obra da graça após a conversão que santificava o crente chegou à América com os missionários metodistas. Segundo Vinson Synan, os relatos dos primeiros sermões metodistas a partir de 1766 já enfatizavam que, após a conversão, era necessária uma nova experiência com o Espírito Santo para a santificação.[235]

Ao ressaltar o aspecto experiencial na vida cristã, o metodismo acabou por ressaltar também o papel das emoções. Eram comuns os relatos de êxtases, clamores em alta voz, choros, gritos, gemidos e suspiros por parte daqueles que desejavam ser libertos de qualquer resquício de seus pecados. O metodismo do século 18 foi também uma reação ao formalismo religioso, à excessiva institucionalização, à rigidez dos credos e à intelectualização da fé cristã. A religião do coração estava mais atenta às necessidades e à linguagem do povo comum. Por causa disso, ao desembarcar nos Estados Unidos e no período de expansão para o interior do território americano, o metodismo tornou-se um fenômeno nas fronteiras, com sua espiritualidade mais sensível ao cotidiano das pessoas simples.[236] Para Synan, à "medida que a fronteira chegava cada vez mais longe no interior do continente, descobriu-se que a adoração volátil e emocional dos metodistas se adaptava melhor ao temperamento dos homens rudes da fronteira".[237] Donald Dayton relata o fenômeno do crescimento do metodismo em solo americano da seguinte forma:

> Quando da Revolução Americana (1776), o metodismo na Américas era ainda uma seita desorganizada e marginal começando a fincar seu pé no Novo Mundo. Por volta de 1820, todavia, os metodistas conseguiram fazer crescer sua membresia mais rapidamente do que a dos batistas e

[233] Ibidem, p. 138.

[234] *Dicionário do movimento pentecostal*, p. 587.

[235] Synan, *A tradição de santidade e do pentecostalismo*, p. 17.

[236] Segundo Donald Dayton, "os metodistas se tornaram os grandes discipuladores da América colonial" (*Raízes teológicas do pentecostalismo*, p. 110). Segundo Anderson, "o metodismo americano foi a religião de fronteira por excelência; enfatizava a liberdade pessoal e abria espaço para o elemento emocional da religião popular" (*Uma introdução ao pentecostalismo*, p. 38).

[237] Synan, *A tradição de santidade e do pentecostalismo*, p. 19.

caminhavam rapidamente para se tornar a maior denominação protestante nos Estados Unidos durante aquele século.[238]

E, como já era de praxe, os missionários metodistas incentivavam os convertidos a seguirem em frente na busca pela perfeição cristã. Essa ênfase reforçava o aspecto dramático da vida cristã como uma luta intensa contra o pecado, na qual todas as armas espirituais deveriam ser manejadas em busca da santificação. A linguagem simples dos pregadores metodistas, que falava ao coração das pessoas sem instrução, firmou-se como um padrão homilético que acabou absorvido, anos mais tarde, pelos pregadores pentecostais. Nesse ponto, ressaltava-se a necessidade de se comunicar um evangelho que falasse de um relacionamento vivo com Deus, em que excessivas conceitualizações teológicas não pudessem se tornar obstáculos. O progresso na vida cristã em busca da santidade também era mais bem compreendido e vivido por meio de uma liturgia e de uma linguagem mais emocionais do que por explicações teóricas.

Segundo Donald Dayton, o metodismo se apresenta como um autêntico ancestral do movimento pentecostal e, quando se quer apresentar os elos e os desenvolvimentos históricos reais que culminaram no advento do pentecostalismo, a tentativa de entender o movimento pentecostal não prescinde de um estudo sobre a "conexão metodista".[239] Sobre a importância do metodismo em solo americano e também como ancestral do pentecostalismo, Eddie Hyatt é esclarecedor:

> Fletcher foi amplamente lido pelos defensores da santidade (*holiness*) do século XIX, que também incorporaram sua linguagem pentecostal aos seus escritos e ensinamentos. A terminologia wesleyana foi então substituída pela pentecostal. Isso ajudou a estabelecer as bases para o movimento pentecostal do século XX, que por sua vez emergiu do movimento de santidade. O metodismo primitivo, que era carismático, tornou-se assim o ventre que deu nascimento ao/carismático do século XX.[240]

O cristianismo emocional, experiencial, perfeccionista e avivalista que prosperou nos Estados Unidos no século 19 surgiu, principalmente, das fileiras metodistas.

---

[238] Dayton, *Raízes teológicas do pentecostalismo*, p. 110-1.
[239] Ibidem, p. 73.
[240] Hyatt, *2000 anos de cristianismo carismático*, p. 139.

A ASCENSÃO DO CRISTIANISMO GLOBAL

Raízes britânicas dos pentecostalismos

Embora o movimento pentecostal tenha surgido nos Estados Unidos, parte considerável de suas raízes teológicas estão fincadas em solo britânico. Três movimentos avivalistas e carismáticos são de enorme importância para os pentecostalismos: a Igreja Apostólica Católica, de Edward Irving; o Movimento de Vida Superior (*Higher Life*), de Keswick; o avivamento do País de Gales, com Evan Roberts. Tais movimentos prepararam o caminho para o transbordar do Espírito Santo nos Estados Unidos, no início do século 19.[241]

Edward Irving

Edward Irving (1792-1834) foi um pastor presbiteriano escocês que atuou em Londres. Em 1830, Irving começou a investigar relatos de cura divina e de glossolalia no oeste da Escócia.[242] Convencido da veracidade sobre as intervenções sobrenaturais do Espírito Santo, revisou sua teologia sob a ótica da vigência dos dons do Espírito. Irving empreendeu uma reorientação em sua cristologia, considerando que as obras miraculosas de Cristo também procediam do Santo Espírito. Ele compreendeu que Jesus, como ser humano, operava milagres na unção do Espírito Santo, que o capacitava, e não só por causa de sua natureza divina.[243] Para Irving, como temos a mesma natureza humana que Jesus, ao recebermos o batismo no Espírito Santo como a igreja apostólica recebeu, somos capacitados a ministrar a mesma unção que estava sobre Cristo e os apóstolos. Assim, Irving percebeu uma conexão entre a cristologia e as manifestações miraculosas que ele investigara, e essa conexão passava necessariamente pela unção do Espírito Santo. O Cristo ressurreto prometeu revestir sua igreja com o poder do alto (Lc 24:49; At 1:8); por isso, é necessário enfatizar o

---

[241] Synan, *O século do Espírito Santo*, p. 16.

[242] Ibidem, p. 39; Synan, *A tradição de santidade e do pentecostalismo*, p. 80; M. Almeida; M. A. Silva; D. Américo; M. Webb, *Do avivamento metodista à igreja do século 21*, p. 54. "A informação de que um avivamento espiritual estava ocorrendo na Escócia mobilizou o pastor presbiteriano Edward Irving, que correu para lá, a fim de conhecer de perto o que estava acorrendo. No ano de 1830, vários focos de avivamento estavam aparecendo nas Ilhas Britânicas. Ao chegar à pequena cidade de Port Glasgow, conheceu Mary Campbell, uma simples dona de casa que havia ficado cheia do poder do Espírito e falava em línguas. Seu impacto foi ainda maior quando conheceu os gêmeos James e George McDonald, os quais falavam línguas e interpretavam-nas para o inglês" (W. Brunelli, *Teologia para pentecostais*, p. 330). P. A. Deiros; C. Mraida, *Latinoamérica en llamas*, p. 43.

[243] G. MacGee, *Evidência inicial*, p. 65.

65

PENTECOSTALISMOS

papel de Jesus como aquele que batiza com o Espírito Santo. Para Irving, o batismo no Espírito Santo era a extensão da vida e do ministério de Jesus por meio da igreja.[244]

Em abril de 1831, Irving iniciou as reuniões de oração na igreja de Regent Square, em Londres, e logo os dons de glossolalia, interpretação e profecia se manifestaram.[245] Durante esse tempo, Irving se dedicou ao ministério de pregação e ao ensino bíblico sobre os dons espirituais. Ele estava plenamente convencido de que impedir a manifestação dos dons seria o equivalente a calar a voz do Espírito Santo e desprezar o papel de Cristo como aquele que batiza com o Espírito.[246] Em maio de 1832, por causa de suas novas convicções, Irving foi desligado da função pastoral pelo presbitério de Londres. Depois que deixou a Igreja Presbiteriana, Irving fundou a Igreja Apostólica Católica, cujo governo era apostólico. Villafañe aduz que a Igreja Apostólica Católica de Irving foi "um movimento com todos os carismas restaurados".[247] Segundo Synan:

> Irving e seus amigos organizaram um novo grupo, denominado Igreja Apostólica Católica. O grupo ensinava não apenas que todos os *charismata* haviam sido restaurados, mas também que o ofício apostólico fora restaurado para o fim dos tempos.[248]

Duas questões ligadas ao ministério de Irving são de extrema importância para os pentecostalismos. Ambas dizem respeito ao fato de Irving ter sido alguém à frente de seu tempo e um dos grandes precursores do movimento pentecostal. A primeira diz respeito ao fato de Irving ter elaborado uma doutrina do batismo no Espírito Santo 75 anos antes da eclosão do movimento pentecostal. Pode-se afirmar que houve um "Pentecoste londrino" durante o mistério de Irving. A ênfase no ofício de Cristo como aquele que batiza no Espírito Santo levou o ministro britânico a elaborar uma doutrina antes da formulação clássica de Charles F. Parham. Assim:

> À luz das notáveis ocorrências pentecostais e das suas ricas amarrações teológicas centradas em torno da pessoa de Edward Irving durante a

---

[244] Ibidem, p. 70.

[245] Synan, *O século do Espírito Santo*, p. 40; Anderson, *Uma introdução ao pentecostalismo*, p. 36; W. Brunelli, *Teologia para pentecostais*, p. 330; Noll, *Momentos decisivos da história do cristianismo*, p. 314.

[246] MacGee, *Evidência inicial*, p. 67.

[247] Villafañe, *Introducción al pentecostalismo*, p. 24.

[248] Synan, *O século do Espírito Santo*, p. 42.

A ASCENSÃO DO CRISTIANISMO GLOBAL

década de 1830 na Grã-Bretanha, o derramamento pentecostal "clássico" na América do século 20 perde um pouco de sua singularidade. Embora nenhuma ligação histórica direta tenha sido traçada entre esses dois movimentos, a expressão britânica, que precedeu o movimento norte--americano em mais de setenta anos, claramente antecipou algumas das características mais significativas da experiência "clássica".[249]

Irving via o batismo no Espírito Santo como uma experiência posterior à regeneração cristã e entendia que as línguas serviam de sinal inicial dessa experiência.[250] Para ele, portanto, "as línguas eram um sinal introdutório do batismo no Espírito na Igreja".[251] A grande diferença entre a concepção de Irving e a de Parham está no fato de que o primeiro não incentivou o uso das línguas como *xenolalia* de viés missionário, como o segundo.[252] Ao contrário, para Irving, as línguas (glossolalia) eram um *sinal* do batismo no Espírito e um *dom* para edificação pessoal. Segundo ele, o maior propósito das línguas era a comunicação do Espírito com o crente "por meio de comunicações diretas do Espírito Santo".[253] Nesse aspecto, Irving afirmava a prioridade da comunhão mais profunda do ser humano com o Espírito de Deus em uma dimensão suprarracional.[254] A segunda questão está ligada ao pioneirismo de Irving quanto ao restabelecimento do "ministério apostólico". Ele não só denominou sua igreja "apostólica", mas também ordenou apóstolos. Se, em relação ao pentecostalismo clássico, Irving estava 75 anos à frente, no que concerne ao movimento apostólico--profético contemporâneo, ele estava quase duzentos anos na vanguarda. A própria palavra "apostólica" na composição do nome da igreja fundada por Irving estabelece a ligação entre a restauração dos dons da igreja primitiva e o restabelecimento do "governo de igreja" apostólico (Nova Reforma Apostólica). A impressão que se tem é que Edward Irving antecipou praticamente todas as questões que viriam a se consolidar no movimento pentecostal-carismático; por isso, ele é digno de ser reconhecido como um dos pais espirituais dos pentecostalismo, e "o movimento irvinita é um importante precedente para o pentecostalismo".[255]

---

[249] "Para Irving, o verdadeiro significado das línguas não repousava em sua função xenoglóssica" (G. MacGee, *Evidência inicial*, p. 63, 76).

[250] MacGee, *Evidência inicial*, p. 81.

[251] Ibidem, p. 79.

[252] Ibidem, p. 75.

[253] Ibidem, p. 77.

[254] Ibidem, p. 77.

[255] Anderson, *Uma introdução ao pentecostalismo*, p. 36.

Keswick

Outro predecessor dos pentecostalismos foi o Movimento de Vida Superior, de Keswick, surgido na Inglaterra, em 1875.[256] As conferências de Keswick foram organizadas para promover uma vida espiritual mais profunda.[257] A grande influência dos mestres de Keswick sobre o pentecostalismo consiste na mudança do conteúdo doutrinário da chamada "segunda bênção" ou "batismo no Espírito Santo", que, por influência metodista, estava ligada à ideia da santificação instantânea. Keswick foi mais influenciado por teólogos reformados que concebiam a santificação como progressiva, como Andrew Murray Jr.[258] Aqui, pode-se situar a raiz pentecostal não wesleyana, que se consolidou sob a liderança do pastor batista William H. Durham após o surgimento do avivamento da rua Azusa. Segundo Deiros e Mraida, à medida que o movimento pentecostal foi crescendo, muitos que não tinham uma formação wesleyana ou de santidade acabaram se unindo.[259] A maioria deles eram batistas com uma compreensão reformada da santificação e, por conseguinte, "como pentecostais, aceitaram que a graça opera na vida do crente de duas maneiras: primeiro, no novo nascimento e, depois, com a plenitude do Espírito Santo com as línguas como sinal de capacitação para o serviço".[260] Foi essa perspectiva que, de acordo com Deiros e Mraida, esteve presente no influente ministério de William H. Durham. Depois que visitou Azusa, Durham rechaçou a doutrina wesleyana da santificação e passou a defender a doutrina da "obra consumada". Ele afirmava que a pessoa regenerada era salva por um único e suficiente ato de Deus, e que não era válido o ensino wesleyano de que só o homem exterior era purificado na regeneração, enquanto o homem interior era purificado em um segundo momento, que erradicava completamente o pecado interior.[261]

Na segunda década do século 20, a posição de Durham foi adotada por "igrejas pentecostais da obra consumada", como as Assembleias de Deus. Assim, as "igrejas *holiness* pentecostais" optaram pela perspectiva das "três obras da graça": justificação (primeira), santificação ou purificação

---

[256] Ibidem, p. 41.

[257] Deiros; Mraida, *Latinoamérica en llamas*, p. 50.

[258] Anderson, *Uma introdução ao pentecostalismo*, p. 41.

[259] "As perspectivas keswickianas influenciaram significativamente a ala reformada do movimento de santidade americano" (*Dicionário do movimento pentecostal*, p. 587).

[260] Deiros; Mraida, *Latinoamérica en llamas*, p. 54-5.

[261] Ibidem, p. 55.

A ASCENSÃO DO CRISTIANISMO GLOBAL

(segunda), que, por sua vez, era um pré-requisito para o batismo no Espírito Santo (terceira) como capacitação para o serviço, com a evidência inicial do falar em línguas.[262] Na outra ponta, a maioria das novas denominações pentecostais adotou a posição de Durham, a saber, a perspectiva das "duas obras da graça": justificação e batismo no Espírito Santo, sem referência à santificação como uma obra da graça *distinta* da justificação.[263] Nesse aspecto, Keswick é uma influência "não wesleyana" que contribuiu grandemente para o efervescente cenário espiritual americano do final do século 19.[264] Tanto os elementos perfeccionistas wesleyanos quanto os elementos reformados de Keswick geraram os paradigmas teológicos do pentecostalismo americano.[265] O movimento de Keswick alterou a ideia do batismo com o Espírito Santo como "erradicação do pecado" em favor da ideia do batismo no Espírito Santo como "revestimento de poder para o serviço". A experiência do batismo no Espírito Santo passou a ser concebida não mais como sinônimo de purificação (como no metodismo), mas como "unção" do Espírito e, por conseguinte, houve "uma ruptura com o perfeccionismo wesleyano".[266] Em outras palavras, o conteúdo do batismo no Espírito Santo passou a ser compreendido não mais com a ênfase wesleyana sobre a "pureza de coração", mas como "revestimento de poder para o serviço".[267] Nos Estados Unidos, alguns mestres de Keswick, como A. B. Simpson e A. J. Gordon, acrescentaram a ênfase na cura divina.[268] O famoso evangelista D. L. Moody foi um dos líderes do movimento Keswick nos Estados Unidos e, em grande parte por causa de seu prestígio, no final do século 19, "a ideia da experiência do Pentecostes pessoal já não era uma doutrina bizarra ensinada na periferia do cristianismo evangelical"; pelo contrário, "ela se introduzira no tronco da família religiosa dos Estados Unidos e da Grã-Bretanha como uma experiência válida para os tempos modernos".[269] Portanto, no final daquele século, o anseio generalizado por um avivamento se associou ao desejo por santificação. Entre os

---

[262] Synan, *O século do Espírito Santo*, p. 136-7.
[263] Ibidem, p. 171.
[264] Deiros; Mraida, *Latinoamérica en llamas*, p. 49.
[265] *Dicionário do movimento pentecostal*, p. 587.
[266] Anderson, *Uma introdução ao pentecostalismo*, p. 39; Synan, *O século do Espírito Santo*, p. 48.
[267] Synan, *O século do Espírito Santo*, p. 17. Deiros e Mraida afirmam que Keswick propagou o batismo no Espírito Santo "como um experiência de capacitação para o serviço, segundo a qual o batismo no Espírito Santo não se dá com o propósito de limpar pecados, e sim de capacitar para o serviço" (*Latinoamérica en llamas*, p. 50).
[268] Synan, *O século do Espírito Santo*, p. 17.
[269] Ibidem, p. 50.

PENTECOSTALISMOS

herdeiros do metodismo, tais anseios foram expressos pela ênfase na santidade, enquanto, entre os de orientação reformada, a ênfase recaía sobre o poder para o serviço.[270] Desse modo, o movimento de Keswick contribuiu para produzir uma concepção que, no final do século 19, já estava bem delineada: o batismo no Espírito Santo passou a ser compreendido como investidura de poder para o serviço.

O avivamento do País de Gales

Esse avivamento, ocorrido em 1904 e liderado por Evan Roberts (1878-1951), foi outra grande influência britânica sobre o movimento pentecostal. De acordo com a maioria dos historiadores, durou cerca de dezoito meses, de novembro de 1904 a abril de 1906.[271] Embora relativamente curto, o avivamento em Gales se tornou lendário e um ícone para os que têm sede e fome de Deus. Evan Roberts era um jovem de origem simples quando, aos 26 anos de idade, começou a pregar para os jovens de sua igreja. O que poucos sabiam era que Roberts orava ininterruptamente desde a sua conversão, aos 13 anos. Ao contrário da maioria dos cristãos de sua época, que se mostravam indiferentes e acomodados, Roberts estava sempre insatisfeito com o nível de sua vida espiritual. Sua persistente vida de oração gravitava ao redor de dois temas: em primeiro lugar, ele pedia para ser cheio do Espírito de Deus; em segundo lugar, ele orava por um avivamento nacional. "'Aviva Gales!', suplicava ele."[272]

Quando o avivamento irrompeu, houve um derramamento tão poderoso do Espírito Santo que o povo não conseguia ficar de pé. Nas reuniões lideradas por Roberts, era comum as pessoas "caírem no poder" do Espírito e ficarem prostradas no chão durante horas a fio.[273] Havia intensos quebrantamento e arrependimento, e muitos choravam e até mesmo desmaiavam. A experiência era acompanhada de gritos, risos, revelações, profecias, danças e línguas estranhas.[274] Segundo Anderson, havia uma forte ênfase na presença de Deus no culto e na experiência pessoal com o Espírito Santo.[275]

---

[270] Noll, *Momentos decisivos na história do cristianismo*, p. 314.

[271] N. L. Demoss; M. Smith, *O avivamento do país de Gales*, p. 35; segundo Brunelli, o avivamento durou apenas nove meses (*Teologia para pentecostais*, p. 341).

[272] Demoss; Smith, *O avivamento do país de Gales*, p. 12; W. Brunelli, *Teologia para pentecostais*, p. 342; E. Villafañe, *Introducción al pentecostalismo*, p. 59-60.

[273] Synan, *O século do Espírito Santo*, p. 63.

[274] Ibidem, p. 63; Demoss; Smith, *O avivamento do país de Gales*, p. 23.

[275] Anderson, *Uma introdução ao pentecostalismo*, p. 49; Brunelli, *Teologia para pentecostais*, p. 342.

A ASCENSÃO DO CRISTIANISMO GLOBAL

Uma tremenda manifestação do poder de Deus era caracterizada pela completa liberdade do Espírito Santo.[276] De acordo com DeMoss e Smith, os cultos em Gales eram um "caos organizado", pois não havia ordem humana, nem se tentava mais dar abertura à reunião ou fazer algum planejamento. Aos olhos da lógica humana, eram reuniões caóticas, mas havia "uma perfeita ordem do Espírito".[277] Roberts não era um pregador convencional e, antecipando a tendência que viria a ser consagrada no pentecostalismo global, era prático e testemunhava sobre suas experiências com o Espírito Santo. Suas palavras falavam ao coração das pessoas.

Embora tenha durado menos de dois anos, os efeitos do avivamento de Gales continuaram por muito tempo. Vidas foram transformadas para sempre. Estima-se que o número de convertidos possa ter chegado a cem mil pessoas.[278] São precisas as palavras de DeMoss e Smith quando afirmam que "o aspecto mais importante de um avivamento não é a duração do fenômeno", mas, sim, "o impacto que gera na igreja e na sociedade".[279] O avivamento de Gales incendiou todo o país, depois Londres e, por fim, a Inglaterra, atraindo gente de todo o mundo.[280] Assim, as chamas foram se espalhando e muitos missionários saíram de Gales para alcançar lugares como a Índia e a África.[281] No entanto, uma das principais características do avivamento em Gales foi seu amplo alcance internacional. De acordo com DeMoss e Smith, "avivamentos começaram em vários outros países, diretamente influenciados pelas chamas que saíram de Gales, entre os quais o Avivamento da Azusa (1906) e o Avivamento da Coreia (1907)".[282] Como precursor de Azusa, o avivamento galês anunciava profeticamente que a chama do Espírito Santo chegava para incendiar a terra.[283] A síntese conclusiva de Synan sobre o avivamento galês é a seguinte:

---

[276] Synan, *O século do Espírito Santo*, p. 62.

[277] Demoss; Smith, *O avivamento do país de Gales*, p. 25.

[278] Anderson, *Uma introdução ao pentecostalismo*, p. 49; M. Almeida; M. A. Silva; D. Américo; M. Webb, *Do avivamento metodista à igreja do século 21*, p. 176-7.

[279] Demoss; Smith, *O avivamento do país de Gales*, p. 36.

[280] Synan, *O século do Espírito Santo*, p. 62. N. L. Demoss; M. Smith, *O avivamento do País de Gales*, p. 38.

[281] "A notícia do avivamento galês foi difundida principalmente por meio do livro de S. B. Shaw, que apareceu em 1905, intitulado *The great revival in Wales*. Também muito lido foi o panfleto de G. Campbell Morgan, *Revival in Wales*" (V. Synan, *A tradição de santidade e do pentecostalismo*, p. 79-80). *Dicionário do movimento pentecostal*, p. 587-90.

[282] Demoss; Smith, *O avivamento do País de Gales*, p. 38. "Sem dúvida, o maior precursor do impactante movimento pentecostal que eclodiria a partir da Rua Azusa, em Los Angeles, em 1906, foi o avivamento no País de Gales" (M. Almeida; M. A. Silva; D. Américo; M. Webb, *Do avivamento metodista à igreja do século 21*, p. 171).

[283] Frank Bartleman narra em seu livro como o avivamento no País de Gales teve grande repercussão nos Estados Unidos e despertou uma grande sede por avivamento: "Estávamos esperando

PENTECOSTALISMOS

Os efeitos do extraordinário avivamento do País de Gales eram tangíveis e duradouros. O poder do Espírito Santo, manifestado em diversos sinais, especialmente nas conversões e no crescimento da igreja, combinado com a presença de muitos que mais tarde desempenharam importantes papéis no novo Pentecostes, fez do avivamento do País de Gales, de 1904, um precursor do movimento pentecostal.[284]

Movimento de Santidade (Holiness)

O antecedente mais imediato do movimento pentecostal se encontra no movimento de santidade (*holiness*) do século 19, nos Estados Unidos.[285] Como já demonstrei, o metodismo, seguindo a perspectiva de John Wesley e à luz da terminologia de John Fletcher, considerava a "santi-ficação" e o "batismo no Espírito Santo" duas faces da mesma moeda. A expressão "batismo no Espírito Santo" começou a se consolidar a partir de 1867 com o acampamento nacional *Holiness*, realizado em Vineland, no estado americano de New Jersey. Sobre o movimento de santidade, também conhecido como movimento *holiness*, Eddie Hyatt ensina:

> O Movimento *Holiness* do século XIX começou dentro da Igreja Metodista. Foi uma tentativa de recuperar o fervor religioso do século anterior e o ensinamento da segunda obra da graça na vida do cristão. Além disso, foi orquestrado um enorme esforço para recuperar a fé da igreja primitiva, e isso especificamente abriu as portas para que manifestassem os dons milagrosos do Espírito.[286]

Foi em Vineland que, segundo Vinson Synan, teve início o "moderno" movimento de santidade nos Estados Unidos.[287] Ainda que a expressão

---

por um avivamento como houvera no país de Gales". Bartleman trocou correspondência com Evan Roberts e, sobre uma delas, afirma: "Eu havia escrito uma carta a Evan Roberts pedindo que, em Gales, orassem por nós, da Califórnia. Recebi a resposta de que eles estavam orando, o que nos ligava, então, ao avivamento de lá" (*A história do avivamento da Azusa*, p. 19). Segundo Anderson, "o pastor batista carismático de Los Angeles Joseph Smale visitou o avivamento galês e Frank Bartleman trocou correspondências com Evan Roberts, pedindo oração por um avivamento similar em Los Angeles" (*Uma introdução ao pentecostalismo*, p. 49). V. Synan, *A tradição de santidade e do pentecostalismo*, p. 80.

[284] Synan, *O século do Espírito Santo*, p. 63; Villafañe afirma que "o avivamento de Gales manifestou muitos dos sinais que têm caracterizado o pentecostalismo global" (*Introducción al pentecostalismo*, p. 60).

[285] Anderson, *Uma introdução ao pentecostalismo*, p. 37; Deiros; Mraida, *Latinoamérica en llamas*, p. 47.

[286] Hyatt, *2000 anos de cristianismo carismático*, p. 159.

[287] Synan, *A tradição de santidade e do pentecostalismo*, p. 31.

72

A ASCENSÃO DO CRISTIANISMO GLOBAL

"batismo no Espírito Santo" estivesse ligada à santificação, o chamado radical à vida santa que caracterizou o acampamento foi feito em "terminologia pentecostal". O apelo era por uma descida do Espírito Santo e "a linguagem pentecostal era resultado da sutil alteração ocorrida entre os defensores do movimento de santidade durante muitos anos".[288] Mais precisamente, desde 1830, a ideia quanto à experiência pós-conversão começou a passar por sucessivas revisões, que vieram a desaguar em Vineland e, por fim, na terminologia e na perspectiva teológicas tipicamente pentecostais.

Entre os principais personagens da renovação metodista antes de Vineland, estavam Phoebe Palmer e seu marido, Walter Palmer. Phoebe foi uma das maiores lideranças do movimento de santidade, se não a maior.[289] Phoebe Palmer, nascida em New York, em 1807, foi criada no metodismo, o que despertou nela um profundo interesse pelas raízes históricas e teológicas do wesleyanismo. Ela afirmava ter recebido a experiência da segunda bênção tipicamente metodista, ou seja, a santificação plena. Em 1835, o casal Palmer instituiu em sua residência o que passou a ser conhecido como "reuniões de terça-feira para promoção da santidade".[290] Por volta de 1839, Phoebe Palmer já se tornara a líder das reuniões, que haviam conquistado enorme popularidade. Centenas de pessoas das mais variadas denominações afluíam à casa do casal Palmer a fim de aprender o caminho que levava à perfeição cristã.

Segundo Donald Dayton, as reuniões na sala de visitas da família Palmer, "de forma bem parecida com os encontros carismáticos de hoje nos lares crentes, foram amplamente reproduzidas em diversas regiões da América do Norte".[291] Os principais pastores e bispos metodistas estavam entre os que frequentavam as reuniões em busca do ensino de Phoebe sobre a perfeição cristã e em busca da experiência de santificação. A concepção de Phoebe Palmer ficou conhecida como "teologia do altar". Quem depositava tudo sobre o altar, dizia ela, poderia ser instantaneamente santificado por meio do batismo no Espírito Santo.[292] Nos trinta anos seguintes, Phoebe Palmer foi a líder nacional do movimento de santidade. Ela viajou intensamente pelos Estados Unidos e pelo Canadá,

---

[288] Synan, *O século do Espírito Santo*, p. 45.
[289] Segundo Eddie Hyatt, o "líder mais destacado e influente da busca por uma vida cristã mais elevada no século XIX foi Phoebe Worral Palmer (1807-1874)" (*2000 anos de cristianismo carismático*, p. 160). Synan, *A tradição de santidade e do pentecostalismo*, p. 24-5.
[290] Synan, *O século do Espírito Santo*, p. 46.
[291] Dayton, *Raízes teológicas do pentecostalismo*, p. 115.
[292] Synan, *O século do Espírito Santo*, p. 46; A. H. Anderson, *Uma introdução ao pentecostalismo*, p. 39.

PENTECOSTALISMOS

visitando igrejas e ministrando em congressos e acampamentos, sempre ensinando sobre o tema da santidade e da perfeição cristã. Em 1839, foi lançada uma influente publicação dedicada à doutrina *holiness*, *The guide to Christian perfection* [O guia para a perfeição cristã], que mais tarde passou a se chamar *The guide to holiness* [O guia para a santidade]. O periódico, de circulação mensal, trazia testemunhos de Phoebe e de seu marido, Walter, tornando-se muito popular. Em 1865, *Guide* foi comprado pelo casal Palmer, e sua influência sobre o protestantismo americano e, particularmente, entre os metodistas ampliou-se ainda mais. Por volta de 1874, Phoebe Palmer adotou definitivamente a linguagem pentecostal para se referir à segunda bênção como "batismo no Espírito Santo", ainda que igualasse, sob a mesma terminologia, a santidade e o recebimento do poder do Espírito. Para ela, santidade era poder.[293]

Charles G. Finney (1792-1873) se converteu ao cristianismo aos 29 anos e tornou-se um dos evangelistas mais bem-sucedidos dos tempos modernos. Finney era advogado e, após sua conversão, passou por uma experiência em seu escritório, que ele caracteriza como "'um poderoso batismo no Espírito Santo', quando o Espírito desceu sobre ele 'em ondas e ondas de amor líquido'".[294] Embora inicialmente alinhado com as fileiras calvinistas, após sua experiência pessoal, ele passou a enfatizar o papel das emoções para a mudança de vida do cristão. Finney ficou conhecido pela introdução das chamadas "novas medidas" de evangelização, como o desenvolvimento de uma pregação fortemente emocional, a introdução do "apelo final" nas mensagens, o incentivo às confissões públicas de fé e os cultos prolongados. Ele foi um dos maiores avivalistas da década de 1820 nos Estados Unidos.[295] Em 1835, passou a atuar como professor de teologia na Faculdade de Oberlin, em Ohio. Nessa universidade, ele elaborou, com Asa Mahan, a chamada teologia de Oberlin, "que se referia à segunda bênção como sendo o batismo no Espírito Santo".[296] Aqui, surgiu uma inovação importante na teologia da segunda bênção, pois, para a teologia de Oberlin, o batismo no Espírito Santo é mais uma concessão

---

[293] Dayton, *Raízes teológicas do pentecostalismo*, p. 161.

[294] Anderson, *Introdução ao pentecostalismo*, p. 40; Brunelli, *Teologia para pentecostais*, p. 326.

[295] Segundo Synan, Charles Finney "liderou avivamentos de proporções espetaculares, usando o que ele chamou de novas medidas de evangelização" (*A tradição de santidade e do pentecostalismo*, p. 22).

[296] Hyatt, *2000 anos de cristianismo carismático*, p. 163. "A Escola de Oberlin estava integrada por congregacionalistas e presbiterianos, mas sua teologia era wesleyana. É ali que se podem encontrar as raízes históricas da transição de uma doutrina wesleyana de santificação para a do 'batismo no Espírito Santo'" (P. A. Deiros; Mraida, *Latino américa en llamas*, p. 48).

A ASCENSÃO DO CRISTIANISMO GLOBAL

de poder para o serviço do que uma purificação do pecado original ou inato, segundo o modelo de Wesley.[297] Finney também considerava a possibilidade de posteriores recepções do Espírito Santo para o crente, reforçando o caráter experiencial e emocional do cristianismo. Na verdade, Finney está situado entre o perfeccionismo e o pentecostalismo, pois sua doutrina do batismo no Espírito Santo é, simultaneamente, uma capacitação para o serviço e uma forma de entrar na santificação plena.[298] O movimento de santidade, no afã de revitalizar o perfeccionismo nos Estados Unidos, adotou todas as "novas medidas" de Finney e também foi fortemente influenciado pela teologia de Oberlin. Segundo Eddie Hyatt, as novas medidas, "unidas à sua teoria da subsequente concessão de poder do Espírito, tiveram um papel preponderante na preparação para o avivamento pentecostal carismático no século XX".[299]

A linguagem pentecostal foi o resultado de uma longa e sutil mudança ocorrida nos meios metodistas, mais especificamente em meio ao movimento de santidade. Exemplo disso foi a alteração da terminologia por Asa Mahan, um dos mais destacados teólogos das fileiras metodistas em meados do século 19. Colega e reitor de Charles Finney na Faculdade de Oberlin, Mahan publicou, em 1839, o livro *Scripture doctrine of Christian perfection* [Doutrina bíblica da perfeição cristã]. Nessa obra, ele faz uma defesa da teologia wesleyana da segunda bênção como santificação plena. No entanto, em 1870 Mahan publica uma edição revisada da obra com um novo título: *The baptism of the Holy Ghost* [O batismo do Espírito Santo]. Nessa nova edição, fica evidente uma profunda mudança de postura teológica e, por conseguinte, terminológica. Vinson Synan comenta:

> A linguagem pentecostal permeava o livro. As experiências de "segunda bênção" de Wesley, Madame Guyon, Finney e as do próprio Mahan eram referidas como "batismo no Espírito Santo". O efeito desse batismo era o "revestimento de poder do alto", bem como a purificação interior.[300]

---

[297] Segundo Eddie Hyatt, os teólogos de Oberlin "viam essa experiência como uma concessão de poder para o serviço cristão mais eficaz que a purificação do pecado original" (*2000 anos de cristianismo carismático*, p. 163).

[298] Synan, *A tradição de santidade e do pentecostalismo*, p. 23. Segundo Deiros e Mraida, "Wesley fez uma contribuição indireta, mas Finney é o verdadeiro pai do movimento pentecostal" (*Latinoamérica en llamas*, p. 49).

[299] Hyatt, *2000 anos de cristianismo carismático*, p. 164.

[300] Synan, *O século do Espírito Santo*, p. 45.

PENTECOSTALISMOS

O que estava em jogo aqui, fazendo o pentecostalismo ter certa continuidade com o metodismo, foi a mudança de linguagem e conteúdo acerca do momento em que ocorria a plena santificação. Passou-se a apresentar essa experiência como um batismo no Espírito Santo, conforme os relatos de Atos dos Apóstolos. Além disso, a experiência passou a ser vista não só como de santificação, mas também como uma capacitação para o serviço e o testemunho cristãos. Isso demonstra que a doutrina wesleyana da perfeição cristã passou por várias modificações no cenário americano, que viriam a culminar na doutrina distintiva do pentecostalismo sobre o batismo no Espírito Santo. Com a influência de Palmer e dos teólogos de Oberlin, a nova ênfase na santidade encontrou seu clímax pouco antes da Guerra Civil Americana (1861-1865). Desse modo, o termo "pentecostal" se tornou, a partir de Vineland, identificação obrigatória na maioria das obras *holiness* publicadas na última década do século 19 que alcançaram enorme popularidade. Na esteira dessa consolidação terminológica, surgiu, nas fileiras do movimento de santidade, a ênfase na "terceira bênção" e, no final da década de 1890, alguns líderes *holiness* destacavam um "batismo com o Espírito Santo e com fogo" após a "segunda bênção" da santificação.[301] Allan H. Anderson descreve com precisão as correntes vigentes sobre as experiências pós-conversão no final do século 19:

> Na virada do século, havia três grupos distintos de seguidores da santidade: *(1) a posição wesleyana*, que dizia que a "santificação inteira" ou o "amor perfeito" era a "segunda bênção" ou o batismo no Espírito Santo; *(2) a posição de Keswick*, que afirmava que o batismo no Espírito era uma investidura de poder para o serviço; e *(3) a posição de "terceira bênção"*, que continha tanto a "segunda bênção" da santificação quanto uma "terceira bênção" de "batismo com fogo" — novamente uma investidura de poder. Os primeiros pentecostais americanos viriam a seguir esta posição, mas identificavam a "terceira bênção" como o "batismo no Espírito", geralmente evidenciado pelo falar em línguas.[302]

Portanto, no final do século 19, o termo "pentecostal" passou a ser adotado pela maior parte do movimento de santidade, e as bases estavam montadas para o nascimento do pentecostalismo.[303] Aqui, já se percebe uma

---

[301] Ibidem, p. 48.
[302] Anderson, *Uma introdução ao pentecostalismo*, p. 41 (grifo nosso).
[303] Ibidem, p. 41.

A ASCENSÃO DO CRISTIANISMO GLOBAL

espécie de emancipação da terminologia do batismo no Espírito Santo do esquema de santificação wesleyano. Passou-se a assumir, cada vez mais, que o batismo no Espírito Santo era uma obra da graça independente da santificação que visava empoderar o crente em seu testemunho e serviço no mundo. O ministério de Benjamin Hardin Irwin, na última década do século 19, é um exemplo da nova perspectiva sobre o batismo no Espírito Santo nas fileiras *holiness*. Ele afirmava que o batismo no Espírito era um "batismo de fogo", uma experiência distinta da salvação e da santificação. O movimento de Irwin constitui uma importante ponte para o pentecostalismo no que diz respeito à afirmação de um ato único de revestimento de poder por parte do Espírito Santo, separado das obras de santificação e purificação operadas pelo mesmo Espírito.[304] A última década do século 19 foi, portanto, o clímax dos desenvolvimentos que deflagraram o movimento pentecostal. Discorrendo sobre esse período, Donald Dayton afirma que o "movimento de santidade procurava manter o conteúdo wesleyano nas novas formulações, mas não conseguiu o seu intento. A formulação pentecostal tinha adquirido poder próprio e [...] tomou outra direção".[305] O único elemento que faltava era o distintivo tipicamente pentecostal que consolidaria a independência do pentecostalismo em relação ao movimento de santidade: as línguas como evidência física do batismo no Espírito Santo. E foi justamente Charles Fox Parham quem fez a conexão entre o falar em línguas e o batismo no Espírito Santo, não só do ponto de vista teórico, mas também da perspectiva experiencial. Tendo sido aluno de Parham em 1905, William Seymour levou para Los Angeles o ensino das três bênçãos da vida cristã, a terceira sendo o batismo no Espírito Santo, com a evidência física inicial do falar em outras línguas.[306] Foi essa doutrina e essa experiência que o avivamento da rua Azusa, de 1906, legou ao mundo.

Charles F. Parham e William J. Seymour

Aqui, passaremos a considerar o berço do pentecostalismo. Kenneth Archer afirma que Kansas e Los Angeles reivindicam para si serem o

---

[304] Synan, *O século do Espírito Santo*, p. 54-6.

[305] Dayton, *Raízes teológicas do pentecostalismo*, p. 158.

[306] "Foi na escola bíblica de Charles Fox Parham, em 1901, que Agnes Ozman foi batizada no Espírito Santo com a evidência de falar em outras línguas. Essa percepção de Parham e de seus alunos foi levada por William J. Seymour a Los Angeles em 1906" (*Pentecostal Spirituality*, p. 4). Segundo Brunelli, "foi do avivamento entre os holiness que nasceu o pentecostalismo que hoje conhecemos, tendo à frente o pastor William Seymour, recém-chegado a Los Angeles, procedente de um seminário em Topeka, no estado norte-americano do Kansas" (*Teologia para pentecostais*, p. 345).

77

local de nascimento do pentecostalismo.[307] O Kansas está vinculado ao nome de Charles Fox Parham, ao passo que Los Angeles está associado ao nome de William Seymour. Segundo Archer, "alguns historiadores têm arguido que Charles Fox Parham foi o fundador do pentecostalismo e reivindicam Topeka, Kansas, como o local de nascimento do movimento".[308] Já "outros historiadores afirmam a origem afro-americana, com Willian Seymour como o fundador e a Missão da Rua Azusa, em Los Angeles, como o local de nascimento".[309] Deiros e Mraida adotam a posição que consagra ambos, Parham e Seymour, como pais do movimento:

> O começo do pentecostalismo pode retroceder a dois avivamentos em particular: primeiro, os eventos na Escola Bíblica Betel em Topeka, Kansas, em 1901, que estão ligados aos nomes do pastor Charles Fox Parham e de sua aluna Agnes N. Ozman; segundo, as reuniões de 1906 na rua Azusa, em Los Angeles, Califórnia, relacionadas ao ministério do evangelista negro William J. Seymour.[310]

O nome de Charles Fox Parham (1873-1929) está associado ao fato ocorrido na Escola Bíblica Betel, em Topeka, Kansas, em janeiro de 1901. Uma jovem aluna de Parham, chamada Agnes Ozman, foi batizada com o Espírito Santo após receber uma oração com imposição de mãos de seu professor. Agnes experimentou uma "impressionante manifestação do dom de línguas" na ocasião, vindo a ser, para alguns, "a primeira pentecostal do século XX".[311] Parham começou seu ministério como pastor metodista, mas migrou para o movimento de santidade.[312] Como integrante desse movimento, iniciou sua carreira de evangelista, professor e pregador itinerante. Em 1900, fundou a Escola Bíblica Betel para ministrar cursos de curta duração e 34 alunos se matricularam. Por causa da influência do renomado avivalista e ministro de cura Frank Sandford,

---

[307] K. J. Archer, *A Pentecostal hermeneutic*, p. 11; *Dicionário do movimento pentecostal*, p. 599-601, 603-8.

[308] Archer, *A Pentecostal hermeneutic*, p. 12.

[309] Ibidem, p. 12.

[310] Deiros; Mraida, *Latinoamérica en llamas*, p. 51.

[311] Synan, *O século do Espírito Santo*, p. 15; M. Almeida; M. A. Silva; D. Américo; M. Webb, *Do avivamento metodista à igreja do século 21*, p. 180-1; D. Chiquete; A. Barrios , *Entre cronos e kairos*, p. 128.

[312] O movimento de santidade, ou movimento *holiness*, nasceu no século 18, entre os metodistas americanos que buscavam revitalizar o tema wesleyano da santificação plena em solo americano.

A ASCENSÃO DO CRISTIANISMO GLOBAL

Parham já estava convencido da possibilidade de o Espírito Santo conceder a capacidade de falar em línguas estrangeiras (xenolalia) para a evangelização mundial.[313] Por isso, antes de sair em uma viagem missionária de três dias, Parham incumbiu seus alunos da tarefa de pesquisarem no livro de Atos dos Apóstolos se o batismo com o Espírito Santo tem uma evidência física necessária. Segundo a historiografia, ao retornar de viagem, Parham recebeu dos alunos o relato de que a prova bíblica do batismo com o Espírito Santo era o falar em línguas. Ato contínuo, Parham e seus alunos reservaram o primeiro dia do ano de 1901 para orar por tal experiência. Agnes Ozman pediu ao seu professor para que orasse por ela. Imediatamente, Ozman passou a orar em um idioma identificado como mandarim. A experiência se espalhou pela escola e o próprio Parham falou um idioma identificado como sueco.[314] Como afirma Vinson Synan, "munido de uma doutrina e uma experiência", Parham iniciou um circuito de avivamento para divulgar o ocorrido na Escola Betel.

Parham é considerado o primeiro a desenvolver o argumento teológico de que as línguas (xenolalia) são a evidência física inicial do batismo com o Espírito Santo. Em 1905, ele estabeleceu outra escola bíblica, dessa vez em Houston, no Texas, e um de seus alunos foi William J. Seymour (1870-1922), que nasceu em Centerville, Lousiana, e era filho dos ex-escravos Simon e Phillis Seymour.[315] Integrante do movimento de santidade, Seymour foi influenciado pela teologia da segunda bênção da santificação, pelo pré-milenarismo e pela promessa de um avivamento mundial antes do arrebatamento da igreja e do retorno de Jesus à terra.[316] Seymour se mudou para Houston em 1903 e foi apresentado a Charles Fox Parham pela pastora negra *holiness* Lucy Farrow. Em 1905, fez um curso com Parham e aprendeu sobre a doutrina do batismo no Espírito Santo com a evidência física inicial do falar em línguas. Segundo Vinson Synan, "ele fora inflamado pelo ensino de Parham sobre a evidência inicial das línguas".[317]

Além de abraçar a doutrina, Seymour passou a buscar uma experiência pessoal. No início de 1906, foi convidado a pastorear uma igreja

---

[313] Anderson, *Uma introdução ao pentecostalismo*, p. 47; Synan, *A tradição de santidade e do pentecostalismo*, p. 82; W. Brunelli, *Teologia para pentecostais*, p. 346-8.

[314] Vinson Synan afirma que, "naquelas reuniões, afirmou-se mais tarde, os alunos falaram 21 idiomas conhecidos" (*O século do Espírito Santo*, p. 66). Synan, *A tradição de santidade e do pentecostalismo*, p. 83.

[315] Synan, *A tradição de santidade e do pentecostalismo*, p. 84-5; M. Almeida; A. A. Silva; D. Américo; M. Webb, *Do avivamento metodista à igreja do século 21*, p. 181-4; W. Brunelli, *Teologia para pentecostais*, p. 349-53.

[316] McGrath, *A revolução protestante*, p. 410.

[317] Synan, *O século do Espírito Santo*, p. 69.

PENTECOSTALISMOS

holiness em Los Angeles. Depois de pregar seu primeiro sermão, baseado na doutrina aprendida de Parham, Seymour foi impedido de continuar na igreja, porém algumas famílias, influenciadas por aquela única mensagem de Seymour, saíram com ele para apoiar seu ministério. A pequena reunião iniciada na rua Bonnie Brae, 214, em Los Angeles, cresceu muito e, no final de março de 1906, vários cristãos brancos se juntaram ao pequeno grupo de negros que se reunia, a fim de buscar o batismo com o Espírito Santo e a evidência inicial do falar em línguas.[318] No dia 9 de abril de 1906, Seymour e outras várias pessoas tiveram a experiência pentecostal na rua Bonnie Brae. O alvoroço foi de tal monta que, poucos dias depois, eles se mudaram para um lugar maior, um galpão que servira de estábulo na rua Azusa: e foi ali que o avivamento pentecostal explodiu e correu o mundo.[319] Em pouco tempo, visitantes de todo o globo visitavam a rua Azusa e retornavam para Chicago, Toronto, Nova York, Londres, Austrália, Escandinávia, África do Sul e muitos outros lugares, levando a mensagem de que "a presença viva do Espírito Santo poderia ser experimentada como uma realidade contemporânea".[320] Segundo Allan H. Anderson, "o avivamento da Rua Azusa marca o início do pentecostalismo clássico e, como veremos a partir daí, o avivamento alcançou muitas outras partes do mundo".[321]

Walter J. Hollenweger,[322] em um dos estudos mais importantes da historiografia pentecostal, mapeou a origem do pentecostalismo em *cinco raízes históricas*: 1) a raiz oral negra; 2) a raiz católica; 3) a raiz evangélica; 4) a raiz crítica; 5) a raiz ecumênica.[323] Para Hollenweger, as raízes católica, evangélica, crítica e ecumênica fluem de John Wesley (que amalgamou as tradições católica e reformada), sintetizam-se no movimento de santidade e desaguam no pentecostalismo. A raiz oral negra, que corre em paralelo com as outras, não provém de Wesley, mas da "religião tra-

---

[318] Ibidem, p. 71; V. Synan, *A tradição de santidade e do pentecostalismo*, p. 86-7.

[319] Synan, *A tradição de santidade e do pentecostalismo*, p. 87-8. "O avivamento da Azusa em Los Angeles é, sem dúvida, o epicentro do pentecostalismo mundial" (W. Brunelli, *Teologia para pentecostais*, p. 303). M. A. Noll, *Momentos decisivos da história do cristianismo*, p. 314.

[320] Noll, *Momentos decisivos da história do cristianismo*, p. 314.

[321] Anderson, *Uma introdução ao pentecostalismo*, p. 56; Synan, *A tradição de santidade e do pentecostalismo*, p. 88-9. "Do avivamento da Rua Azusa nasceram igrejas pentecostais e, delas, as neopentecostais que hoje conhecemos; também de lá, saíram as fagulhas que produziram incêndio em grande parte das denominações históricas, pentecostalizando-as" (W. Brunelli, *Teologia para pentecostais*, p. 304). J. Walker, *A igreja do século 20*, p. 19-30.

[322] Para Allan H. Anderson, Walter J. Hollenweger foi o "fundador da pesquisa acadêmica sobre o pentecostalismo" (*Uma introdução ao pentecostalismo*, p. 17).

[323] W. J. Hollenweger, *Pentecostalism*, p. 2; A. Yong, *O Espírito derramado sobre a carne*, p. 27-8.

A ASCENSÃO DO CRISTIANISMO GLOBAL

dicional africana", que, no contexto escravista americano, é chamada *Afro-American slave religion* [religião dos escravos afro-americanos] por Hollenweger. Em uma visão mais ampla, portanto, o pentecostalismo é oriundo dos "solos" da tradição da Reforma Protestante, da tradição católico-anglicana e da religião tradicional africana.[324]

Dessa constatação, decorre a afirmação de Hollenweger de que "o movimento pentecostal não é teológica nem eticamente monolítico".[325] A rigor, discorrendo sobre a raiz ecumênica, o autor relembra que o pentecostalismo começou como um "movimento ecumênico de despertar", ou seja, os pentecostais não queriam fundar uma nova igreja, "mas reanimar as igrejas existentes".[326] Hollenweger considera o avivamento da rua Azusa o acontecimento mais importante do pentecostalismo, não só porque, "a partir de Los Angeles, esse despertar se propagou pelo mundo todo", mas principalmente porque, "a exemplo do cristianismo primitivo, a comunidade de Los Angeles foi marcada por uma cultura oral".[327] O teólogo suíço chama a atenção para o fato de o pentecostalismo da Azusa não ter sido fundado por um europeu. Com efeito, a influência da raiz negra aproxima o pentecostalismo da teologia narrativa[328] e o afasta da racionalista. Assim, segundo Hollenweger, "a coesão dos fiéis não era expressa por uma exposição sistemática da fé ou por um credo, mas pela comunhão experimentada, por cantos e orações, por participação ativa na liturgia e na diaconia".[329]

Por causa da ascendência africana de Seymour, alguns autores, seguindo Hollenweger, têm ressaltado a forte influência da espiritualidade afro-americana no pentecostalismo.[330] Para Allan H. Anderson, "muitas das primeiras manifestações do pentecostalismo vieram do cristianismo afro-americano e também eram encontradas nos movimentos religiosos dos escravos".[331] A espiritualidade afro-americana encontrada no pentecostalismo da rua Azusa é caracterizada por Hollenweger pelos

---

[324] Hollenweger, *Pentecostalism*, p. 2.

[325] Hollenweger, *De Azusa-Street ao fenômeno de Toronto*, p. 386.

[326] Ibidem, p. 388.

[327] Ibidem, p. 383-4.

[328] Segundo McGrath, "o gênero literário predominante nas Escrituras é a narrativa" e "a teologia narrativa baseia-se na constatação de que a Bíblia conta histórias sobre Deus", de modo que "essas histórias 'transmitem' ou revelam a natureza e o caráter de Deus" (*Teologia sistemática, histórica e filosófica*, p. 198).

[329] Hollenweger, *De Azusa-Street ao fenômeno de Toronto*, p. 383.

[330] Alister McGrath afirma que o pentecostalismo "teve origem principalmente na cultura afro-americana" (*A revolução protestante*, p. 414).

[331] Anderson, *Uma introdução ao pentecostalismo*, p. 57.

seguintes elementos: 1) liturgia oral; 2) teologia narrativa e ênfase no testemunho; 3) máxima participação nos níveis da reflexão, oração e tomada de decisão, formando, assim, um tipo de comunidade reconciliadora; 4) inclusão de sonhos e visões na formas públicas e privadas de adoração; 5) uma compreensão da relação corpo-mente formada por experiências como as de cura divina e dança litúrgica.[332] Portanto, o *ethos* que o pentecostalismo da rua Azusa legou ao mundo foi uma "fusão da religião branca *holiness* com os estilos de adoração da tradição cristã negra dos Estados Unidos que se iniciou nos tempos da escravidão do Sul".[333] A síntese entre a presença extraordinária do Espírito Santo, com seus dons espirituais e as formas de religiosidade e adoração que valorizam a musicalidade, a corporalidade e a oralidade forjou uma "nova expressão de vida cristã" que caracteriza os pentecostalismos.[334]

A necessidade de conhecer "as origens norte-americanas do pentecostalismo brasileiro" é reconhecida por Leonildo Silveira Campos.[335] Para Campos, não podemos fazer uma análise profunda do pentecostalismo latino-americano e brasileiro do século 21 sem um minucioso estudo preliminar do cenário religioso americano que gerou o pentecostalismo no início do século 20. Segundo o autor, o movimento pentecostal que chegou ao Brasil em 1910 veio dos Estados Unidos como a expansão de um campo religioso em direção a outro, que ainda não conhecia sua mensagem e seu *ethos*.[336] Por essa razão, além de mergulhar nos meandros ligados aos acontecimentos em Topeka e na rua Azusa, a tentativa de compreensão dos pentecostalismos do século 21 demanda também o conhecimento de um "pentecostalismo pré-pentecostal" e equivale a afirmar que o pentecostalismo é resultante de um longo processo de mutação do campo religioso americano.[337]

---

[332] Hollenweger, *Pentecostalism*, p. 18-9.

[333] Synan, *O século do Espírito Santo*, p. 19.

[334] Ibidem, p. 19.

[335] L. S. Campos, "As origens norte-americanas do pentecostalismo brasileiro: observações sobre uma relação ainda pouco avaliada", *Revista USP*, São Paulo, n. 67, p. 100-115, setembro/novembro 2005.

[336] Ibidem, p. 113.

[337] Ibidem, p. 113.

CAPÍTULO • 2

O novo paradigma
do cristianismo global

A MUDANÇA DE PARADIGMA E A NOVA FISIONOMIA DA FÉ CRISTÃ

"A expansão espontânea do movimento pentecostal-carismático nos últimos trinta anos fez com que a população majoritária do cristianismo mundial mudasse do Hemisfério Norte para o Hemisfério Sul."[1] Com essas palavras, Paul A. Pomerville expõe o atual estado do cristianismo em âmbito global. A atualidade desse cenário é apresentada com a observação de que "a mais recente 'onda' do movimento pentecostal-carismático começou a ganhar força no Hemisfério Sul em princípios do século XXI".[2] Uma revolução e uma reforma na fé cristã estão acontecendo agora, neste momento, e o Brasil é um dos protagonistas. A mudança é tão grande que podemos pensar na emergência de um *novo paradigma do cristianismo*, comparável à emergência do paradigma da cristandade, também chamado "de constantinização da igreja" (século 4),[3] e à Reforma Protestante (século 16). Recorrendo às Escrituras, faço alusão às palavras do livro de Isaías (43:18-19): "Esqueçam o que se foi; não vivam no passado. Vejam, estou fazendo uma coisa nova! Ela já está surgindo! Vocês não a reconhecem?". Deus está sacudindo as estruturas da fé.

---

[1] P. A. Pomerville, *A força pentecostal em missões*, p. 11.

[2] Ibidem, p. 11.

[3] Sobre o paradigma da cristandade, Pablo A. Deiros afirma que, "em sentido geral, trata-se de um dos modos de expressar a relação igreja-sociedade. Historicamente, tem início com o imperador romano Constantino (séc. IV), com sua decisão de apoiar o cristianismo sobre as demais religiões lícitas de seu império. De acordo com esse paradigma, a Igreja se localiza na sociedade política para exercer funções eclesiais na sociedade civil, a ponto de uma se confundir com a outra" (*História global do cristianismo*, p. 1185-6).

PENTECOSTALISMOS

O terremoto do Espírito, outrora esporádico nos despertamentos,[4] agora está se consolidando como o "novo normal" no cristianismo do Sul Global. Segundo a Palavra de Deus, o normal é o estremecer, é o Espírito governar com sobrenaturalidade e guiar seu povo de acordo com o único modelo que conhecemos, o do Novo Testamento, que registra: "Depois de orarem, tremeu o lugar em que estavam reunidos; todos ficaram cheios do Espírito Santo e anunciavam corajosamente a palavra de Deus" (At 4:31). O desejo ardente de viver essa fé despertou definitivamente depois que pessoas comuns começaram a ter contato real e verdadeiro com o texto bíblico após a invenção da imprensa e a tradução das Escrituras para as línguas nacionais, em meados do século 16. A Escritura esteve por séculos enclausurada nas mãos do clero católico romano e na língua latina. O latim é um idioma fascinante, por meio do qual conhecemos algumas das maiores riquezas já produzidas pelo gênio humano. Grande parte do legado literário e litúrgico do cristianismo ocidental, incluindo a Vulgata, a magistral tradução da Bíblia de Jerônimo (347-420), foi produzida nessa língua, que dominou a expressão literária da Idade Média.[5] Contudo, o surgimento das línguas modernas e o consequente afastamento do latim da vida real e diária das pessoas criaram uma enorme distância entre o cristão e a Palavra de Deus. Segundo Daniel Chiquete, no período anterior à Reforma, "o povo não entendia o latim da missa nem tinha ideia clara do significado dos ritos celebrados".[6] Pessoas perspicazes, como Erasmo de Roterdã (1466-1536) e os já citados John Wycliffe, Jan Hus e, claro, Martinho Lutero (que traduziu o Novo Testamento para o alemão do povo comum), perceberam que as pessoas precisavam conhecer *diretamente* a mensagem da Bíblia e ser dirigidas por ela, pois "a palavra de Deus não está presa" (2Tm 2:9).[7] Ninguém pode enclausurar a Palavra de Deus: nenhuma instituição, língua ou filosofia. Absolutamente nada nem ninguém pode aprisionar a Palavra viva. O Novo Testamento ensina que é nobre a atitude de pessoas e comunidades que examinam as Escrituras:

---

[4] Segundo o *Dicionário do movimento pentecostal*, "um avivamento ou despertamento é um movimento do Espírito Santo trazendo o avivamento do cristianismo do Novo Testamento à igreja de Cristo e aos seus relacionamentos na comunidade" (p. 109).

[5] Segundo Paul Tillich, "encontramos na língua latina o que às vezes chamo de câmara de compensação filosófica e teológica. Não existe nenhuma língua moderna com esse mesmo tipo de precisão" (*Perspectivas da teologia protestante no séculos XIX e XX*, p. 44).

[6] D. Chiquete; A. Barrios, *Entre cronos e kairos*, p. 62.

[7] Segundo Ferreira, "com a Reforma Protestante do século XVI, as Escrituras se tornaram disponíveis ao povo em geral, através da invenção da imprensa e da tradução da Bíblia na linguagem do povo" (*A igreja cristã na história*, p. 141).

84

O NOVO PARADIGMA DO CRISTIANISMO GLOBAL

"Os bereanos eram mais nobres do que os tessalonicenses, pois recebe-ram a mensagem com grande interesse, examinando todos os dias as Escrituras, para ver se tudo era assim mesmo" (At 17:11).[8]

A mudança de paradigma no cristianismo global está ligada ao anseio profundo de experimentar Deus como a igreja do Novo Testamento experimentou. Vivemos hoje o tempo de maior acesso à Bíblia nos mais de dois mil anos de história do cristianismo. Na verdade, surpreende apenas em parte o fato de o cristianismo bíblico pentecostal e carismá-tico ser vivenciado na maior parte do mundo. Maior surpresa seria se, com o amplo acesso que todos no mundo inteiro têm às Escrituras, o cristianismo fosse caracterizado por uma forma de vida e de adoração que não fosse a da igreja do Novo Testamento. Segundo Jenkins, as igre-jas do Sul Global "leem a Bíblia como um documento de pertinência imediata".[9] Quando uma pessoa lê a Bíblia, o coração dela deve queimar. A experiência dos discípulos no caminho de Emaús é universal para aque-les que ouvem com atenção o plano de salvação do Senhor: "Não estava queimando o nosso coração enquanto ele nos falava no caminho e nos expunha as Escrituras?" (Lc 24:32). O fato é que milhões de corações têm ardido nas últimas décadas. A esterilidade espiritual da cosmovisão ilu-minista apenas aumentou em grande escala a sede e a fome por Deus. Há um nítido anseio por transcendência em todo o mundo. A pessoas estão fartas do vazio espiritual e da falta de sentido na vida.[10]

As mudanças de paradigma no cristianismo não constituem novidade. Hans Küng, por exemplo, ensina sobre seis paradigmas sucessivos na his-tória do cristianismo, a saber: 1) *paradigma protocristão-apocalíptico*, ligado à vida e ao ministério de Jesus Cristo e à igreja apostólica; 2) *para-digma veteroeclesial helenista*, ligado à patrística; 3) *paradigma cató-lico romano medieval*, ligado à escolástica; 4) *paradigma da Reforma Protestante*; 5) *paradigma moderno-ilustrado*, ligado ao Iluminismo e ao idealismo; 6) *paradigma ecumênico contemporâneo* ou *transmoderno*.[11]

---

[8] Segundo Daniel Chiquete e Angelica Barrios, "a Reforma teve um efeito igualitarista, espe-cialmente por seu ensino do 'sacerdócio de todos os crentes'", e, com efeito, "a pregação, exposta nos idiomas vernáculos, se converteu no momento litúrgico mais importante, superando o rito da missa" (*Entre cronos e kairos*, p. 63).

[9] P. Jenkins *A próxima cristandade*, p. 179.

[10] "O homem moderno na sua pretensa autossuficiência propõe-se a controlar todas as coisas; e quando ele considera o seu mundo perfeitamente elaborado dentro dos moldes daquilo que ele chama de 'ciência', já não há lugar mais lugar para Deus" (H. M. P. Costa, *Raízes da teologia contemporânea*, p. 227).

[11] H. Küng, *El cristianismo: esencia e historia* (Madrid: Editorial Trotta, 2006).

PENTECOSTALISMOS

Quanto à atual mudança de paradigma no cristianismo global, podemos afirmar que, etimologicamente, a palavra "paradigma" significa "o que é posto para ser visto". Do ponto de vista semântico, refere-se aos padrões, ao modelo, ao prisma ou aos alicerces e pilares pelos quais se compreende ou se constrói o conjunto arquitetônico do conhecimento.[12] O paradigma é uma espécie de grade, moldura ou lente aplicada à realidade para compreendê-la. Nas precisas palavras de Luiz Carlos Susin, "normalmente não temos consciência clara dos paradigmas com que nós compreendemos e construímos o nosso saber, sobretudo a consciência de sua relatividade ou até arbitrariedade".[13] Ainda segundo Susin:

> O conceito de "paradigma" foi utilizado por Thomas Kuhn para ajudar a entender a "revolução científica", a mudança global que veio acontecendo nas ciências do século XX. Ele tratou de "paradigmas científicos", mostrando como as ciências modernas, fundadas em suas grandes balizas no século XVI, com Galileu, Newton e outros cientistas-filósofos daquela época efervescente, estavam agora sendo substituídas por novos modelos, novos padrões de conhecimento. Assim, por exemplo, o determinismo e o mecanicismo, que predominaram durante séculos em que se acreditou que o universo era regido por leis gerais, como um mecanismo imutável [...], foram substituídos, no século XX, pela famosa "relatividade" de Einstein e pelo indeterminismo — o caos e o acaso no fundo de toda a realidade estruturada.[14]

Das abordagens referentes às mudanças na física, o conceito de paradigma ampliou seu campo de abrangência também para a biologia, as ciências sociais, a filosofia e a teologia. Independentemente das constantes mudanças no âmbito da física, que de forma alguma poderiam solapar a credibilidade da ciência, ainda assim, o mundo moderno, pelo menos no Hemisfério Norte, foi majoritariamente edificado sobre os fundamentos racionalistas que consagraram a visão científica da realidade: o paradigma moderno-racionalista ou técnico-científico.[15] A rigor,

---

[12] L. C. Susin, *A criação de Deus*, p. 17.
[13] Ibidem, p. 17.
[14] Ibidem, p. 17.
[15] Segundo McGrath, "a expressão 'modernidade' refere-se a um cenário bastante definido, típico de grande parte do pensamento ocidental desde o começo do século dezoito, que se caracteriza por uma confiança em relação à capacidade do ser humano de pensar por si mesmo. Talvez o exemplo clássico dessa atitude possa ser encontrado no Iluminismo, com sua ênfase sobre a capacidade da razão humana de compreender, por si só, o mundo a sua volta, inclusive aspectos deste mundo que seriam tradicionalmente reservados aos teólogos" (*Teologia sistemática, histórica e filosófica*, p. 124).

O NOVO PARADIGMA DO CRISTIANISMO GLOBAL

o transcorrer recente da história era visto pela perspectiva moderna do "progresso", expressão que sintetiza a ideia de que, sob a tutela da razão, a história humana caminha constantemente para um futuro auspicioso. Nesse sentido, o desenvolvimento da física desaguou em uma cosmovisão mais ampla, que consolidou a visão científica de mundo em todas as áreas do saber. O ímpeto antirreligioso iluminista, associado à ênfase na autonomia da razão, trouxe à luz uma visão *totalmente* científica do mundo: do ser humano, da natureza, da sociedade, da mente e até mesmo da religião.[16] Desde o final do século 19, a Europa e os Estados Unidos têm difundido, em todas as esferas da vida, a influência do *paradigma técnico-científico*. Para Susin, atualmente, "a intenção tecnológica, a criação humana e o mercado guiam a experiência científica e o controle da natureza, transformando a ciência em 'tecnociência'".[17]

Assim, um cenário bem delineado apareceu: o mundo do século 20 foi dominado, em grande parte, pelo paradigma técnico-científico, que, sempre é importante frisar, em suas bases, representa uma enfática crítica à visão religiosa de mundo.[18] Na esteira da crítica moderna a essa visão, vem à baila o antropocentrismo, ou seja, o deslocamento do ser humano para o centro outrora ocupado pelo Deus Criador dos judeus e cristãos.[19] Há, nesse sentido, um retorno ao famoso adágio atribuído ao sofista Protágoras: o homem é a medida de todas as coisas.[20] O paradigma técnico-científico, como já dito, em vez de se deter no campo das ciências exatas, impõe-se na totalidade das áreas de cognição humana: ciências sociais, psicanálise, filosofia, ética e a teologia.[21] No campo especificamente teológico:

---

[16] Discorrendo sobre o período de consolidação do Iluminismo, Hermisten Maia Pereira da Costa afirma: "As concepções da Filosofia e da Ciência Moderna dentro de um processo de evolução intelectual contribuíram para que surgisse um novo espírito, caracterizado pela autonomia da razão em detrimento da tradição ou de qualquer outro padrão externo. A razão aqui pretendeu estender seus limites para todo o ramo do saber, negando-se a reconhecer limites fora de si mesma; deste modo, ela num gesto sem-cerimônia, invade os 'domínios' da ética, da epistemologia, da política e da religião, tendo como elemento aferidor de toda a realidade a razão autônoma" (*Raízes da teologia contemporânea*, p. 279-80).

[17] Susin, *A criação de Deus*, p. 17.

[18] Maria Clara Bingemer faz menção ao "século sem Deus, que foi o século XX", pois "uma das pretensões da modernidade foi retirar a questão de Deus do horizonte da humanidade" (*Paixão por Deus nos desertos contemporâneos*, p. 45, 47).

[19] Segundo Maria Clara Bingemer, "o ser humano, e não mais Deus [...] passa a ser o centro do universo, dos fenômenos e dos acontecimentos" (*O mistério e o mundo*, p. 12).

[20] Battista Mondin, ao discorrer sobre a sofística de Protágoras, afirma que "é inegável o significado antropocêntrico da doutrina de Protágoras: não existe verdade absoluta; o homem interpreta os dados dos sentidos a seu modo e de acordo com seus interesses" (*Curso de filosofia*, p. 43).

[21] Susin, *A criação de Deus*, p. 17.

PENTECOSTALISMOS

A racionalidade teológica eliminou muito da fascinação que a religião havia acrescentado à vida. O mistério deixou de ser misterioso [...]. O assombroso, o sobrenatural, o extraordinário se tornou suspeito e ficou fora de lugar. É necessário recuperar a fascinação do religioso no cristianismo! É necessário voltar a crer no incrível! Para isso, certamente o pentecostalismo seguirá sendo uma contribuição destacada.[22]

Diante disso, a indagação que vem à mente é: que tipo de cristianismo poderia emergir com vigor no mundo contemporâneo? Poderia um cristianismo de viés sobrenaturalista não só resistir, mas também se expandir em um cenário como o mundo do século 21? A resposta, para muitos, seria um veemente "não" ao crescimento de qualquer tipo de cristianismo que não se adapte aos parâmetros sedimentados pela visão científica e tecnológica do mundo.[23] De fato, por um período dos estudos da religião, em meados do século 20, vigorou a *teoria da secularização*.[24] Segundo o sociólogo austríaco Peter Berger, a ideia por trás do conceito de secularização está ancorada no pensamento do Iluminismo e afirma que "a modernização leva necessariamente a um declínio da religião, tanto na sociedade como na mentalidade das pessoas".[25] Ainda segundo Berger, "é justamente essa ideia central que se mostrou estar errada".[26] Ele reconhece que a modernização gerou efeitos secularizantes "em alguns lugares mais do que em outros", mas "também provocou o surgimento de poderosos movimentos de contrassecularização".[27]

Logo, seguindo o que já se afirmou sobre o crescimento do cristianismo pentecostal-carismático nos últimos anos, pode-se dizer que o "mundo de hoje, com algumas exceções [...], é tão ferozmente religioso quanto antes, e até mais em certos lugares".[28] Aquilo a que se tem assistido nas últimas décadas não seria um decaimento do cristianismo em si, mas a perda de influência de algumas instituições cristãs ou de formas

---

[22] Chiquete; Barrios, *Entre cronos e kairos*, p. 165.

[23] "A modernidade recusa o mistério. Ela saberá sempre mais, explicará sempre mais, mas não compreenderá realmente nada, porque recusou o mistério" (R. Sarah; N. Diat, *A noite se aproxima e o dia já declinou*, p. 54).

[24] "O significado geral do conceito de secularização, neste paradigma, envolve a ideia de 'declínio' da religião a partir do avanço da modernidade" (C. E. Sell; F. J. Brüseke, *Mística e sociedade*, p. 185). Segundo Stefano Martelli, a "secularização é mais um grito de guerra do que uma teoria científica" (*A religião na sociedade pós-moderna*, p. 275).

[25] P. Berger, *A dessecularização do mundo*, p. 10.

[26] Ibidem, p. 10.

[27] Ibidem, p. 10 .

[28] Ibidem, p. 10 .

O NOVO PARADIGMA DO CRISTIANISMO GLOBAL

de institucionalização da fé cristã outrora influentes.[29] Não obstante, muitas "crenças e práticas religiosas antigas e novas permaneceram na vida das pessoas, às vezes assumindo novas formas institucionais e às vezes levando a grandes explosões de fervor religioso".[30]

O movimento pentecostal-carismático não só está incluído nessa nova formatação da religião, mas também parece estar, em grande medida, em sua vanguarda. Uma das razões para isso, ou seja, para os pentecostais-carismáticos se multiplicarem vertiginosamente, parece ser a decrescente importância que se tem dado aos aspectos institucional, hierárquico e dogmático e a crescente ênfase no aspecto experiencial do cristianismo.[31] Em outras palavras, cresceu a importância que se dá à experiência direta com o Espírito Santo, seja individual, seja comunitária.[32] Segundo Harvey Cox, "o crescimento mais rápido do cristianismo, especialmente entre pobres e destituídos, está ocorrendo entre pessoas como os pentecostais, que enfatizam uma experiência direta do Espírito".[33]

Cox sustenta a tese de que, na esteira do "inesperado ressurgimento da religião no mundo inteiro, tanto na vida pública quanto na vida íntima", está sendo revelada "uma profunda mudança na natureza elementar da religiosidade".[34] Essa profunda mudança não inclui só o decaimento e a perda de prestígio de algumas instituições cristãs tradicionais, mas também a derrocada dos fundamentalismos e de suas ênfases em sistemas de crenças obrigatórias com a posse exclusiva da verdade.[35] Com efeito, são lapidares as palavras de Cox quando afirma que a "religião não apenas reemergiu como dimensão influente no século 21: aquilo que significa ser religioso está mudando significativamente em relação ao que significava apenas meio século

---

[29] Ibidem, p. 10.

[30] Ibidem, p. 10 .

[31] Conforme a lição de Mark A. Noll, "as ênfases pentecostal e carismática em *experimentar* a graça de Deus, especialmente em sentir Deus através de formas de culto mais íntimas e menos cognitivas, têm influenciado protestantes, católicos e até mesmo alguns ortodoxos em todo o mundo" (*Momentos decisivos da história do cristianismo*, p. 315).

[32] "Em seus entornos corporativos de adoração, os pentecostais se esforçam para criar um espaço para que as pessoas se encontrem [...] com o Deus de sua adoração. A suposição é a de que Deus está disponível e, por sua vez, pode atuar e surpreender através de uma espécie de 'evento' em que a criatura restará saturada pela glória absoluta de seu Criador" (D. Castelo, *Pentecostalismo*, p. 81).

[33] H. Cox, *O futuro da fé*, p. 22. Segundo Mark A. Noll, as formas pentecostal e carismática da fé cristã florescem em todo o globo porque sabem comunicar "o caráter imediato da presença de Deus" (*Momentos decisivos da história do cristianismo*, p. 315).

[34] Cox, *O futuro da fé*, p. 11.

[35] Ibidem, p. 12.

atrás".[36] No entendimento de Cox, o cristianismo passa pela sua maior mudança desde o longínquo século 4.[37]

Na verdade, o cristianismo passa por uma grande mudança de paradigma. A transição é do antigo paradigma ocidental para o novo *paradigma do cristianismo global*. Cristianismo global significa cristianismo "multicultural", pois o evangelho do Reino é universal e pode ser contextualizado em qualquer cultura.[38] O paradigma ocidental refletia e, onde ainda exerce proeminência, continua refletindo o etnocentrismo euro-americano influenciado pelo paradigma técnico-científico e pela visão racionalista de mundo.[39] O cristianismo árido, racionalista e avesso à dinâmica criativa do Espírito passou a ser visto como "o próprio cristianismo", sem a autocrítica de que se tratava, na verdade, de uma "expressão particular" do cristianismo.[40] No caso, essa expressão particular reflete, via de regra, a submissão da fé cristã às exigências do racionalismo; por isso, criou um cristianismo em forma de *sistema* fechado, fiscalizado pela lógica coordenadora da harmonia de suas partes. É um cristianismo tributário ao paradigma técnico-científico que se moldou dentro da ampla lista de exigências do racionalismo. Paradoxalmente, surgiu um cristianismo avesso ao sobrenatural e ao que, *prima facie*, se compreende de uma leitura direta e devocional do texto sagrado das Escrituras. Na outra ponta, "muitas sociedades do Sul do planeta vivem num mundo intelectual muito mais próximo do mundo medieval do que da modernidade do Ocidente".[41]

A grande influência da cultura euro-americana, como é intuitivo, exportou essa forma acadêmica de cristianismo para o Hemisfério Sul pela via das missões. É importante lembrarmos que grande parte do chamado "mundo majoritário" foi, durante alguns séculos, o "mundo colonial" europeu. A influência dos europeus sobre os povos latino-americanos, africanos e asiáticos talvez

---

[36] Ibidem, p. 12.

[37] Ibidem, p. 12.

[38] Pomerville, *A força pentecostal em missões*, p. 34.

[39] "O racionalismo iluminista sustentava a soberania da razão, defendendo que a razão humana era capaz de demonstrar tudo o que fosse necessário saber sobre a religião, sem que se precisasse recorrer à ideia de 'revelação'. Além disso, a razão possuía uma capacidade de avaliar as verdades religiosas, como as do cristianismo, e de descartar vastos trechos de suas ideias como algo 'irracional'" (A. McGrath E., *Teologia sistemática, histórica e filosófica*, p. 223).

[40] Toda teologia é, por natureza, contextual, ainda que teólogos e movimentos teológicos não o admitam. O fato de uma teologia ser elaborada na Europa ou nos Estados Unidos não significa que ela seja "neutra", tampouco uma teologia produzida na África ou na América Latina seria necessariamente "contextual". "Não, ambas são reflexos de seus contextos", ambas são contextuais, e, "dentro dos diversos contextos, procuramos reconhecer a autoridade das Escrituras e a tradição cristã" (*Dicionário global de teologia*, p. VII-VIII).

[41] P. Jenkins, *A próxima cristandade*, p. 192.

O NOVO PARADIGMA DO CRISTIANISMO GLOBAL

tenha sido a mais prolongada e profunda influência de uma cultura sobre outra na história da humanidade. Faço aqui uma observação: não estou denegrindo essa influência ou afirmando que tenha sido essencialmente nociva. Um cabedal inexprimível e incontável da cultura europeia (teológica, filosófica, literária, musical, artística, científica) se amalgamou às formas de saber e de viver dos povos nativos, a ponto de suscitar sociedades com características extremamente particulares, como a brasileira.

Meu intento aqui não é criticar a cultura europeia como um todo, mas demonstrar que os pentecostalismos são movimentos de protesto à "colonização racionalista" do texto bíblico e, por conseguinte, da vida cristã no Espírito. As exigências da razão iluminista deram à luz um cristianismo envergonhado de sua sobrenaturalidade.[42] E, se há uma área da fé e da prática que separa substancialmente os cristãos do norte dos cristãos do sul, ela diz respeito às forças sobrenaturais que operam em nosso cotidiano.[43] C. Peter Wagner narra sua experiência como missionário na América Latina como um choque de cosmovisões. Ele afirma que, quando deparava com uma pessoa enferma, compreendia a doença e a cura em termos científicos. Contudo, seus anfitriões oravam pelos enfermos para que os espíritos malignos fossem expelidos. Wagner conta que considerava esse tipo de oração uma conduta supersticiosa, até se dar conta de que ele estava sendo um "agente da secularização", dotado de uma suspeita congênita em relação ao sobrenatural. O autor afirma:

> Minha visão do mundo, derivada do humanismo secular que permeia a cultura norte-americana (inclusive suas igrejas e seminários), era muito mais secular do que a das pessoas que eu pregava, embora eu fosse até elas como missionário para compartilhar o que eu achava ser uma mensagem espiritual e sobrenatural, e não (segundo eu cria) uma mensagem secular.[44]

---

[42] "Os pensadores modernos partem da natureza, não de algum elemento sobrenatural, que foi o ponto de partida característico da filosofia medieval pré-moderna. Os pensadores modernos enfatizam que a percepção e a razão são os meios de que o ser humano dispõe para conhecer a natureza, contrariando a confiança dos pré-modernos na tradição, na fé e no misticismo" (S. R. C. Hicks, *Explicando o pós-modernismo*, p. 17). Segundo Martelli, no Iluminismo "prevaleceu a atitude preconceituosa em relação à religião, alimentada por uma concepção ingênua da modernidade, modelada por propósitos evolucionistas, progressistas e cientificistas" (*A religião na sociedade pós-moderna*, p. 272).
[43] "O termo 'sobrenatural' [...] denota uma categoria fundamental da religião, sobretudo a afirmação ou a crença de que há uma outra realidade, [...] de significado último para o homem, que transcende a realidade dentro da qual se desenrola nossa experiência diária" (P. Berger, *Rumor de anjos*, p. 19).
[44] P. Wagner, *Por que crescem os pentecostais?*, p. 36.

PENTECOSTALISMOS

Portanto, o racionalismo europeu concebeu um cristianismo sem mistério, sem surpresas, sem o estrondo dos ventos impetuosos da ação do Espírito Santo. À luz da leitura direta da Bíblia, aceitar um cristianismo sem curas, sem profecias, sem milagres, sem visões, sem dons de revelação e sem forte entusiasmo passou a ser para muitos e em muitos lugares o mesmo que vestir passivamente uma camisa de força. O paradigma ocidental da fé cristã a que me refiro é, na verdade, representado por um ramo ou uma ala do protestantismo que se desenvolveu recentemente na história. A principal característica desse tipo de protestantismo é a ênfase na *intelectualização do cristianismo*. O fato é que um segmento do campo protestante adotou uma metodologia teológica desenvolvida especialmente em contínua referência à razão. Em palavras mais claras, a reflexão foi usurpada pela razão.[45] Sem dúvida, a tendência à racionalização da fé cristã é produto de um contexto particular. Contudo, já faz algum tempo que essa expressão do cristianismo insiste em se apresentar como *norma* para a fé cristã.

Para que fique claro sobre qual é a ala do protestantismo a que me refiro, é necessário mencionar o tipo de protestantismo apresentado por Daniel Castelo em conjunto com o conceito de *evangélico*, elaborado por Robert Menzies.[46] Como em qualquer classificação, o agrupamento é uma generalização que propõe, dentro de seus óbvios limites, refletir a realidade de determinada área. Também é preciso observar que nenhuma categoria é rigorosamente estanque. Assim, por exemplo, existem grupos pentecostais fundamentalistas e grupos reformados carismáticos e, por isso, mais próximos do evangelicalismo pietista. Desse modo, e feitas essas considerações, a tradição evangélica divide-se nos seguintes grupos:

1. *Evangelicalismo clássico ou evangélicos em sentido amplo.* Representado pelos reformadores protestantes do século 16. Apesar da enorme diversidade existente entre os reformadores, até mesmo com a Reforma sendo subdividida em duas alas (magisterial e radical), eles são, de modo geral, caracterizados por um *ethos* comum representado pelos chamados cinco *solas*: somente a graça (*sola gratia*); somente a fé (*sola fide*); somente a Escritura (*sola ecriptura*); somente Cristo (*solus Christus*); somente a Deus a glória (*soli Deo gloria*).[47] Segundo Robert Menzies, os evangélicos são os cristãos protestantes que afirmam a

---

[45] D. Castelo, *Pentecostalismo*, p. 84-5.
[46] Ibidem, p. 86; R. Menzies, *Teologia pentecostal*, p. 250.
[47] K. J. Vanhoozer, *Autoridade bíblica pós-Reforma*, p. 19-61.

autoridade da Bíblia, valorizam a relação pessoal com Cristo como Senhor e único Salvador do mundo e entendem que compartilhar as boas-novas de Jesus Cristo com os não cristãos (evangelismo) é um aspecto central da vida cristã.[48]

2. *Evangelicalismo pietista.* Representado por grupos e movimentos envolvidos em avivamentos e despertamentos nos séculos 18 e 19, tanto na Europa quanto nos Estados Unidos. O pietismo, o metodismo, o puritanismo e o movimento de santidade são alguns dos representantes desse grupo.

3. *Evangelicalismo fundamentalista.* São grupos conhecidos por seu rechaço à teologia liberal e que se consolidaram no início do século 20.[49] Esse tipo de evangelicalismo acabou desenvolvendo uma nova forma de teologia protestante racionalista, que, por forte influência da teologia evangélica americana ao longo do século 20, acabou alcançando certo status de teologia evangélica padrão.

Ainda que o evangelicalismo fundamentalista não seja o único representante do paradigma racionalista na teologia ocidental, sem dúvida é o mais popular e o mais influente, principalmente por seu espírito militante. Segundo Roger Olson, o evangelicalismo fundamentalista, embora procurasse preservar a teologia protestante clássica da acomodação à cultura e da teologia liberal, acabou desenvolvendo sistemas absolutos de proposições doutrinárias internamente coerentes que devem ser aceitos na íntegra e sem questionamentos. De acordo com Olson, "qualquer pessoa que questionasse um único ponto do sistema doutrinário protestante fundamentalista seria acusada de heresia ou mesmo de apostasia".[50] O evangelicalismo fundamentalista está associado à "escola de teologia de Princeton", que floresceu no final do século 19 e alcançou enorme influência no início do século 20.[51] Uma geração de grandes teólogos lecionou no Seminário de Princeton, como: Archibald Alexander, Charles Hodge e Benjamin B. Warfield. De acordo com Olson, a teologia de Princeton

---

[48] Para Menzies, todos os pentecostais são, por definição, evangélicos (*Teologia pentecostal*, p. 250).

[49] Segundo Olson, "a essência da teologia liberal era o reconhecimento máximo das reivindicações da modernidade" (*História da teologia cristã*, p. 594).

[50] R. Olson, *História da teologia cristã*, p. 593-4.

[51] "De acordo com McGrath, "a criação de seminários pelas várias denominações (como o Seminário de Princeton pelos presbiterianos) consolidou a importância dos Estados Unidos como avançado centro de ensino e pesquisa da teologia cristã" (*Teologia sistemática, histórica e filosófica*, p. 123).

PENTECOSTALISMOS

traduziu o escolasticismo e a ortodoxia protestante do século 17 para o contexto americano do século 20.[52]

Do ponto de vista epistemológico e metodológico, Princeton promoveu na teologia a tendência escolástica de racionalizar a fé cristã a ponto de praticamente não sobrar espaço para a experiência com Deus.[53] Segundo Paul Tillich, "a teologia racional preocupou-se em formular argumentos em favor da existência de Deus, e coisas semelhantes, tentando construir uma teologia capaz de ser aceita universalmente pela razão pura".[54] A rigor, nesse tipo de abordagem teológica, o cristianismo é basicamente reconhecido como um sistema de verdades reveladas isento de qualquer ambiguidade ou necessidade de correção.[55] Em outras palavras, o cristianismo é identificado como a *doutrina correta*, havendo forte ênfase na revelação como uma verdade proposicional objetiva.[56] Ainda que não negassem a necessidade da experiência pessoal de conversão e de arrependimento, os proponentes dessa abordagem enfatizavam a necessidade de aceitar como o âmago da fé cristã um elenco de proposições doutrinárias irretocáveis, que precisava ser conhecido e confessado.[57] Segundo Olson, o evangelicalismo fundamentalista, em seus vários desdobramentos contemporâneos, continua sendo um grupo poderoso nos Estados Unidos, e "o espírito do fundamentalismo primitivo se mostra presente sempre que os teólogos consideram que a verdadeira essência do cristianismo é um sistema detalhado de proposições doutrinárias, preciso e irretocável".[58]

Por certo, a metodologia teológica racionalista não se coaduna com a orientação experiencial do pentecostalismo nem com sua abertura ao imprevisível e ao inusitado. Na essência da metodologia racionalista, está a convicção de que Deus transmite uma verdade absoluta proposicional por meio de um documento inerrante. Ao revés, no pentecostalismo, a convicção é de que Deus nos encontra pessoalmente pelo seu Espírito, segundo o modelo das experiências pneumáticas da igreja primitiva.

---

[52] Aqui, julgo necessário esclarecer, apoiado em Paul Tilich, que há grande diferença entre a ortodoxia protestante do século 17 e a que floresceu no século 20, reconhecendo que, nos dois períodos, grandes teólogos elaboraram sistemas teológicos altamente eruditos. Segundo Tilich, "o período ortodoxo no protestantismo tem muito pouco a ver com o que se chama de fundamentalismo no Estados Unidos. Refere-se, antes, à época escolástica da história protestante" (*Perspectivas da teologia protestante nos séculos XIX e XX*), p. 43.
[53] Castelo, *Pentecostalismo*, p. 89.
[54] P. Tillich, *Perspectivas da teologia protestante nos séculos XIX e XX*, p. 51.
[55] Olson, *História da teologia cristã*, p. 599.
[56] Ibidem, p. 600.
[57] Ibidem, p. 607.
[58] Ibidem, p. 610.

O NOVO PARADIGMA DO CRISTIANISMO GLOBAL

Não há, no pentecostalismo, a mesma pressuposição da teologia racionalista, ou seja, de que Deus fala *somente* pela Escritura e que os milagres e dons do Espírito serviram a um propósito específico da era apostólica. Aqui, não há nenhum tipo de subtração ao significado do *sola Scriptura*, pois, como tenho defendido, tendo em vista a perspectiva do quadrilátero wesleyano, existe harmonia entre a Escritura, a Razão, a Tradição e a Experiência como fontes da teologia. Segundo Kevin J. Vanhoozer, "esse *sola* não elimina completamente outras fontes ou recursos da teologia", ou seja, "o *somente* da Escritura não se dá no sentido de que ela é a única fonte da teologia".[59] Com razão, Castelo afirma que "os pentecostais também desejam dizer que o Espírito não se limita a trabalhar somente 'através das Escrituras'", pois a obra do Espírito Santo na cura, na santificação e na capacitação "se desenvolve de muitas maneiras além da leitura e da proclamação das Escrituras".[60]

Ao enfatizar a experiência do encontro com Deus, os pentecostais não estão hipervalorizando a experiência em detrimento da Bíblia. Pelo contrário, estão enaltecendo a Escritura ao enfatizar a experiência no Espírito, pois creem que é a própria Bíblia Sagrada que enfatiza essa experiência "nos últimos dias". Ou seja, a Escritura revela que Deus não quer encontrar o ser humano só por meio da Escritura, mas também deseja torná-lo participante da missão do Reino, ungindo-o como ungiu Jesus e capacitando-o como capacitou Jesus. Por meio da igreja, agora mesmo, o Espírito de Cristo cura enfermos, liberta pessoas aprisionadas por demônios, ressuscita mortos, direciona missionários e amarra os valentes (Lc 11:22). De acordo com André Anéas, a teologia protestante racionalista operou uma verdadeira *racionalização da experiência de Deus*.[61] Anéas lembra que, no coração do protestantismo, não se encontra uma doutrina ou um sistema teológico, mas uma experiência; sim, a própria experiência de Lutero com Deus, em uma autêntica peregrinação espiritual. A experiência religiosa de Lutero "foi o combustível para que o monge agostiniano trilhasse seu caminho, que, mais tarde, teria implicações drásticas para a história da igreja cristã".[62]

Paul Tillich informa que Lutero, no início de sua carreira, foi influenciado por elementos místicos e que "o caráter explosivo de seu ensino que

---

[59] Vanhoozer, *Autoridade bíblica pós-Reforma*, p. 152.
[60] Castelo, *Pentecostalismo*, p. 110.
[61] A. Anéas, *A racionalização da experiência de Deus*, p. 24.
[62] Ibidem, p. 106.

PENTECOSTALISMOS

transformou a face da terra foi produzido por sua experiência de Deus", pois, na verdade, "tratava-se da explosão de uma relação pessoal com Deus".[63] A lição lapidar de Tilich liga o caráter experiencial (muitas vezes negligenciado) da Reforma aos movimentos que formaram o evangelicalismo pietista e são ancestrais do pentecostalismo:

> Assim, já no período da Reforma havia elementos que devemos chamar de místicos, e que se tornaram novamente atuantes no *movimento pietista* antiortodoxo. Isso se deu primeiramente na Alemanha do século dezessete (Spener e Francke), no *metodismo* britânico (os irmãos Wesley) e, finalmente, em grande número de movimentos sectários nos Estados Unidos, *todos reivindicando para si a presença do Espírito.*[64]

De acordo com Castelo, está presente no pentecostalismo o *ethos* protestante, pois ele subscreve os princípios gerais da Reforma. Contudo, gostaria de agregar a essa perspectiva as recordações de Tillich e Anéas sobre o "combustível" que deflagrou a "explosão" do ensino luterano: a experiência pessoal com Deus. Castelo situa o pentecostalismo no âmbito da ala radical da Reforma e dos movimentos posteriores, cuja ênfase incide na experiência com o Espírito.[65] No final do século 19, nos Estados Unidos, enquanto a teologia racionalista era construída em Princeton, o movimento metodista de santidade buscava uma experiência pessoal profunda com Deus. As visitações do Espírito foram ganhando intensidade nas reuniões *holiness* até que o Pentecoste de Los Angeles irrompeu no horizonte da história. Foi um começo humilde, com pessoas humildes e em um lugar humilde, mas, assim como ocorre com todos os discípulos de Jesus, a história tende a se repetir.[66] Decorridos pouco mais de cem anos, ao vislumbrar o que ocorre com o cristianismo global, tenho a nítida impressão de que a "razão" estava com os que oravam em línguas, profetizavam e ministravam a cura divina.

A racionalização da experiência de Deus acontece por causa do total comprometimento da teologia racional com o projeto de sistematização teológica. A obsessão pela sistematização em esquemas fechados de teologia asfixia o aspecto subjetivo da vivência da fé, pois só no sistema

---

[63] Tillich, *Perspectivas da teologia protestante nos séculos XIX e XX*, p. 48.
[64] Ibidem, p. 48-9 (grifo nosso).
[65] Castelo, *Pentecostalismo*, p. 109.
[66] Sobre a avivamento da rua Azusa, James K. A. Smith lembra que foi "um avivamento em um estábulo abandonado, liderado por um pregador afrodescendente" (*Pensando em línguas*, p. 86).

teológico racionalista é que se encontra a verdade.[67] No protestantismo, segundo Tillich, temos a "presença inevitável do princípio da subjetividade", e a construção de um sistema teológico aferidor da verdade não se coaduna com o espírito protestante.[68] Os reformadores intentaram alçar as Escrituras ao posto máximo de autoridade no cristianismo, em detrimento da concepção católica de autoridade máxima da igreja e de seu magistério. A teologia racional, ao estabelecer um sistema teológico rígido como uma régua para medir a fé cristã, acaba por frustrar o espírito reformista, pois, na prática, é a autoridade de um "magistério" que decide o que é e o que não é cristianismo. Retorna-se, então, ao ponto do período pré-Reforma: um corpo de especialistas em uma torre de marfim decide sobre todo o significado da fé cristã, e, por conseguinte, a experiência de encontro com Deus também resta enclausurada entre as balizas do que é ou não "legítimo" na experiência cristã de Deus. De acordo com Tillich, no catolicismo romano a pessoa é salva ao acreditar no que a igreja acredita. É o que se chama *fides implicita* ("fé implícita"). Quando alguém acredita no que lhe ensinam, recebe implicitamente a verdade ensinada pela igreja católica. Segundo o autor, essa foi justamente "uma das práticas contra as quais a Reforma se rebelou". Em lugar da *fides implicita*, os reformadores ensinavam que todos os cristãos precisavam passar pela experiência de graça na fé e que cada indivíduo precisa confessar seus pecados e experimentar o significado do arrependimento.[69] Ainda de acordo com Tillich, se o elemento experiencial do cristianismo for subjugado por um corpo de doutrinas, "ficaremos apenas com o intelecto ou a vontade; teremos meros sistemas de doutrina e ética, mas não teremos religião". Dessa forma, o protestantismo perde o caráter experiencial e "se transforma em sistema de mandamentos morais, esquecendo-se de sua base especificamente religiosa, que é a presença do Espírito de Deus em nosso espírito".[70] Com referência à teologia racionalista surgida nos Estados Unidos no início do século 20 e que ainda goza de grande prestígio em muitos setores do campo evangélico, mesmo no Brasil, Tillich afirma:

> No protestantismo, especialmente em certos grupos protestantes nos Estados Unidos, sabemos o que acontece quando não se tem esse elemento

---

[67] Anéas, *A racionalização da experiência de Deus*, p. 161.
[68] Tillich, *Perspectivas da teologia protestante nos séculos XIX e XX*, p. 47.
[69] Ibidem, p. 50.
[70] Ibidem, p. 54.

místico. As doutrinas passam a ocupar o lugar central e são colocadas sobre o altar, por assim dizer. Todos acham que são divinas e que ninguém as pode questionar. *A história da teologia protestante refuta essa atitude e demonstra que se trata de completo desvio da genuína experiência da presença divina.*[71]

Os pentecostais, ao revés, não procuram primordialmente nas Escrituras subsídios para a construção de sistemas doutrinários. Eles as examinam com o ardente afã de encontrar o Deus vivo da confissão cristã. A orientação da teologia pentecostal é, acima de tudo, relacional e experiencial. Os pentecostalismo opera de acordo com uma epistemologia que, em muitos sentidos, não coaduna com o racionalismo, pois, para os pentecostais, há lugar tanto para a razão quanto para a emoção, tanto para a lógica quanto para a imaginação e tanto para a certeza da fé quanto para o mistério da fé. Para o pentecostalismo, a fé cristã sempre foi e sempre será um caminho de descobertas, um caminho no qual não se abre mão do "elemento-surpresa". Aliás, o sugestivo título do livro de Jack Deere, *Surpreendido pelo poder do Espírito*, expressa bem essa concepção. Deere confessa que racionalizou sua falta de paixão "adotando um sistema que justificava meu desprezo pelos sentimentos".[72] Tal sistema lhe dizia que os sentimentos eram enganosos e que ele deveria desconfiar de tudo o que fosse subjetivo. Amar a Deus era *somente* obedecer aos mandamentos e adotar a crença *correta*. Depois de algum tempo fazendo parte desse sistema, Deere se reconheceu como alguém sem "apetite por Deus".[73] Ele notou que havia abraçado um tipo de cristianismo que separava a obediência dos sentimentos, até perceber que Deus não queria apenas sua obediência, mas principalmente seu coração. Foi quando entendeu que, biblicamente, não se pode separar o amor da paixão, dos afetos e dos sentimentos.[74] Para ele, o amor a Deus destituído de emoção é um produto da mente moderna racionalista. Já professor de prestígio do Seminário Teológico de Dallas, Deere afirma ter compreendido que conhecer a Bíblia, mesmo nas línguas originais, não é a mesma coisa que conhecer a Deus pessoalmente, que ler a Bíblia não é a mesma coisa que ouvir a Deus e que amar o *texto* da Bíblia

---

[71] Ibidem, p. 54 (grifo nosso).
[72] J. Deere, *Surpreendido pelo poder do Espírito*, p. 177.
[73] Ibidem, p. 178.
[74] Ibidem, p. 179.

O NOVO PARADIGMA DO CRISTIANISMO GLOBAL

não significa necessariamente amar a Deus.[75] São contundentes as palavras de Deere que refletem o *pathos* da epistemologia pentecostal:

> Gosto da palavra paixão porque ela salienta o lado emocional do amor. Paixão pode ser definida como "qualquer tipo de sentimento por meio do qual a mente é poderosamente afetada e movida: uma emoção veemente, ordenadora, dominante". A paixão é um sentimento que leva a mente e a vontade à ação. O termo paixão cobre uma gama inteira de sentimentos [...]. Refiro-me a coisas como desejo, anelo, zelo, afeto, ânsia e fome, sentimentos característicos de uma pessoa profundamente apaixonada.[76]

Com base nesse tipo de orientação, é possível afirmar que o pentecostalismo compreende a Bíblia a partir da perspectiva experiencial do encontro com Deus. Tal perspectiva tem sua "lógica" própria e também sua particular "explicação" da verdade. Está muito mais próxima da *lectio divina* da igreja antiga do que da apropriação proposicional da Escritura.[77] As Sagradas Escrituras, muito mais do que fornecerem um elenco de proposições doutrinárias, podem nos inspirar a viver segundo um modelo de vida que encarne e testemunhe na história a própria vida de Jesus, não um sistema de teologia.[78] A teologia racionalista, ao entender a Escritura primordialmente como um texto proposicional, obscurece o fato de que a Bíblia, em primeiro plano, é o relato testemunhal de pessoas que tiveram uma experiência espiritual com um Deus vivo. A racionalização da experiência de Deus acaba por não testemunhar adequadamente a necessidade de um relacionamento pessoal com Deus pelo Espírito, visto que propõe a necessidade de aderirmos intelectualmente a um corpo de doutrinas. Esse tipo de atitude, que despreza o elemento suprarracional da fé cristã, está ligado à tentativa, presente desde a época do montanismo (século 2), de "domesticar o sagrado".[79] O *modus operandi* é quase sempre o mesmo: interdita-se o presente como local criativo da irrupção do Espírito. Não pode haver novidade, não pode haver risco. Contudo,

---

[75] Ibidem, p. 181.
[76] Ibidem, p. 186.
[77] Castelo, *Pentecostalismo*, p. 113. A *lectio divina*, alicerçada em um modelo de vida espiritual, propõe uma forma de leitura da Bíblia baseada no primado da "escuta da Palavra de Deus". A *lectio divina* "afirma a presença do Espírito nas Escrituras que, ontem como hoje, deve guiar os que creem". Portanto, "a Sagrada Escritura deve ser lida e interpretada com o mesmo espírito com que foi escrita" (*Dicionário de mística*, p. 613).
[78] Anéas, *A racionalização da experiência de Deus*, p. 221; D. Castelo, *Pentecostalismo*, p. 122.
[79] Anéas, *A racionalização da experiência de Deus*, p. 218.

PENTECOSTALISMOS

orar continua sendo "o maior protesto diante de um mundo predeterminado".[80] O pentecostalismo global reverbera o endosso pentecostal à contextualização teológica (teologia encarnada), que também poderia ser denominada "contextualização pneumática".

De acordo com Paul Freston, o protestantismo brasileiro, já em seus primórdios, postulava um viés mais experiencial, em face das especificidades da religiosidade brasileira. Com efeito, "houve precursores nacionais de um protestantismo mais místico".[81] Freston refere-se à figura de José Manuel da Conceição (1822-1873), ex-padre que se tornou pastor presbiteriano. Conceição sonhava com um cristianismo mais brasileiro, evangélico e enraizado nas tradições e nos hábitos populares.[82] Após sua morte prematura, surgiram Miguel Vieira Ferreira e a Igreja Evangélica Brasileira (1879). Assim como no pentecostalismo, Ferreira pregava a necessidade de uma visão direta e sensível de Deus.[83] Segundo Antônio G. Mendonça, Ferreira "afirmava que Deus continuava se revelando aos homens em seus momentos de êxtase".[84]

Em sua análise do protestantismo no Brasil, Antônio G. Mendonça assinala que o pentecostalismo, com seu experiencialismo, culmina no êxtase religioso.[85] E, na esteira das concepções weberianas, ressalta que a domesticação do sagrado produziu no protestantismo a substituição do rito pelo discurso, mas que "o ritual, entendido como prática coletiva destinada a propiciar as experiências espirituais, é um componente significativo do pentecostalismo".[86] Prócoro Velasques Filho se refere ao pentecostalismo como uma "recuperação do misticismo".[87] Para ele, o protestantismo tradicional eliminou todo o viés experiencial da religião "ao entregar-se à 'purificação' do culto, cujo resultado foi seu empobrecimento simbólico".[88] Velasques Filho salienta que o protestantismo como um todo erradicou a emoção e a contemplação, elementos indispensáveis ao ambiente em que curas divinas podem ocorrer.[89] Outra de suas importantes afirmações é que os movimentos de reavivamento resgataram o

---

[80] Ibidem, p. 218.
[81] P. Freston, *Breve história do pentecostalismo brasileiro*, p. 72.
[82] Ibidem, p. 72.
[83] Ibidem, p. 72-73.
[84] A. G. Mendonça, *Protestantes, pentecostais e ecumênicos*, p. 153.
[85] Mendonça, *Introdução ao protestantismo no Brasil*, p. 233.
[86] Ibidem, p. 256.
[87] P. V. Filho, *Introdução ao protestantismo no Brasil*, p. 250.
[88] Ibidem, p. 250.
[89] Ibidem, p. 251.

O NOVO PARADIGMA DO CRISTIANISMO GLOBAL

lugar da experiência no âmbito protestante, dando origem a um entusiasmo que, mais tarde, resultou no "culto pentecostal".[90]

O fato é que, como venho afirmando, o protestantismo não carrega consigo a marca da rejeição à experiência de um encontro com Deus no Espírito. Pelo contrário, o protestantismo, por definição, reage contra as tentativas de enclausuramento institucional e conceitual. De maneira bem consciente e provocativa, Alister McGrath afirma que o protestantismo é uma "ideia perigosa".[91] Segundo ele, no cerne da Reforma Protestante do século 16 repousa a ideia de que a Bíblia pode ser entendida por todos os cristãos e, por conseguinte, todos têm o direito de interpretá-la e de insistir em que suas percepções sejam levadas a sério. Ou seja, "a nova ideia perigosa firmemente incorporada no cerne da revolução protestante era que todos os cristãos tinham o direito de interpretar a Bíblia por si mesmos".[92] Valiosamente, o teólogo britânico ensina que o desenvolvimento do protestantismo como uma grande força do cristianismo se deu justamente por causas das tensões criativas que emergiram e emergem dessa "ideia perigosa". O protestantismo, em sua polêmica com o catolicismo medieval, defendeu a posição de que os indivíduos tinham o direito de interpretar a Sagrada Escritura por si mesmos, sem a obrigação de se submeterem às interpretações oficiais de quaisquer instâncias institucionalizadas. A rigor, a intenção era quebrar o monopólio clerical sobre a interpretação bíblica. Por isso, a Reforma Protestante foi também uma reforma hermenêutica.

Logo, o protestantismo, desde os seus primórdios, reconheceu a capacidade do cristianismo de se adaptar às circunstâncias locais ao deflagrar processos de inculturação. Esse reconhecimento está diretamente ligado à essência missionária da fé cristã e demonstra que o protestantismo sempre esteve destinado à adaptação e à difusão globais. McGrath menciona que, por volta de 1560, as quatro principais linhas da Reforma (anglicanos, luteranos, reformados e anabatistas), não obstante as sérias diferenças doutrinárias entre elas, eram todas consideradas protestantes. Assim, no protestantismo, "desde o início, a diversidade e a tensão são os aspectos essenciais de sua identidade".[93] À luz desse caráter essencial do protestantismo e tendo em vista os surpreendentes surgimento e crescimento do pentecostalismo global, McGrath conclui que "o próprio

---

[90] Ibidem, p. 251.
[91] A. McGrath, *A revolução protestante*, p. 10.
[92] Ibidem, p. 10.
[93] Ibidem, p. 16.

PENTECOSTALISMOS

protestantismo mudou, decisiva e possivelmente, de modo irreversível".[94]
O pentecostalismo global é a própria concretização da essência protestante quanto às adaptações dinâmicas locais da verdade cristã atemporal revelada em Jesus Cristo. O protestantismo e, por conseguinte, o pentecostalismo se opõem, essencialmente, a qualquer formulação *unívoca* e monopolizadora da verdade cristã. Depois de afirmar o "pentecostalismo como uma nova forma de protestantismo" e reconhecer que, atualmente, "o movimento é o maior no protestantismo", McGrath arremata, dizendo que "o potencial do pentecostalismo para transformar o protestantismo é inegável".[95]

Nenhuma acusação de *subjetivismo* ou de adaptação ao *relativismo* pós-moderno condiz com a verdadeira natureza do pentecostalismo. Experiência pessoal não é sinônimo de subjetivismo no pentecostalismo. A erudição pentecostal ensina que os pentecostais "processam" suas experiências no âmbito da tríade formada por Espírito, Escritura e Comunidade.[96] Essa análise é especificamente denominada "abordagem triádica" ou "negociação triádica para o sentido".[97] O *Espírito* é o Espírito de Deus que cria a comunidade, comunica sua vida à comunidade, fala à comunidade e abre os "ouvidos" da comunidade para ouvi-lo. A *Escritura* é a Palavra de Deus escrita, não apenas a letra, mas, acima de tudo, a Palavra pneumática, a Palavra viva.[98] A *Comunidade* é a receptora da mensagem do Espírito. O que é digno de nossa atenção aqui é que, com a referência à Comunidade, não se delimita a interpretação das experiências *apenas* às comunidades locais em que ocorrem. Embora as comunidades locais interpretem as experiências ocorridas em seus respectivos âmbitos de vivência da fé, a referência à Comunidade na abordagem triádica se refere mais especificamente ao chamado para ouvir o Espírito na tradição cristã em sentido mais amplo. Considera-se aqui o fato óbvio, mas por vezes inconsciente, de que não há interpretação da Bíblia completamente isolada da tradição. Com o pentecostalismo, não é diferente. As culturas orais transmitem sua tradição de forma narrativa e simbólica, contando e "cantando" histórias. As culturas escritas o fazem por meio das formas

---

[94] Ibidem, p. 17.

[95] Ibidem, p. 17,19.

[96] K. J. Archer, *A Pentecostal hermeneutic: Spirit, Scripture and community* (Cleveland, TN; CTP Press, 2009); R. Waldholm Jr., *A teologia do Espírito nos antigos profetas*, p. 67.

[97] Waldholm Jr., *A teologia do Espírito nos antigos profetas*, p. 67; Archer, *Pentecostal hermeneutic*, p. 213.

[98] Waldholm Jr., *A teologia do Espírito nos antigos profetas*, p. 68-9.

O NOVO PARADIGMA DO CRISTIANISMO GLOBAL

literárias e da educação formal. Entretanto, em nenhum tipo de sociedade existe ausência de tradição e, portanto, de transmissão. O pentecostalismo tem uma nítida vantagem no cenário global, por se constituir uma tradição essencialmente, embora não exclusivamente, oral e narrativa. Com isso, o pentecostalismo consegue comunicar os conteúdos da fé cristã de maneira abrangente e popular. É nesse sentido que se deve compreender a tríade Espírito, Escritura e Comunidade. Segundo Rick Waldholm Jr., a referência à comunidade é um chamado tanto "para ouvir junto com as vozes da congregação imediata à qual pertencemos" quanto "um chamado para ouvir junto com a maioria da igreja".[99] Considerar o pentecostalismo um movimento de orientação pós-moderna é correto apenas no sentido de reconhecer que ele compartilha algumas afinidades com o pós-modernismo em sua crítica ao racionalismo como a única via de conhecimento, em detrimento de quaisquer outros caminhos epistemológicos. Contudo, qualquer tipo de acusação de relativismo subjetivista ao pentecostalismo por causa de sua ênfase na experiência não passa de crítica mal-informada. Com relação à precisa lição de Waldholm Jr., "enquanto o pós-modernismo rejeita qualquer noção de metanarrativa, os pentecostais localizam-se na metanarrativa da história da salvação como encontro da comunidade na Palavra inspirada pelo Espírito".[100] Com efeito, no campo da *epistemologia*, o destaque pentecostal à experiência e ao saber afetivo forma a base da crítica aos racionalismos dominantes; ao passo que, no campo da *ontologia*, a crença pentecostal em um universo continuamente aberto à ação contínua de Deus no mundo recupera, em termos metafísicos, uma visão de mundo autenticamente cristã.[101] Ou seja, o pentecostalismo, como tradição cristã, acredita na Verdade (Jo 8:32; 14:6), que transcende *a* história e revela-se *na* história: Jesus Cristo, nosso Senhor e Salvador. As comunidades locais não afirmam suas próprias "verdades". Como parte do Corpo de Cristo, são alcançadas *graciosamente* pela Verdade, recebendo-a e proclamando-a. O que os pentecostalismos propagam é que a Verdade transcendente é uma pessoa, não um princípio abstrato. Pelo seu Espírito, a Verdade veio habitar em cada crente e na comunidade, como no Pentecoste. A experiência

---

[99] Ibidem, p. 69. Waldholm Jr. afirma também que a ênfase na comunidade "muda intencionalmente a ênfase da hermenêutica individual e seu compromisso com um método aceitável e aplicado corretamente e coloca ênfase principalmente na comunidade como contexto cultural espiritual em que a interpretação ocorre" (*A teologia do Espírito nos antigos profetas*, p. 69).

[100] Waldholm Jr., *A teologia do Espírito nos antigos profetas*, p. 67-8.

[101] J. K. A. Smith, *Pensando em línguas*, p. 47-8.

pentecostal é com o "Espírito da Verdade", que "vive com vocês e estará em vocês" (Jo 14:17) e reveste "do poder do alto" (Lc 24:49). Não há construção da verdade pela comunidade, mas *rendição à Verdade*, que é Jesus Cristo, o Deus encarnado, crucificado, ressuscitado e exaltado.

O fato é que, atualmente, o cristianismo racional e contrário ao sobrenatural entrou em colapso ao deparar com a maneira de viver a fé cristã nas culturas do Hemisfério Sul. As igrejas do Hemisfério Sul, em sua ampla maioria, não se parecem com as do Hemisfério Norte. Por quê? Porque as culturas do sul, por mais que tenham sido influenciadas pelo racionalismo europeu, não estão enraizadas nele. Elas têm uma maneira própria de conceber o mundo e a realidade como um todo, em geral similar à do mundo do primeiro século da era cristã. Os povos e as culturas da América Latina, da Ásia e da África compreendem a realidade total como governada por forças sobrenaturais, não só por leis físicas. O *ethos* do Hemisfério Sul é eminentemente sobrenaturalista.[102]

Os três continentes citados também passaram, ainda que tardiamente, se comparados com o norte, por um processo de urbanização e a consequente formação das grandes cidades. Por mais que existam casos de grandes populações rurais nesses lugares, a maioria da população do Hemisfério Sul habita atualmente nas cidades e vive, por conseguinte, o estilo de vida influenciado, em maior ou menor grau, pelo *ethos* cosmopolita global. Isto é, os povos do Hemisfério Sul estão, em alguma medida, integrados aos modos de pensar e de viver do Hemisfério Norte. Contudo, estão integrados apenas "em alguma medida", não em sua totalidade. No que diz respeito aos fundamentos últimos da existência humana e da realidade, as culturas do sul são eminentemente sobrenaturalistas, não materialistas; intuitivas, não racionalistas; emotivas, não quietistas; extrovertidas, não introvertidas. A maioria dos povos do Hemisfério Sul tem uma noção clara da existência das leis físicas que regem a matéria e reconhece como benéficos os avanços da medicina e das tecnologias em geral. No Sul Global, porém, a ampla maioria das pessoas, ou seja, das culturas, embora considere relevantes e faça uso de boa parte do que deriva do avanço da ciência, não subscreve a tese de que, em última instância, o mundo é apenas

---

[102] O *éthos* "consiste na característica predominante de uma cultura étnica ou racial considerada como um todo. Refere-se, pois, ao sistema de preferências de um grupo social, ou seja, ao conjunto de hábitos, costumes e modos de ser que se define por meio da soma dos atos dos indivíduos que integram determinada cultura. O *ethos* de um povo é o modo segundo o qual cada pessoa integra o seu ser. É o conjunto de ideias, valores e ideais predominantes, que dá seu caráter distintivo a determinada cultura" (P. A. Deiros, *História do cristianismo global*, p. 964).

matéria. Em outras palavras, há uma adesão parcial ao mundo da ciência, mas não à visão científica *total* do mundo. Pelo contrário, de forma majoritária, apesar dos avanços tecnológicos e a despeito de sua reivindicação de fornecer um lente plena para vida, as culturas do sul concebem a realidade do mundo do século 21 conforme governada, em última instância, por forças sobrenaturais que, por definição, estão fora do campo da cognição científica. Trata-se, na feliz definição de Paul A. Pomerville, de uma "cosmovisão sobrenatural holística e não ocidental".[103]

É justamente no âmbito dessa perspectiva que James K. A. Smith elabora a proposta de uma *cosmovisão pentecostal*. Segundo Smith, as práticas da espiritualidade pentecostal não apontam apenas para uma forma de expressar a fé cristã, mas também para uma forma de compreender a realidade. Por essa razão, o autor propõe uma metáfora para a interpretação filosófica do pentecostalismo que não envolva apenas o *falar em línguas*, mas também uma ampliação ao "pensar em línguas".[104] A tradição pentecostal-carismática não apresenta apenas uma forma de adorar, mas também de pensar. A espiritualidade pentecostal resulta de uma compreensão implícita do mundo que constitui uma perspectiva geral sobre a realidade. Em outras palavras, na ampla gama de práticas que constituem a espiritualidade pentecostal, existe um entendimento tácito e exclusivo do mundo. É a essa perspectiva específica que Smith denomina "cosmovisão pentecostal".[105] Essa cosmovisão pentecostal não significa a existência de um sistema filosófico doutrinário prévio à espiritualidade pentecostal. Em vez disso, a cosmovisão pentecostal se refere a uma orientação passional que governa o modo que alguém compreende, habita e envolve-se *no* mundo e *com* ele.[106] Quanto a isso, Smith detecta alguns "pressupostos distintamente pentecostais" como constituintes de uma constelação de valores que portam atributos implícitos dentro das práticas pentecostais. É o que também podemos chamar "valores pentecostais fundamentais", que, a rigor, são valores pré-filosóficos latentes dentro da espiritualidade pentecostal.[107] A partir desses valores pentecostais fundamentais, Smith elenca os cinco elementos de uma cosmovisão pentecostal:

1. *Abertura radical para Deus.* Nos pentecostalismos, há uma abertura às operações contínuas do Espírito Santo na igreja e no mundo,

---

[103] P. A. Pomerville, *A força pentecostal em missões*, p. 35.
[104] Smith, *Pensando em línguas*, p. 62.
[105] Smith, *Pensando em línguas*, p. 62, 65.
[106] Ibidem, p. 64-5.
[107] Ibidem, p. 45.

especialmente no que diz respeito à capacitação carismática com os dons espirituais. O Pentecoste clama por uma abertura ao Espírito Santo que transcenda o horizonte de nossas expectativas. Isso inclui a renúncia às concepções convencionais acerca de como Deus age no mundo. Os pentecostais sempre esperam o inesperado. Para Smith, essa abertura é "a ideia principal do dia de Pentecoste, o centro da identidade pentecostal e, portanto, a base para uma cosmovisão pentecostal".[108]

2. *Uma teologia "encantada" da criação e da cultura.*[109] Ao contrário das teses das ciências humanas, que enfatizam a secularização e o desencantamento do mundo, os pentecostalismos entendem a criação como que impregnada pelo Espírito de Deus e por diversos seres espirituais, como anjos e demônios. No pentecostalismo, há uma convicção de que Deus age dentro da ordem criada, ou seja, há um senso profundo não só da transcendência, mas também da *imanência* de Deus. Por isso, a prática pentecostal é quase sempre dominada por uma preocupação com a "batalha espiritual" e, por conseguinte, com a estruturação de ministérios de libertação. A Nova Reforma Apostólica e o ministério dos apóstolos e profetas contemporâneos estão diretamente relacionados com esse elemento da cosmovisão pentecostal.

3. *Um reconhecimento não dualista do aspecto corporificado e material.* Por "dualismo", quero dizer uma concepção platônica que compreende a realidade material como má, uma realidade da qual o ser humano precisa se libertar rumo a uma existência puramente espiritual. Por certo, tal concepção não é cristã, visto que, na cosmovisão cristã, tudo o que Deus criou é bom (Gn 1:31), há esperança da ressurreição do corpo (1Co 15) e enfatiza-se a restauração da criação (Rm 8:18-25; Ap 21:1). Desse modo, no pentecostalismo, por exemplo, a cura divina é vista como a valorização de Deus à sua criação e como uma antecipação escatológica do reino de Deus e de sua vitória definitiva sobre as forças opressoras das trevas.

---

[108] Ibidem, p. 74.

[109] "Enquanto a humanidade, desde o mundo antigo até a Reforma, caminhou longamente com uma mentalidade 'encantada', após a Reforma, com o advento do Iluminismo e o início da modernidade, o mundo foi 'desencantado', por isso a teologia, tanto liberal quanto conservadora, desenvolvida nos séculos 17 a 19, eliminou, sob forte influência do racionalismo, todo o aspecto sobrenatural da realidade, seja ao modo da demitologização da Bíblia ou à maneira cessacionista em relação à contemporaneidade dos milagres e das manifestações do Espírito. Com o colapso da modernidade, o mundo foi novamente reencantado e a sociedade retomou a busca por sentido para sua vida, não mais na ciência, e sim nas diversas formas de espiritualidade" (C. M. Carvalho, *Pentecostalismo e pós-modernidade*, p. 46). "Desse reencantamento é característico o recurso à sensibilidade e à corporeidade, por oposição ao racionalismo moderno" (J. M. Duque, *Para o diálogo com a pós-modernidade*, p. 132).

O NOVO PARADIGMA DO CRISTIANISMO GLOBAL

4. *Uma epistemologia afetiva e narrativa.* A espiritualidade pentecostal se baseia na prática epistêmica afetiva e narrativa. Segundo esse modelo, o conhecimento se baseia no coração e trafega no conteúdo da narrativa. Em outras palavras, chega-se ao conhecimento mediante as narrativas. Smith salienta que existe aqui um nítido contraste entre o pentecostalismo e a teologia evangélica racionalista. Enquanto a teologia racionalista centraliza o culto no sermão didático, o culto pentecostal é experiencial, pois rejeita a concepção *exclusivamente* cognitivista da pessoa humana. Como afirma Smith, "nosso posicionamento mais básico com relação ao mundo é cognitivo e afetivo" e "mais *sentimos* nosso comportamento no mundo do que *pensamos* acerca do mundo".[110] Para o pentecostalismo, a essência do ser humano não pode ser reduzida à razão ou ao intelecto, como no modelo cartesiano. Por isso, os pentecostais compreendem a realidade a partir da perspectiva de um "saber afetivo" com "a verdade partindo da experiência".[111]

5. *Uma orientação escatológica voltada para missões e para a justiça.* No coração do pentecostalismo, reside uma visão escatológica ligada à inauguração dos "últimos dias" no Pentecoste. A era escatológica entre a ascensão e o retorno de Cristo se apresenta como um período que desperta um senso de urgência em relação à salvação das almas e à transformação do mundo pelo poder do Espírito derramado. O Espírito Santo está salvando, curando e libertando, pois os "sinais acompanharão os que crerem" (Mc 16:17). Nesse sentido, o papel da igreja é pastoral e social.

Portanto, de acordo com Smith, sejam pequenas congregações em uma reunião de avivamento em algum lugar remoto do mundo, sejam pentecostais nigerianos cultuando no Brooklyn, sejam ainda católicos carismáticos concentrados em oração nas Filipinas ou anglicanos indianos testemunhando milagres em Bangalore, os cinco elementos da cosmovisão pentecostal são comuns a qualquer diversidade global do pentecostalismo. Além disso, Smith ainda defende a ideia de que, no alvorecer do terceiro milênio da era cristã, os elementos da cosmovisão pentecostal deveriam ser considerados parte de uma *cosmovisão cristã universal.*[112] Diz Smith:

---

[110] Smith, *Pensando em línguas*, p. 120-1.
[111] Ibidem, p. 119.
[112] Ibidem, p. 71.

PENTECOSTALISMOS

> Acho que os elementos principais da espiritualidade pentecostal/carismá-tica representam o modo pelo qual alguém se constitui cristão de forma autêntica. Em outras palavras, penso que o nascimento do corpo de Cristo no dia de Pentecostes representa que a maneira adequada de ser igreja é (e, portanto, deveria ser) pentecostal. *Ser cristão equivale a ser carismático.*[113]

Desse modo, o universo religioso do sul, *mutatis mutandis*, é similar ao do mundo do Novo Testamento quanto à concepção fundamental de que a vida humana e a história como um todo são regidas pelo mundo espi-ritual e pelo sobrenatural. O contexto cultural e espiritual do Hemisfério Sul é extremamente diversificado e, a partir daí, podemos afirmar que o cristianismo global significa cristianismo multicultural. Essa diversi-dade é demonstrada claramente nas leituras sobrenaturalistas da Bíblia Sagrada. Tais leituras, por certo, não estão fundamentadas em pressu-postos racionalistas, como no caso das metodologias bíblicas críticas. Ao revés, a Escritura é lida de modo experiencial, sem as mediações racio-nalistas colocadas entre o texto e o leitor por influência e imposição do Iluminismo europeu. Não se está jogando fora toda a tradição cristã, mas apenas fugindo do cativeiro racionalista que acorrentou o cristianismo em um período recente da história. Os pentecostalismos constituem movi-mentos de protesto a esse cativeiro e um grito de liberdade do Espírito que não pode ser aprisionado por nenhuma construção conceitual.

Por isso, o novo paradigma do cristianismo global é também conside-rado uma correção àquele que já é chamado "antigo paradigma".[114] Isso sig-nifica que o cristianismo do sul e suas respectivas construções teológicas não podem mais ser julgados pela teologia do norte, como se essa fosse a norma de um suposto e exclusivo cristianismo autêntico. O novo para-digma é a correção do antigo, pois o cristianismo do Hemisfério Sul é fun-damentado na teologia bíblica pura e simples do Novo Testamento. Essa compreensão teológica decorre de uma leitura primordialmente devocio-nal da Bíblia. É fato notório que a fé cristã no sul é a que efetivamente mais reverbera a fé bíblica neotestamentária: a fé bíblica hoje é (re)vivida nos países do Hemisfério Sul, não nos do Hemisfério Norte. O evangelho do reino é universal, não continental. Ele pode e deve ser contextualizado em qualquer cultura sem abrir mão de seus fundamentos. O cristianismo multifacetário do sul expressa essa universalidade e rejeita a noção de que

---

[113] Ibidem, p. 71 (grifo nosso).
[114] P. A. Pomerville, *A força pentecostal em missões*, p. 34.

O NOVO PARADIGMA DO CRISTIANISMO GLOBAL

uma só contextualização histórica é a regra a ser imposta sobre as demais contextualizações do evangelho do reino de Deus.

O novo paradigma é também uma correção do antigo, pois o evangelho sempre precisa retornar às suas raízes bíblicas e sair das mãos daqueles que, de alguma forma, tentam reduzi-lo a meros modelos institucionais e/ou teórico-cognitivos. Tais modelos reducionistas não têm nenhuma relação com a livre e espontânea manifestação do Espírito Santo, que qualquer pessoa, em qualquer época, facilmente percebe ser o *modus operandi* divino testemunhado nas páginas do Novo Testamento. Nas culturas do mundo majoritário, antes de estudarem *sobre* Deus, as pessoas querem conhecê-lo. Para os povos do Hemisfério Sul, Deus não é um *objeto* a ser pensado, mas *alguém* a ser amado, recebido no coração e na vida real como aquele que caminha junto a nós, protege, livra, cura, salva, fala, revela e, claro, batiza com o Espírito Santo. Não nego a importância da teologia, mas nego que a teologia do sul seja uma teologia cartesiana ou um sistema dedutivo e silogístico. Ao revés, é uma teologia feita na comunidade de fé e a partir dela, uma teologia do coração e reverente ao mistério, uma teologia que ora e adora, ou, na perspicaz expressão de Clodovis Boff, uma *teologia genuflexa*, ou seja, feita de joelhos, prostrada aos pés de Deus, pois "a primeira posição do teólogo é de joelhos".[115] Ainda segundo o magistério de Clodovis Boff, "só um teólogo que se banhe na experiência do Espírito vivificador e que saia daí gotejando poderá produzir uma teologia viva e vivificadora".[116] Mais uma vez, não se nega a importância da reflexão teórica na teologia. A questão alude não ao *uso* da razão, mas ao seu *lugar* na teologia.

O saber teológico continua assumindo a forma de reflexão teórica. Não obstante, a teologia é, ao mesmo tempo, sapiencial, quando "reveste a forma de um discurso saboroso, afetivo, experiencial".[117] No tocante à metodologia teológica, Boff considera tanto a racionalidade própria do labor teológico quanto as chamadas três fontes da teologia, a saber: a fé-palavra, a fé-experiência e a fé-prática.[118] Sobre a racionalidade teológica,

---

[115] C. Boff, *Teoria do método teológico*, p. 33.

[116] Ibidem, p. 33.

[117] Ibidem, p. 33.

[118] Clodovis Boff, como teólogo católico, por certo, tem a "tradição" em alta conta, como elemento indispensável à reflexão e à construção teológica. Nesse sentido, ele afirma que "a tradição é decisiva para conferir a uma pessoa ou comunidade uma *identidade* histórica, um *enraizamento* vital, uma âncora existencial". Ainda segundo Boff, "toda escritura, especialmente a sagrada, só irradia seu sentido integral quando lida *dentro da tradição* que a gerou" (*Teoria do método teológico*, p. 45). No mesmo sentido, Paul Tillich afirma que, "quando os crentes leem a Bíblia, sua

PENTECOSTALISMOS

Boff afirma que "é a exposição racional, ou seja, discursiva (quer sapiencial, quer científica) da fé revelada", e que, "nesse sentido, a fé é em parte racional e/ou racionalizável, e em parte não".[119] A razão pela qual Clodovis Boff considera a fé em parte não racionalizável é muito importante para nosso propósito de demonstrar a genuinidade do cristianismo experiencial vivido pelos pentecostalismos. Ao considerar o caráter racional da fé, Boff afirma que ela precisa sempre levar em conta o aspecto "experiencial e místico" do cristianismo, ou seja, sua "dimensão pneumatológica".[120] Por isso, ele conclui sobre a racionalidade própria da teologia, afirmando que "a fé tem sua inteligência própria, no sentido de ter a sua luz ou sua inteligibilidade específica, consistindo na intuição supraconceitual e mesmo suprarracional do Mistério de Deus".[121] É esse tipo de racionalidade *supraconceitual* e *suprarracional* que eu julgo adequada para discorrer sobre o cristianismo à luz das quatros fontes do quadrilátero wesleyano: Escritura, Tradição, Razão e Experiência.

O novo paradigma lança suas bases sobre a dupla afirmação de que "o cristianismo é uma experiência com Deus" e "o pentecostalismo fornece um equilíbrio corretivo à intensa intelectualização da fé".[122] Os pentecostalismos sondam as profundezas da dimensão experiencial do encontro pneumático com Deus (fé-experiência) e, dentro dos limites canônicos da revelação (fé-palavra), desenvolvem modelos contextualizados de vivência do cristianismo (fé-prática) que levam sempre em consideração os elementos que lhes foram transmitidos (tradição).[123] Nessa perspectiva, os pentecostalismos do sul não apenas constituem um desafio à forma ocidental majoritária da fé cristã, mas também, acima de tudo, à espiritualidade do cristianismo ocidental. O silêncio sobre o Espírito Santo, típico do programa moderno da teologia europeia, moldada sob a influência do racionalismo, é interpelado pelas formas pentecostais e carismáticas de vivência pneumática.

O interessante é que o novo paradigma não difere do cristianismo ocidental nas questões das crenças históricas básicas. Alguns observadores

---

compreensão depende da tradição religiosa em que se situam" (*Perspectivas da teologia protestante no séculos XIX e XX*, p. 47).

[119] Boff, *Teoria do método teológico*, p. 24.

[120] Ibidem, p. 24.

[121] Ibidem, p. 24.

[122] Pomerville, *A força pentecostal em missões*, p. 39.

[123] A arguta consideração de Boff sobre a "tradição" é que "importa distinguir a verdadeira *tradição*, que é um processo vivo, dinâmico e criativo, do *tradicionalismo*, que entende coisificar e mumificar a tradição, o que só pode fazer matando-a" (*Teoria do método teológico*, p. 45).

110

O NOVO PARADIGMA DO CRISTIANISMO GLOBAL

e críticos dos pentecostalismos, ao abordarem o movimento pentecostal por uma perspectiva *exclusivamente* fenomenológica, podem concluir erroneamente que a diversidade de expressões do pentecostalismo global transgride de alguma forma alguns dos pilares da fé cristã. Contudo, de acordo com Alister McGrath, "em muitos aspectos, o pentecostalismo aceita os temas básicos da teologia protestante, mas com um acréscimo relevante que leva à modificação da ênfase doutrinal em alguns pontos e a diferentes padrões de adoração".[124] O que McGrath denomina "um acréscimo relevante" é o que faz toda a diferença para a caracterização do pentecostalismo e para compreender a emergência do novo paradigma do cristianismo global. Diz McGrath:

> Os traços que caracterizam e distinguem o pentecostalismo de todas as outras formas de cristianismo é sua insistência e *ênfase no encontro imediato com Deus por intermédio do Espírito Santo* e a subsequente transformação dos indivíduos.[125]

Ainda segundo McGrath, a posição cessacionista tinha uma enorme dificuldade: ela tornava irrelevantes para o cristianismo grandes seções do Novo Testamento. A rigor, a tese cessacionista poderia ser reduzida a uma afirmação simples: o Espírito Santo não é mais vivenciado na igreja hoje como foi pelos apóstolos no Pentecoste.[126] É justamente em relação a esse ponto específico, atrelado à presença extraordinária do Espírito Santo, que McGrath considera os eventos em Topeka, Kansas, em janeiro de 1901, com Charles F. Parham, e na rua Azusa, em Los Angeles, em 1906, com William J. Seymour, a representação de uma mudança paradigmática no cristianismo. As próprias palavras de McGrath não deixam margem para dúvida:

> A relevância dos eventos de Topeka, Kansas, em janeiro de 1901, e, depois, da rua Azusa, em Los Angeles, em 1906, é que eles sugerem que as coisas podem ter mudado. E, se elas mudaram, *é preciso fazer muita revisão teológica.* Vemos aqui um exemplo clássico do que Thomas Kuhn, historiador da ciência, descreveu de forma excelente como *"mudança de paradigma"* no desenvolvimento das ciências naturais — o aparecimento

---

[124] A. McGrath, *A revolução protestante*, p. 417.
[125] Ibidem, p. 418 (grifo nosso)
[126] Ibidem, p. 418.

de novas abordagens quando a capacidade das antigas teorias de explicar novas experiências e observações é falha e imperfeita.[127]

Portanto, o pentecostalismo é uma fé cristã ortodoxa que reintroduziu no cristianismo contemporâneo a dimensão experiencial da fé apostólica. Por mais que existam movimentos com um grau de excentricidade tal que não possam ser chamados cristãos, não podemos, em hipótese alguma, deixar de reconhecer que os pentecostalismos em geral fazem parte da "tradição cristã central" protestante.[128] Além disso, se, por um lado, existem patentes exageros na seara experiencial, também há, por outro, o exagero racionalista no cristianismo. Algumas comunidades e pessoas na Europa que se autodenominam cristãs certamente não seriam reconhecidas como tais em muitos lugares da América Latina. Por mais absurdo e contraditório que isso soe, existem hoje certas concepções de cristianismo que beiram o ateísmo prático. Por isso, não é sábio também usar dois pesos e duas medidas diante desses dois extremos: o exagero experiencialista e o exagero racionalista. Diz Philip Jenkins:

> É muito fácil encontrar condutas e rituais que parecem situar as novas igrejas fora do que os ocidentais veem como os limites legítimos do cristianismo; no entanto, em muitos aspectos cruciais, é inegável que as congregações independentes situam-se dentro da grande tradição. Os próprios membros das igrejas independentes não têm nenhuma dúvida a respeito de sua reivindicação do *status* autêntico de cristãos.[129]

Os movimentos pentecostais, em sua ampla diversidade, segundo o magistério de Paul A. Pomerville, subscrevem a "tripla ênfase da Reforma", que consiste nos princípios: 1) da autoridade das Escrituras; 2) da salvação pela graça mediante a fé; 3) do sacerdócio universal de todos os crentes.[130] Via de regra, o protestante, que, no Brasil, é conhecido como evangélico, identifica-se com essa configuração histórico-teológica. É importante afirmar que "nenhum grupo particular está em foco quando se fala de 'evangélico'; mais exatamente, o foco está nos princípios de crença e prática".[131] Ainda segundo Pomerville, o que o pentecostalismo acrescenta de

---

[127] Ibidem, p. 418.
[128] Pomerville, *A força pentecostal em missões*, p. 25.
[129] P. Jenkins, *A próxima cristandade*, p. 180-1.
[130] Pomerville, *A força pentecostal em missões*, p. 25.
[131] Ibidem, p. 25.

O NOVO PARADIGMA DO CRISTIANISMO GLOBAL

fundamental ao universo evangélico é "o princípio da natureza dinâmica da fé cristã".[132] A citação a seguir sintetiza o argumento de Pomerville:

> A experiência distintiva do pentecostalismo com o Espírito Santo dá nova nitidez ao termo "evangélico". A experiência distintiva com o Espírito faz com que os pentecostais retornem para além do fenômeno fundamentalista do século 19, e da própria Reforma para o evangelho, conforme descrito pela igreja primitiva no Novo Testamento. Como movimento de renovação, o pentecostalismo representa uma renovação da experiência cristã do século I. No entanto, tem mais a contribuir para o evangelicalismo contemporâneo do que um ponto de referência específico do Novo Testamento (o Dia de Pentecostes). Traz à tona uma dimensão que quase foi ofuscada no cristianismo ocidental: a dimensão experiencial.[133]

Essa ênfase pentecostal na dimensão experiencial do cristianismo, convém ressaltar, não é uma inovação ou o acréscimo de mais um princípio à fé evangélica. Pelo contrário, trata-se da reintrodução do *núcleo dinâmico* do próprio impulso seminal do cristianismo: o impulso (sempre presente) do Espírito Santo. Aqui, estamos falando da própria atividade de Deus em sua igreja e no mundo pelo ministério do Espírito Santo. O que se relata no Novo Testamento e, em especial, no livro de Atos dos Apóstolos é que a vida cristã se caracteriza por uma experiência viva e dinâmica com o Espírito Santo de Deus. A atividade sobrenatural e surpreendente do Espírito Santo é o padrão bíblico da igreja, conforme o testemunho do Novo Testamento. Portanto, os pentecostalismos não são uma inovação tão somente entusiástica. Pelo contrário, podem ser considerados, acertadamente, um cristianismo apostólico. Aqui, relembro o ímpeto restauracionista do pentecostalismo em seu desejo de encontrar sua identidade na forma de vida da igreja primitiva.

Também analisando os pentecostalismos como movimentos evangélicos oriundos da Reforma Protestante, David Mesquiati de Oliveira e Kenner R. C. Terra afirmam que "a perspectiva pentecostal clássica relê a tradição".[134] Mesquiati e Terra ensinam que o pentecostalismo assumiu quatro princípios da Reforma,[135] conhecidos como *solas*: somente a

---

[132] Ibidem, p. 25.
[133] Ibidem, p. 25.
[134] D. M. Oliveira; K. R. C. Terra, *Experiência e hermenêutica pentecostal*, p. 27.
[135] Os princípios que caracterizaram a Reforma precisam sempre ser considerados no contexto polêmico da época em relação à Igreja Romana. O elenco dos princípios pode variar de autor para autor. Segundo Roger Olson, "três princípios protestantes da maior importância são

113

PENTECOSTALISMOS

Bíblia, somente a fé, somente Cristo e somente a graça.[136] A diferença em relação à herança protestante tradicional estaria no fato de que os "pentecostais recuperaram explicitamente a dimensão do Espírito".[137] Além disso, segundo os mencionados autores, aos tradicionais *solas*, o pentecostalismo adicionou o *solus Spiritus Sanctus*, pois "os pentecostais assumem esse fundamento teológico da Reforma e sua correlatividade, mas resgatam o protagonismo do Espírito Santo".[138] Contudo, o *solus Spiritus Sanctus* não funciona apenas como um princípio acrescentado aos demais. Na verdade, o *solus Spiritus Sanctus* os atravessa e está ligado à ação do Espírito Santo na igreja e na teologização, destacando o impulso pneumático dos demais *solas*. As bases principiológicas da herança protestante foram sobremodo intelectualizadas entre a Reforma (século 16) e o início do século 20. Cada "um dos princípios do impulso evangélico poderia ser, e frequentemente é, realizado de modo intelectual e estático, não refletindo de modo algum a atividade de Deus neles".[139] O pressuposto pentecostal da ação atual, contínua, dinâmica e surpreendente do Espírito altera o processo teológico, eclesial e devocional por considerar o imediatismo da presença de Deus pelo Espírito Santo em todas as esferas da vida e da realidade. Aqui está a base da mudança paradigmática em operação no cristianismo global.

Essa mudança de paradigma, portanto, está diretamente ligada à centralidade conferida pelo pentecostalismo à experiência com o Espírito Santo, conforme o modelo neotestamentário da igreja primitiva e, em especial, do dia de Pentecoste. A reboque dessa ênfase na centralidade da experiência e associada à explosiva mudança demográfica do cristianismo para o Sul Global, está a percepção de que o evangelho é de natureza supracultural. Atualmente, é possível observar com enorme claridência em que medida a teologia ocidental foi influenciada pelo contexto histórico do Iluminismo. O que se tenta corrigir nestas linhas é a grave distorção que, por um bom tempo, etiquetou as diversas expressões pentecostais como um tipo de fé heterodoxa. Nada disso, na verdade, envolveu fidelidade ou infidelidade ao evangelho de Cristo, mas o grau de

---

geralmente identificados como responsáveis por diferenciá-los da igreja de Roma e de sua teologia oficial: *sola gratia* (a salvação pela graça mediante a fé somente), *sola Scriptura* (as Escrituras acima de todas as demais autoridades de fé e da prática cristãs) e o sacerdócio de todos os crentes" (*História da teologia cristã*, p. 394).

[136] Oliveira; Terra, *Experiência e hermenêutica pentecostal*, p. 27.

[137] Ibidem, p. 28.

[138] Ibidem, p. 28.

[139] Pomerville, *A força pentecostal em missões*, p. 26.

O NOVO PARADIGMA DO CRISTIANISMO GLOBAL

fidelidade ou infidelidade ao evangelho da cultura ocidental quanto aos seus exageros e distorções racionalistas.[140]

Houve, na verdade, uma inversão do ônus da prova na teologia do século 20. O cristianismo sobrenaturalista dos pentecostais foi muitas vezes acusado de não ser autêntico pela ala racionalista. O cristianismo dos milagres, das curas, das profecias e das visões foi colocado no banco dos réus pelo "cristianismo" que rejeita os milagres, as curas, as profecias e as visões. Os pentecostalismos são muitas vezes acusados de ser sobrenaturalistas em "excesso". E aqui, quando me refiro a pentecostalismos, não incluo os evidentes casos esdrúxulos que ferem o bom senso de qualquer cristão que vive a fé cristã sobrenatural. Essa tentativa de colocar tudo em um único pacote merece ser amplamente rejeitada. Nenhuma crença ou práxis cristã que inclua o falar em línguas, a cura física, as revelações e as profecias pode ser rejeitada por causa dos estelionatários da fé, dos simulacros de experiência com o Espírito Santo, dos charlatões megalomaníacos ou de qualquer tipo de falsificação ou manipulação engendrada por líderes inescrupulosos.

Como eu já tive a oportunidade de escrever, na Europa e nos Estados Unidos, muitas vezes se crê e se vive uma fé cristã que só eufemisticamente pode ser chamada "fé bíblica". Mas nem por isso o cristianismo ocidental é negado ou rejeitado. Quando afirmamos a mudança de paradigma no cristianismo global e mencionamos que o novo paradigma é a correção do antigo, não estamos jogando fora "todo" o cristianismo ocidental. Estamos demonstrando que, majoritariamente, o cristianismo ocidental moderno foi erigido em tributo ao racionalismo iluminista e que esse constructo descaracterizou o cristianismo bíblico da forma que o texto canônico o apresenta. Certamente, houve a intromissão de um ideário estranho ao patente sobrenaturalismo bíblico que tentou fazer o evidente parecer uma fraude. Onde se lia algum relato de milagres, "devia-se" entender que eram exclusivos dos tempos apostólicos ou, na melhor das hipóteses, que Deus pode operar milagres, mas não os opera mais. Onde se lia que o Espírito Santo falava em sonhos e visões e concedia dons carismáticos, "devia-se" entender que não era mais assim. Coloquei aspas no verbo para ressaltar que a teologia racionalista criou o absurdo *dever de não crer* que Deus possa agir no presente da mesma forma que em inúmeros registros das Escrituras. Ora, é óbvia a intromissão de um

---

[140] Ibidem, p. 50.

PENTECOSTALISMOS

princípio exógeno ao espírito do texto bíblico e, por conseguinte, ao próprio cristianismo apostólico.

Qualquer observação mais ou menos cuidadosa quanto ao cenário religioso, principalmente europeu, mostra, em face do que ocorre no Hemisfério Sul, a quase completa decadência da fé cristã no Velho Continente e a avassaladora vitalidade do cristianismo no sul. Por quê? Seria apenas uma coincidência que o cristianismo vivo que se experimenta no Brasil atualmente seja o que situa a experiência com o Espírito Santo no centro da fé? Enquanto na Europa se fala, já há algum tempo, em uma sociedade pós-cristã, por aqui o que vemos é radicalmente oposto: a cada dia, um número maior de pessoas se declara cristã e dá testemunho de experiências com o Espírito Santo. E não estamos falando daquele velho conhecido, o cristão nominal. Por mais que ele ainda exista (sempre existiu e sempre existirá), o que vemos é um número crescente de pessoas assumindo pública e ativamente sua identidade cristã. Na esteira dessa afirmação, estão as palavras de Pablo A. Deiros sobre o Novo Cristianismo Global, que se aplicam perfeitamente à situação do Brasil:

> Cada vez há mais crentes e igrejas assumindo a realidade de que estão envolvidos em uma guerra espiritual de caráter cósmico. Uma renovada ousadia e atrevimentos estão mobilizando os crentes a testificarem de sua fé em Cristo. Sinais, prodígios e maravilhas não são estranhos ao testemunho de muitos cristãos evangélicos hoje. Como ocorria em tempos neotestamentários, curas e milagres acompanham a proclamação do evangelho, junto com a expulsão de demônios. Cada vez há mais crentes que veem seu testemunho de fé acompanhado dessas manifestações do poder e da misericórdia de Deus.[141]

Os mais entusiastas chegariam a dizer que no Brasil se experimenta algo pelo menos parecido com um despertamento espiritual. O mais impressionante é estarmos vivendo um fenômeno como esse em pleno século 21, quando o cristianismo "compete" com o ateísmo filosófico e militante e com as mais diversas formas de vida e de pensamento avessas à fé cristã. A antiga religião de Jesus não só sobrevive por intermédio da transmissão cultural, mas também causa impacto, converte, arrebata e conquista pela força da presença extraordinária do Espírito Santo.[142]

---

[141] P. A. Deiros *História global do cristianismo*, p. 962.

[142] Segundo Maria Clara Bingemer, "nossa época, portanto, pode ser percebida como um momento histórico onde a experiência voltou com força à frente da cena e ao coração do

O NOVO PARADIGMA DO CRISTIANISMO GLOBAL

Muitos tentaram, e ainda tentam, desqualificar o grande mover do Espírito que ocorre no Brasil, criando caricaturas do pentecostalismo, como se ele não fluísse da tradição cristã. Como já afirmei, quando me refiro à correção do antigo paradigma, não estou falando de corrigir a tradição cristã evangélica como um todo. O próprio itinerário dos pentecostalismos tem como *locus* privilegiado os Estados Unidos e o influxo avivalista europeu dos puritanos e dos metodistas. Vale lembrar que, além do despertamento pentecostal propriamente dito do início do século 20, seja com Charles F. Parham, em 1901, seja com William Seymour, na rua Azusa, em 1906, eclodiram também nos Estados Unidos os movimentos carismáticos nas igrejas protestantes históricas (1960) e a Renovação Carismática Católica (1967). Além disso, a chamada Terceira Onda do movimento pentecostal encontra sua expressão seminal nos Estados Unidos (década de 1980). Qualquer afirmação depreciativa que atribua ao movimento pentecostal-carismático no Brasil a pecha de caricatura de cristianismo revela, de forma desmedida, um total desconhecimento do cristianismo global contemporâneo e/ou uma evidente má vontade de reconhecer a dimensão que a fé pentecostal alcançou na virada do milênio.

Ainda assim, foi o contato da chama pentecostal com as culturas do Hemisfério Sul que deflagrou o atual incêndio dos pentecostalismos e alterou o eixo do cristianismo de uma forma nunca vista na história. Mas, do ponto de vista teológico, o que significa esse fogo pentecostal? Significa o ressurgimento do senso do sobrenatural no cristianismo. Mas esse ressurgimento não é apenas teórico, pois, nesse caso, o sobrenatural seria conceitualizado e, na prática, não haveria mudança. A chama pentecostal significa o ressurgimento do sobrenatural no cristianismo por meio da experiência pessoal e comunitária do encontro com Deus pelo Espírito Santo. A mudança de paradigma é expressa nesta transição: o cristianismo ocidental transmitia, prioritariamente, *ideias*; o novo cristianismo transmite, prioritariamente, a experiência da *presença* de Deus e um modo pneumático de viver. Por isso podemos entender a afirmação de Wolfgang Vondey: "Os pentecostais tradicionalmente não têm tido uma teologia; eles a têm vivido".[143]

Quando a centralidade da experiência pneumática do encontro com Deus desembarca no Hemisfério Sul, encontra terreno fértil para

---

conhecimento e do debate". Para a autora, trata-se de uma rara oportunidade de se "colocar no centro da vida de fé a experiência de Deus [...] antes que as propostas dogmáticas e/ou morais da instituição" (*Paixão por Deus nos desertos contemporâneos*, p. 46, 51).

[143] W. Vondey, *Teología pentecostal*, p. 24.

PENTECOSTALISMOS

florescer, pois essas culturas são sobrenaturalistas, intuitivas, imaginativas, lúdicas, emocionais, entusiastas e extrovertidas por natureza. Não são culturas racionalistas nem quietistas. Elas se parecem com o mundo do Novo Testamento. A seguinte citação de Paul A. Pomerville sintetiza o que quero dizer por "mudança" e "correção" de paradigma:

> Quais distorções resultaram por conta do impacto da cultura *ocidental* no evangelho? A erosão do senso do sobrenatural tem que estar no topo da lista, assim como o ofuscamento da dimensão experiencial da fé cristã. A teologização bíblica e dinâmica representada nas teologias étnicas está em forte contraste com a teologia sistemática, estática, racionalista e orientada para a escola dos ocidentais, a qual é, portanto, suspeita. A natureza experiencial dinâmica dos movimentos de independência contrasta com a expressão cerebral ocidental da fé.[144]

A maior guinada na mudança de paradigma diz respeito ao fato de que o relacionamento espiritual *com* Deus não pode estar em segundo plano em relação ao conhecimento intelectual *de* Deus. A ênfase pentecostal na experiência reintroduz no cristianismo a prioridade de conhecermos Deus por meio de um relacionamento pessoal, e não só por adesão conceitual. Aqui, cito as palavras que Jó proferiu depois de passar por um longo e tenebroso deserto pessoal de dores, perdas, angústias e perplexidades: "Tu perguntaste: 'Quem é esse que obscurece o meu conselho sem conhecimento?' Certo é que falei de coisas que eu não entendia, coisas tão maravilhosas que eu não poderia saber" (Jó 42:2-3). A teologia racionalista, com seu sistema que provê respostas a todas as questões e frequentemente suscita calorosos (e áridos) debates que lançam uma tradição teológica contra outra não pode personificar as palavras de Jó transcritas acima.

Cria-se, na teologia rigidamente racionalista, uma distância entre a vida real e o pensamento teológico. Todos nós sabemos que a vida com Deus inclui desespero, mistério, ausência de respostas, alta dose de perplexidade e, principalmente, um avassalador sentimento de impotência diante da vida. André Anéas afirma que uma das características do protestantismo racionalista foi a criação de um sistema que tenta permanentemente proteger o cristianismo da "maior inimiga" a ser combatida: a dúvida.[145] Segundo esse autor, na versão racionalista do protestantismo, a busca

---

[144] Pomerville, *A força pentecostal em missões*, p. 50.
[145] Anéas, *A racionalização da experiência de Deus*, p. 219.

118

O NOVO PARADIGMA DO CRISTIANISMO GLOBAL

principal é pela certeza absoluta, e não há espaço para a dúvida. É necessário ter certeza de quem está certo e de quem está errado. A experiência de Deus é um risco a ser evitado. Mas como? Com muito treinamento teológico, "confissão na mão, explicações decoradas" e, "se alguém experimentar algo novo, precisa ser uma variação do velho" e, "sem muita novidade", algo que esteja sob controle, e seja gerenciável e domesticável.[146] Ao revés, diante da grandeza das questões relacionadas a Deus, uma das atitudes mais comuns na teologia deveria ser: "Não sei a resposta". A teologia afirma a fé e a veracidade da Palavra de Deus justamente quando a razão revela seus limites. O cristão dá um voto de confiança a Deus porque não consegue adquirir por si mesmo um entendimento cabal da razão de sua existência e do sentido do mundo ao seu redor. A reflexão teológica, para ser autenticamente harmônica com a revelação de Deus, depende tanto da experiência quanto da razão e da tradição.

A distorção racionalista que caracterizou grande parte da teologia dos séculos 19 e 20 foi corrigida pelo pentecostalismo. Atualmente, com a mudança do centro do cristianismo para o Hemisfério Sul, a fé cristã recuperou sua identidade de fé experiencial. Agora, o trabalho da teologia é evitar outro desequilíbrio, esclarecendo a importância e o lugar da experiência, sem permitir que o cristianismo se reduza à busca da experiência pela experiência, como acontece em muitos rincões carismático-pentecostais. Ao revés, acredito que o papel da teologia no Novo Cristianismo Global é buscar um equilíbrio saudável entre Escritura, Experiência, Razão e Tradição.[147]

Em suma, tentei demonstrar até aqui neste capítulo que, em minha busca por compreender o cristianismo pentecostal e sua ênfase na experiência, deparei com dois fatos que caminham lado a lado:

- o deslocamento histórico (demográfico, numérico) do cristianismo do Hemisfério Norte para o Hemisfério Sul;
- o fato de que esse crescimento está sendo deflagrado pelo cristianismo pentecostal-carismático, e não por outra corrente histórica do cristianismo.

O surgimento do cristianismo carismático global está amalgamado à mudança de paradigma no cristianismo. O agora *antigo* paradigma

---

[146] Ibidem, p. 219-20.
[147] Segundo Alister McGrath, essas são as quatro principais fontes da teologia, mencionadas às vezes como "quadrilátero wesleyano", por serem baseadas nos escritos de John Wesley (*Teologia sistemática, histórica* e filosófica, p. 185).

ocidental estava ligado ao desaparecimento da pneumatologia na tradição ocidental, enquanto o *novo* paradigma afirma a ação extraordinária e contemporânea do Santo Espírito.[148] Encerro esta seção com a síntese de Paul A. Pomerville sobre essa mudança paradigmática:

> O pentecostalismo representa uma restauração da dimensão experiencial da fé cristã na sequência de sua redução escolástica. Em vista do impacto excessivo da cultura ocidental sobre a fé cristã, conforme foi contextualizada no Ocidente, o pentecostalismo pode ser visto como movimento de renovação que restaura o significado de sua dimensão experiencial. Traz uma correção necessária para uma distorção ocidental da fé. Portanto, a orientação pentecostal corresponde a um hiato teológico na tradição teológica ocidental, especificamente um *hiato pneumatológico, "o silêncio sobre o Espírito Santo".*[149]

A compreensão dessas questões históricas e teológicas contemporâneas fortaleceu enormemente minha fé carismático-pentecostal. Como os novos movimentos pentecostais, em sua ampla maioria, são avessos e/ou indiferentes aos estudos histórico-teológicos formais, entendo que essas questões são de extrema relevância para os pentecostais que buscam os fundamentos para suas fé e prática cristãs.

AS TRÊS ERAS DO CRISTIANISMO

Para compreendermos melhor o viés experiencial dos pentecostalismos, é imprescindível mergulharmos na história do cristianismo e conhecermos as razões que colaboraram para a ascensão da tradição pentecostal-carismática. Já fizemos isso, porém outras incursões se fazem necessárias. Há vários motivos para isso, mas o principal é que a compreensão do passado é imprescindível para entendermos o presente e planejarmos o futuro.[150] Com isso, não afirmo que a dinâmica histórica, sozinha, desencadeou a ascensão do pentecostalismo. O próprio Espírito de Cristo, como é evidente, está agindo e dirige sua igreja. Contudo, a fé cristã também é histórica. Está baseada no agir de Deus na história. Por isso, deve-se dar um lugar especial ao estudo da história do cristianismo. Deiros e Mraida comentam:

---

[148] Pomerville, *A força pentecostal em missões*, p. 116.
[149] Ibidem, p. 115 (grifo no original).
[150] "Conhecer o passado é vital para não voltar a ele, mas para aprender com ele, tanto seus erros quanto de seus sucessos" (H. Cox, *O futuro da fé*, p. 81).

O NOVO PARADIGMA DO CRISTIANISMO GLOBAL

É surpreendente como se tem feito história acerca dos concílios, papas, bispos e grandes teólogos e eclesiásticos, porém *não se tem prestado atenção ao Espírito Santo e à sua ação através do tempo*. O nascimento do pentecostalismo na primeira parte deste século e seu vigoroso crescimento têm provocado um novo interesse pelos fenômenos entusiastas e carismáticos na história do cristianismo.[151]

Outra razão (bem específica em relação ao pentecostalismo no Brasil) é que um dos argumentos depreciativos que mais ouvi é o de que o pentecostalismo, em sentido amplo, seria uma espécie de "invencionice" de pessoas e grupos que querem apenas uma fé para "sentir", para se "emocionar", uma fé-fetiche que sacie os desejos individualistas por experiências hedonistas típicas da sociedade de consumo. Outro argumento parecido é que, no caso das pessoas economicamente mais humildes, as experiências pentecostais serviriam como um sucedâneo das experiências de consumo das classes média e alta, das quais essas pessoas, em regra, estão privadas. Nesse caso, o pentecostalismo seria fruto de uma alienação socioeconômica, que acaba por levar as pessoas a uma alienação religiosa, mais ou menos como na percepção marxista: a religião como o "ópio do povo".[152] Como já ouvi inúmeras vezes argumentos desse tipo, continuei a minha pesquisa para compreender a razão da ampla da disseminação dos pentecostalismos e das experiências com o Espírito Santo no cristianismo brasileiro. Eu queria entender as raízes da questão, não apenas obter argumentos de caráter apologético e de viés proselitista.

Quando conheci o livro *O futuro da fé*, de Harvey Cox, uma chave para a compreensão do atual estágio do cristianismo global foi colocada em minhas mãos.[153] Os diferenciais que envolvem o autor são o fato de Cox não ser pentecostal-carismático e de gozar de enorme prestígio internacional por ter sido professor na Universidade de Harvard por várias décadas. Essa percepção de alguém "de fora" dos círculos pentecostais foi fundamental para a melhor compreensão da mudança de fisionomia do cristianismo no final do século 20, sem o receio de lermos uma análise condicionada a pressuposições carismáticas de um autor. A divisão

---

[151] P. A. Deiros; C. Mraida, *Latinoamérica en llamas*, p. 23-4 (grifo nosso).

[152] Para uma perspectiva marxista da religião, v. S. Martelli, *A religião na sociedade pós-moderna*, p. 41-57.

[153] H. Cox, *O futuro da fé* (São Paulo: Paulus, 2015). Em tempo, não subscrevo a argumentação inteira de Cox, mas a "espinha dorsal" do livro, que fundamenta historicamente a ascensão de um cristianismo carismático no século 21.

analítica da história do cristianismo em três eras me forneceu o panorama geral para encaixar os movimentos da fé cristã que desaguaram no cristianismo experiencial que agora testemunhamos como a grande força na igreja do Sul Global.

Para compreendermos o âmago da mudança que está ocorrendo no cristianismo mundial, Cox sugere que, em primeiro lugar, identifiquemos a diferença entre fé e crença. A "fé" está ligada à confiança depositada em alguém, à esfera do coração. Ela opera no âmbito das afeições e atua em um campo pré-cognitivo ou suprarracional, ainda que não seja contrária à razão. A "crença", por outro lado, "é mais semelhante à opinião".[154] Está mais ligada ao aspecto proposicional do que ao existencial. Assim, "podemos *acreditar* que algo é verdade sem que faça muita diferença para nós, mas só colocamos nossa *fé* em algo vital para a maneira como vivemos".[155] Para Cox, é necessário aludir a tal distinção para compreendermos as mudanças que estão ocorrendo no cristianismo e o papel do movimento pentecostal-carismático nesse cenário.

A diferenciação entre fé e crença também é feita pelo renomado teólogo britânico Alister McGrath. Para ele, "crer em Deus é confiar em Deus".[156] Crer em Deus é acreditar que ele é digno de confiança e reconhecê-lo como a última instância na vida sobre a qual depositamos nossa confiança. Não há nada nem ninguém além dele para depositarmos nossa fé: "A quem tenho nos céus senão a ti? E, na terra, nada mais desejo além de estar junto a ti" (Sl 73:25). A atitude de fé é demonstrada, por exemplo, na convocação de Jesus em Mateus 11:28: "Venham a mim, todos os que estão cansados e sobrecarregados, e eu darei descanso a vocês". Nenhuma explicação ou elaboração é oferecida; apenas o convite de fé. A "natureza da fé", segundo McGrath, se dá em uma dinâmica na qual, em primeiro lugar, confiamos em Deus e, com o tempo, passamos a entender melhor quem ele é.[157] As seguintes palavras de McGrath representam bem como eu vejo o pentecostalismo reequilibrando o cristianismo global:

> Essa breve incursão na terminologia cristã nos permite fazer uma importante distinção entre *fé* — geralmente compreendida de modo *relacional* — e *crença* — geralmente compreendida de modo *cognitivo* ou *conceitual.*

---

[154] Cox, *O futuro da fé*, p. 14.
[155] Ibidem, p. 14.
[156] A. McGrath, *Heresia*, p. 30.
[157] Ibidem, p. 31.

O NOVO PARADIGMA DO CRISTIANISMO GLOBAL

A fé primeiramente descreve uma relação com Deus, caracterizada pela confiança, pelo compromisso e pelo amor. Ter fé é depositar a confiança nele, crendo que dela ele é merecedor. As crenças representam uma tentativa de colocar em palavras a substância dessa fé, reconhecendo que as palavras nem sempre são capazes de representar o que elas descrevem [...]. É simplesmente inconcebível para os cristãos não tentarem expressar em palavras aquilo que creem. Contudo, essas formulações de credo são, de certo modo, secundárias ao ato primário de confiança e compromisso.[158]

Chamo a atenção para o fato de que McGrath, com acerto, não deprecia a crença, o fundamento doutrinário e intelectual do cristianismo. O pentecostalismo contemporâneo também não o faz. O que ele afirma é que os credos são secundários em relação ao ato primordial de fé, pois a crença cristã só faz sentido quando, subjacente a ela, está o ato de confiança pessoal em Cristo. Assim, a *fé é mais primordial do que a crença*. Sem dúvida, há "um núcleo intelectual para a fé cristã"; contudo, isso "não significa dizer que o cristianismo seja simplesmente, ou fundamentalmente, um conjunto de ideias", pois, acima de tudo, "uma experiência de Deus repousa no centro da dinâmica religiosa".[159] As formulações teológicas são "secundárias à experiência que as precipitou e moldou", e muitos até afirmam "que uma experiência de Deus é irredutível às fórmulas verbais e conceituais".[160]

A fé se manifestaria, por exemplo, na espontânea vida de oração, mesmo diante de possíveis dúvidas intelectuais a respeito de Deus. Em última análise, orar, como ato de fé, independe de uma crença intelectual-proposicional infalível. O intuito de Harvey Cox é mostrar que "a história do cristianismo não é uma história de crenças", mas "a história de um povo de fé".[161] Um apego excessivo à crença, como um fim em si mesmo, parece ter solapado o aspecto primordial do cristianismo que diz respeito ao encontro pessoal com Deus, quando se deposita *fé nele*, em vez de aderir a proposições *sobre ele*. Quando a dinâmica é invertida e o cristianismo passa a ser visto primordial e fundamentalmente como a crença correta, ele pode sucumbir (como sucumbiu) diante do mercado das *ideias*. A ascensão da ciência moderna e do método científico transferiu a autoridade do saber da revelação cristã para a razão e, por conseguinte,

---

[158] Ibidem, p. 32.
[159] Ibidem, p. 26.
[160] Ibidem, p. 27.
[161] Cox, *O futuro da fé*, p. 15.

para o método científico. A ciência e seu respectivo método operam com "provas", segundo os critérios internos da própria metodologia científica. O cristianismo viu-se em apuros quando, por força do ambiente cultural e filosófico modernos, tentou "provar" suas afirmações de fé como racionalmente coerentes com as exigências da razão científica. A razão científica tem uma dificuldade intrínseca de lidar com o mistério. No entanto, "o conhecimento objetivo em que a ciência insiste com razão não é o único tipo de conhecimento de que os seres humanos precisam", pois, para além ou diferentemente da relação sujeito-objeto, "os encontros interpessoais revelam um tipo de conhecimento que é diferente do tipo objetivo científico".[162]

Portanto, o cristianismo que ascendeu no final do século 20 e no início do século 21 está ligado a uma atitude de retorno à confiança pessoal em Deus experimentada em um relacionamento pessoal com ele: trata-se de um retorno à fé primordial que caracterizou os primeiros séculos do cristianismo. Com a modernidade e o cientificismo, veio à tona uma espécie de cansaço e fadiga em se tentar compreender (e debater) o drama da vida humana a partir do paradigma científico.[163] A "percepção da própria imortalidade levanta a questão do sentido da vida" e a ciência não explica ou mostrou-se ineficaz em conferir um sentido transcendente para a vida humana.[164] Assim como boa parte do fariseus da época de Jesus, a visão materialista do mundo fecha as portas do reino dos céus à humanidade, pois os que a defendem não entram nem deixam entrar os que querem (Mt 23:13).

A desconfiança em relação à razão e à hegemonia da ciência gerou um intenso desejo por transcendência, pois "a pós-modernidade é caracterizada por uma perda de sentido, vivida como vazio existencial" e, por conseguinte, "a crise religiosa é inegável, mas ainda persiste a busca pelo transcendente e por princípios que conduzam a vida do sujeito".[165] A ascensão do pentecostalismo no cristianismo global, longe de ser uma invencionice, está ligada a uma demanda reprimida pela espiritualidade (déficit de espiritualidade) que brotou no coração da sociedade humana influenciada pela cultura ocidental.

---

[162] Ibidem, p. 53.

[163] Segundo Maria Clara Bingemer, "Ao se dar conta que não possui uma base sólida como se imaginava, e que a razão sozinha não responde a suas grandes perguntas sobre o sentido da vida, o ser humano, enquanto indivíduo, passa a buscar por si mesmo, e desligado de sistemas e propostas coletivas e comunitárias, uma base que sustente suas crenças e edifique sua identidade com alguma consistência" (*O mistério e o mundo*, p.14).

[164] Cox, *O futuro da fé*, p. 42.

[165] M. C. Bingemer, *O mistério e o mundo*, p. 19.

O NOVO PARADIGMA DO CRISTIANISMO GLOBAL

Para esclarecer o movimento que desembocou no atual cristianismo carismático-pentecostal global, Harvey Cox propõe uma periodização histórica em três eras ou fases com base na mencionada distinção entre "fé" e "crença". O esquema cronológico seria o seguinte:

- *Era da Fé*: os três primeiros séculos do cristianismo;
- *Era da Crença*: da ascensão de Constantino, no século 4, ao Iluminismo, no século 18;
- *Era do Espírito*: irrompe paulatinamente, desde o início do século 20 e em meio à crise da modernidade racionalista, mas ganha força no final do século 20 e no início do século 21.

A Era da Fé

Essa era "começou com Jesus e seus discípulos imediatos, quando uma fé em ascensão impelia o movimento que ele iniciou".[166] Nesse período, havia um "compartilhamento do Espírito vivo de Cristo", e fé "significava esperança e confiança na aurora da nova era de liberdade, cura e compaixão que Jesus havia demonstrado".[167] Aqui, estamos na época da fé neotestamentária, da fé que floresceu nas primeiras comunidades cristãs. É a fé como o modo de vida testemunhado por Lucas em Atos 2:42-47:

> Eles se dedicavam ao ensino dos apóstolos e à comunhão, ao partir do pão e às orações. Todos estavam cheios de temor, e muitas maravilhas e sinais eram feitos pelos apóstolos. Os que criam mantinham-se unidos e tinham tudo em comum. Vendendo suas propriedades e bens, distribuíam a cada um conforme a sua necessidade. Todos os dias, continuavam a reunir-se no pátio do templo. Partiam o pão em casa e juntos participavam das refeições, com alegria e sinceridade de coração, louvando a Deus e tendo a simpatia de todo o povo. E o Senhor lhes acrescentava diariamente os que iam sendo salvos.

Com essa citação, não afirmo que o pentecostalismo apela para um retorno a um estilo de vida idêntico ao narrado por Lucas. Tal proposta seria um anacronismo e soaria apenas como uma nostalgia utópica. As condições históricas de uma época não podem ser reproduzidas em

---

[166] Cox, *O futuro da fé*, p. 16.
[167] Ibidem, p. 16.

outra. O que o pentecostalismo postula ao olhar para a igreja primitiva é a *reintrodução contextualizada* da fisionomia original da fé cristã.

Como veremos a seguir, o cristianismo se desfigurou ao longo de sua jornada histórica. Essa desfiguração cobrou um alto preço, com a ascensão do materialismo científico e a constatação de que o cristianismo não oferecia mais ao mundo o mesmo entusiasmo da fé retratada no relato lucano. No texto de Atos supracitado, feitas as ressalvas quanto às distâncias histórica, social e cultural, fica evidente que o cristianismo começou como uma comunidade de fé que compartilhava certo modo único de viver. Esse estilo de vida foi inaugurado de "cima" pelo derramamento sobrenatural do Espírito Santo, não por alguma ideia ou, como se diz hoje, ideologia. Havia unidade, propósito, amor e sobrenaturalidade. Tudo isso foi operado e suscitado pela graça de Deus, pois "a graça de Deus se manifestou salvadora a todos os homens" (Tt 2:11). Unidade, propósito, amor e sobrenaturalidade não podem ser realidades presentes em uma cultura materialista, hedonista, narcisista e consumista, como a do mundo atual. É claro que os seres humanos, mesmo sem Deus, se unem para alguns propósitos e têm também um lado altruísta, senso de responsabilidade e propósito social. Contudo, sem a transformação do coração operada no novo nascimento ou na conversão, não manifestarão a ética de Jesus, pois "o que faço não é o bem que desejo, mas o mal que não quero fazer, esse eu continuo fazendo" (Rm 7:19).

O ser humano, imerso na cultura que começou a ser forjada nos séculos 18 e 19 e que se estabeleceu como modo racional de vida no século 20, sentiu e continua sentindo falta de Deus. Quer amar, mas vê apenas competição; deseja crer, mas vê apenas descrença; está disposto a se unir, mas vê apenas indiferença. Na verdade, muitos ocidentais que abandonaram o cristianismo foram buscar vida espiritual e sentido existencial nas religiões orientais. Parecia que o cristianismo era uma peça de museu que não tinha mais nada a oferecer além de uma visão retrógrada e antiquada sobre o ser humano e o mundo. Contudo, eis que surge o pentecostalismo. O próprio universo cristão, paradoxalmente, estava tão desacostumado do cristianismo como modo de viver segundo o modelo da igreja primitiva que muitas das primeiras reações negativas vieram do próprio cristianismo. Mas a fé cristã baseada no modelo do Novo Testamento veio para ficar, pois não se trata de mais um tipo de teologia, mas, sim, da própria *fé apostólica* recuperada pelos pentecostais. Para Bruce L. Shelley, o cristianismo do primeiro século foi uma explosão espiritual e caracterizou-se por ser "mais do que uma organização:

O NOVO PARADIGMA DO CRISTIANISMO GLOBAL

era uma visão espiritual".[168] A igreja do primeiro século era, sem sombra de dúvida, carismática, e a "Bíblia relata que milagres acompanharam e incentivaram o crescimento do cristianismo".[169] É esse cristianismo que o pentecostalismo resgatou e reintroduziu no mundo globalizado do terceiro milênio.

O livro de Atos dos Apóstolos dá testemunho da abundância de experiências ligadas às línguas, profecias, curas, visões e orientações concedidas pelo Espírito Santo em sua atividade extremamente dinâmica. A expansão para o mundo greco-romano, principalmente por meio do ministério de Paulo, disseminou um tipo de cristianismo fortemente marcado pela presença extraordinária do Espírito. A Primeira Carta aos Coríntios, em especial, registra o caráter carismático da igreja primitiva. As palavras de Allan H. Anderson sobre essa primeira fase são contundentes:

> A igreja primitiva era uma comunidade do Espírito Santo, e a liberdade de expressão e a espontaneidade de seu culto podem não ter sido muito diferentes das de muitas igrejas pentecostais e carismáticas atuais. Algumas das características e dos fenômenos extáticos distintivos do pentecostalismo, como profecia, cura e falar em línguas, eram comuns. [...] o Novo Testamento pelo menos dá testemunho de manifestações pouco usuais do Espírito especialmente no livro dos Atos e na Primeira Carta de Paulo aos Coríntios.[170]

Sem dúvida, "o cristianismo irrompeu na história como movimento do Espírito, animado pela fé".[171] Essa primeira fase está ligada aos três primeiros séculos do cristianismo e transcorre ainda dentro de certa dinâmica espiritual e comunitária decorrente da força espiritual que jorrou da igreja primitiva. Mesmo com o advento de certa hierarquização e do estabelecimento de algumas estruturas eclesiásticas, ser cristão "significava viver em seu Espírito, abraçar sua esperança, e segui-lo no trabalho que ele havia começado".[172] O movimento inaugurado por Jesus e continuado por seus apóstolos era chamado "Caminho". O uso dessa expressão ilustra muito bem o que significava (e ainda significa) o cristianismo. Em seu período inicial, abraçar a fé era seguir um modo de viver e ingressar em uma jornada espiritual.

---

[168] Shelley, *História do cristianismo*, p. 43.
[169] Ibidem, p. 44.
[170] A. H. Anderson, *Uma introdução ao pentecostalismo*, p. 31 (grifo nosso).
[171] Cox, *O futuro da fé*, p. 103.
[172] Ibidem, p. 16.

Esse estilo de vida era caracterizado pelo ato de depositar confiança em alguém: Jesus Cristo. Para Alister McGrath, "o cristianismo é uma fé profundamente *relacional* que repousa na aceitação confiante que o crente tem de um Deus que, em primeiro lugar, provou ser merecedor dessa confiança".[173] A maioria esmagadora dos seguidores de Cristo não tinha acesso direto às Escrituras. A maioria nem sequer sabia ler. Ainda não havia Novo Testamento, e a fé cristã era fundamentada primordial-mente nos testemunhos orais sobre Cristo, baseados ou não nas epístolas, que começavam a circular.[174] Diz Cox:

> Durante os primeiros dois séculos, período de vigor sem paralelo, o único "credo" de que os cristãos dispunham não era um inventário de crenças. Era uma afirmação direta: "Jesus Cristo é o Senhor", o que era mais como um juramento de lealdade. Ele significava: "Sirvo a Jesus, não a outro soberano".[175]

O cristianismo desse período era primordialmente uma experiência de encontro pessoal com Cristo, que transformava profundamente a vida de uma pessoa. A voz do Espírito era ouvida pelos indivíduos e pelas comunidades. Insisto neste fato: em seu início, o cristianismo, apesar de fundamentado no Antigo Testamento, era um tipo de fé que não se restringia ao texto, embora encontrasse seu fundamento na revelação escrita. Para os primeiros cristãos, assim como para os pentecostais hoje, a própria Escritura afirmava o ministério do Espírito Santo, que não se restringia à iluminação do texto ou ao processo de conversão e conso-lidação da imagem de Cristo em nós. Além dessas atuações, o Espírito Santo operava "diretamente", sem mediação literária, ao conduzir indiví-duos e comunidades. O Espírito Santo ainda operava de forma externa, por meio de inúmeros sinais, milagres, curas e exorcismos, em uma ver-dadeira capacitação e empoderamento da igreja. São essas dimensões, típicas da Era da Fé, que os pentecostais reintroduziram atualmente e que deflagraram a atual Era do Espírito.

Ainda que a *ortodoxia* desempenhasse, como sempre deve desem-penhar, um papel de grande relevância, estava em harmonia com a *ortopatia* e a *ortopraxia*. O cristianismo não era apenas literário: era

---

[173] *Heresia*, p. 33.

[174] Sobre o testemunho como categoria essencial para a compreensão do Novo Testamento, v. R. Bauckham, *Jesus e as testemunhas oculares*, p. 18-22.

[175] Cox, *O futuro da fé*, p. 108.

O NOVO PARADIGMA DO CRISTIANISMO GLOBAL

primordialmente espiritual. Era baseado em um texto, mas não era textualista.[176] Era o cristianismo das visões, dos sonhos, das revelações, das profecias, enfim, um cristianismo caracterizado por uma exuberante e entusiasta espiritualidade. Foi esse cristianismo espiritualmente vigoroso que o pentecostalismo recuperou e que os *pentecostalismos* manifestam em todo o mundo. Tornar-se cristão significava passar por conversão e novo nascimento a partir de um encontro pessoal com Cristo, que normalmente era dramático e envolvia a pessoa como um todo, até mesmo suas emoções (*pathos*) e uma reordenação ética (*práxis*). O mundo romano era pagão, de modo que não havia pressão social para alguém tornar-se cristão. Seguir Cristo e ingressar na comunidade cristã eram uma decisão pessoal, fruto da adesão espontânea ao chamado do Espírito.[177]

Embora a fé cristã sempre dependa da crença correta, conforme transmitida nas Escrituras, ensinada pelos apóstolos e anunciada pela pregação, também diz respeito ao chamado de Deus que nos convida a ingressar em um relacionamento íntimo de amor com ele. Esse relacionamento transcende as palavras, porque "o Espírito nos ajuda em nossa fraqueza, pois não sabemos como orar, mas o próprio Espírito intercede por nós com gemidos inexprimíveis" (Rm 8:26). Não lidamos apenas com informações corretas, mas principalmente com um *modo de viver* a partir das afeições corretas. Não adianta termos a mente em Deus se nosso coração está distante dele. Sobre os afetos, Steve J. Land ensina:

> Se o coração é compreendido como o centro integrador da mente, da vontade e das emoções, fica claro, então, que os afetos são mais do que meros sentimentos e os afetos cristãos são elementos que caracterizam a vida cristã. Para John Wesley e Jonathan Edwards, a religião verdadeira ou o cristianismo autêntico estavam centrados nos afetos religiosos. Para Wesley, o amor a Deus e ao próximo era o coração da religião verdadeira, sem a qual alguém não era cristão.[178]

Assim como não podemos amar sem conhecer, não adianta conhecermos sem amar. João Batista Libanio, referindo-se a esse período, afirma

---

[176] "Os textos eram importantes para as comunidades cristãs primitivas, ainda que, no início, a repercussão desses textos tivesse a ver especialmente com seus líderes" (A. McGrath, *Heresia*, p. 62).

[177] "Em seu sentido extremo, a fé em Cristo tem a ver com reconhecê-lo como aquele em quem se pode confiar" (A. McGrath, *Heresia*, p. 30).

[178] S. J. Land, *Pentecostal spirituality*, p. 128.

PENTECOSTALISMOS

que, no cristianismo primitivo, ter fé significava "crer com a força de uma entrega incondicional a um Ser divino, transcendente, de quem recebemos tudo, em quem estamos e para quem vamos".[179] Cox acrescenta:

> Os historiadores daquele período concordam que aquilo que unia os cristãos em suas congregações locais era a participação comum na vida do Espírito, e um modo de viver que incluía o compartilhamento da oração, do pão, do vinho; uma viva esperança na chegada do *shalom* de Deus na terra; e a colocação do exemplo de Jesus na prática concreta.[180]

É extremamente relevante o fato de que, pelo menos em seus primeiros duzentos e cinquenta anos de vida, o cristianismo floresceu sem estar baseado em rígidas concordâncias teológicas. As opiniões variavam enormemente quanto à teologia. A rigor, seguir Jesus era o principal, e vigorava uma grande variedade de opiniões teológicas, porém "liberdade teológica não é o mesmo que heresia".[181] A pesquisa tem comprovado um grau significativo de diversidade doutrinal no seio do cristianismo primitivo, em particular na passagem do século 1 para o século 2. Apesar dessa "óbvia diversidade nos primórdios da expressão cristã", havia um forte senso de identidade, a despeito da distância geográfica e das diferenças culturais.[182] Essa identidade era compartilhada por um conjunto de crenças primordiais, valores, atitudes e adoração que consagravam a unidade na diversidade. Sobre o cenário de diversidade teológica no cristianismo primitivo, McGrath ensina:

> Um dos desafios com o qual a igreja primitiva deparou foi a consolidação de suas crenças. A evidência histórica sugere que, inicialmente, isso não era considerado uma prioridade. Mesmo por volta da metade do século II, a maioria dos cristãos parecia contente em viver com certo grau de confusão teológica. *A imprecisão teológica não era vista como ameaça à consistência ou existência da igreja cristã.*[183]

Quando se refere à "confusão teológica", McGrath não está afirmando que, nos primeiros anos do cristianismo, houvesse algo como uma "anarquia

---

[179] J. B. Libanio, *Qual o futuro do cristianismo*, p. 15.
[180] Cox, *O futuro da fé*, p. 109.
[181] McGrath, *Heresia*, p. 74.
[182] Ibidem, p. 75.
[183] Ibidem, p. 33 (grifo nosso).

O NOVO PARADIGMA DO CRISTIANISMO GLOBAL

teológica". O teólogo britânico faz a ressalva de que "essa observação histórica em si mesma não nega a ideia de que havia um fio unificador fundamental no cristianismo primitivo" e arremata dizendo que "a diversidade sociológica do cristianismo primitivo não era comparada a nada que se aproximasse, mesmo que remotamente, de uma anarquia teológica".[184] Esse cenário do cristianismo primitivo é muito similar ao do cristianismo global de hoje, em que uma miríade de teologias cristãs coexistem em todo o mundo, mas principalmente no Hemisfério Sul. O cristianismo jamais pode se transformar ou reduzir-se a *uma* só expressão, baseada em apenas *uma* mediação cultural imposta por *um único* grupo de *um único* ambiente cultural-geográfico. A fé cristã é diversificada por natureza e, com isso, não estamos repudiando as construções doutrinárias clássicas em favor das chamadas "heresias", ambas surgidas ao longo da história. Não é meu propósito aqui falar acerca do problema das heresias. Líderes sinceros agiram com nobres motivações intelectuais e pastorais na defesa da essência da fé cristã e, por certo, isso hoje também se faz necessário. Contudo, sem dúvida houve excessos na condenação dos "hereges" quando, a partir de uma concepção monolítica da fé cristã, condenou-se qualquer tipo diferente de expressão da mesma fé por não se reconhecer o caráter multifacetário do cristianismo.

A atual coexistência de inúmeras teologias cristãs que centralizam a experiência direta com o Espírito Santo apenas confirma o declínio do antigo paradigma racionalista e a consolidação do novo paradigma do cristianismo carismático mundial. Essas teologias podem parecer ao observador externo uma "confusão teológica", o que, em tese, demonstraria algum tipo de disfunção no cristianismo. Contudo, elas também têm o "fio unificador fundamental". A diversidade dessas expressões da fé cristã está fundamentada em uma unidade. No caso do pentecostalismo, além de deitar suas raízes no solo de toda a tradição cristã em suas confissões fundamentais, ele também encontra seu dinamismo na narrativa do evangelho pleno pentecostal: Jesus salva, santifica, batiza com o Espírito Santo e voltará.[185] Pelas razões que estou apresentando, é fácil perceber que o atual cristianismo pentecostal-carismático global tem suas raízes no modelo neotestamentário vivido no primeiros anos da fé cristã.

Cox chama a atenção para o relevante fato de que, na verdade, nunca houve um "cristianismo primitivo" na acepção de algo monolítico e

---

[184] Ibidem, p. 60.
[185] Sobre a importância do evangelho pleno e sua configuração de quatro ou cinco pontos, v. Dayton, D., *Raízes teológicas do pentecostalismo*, p. 50-3; S. J. Land, *Pentecostal spirituality*, p. 6; W. Vondey, *Teología pentecostal*, p. 31-4.

PENTECOSTALISMOS

uniforme.[186] Ao contrário, nunca houve *uma única* expressão da fé cristã, mas, sim, *muitas* expressões de uma única fé. O cristianismo nunca foi uma entidade única, e "as pesquisas recentes do cristianismo primitivo revelam o quanto ele era multifacetado".[187] Em outras palavras, podemos dizer que o cristianismo é uma fé com muitas expressões contextualizadas. Usando uma frase bem conhecida, podemos afirmar também que o cristianismo é uma unidade na diversidade. Sobre esse período, Alister McGrath afirma:

> Embora seja correto falar do cristianismo primitivo como uma tradição única, talvez seja melhor pensar nele como uma rede complexa de grupos e de indivíduos que existiam em diferentes contextos sociais, culturais e linguísticos. *Esses grupos procuravam relacionar a sua fé a esses contextos e expressá-la em termos que fizessem sentido dentro daqueles contextos.*[188]

Quanto a isso, Cox escreve que "uma metáfora melhor do cristianismo primitivo talvez fosse a de sementes espalhadas por diversos lugares e que brotam em solos e climas diversos", fazendo uma ponte com o cristianismo global ao dizer que "é importante ver que essas novas intuições têm um sentido importante para o cristianismo do século 21".[189] Contudo, com a passagem do tempo, a fé cristã passou de *caminho* para *sistema* de crenças, o que Harvey Cox classifica como "involução".[190] A indagação é: como o que era especialmente um movimento de fé, guiado pelo Espírito, se transformou em uma máquina de excomunhão especializada em distinguir os de "dentro" e os de "fora"? Uma pista é fornecida pela alegação de McGrath, de que "o cristianismo primitivo não tinha nenhuma estrutura de autoridade que permitisse a imposição de qualquer tipo de uniformidade".[191]

A Era da Crença

O século 4, com a ascensão de Constantino, demarcou uma transição que mudaria a face do cristianismo por gerações: a chegada da Era da

---

[186] "Embora seja possível argumentar que, no início do século II, o cristianismo possuía uma unidade teológica fundamental baseada na adoração de Cristo como o Senhor ressuscitado, os primeiros cristãos expressaram e promulgaram a sua fé de maneiras variadas" (A. McGrath, *Heresia*, p. 60).
[187] Cox, *O futuro da fé*, 84.
[188] McGrath, *Heresia*, p. 60 (grifo nosso).
[189] Cox, *O futuro da fé*, 84.
[190] Ibidem, p. 110.
[191] McGrath, *Heresia*, p. 60.

O NOVO PARADIGMA DO CRISTIANISMO GLOBAL

Crença. Cox considera esse o acontecimento mais fatídico da história do cristianismo, pois o povo do Caminho agora se tornava um império eclesial. Segundo McGrath, "a convocação do Concílio de Niceia, por Constantino, em 325, pode ser vista como o primeiro passo na tentativa de criação de uma igreja imperial essencialmente uniforme, cujas doutrinas fossem definidas publicamente por decretos".[192] Na era constantiniana, surgiu o cristianismo imperial, que assumiu o controle dos campos cultural e político na Europa. Cox declara:

> Durante a "era constantiniana" que se sucedeu, o cristianismo, ao menos em sua versão oficial, congelou-se num sistema de preceitos obrigatórios codificados em credos e estritamente monitorados por uma poderosa hierarquia e por decretos imperiais. A heresia virou traição, e a traição virou heresia.[193]

No século 2, apesar das perseguições, o Caminho ainda prosseguia como uma grande e diversificada comunidade do Espírito que abarcava diferentes teologias confessando o mesmo Senhor. Além disso, também pululavam nessas comunidades variadas formas de governo eclesiástico. Contudo, as sementes da Era da Crença começaram a aparecer quando a ideia de liderança passou a se espelhar cada vez mais no modelo romano, quando simultaneamente proliferaram as instruções catequéticas. A tensão entre fé e crença estava armada. Durante o século 3, aceleraram-se as tendências que levaram o cristianismo de uma rede de comunidades governadas pelo Espírito a uma estrutura hierárquica governada por um clero oficial. Para Eddie Hyatt, "em retrospectiva, pode ser constatada a diminuição do caráter carismático da igreja e o surgimento de uma estrutura organizacional".[194] O documento *Didascalia apostolorum*, do século 3, "exalta os bispos a um poder quase absoluto sobre os leigos e concede a eles uma posição quase semidivina".[195]

A ascensão do imperador Constantino foi o momento da virada, pois, até então, vigorava uma pluralidade de regras e normas dispersas. Com a *constantinização*, o cristianismo começou a consolidar *o credo* oficial, amparado por uma jurisdição clerical imperial. Com o Concílio de Niceia,

---

[192] Ibidem, p. 73.
[193] Cox, *O futuro da fé*, p. 18.
[194] E. Hyatt, *2000 anos de cristianismo carismático*, p. 28.
[195] Cox, *O futuro da fé*, p. 132.

133

PENTECOSTALISMOS

o "império tornou-se cristão e o cristianismo tornou-se imperial".[196] Paulatinamente, os sistemas de crença que teorizavam sobre o Deus da Bíblia substituíram a fé viva que surgia do encontro com o Espírito de Cristo. Com o cristianismo oficial, milhares de pessoas ingressaram nas fileiras da igreja não como resposta ao apelo divino, mas pela necessidade cultural, social e política de aderir à religião do império. Esse cristianismo hierárquico-clerical passou a usar o credo e o direito canônico para julgar quem era "de dentro" e quem era "de fora".

Em 385, a hierarquia clerical-imperial fez suas primeiras vítimas fatais. Um sínodo de bispos condenou à morte Prisciliano de Ávila e seus seguidores por heresia. Por ordem do imperador Máximo, todos foram decapitados em Treves. As questões que levaram à condenação foram de caráter teológico-doutrinário. Ele acreditava que alguns textos que não faziam parte do cânon bíblico eram úteis e deveriam ser lidos. Prisciliano e seus companheiros foram os primeiros cristãos assassinados por outros cristãos por causa de opiniões teológicas. Estava aberta a porteira para esse tipo de prática, que nem de longe pode ser comparada ao modo de viver dos seguidores de Jesus, os seguidores do Caminho. Nos "dois séculos e meio que vieram depois de Constantino, as autoridades imperiais cristãs executaram 25 mil pessoas por falta de correção ao credo".[197] Vale ressaltar que, apesar desses fatos lamentáveis, nos séculos que correspondem à Era da Crença, muitos personagens e grupos contrários a essa subversão da fé cristã se recusaram a aceitar essa caricatura de cristianismo. Entre eles, temos o movimento monástico, o misticismo cristão medieval, os cátaros e os valdenses.

De movimento cheio de fé, o cristianismo passou a se confundir com uma instituição regida por regras. De movimento de mártires, transformou-se em instituição que martiriza. De movimento iniciado por apóstolos itinerantes e perseguidos, tornou-se uma igreja liderada por bispos que viviam como elites imperiais. São importantes as palavras de Harvey Cox para entendermos a grande mudança pela qual o cristianismo passou no longo período da Era da Crença:

> A paródia do cristianismo que tomou forma no século IV era não só uma subversão radical dos ensinamentos de Jesus e dos apóstolos, ainda que realizada em nome deles. Ela também resultou numa subversão

---

[196] Ibidem, p. 16.
[197] Ibidem, p. 18.

134

O NOVO PARADIGMA DO CRISTIANISMO GLOBAL

igualmente radical do sentido original da palavra "fé". [...] Junto com a "imperialização" da igreja e a glorificação dos bispos, agora a "fé" tinha passado a significar *obedecer ao bispo a assentir ao que ele ensinava* [...] e essa distorção vem entravando o cristianismo desde então.[198]

Chamo a atenção para o fato de que Cox alude a uma mudança "radical do sentido original da palavra 'fé'". O sentido inicial de depositar a confiança em Cristo havia degenerado fundamentalmente em obediência à instituição eclesial e em assentimento ao ensino oficial. Para termos ideia da diferença entre a fé dos primeiros séculos e a crença consolidada no período medieval, o livro litúrgico *Rituale romanorum*, do ano 1000, explicava quando o exorcismo de demônios era necessário.[199] Recorria-se ao exorcismo quando alguém demonstrava a capacidade de falar uma língua estranha, a faculdade de divulgar acontecimentos futuros ou ocultos e a exibição de poderes além da capacidade humana.[200] Para Allan H. Anderson, o *Rituale romanorum* significava que "os dons carismáticos eram agora vistos como sinais do demônio na igreja oficial, que estava dominada pelo escolasticismo nesse período".[201] Curiosamente, durante o período de ascensão do movimento pentecostal, na primeira metade do século 20, o evangelista britânico G. Campbell Morgan (1863-1945) denominou o movimento nascente "o último vômito de Satanás".[202]

A imperialização do cristianismo, como foi dito, lançou "automaticamente" uma multidão nas fileiras do cristianismo. Essa adesão, porém, em sua ampla maioria, foi apenas nominal. O cristianismo de adesão pessoal e voluntária declinou. Se o que caracterizou a Era da Fé fora *em quem você pode confiar*, na Era da Crença tornou-se *em que você deve acreditar*.

---

[198] Ibidem, p. 135.

[199] "O livro católico romano oficial para os cultos públicos, o *Ritual romano*, continha seções sobre exorcismos e inúmeros sintomas de possessão demoníaca: predições (proféticas), poderes estranhos, xenolalia e glossolalia. Isso é uma evidência tácita de que tais manifestações sobrenaturais não eram totalmente desconhecidas naqueles tempos" (P. A. Deiros; C. Mraida, *Latinoamérica en llamas*, p. 32).

[200] A. H. Anderson, *Uma introdução ao pentecostalismo*, p. 34.

[201] Anderson, *Uma introdução ao pentecostalismo*, p. 34. Também Bernardo Campos, discorrendo sobre a dificuldade histórica da igreja em lidar com os carismas, afirma: "Em todas as época do cristianismo onde ocorreram manifestações espirituais, não têm faltado interpretações desqualificadoras ou incriminadoras. Houve uma época, na antiguidade cristã, onde se acusava de satanismo aos que falavam em línguas. O *Ritual romano* [...], que contém seções sobre exorcismo, enumera entre outros sintomas de possessão demoníaca as predições (proféticas), poderes estranhos, como a xenoglossia (falar idiomas conhecidos sem ter estudado), e a heteroglossalia (falar em línguas estrangeiras)" (B. Campos, *O princípio da pentecostalidade*, p. 89).

[202] Cox, *O futuro da fé*, p. 257.

PENTECOSTALISMOS

Essa mudança teve profunda influência na concepção do cristianismo acerca de si mesmo. O pentecostalismo retorna à fisionomia original do cristianismo como Caminho ou modo de vida. E, sem dúvida, o motivo de seu explosivo crescimento reside nisso. Não foi o cristianismo em si que se esgotou, mas o modelo desfigurado de cristianismo surgido na Era da Crença, que também se apresentou com uma nova roupagem em sua versão protestante escolástica pós-Reforma.[203]

Essa segunda era durou mais ou menos quinze séculos e começou a entrar em declínio com o surgimento da Revolução Científica, do Iluminismo, da Revolução Francesa e da secularização da Europa. Para Cox, "a Era da Crença, com sua insistência na conformidade de credos e na correção doutrinal, está acabando, e uma Era do Espírito se anuncia".[204] A Era da Crença operou uma mudança profunda no entendimento do que é fé: antes orientação primária da vida, tornou-se adesão primordialmente intelectual a doutrinas prescritas. O pentecostalismo alterou radicalmente essa concepção ao dar prioridade à orientação direta do Espírito. A voz do Espírito Santo que guia a pessoa tem autoridade suprema sobre toda autoridade doutrinal e hierárquica. Isso não solapa a autoridade das Escrituras. Na verdade, redimensiona-a. O ministério do Espírito só é (re)conhecido porque as Escrituras dão testemunho dele. Seguindo o protestantismo histórico, o pentecostalismo assume o *sola Scriptura* como a fonte da autoridade dinâmica do ministério do Espírito Santo.

A Era do Espírito

Contudo, observa-se agora a ascensão de um novo capítulo da jornada do cristianismo: a Era do Espírito. A ascensão do movimento pentecostal--carismático, com sua expansão pelo globo ao longo do século 20 e no início do terceiro milênio, lançou por terra a outrora implacável previsão de um declínio definitivo do cristianismo. Com efeito, pode-se afirmar que "o cristianismo está crescendo mais rápido do que nunca, mas sobretudo fora do Ocidente e em movimentos que acentuam a experiência espiritual".[205] Mais uma vez, aponta-se para o fato de que a adesão de um grande número de pessoas aos pentecostalismos sugere, aparentemente,

---

[203] Discorrendo sobre o escolasticismo protestante, que surgiu após a primeira geração da Reforma, especialmente com Lutero, Cox afirma que "a 'ortodoxia luterana' tinha congelado sua intuição na ideia de que era necessário *acreditar* na doutrina da justificação pela fé para garantir a salvação" (H. Cox, *O futuro da fé*, p. 236).

[204] Cox, *O futuro da fé*, p. 152.

[205] Ibidem, p. 20.

136

O NOVO PARADIGMA DO CRISTIANISMO GLOBAL

que o cristianismo entrou em uma fase na qual os aspectos experienciais se sobrepuseram aos aspectos dogmáticos e institucionais.[206]

Para Joseph Moingt, o que desencadeou essa mudança de eras se encontra essencialmente na própria dinâmica interna da fé. Em outras palavras, em uma "perda ou deficiência da fé".[207] Isso se dá porque a fé cristã se identificou com uma religião que a veiculou, mas deve-se ter em mente que "a fé cristã não se identifica de forma absoluta com a religião que a veicula".[208] Nessa seara, está o surgimento do movimento pentecostal-carismático como um movimento de renovação no início do século 20. Os precursores dos pentecostalismos empreenderam uma busca pelo que julgavam ser a raiz apostólica do cristianismo e intentaram recuperá-la para o novo cenário histórico.

Moingt afirma que a crise e o descrédito da cristandade vieram à baila pelo fato de a fé cristã ter sido reduzida a um "fenômeno de transmissão, colocando imediatamente a fé, tomada globalmente, em perigo de nada mais ser que uma crença do mesmo tipo que a das outras religiões, na medida em que toda crença é transmissível, mas não a fé cristã",[209] pois ela se caracteriza por ser "uma resposta ao apelo pessoal de Cristo, ao convite interior do Espírito".[210] Assim, ao seguir uma abordagem histórica similar à de Harvey Cox, Moingt também faz a distinção entre "fé" e "crença", quando afirma que "essa recordação do fundamento da fé e essa evocação da história do cristianismo fornecem e ilustram o princípio teológico de uma distinção entre fé e crença".[211] Tomada essa distinção, a crença acaba por inibir aquilo que seria o ponto mais característico do cristianismo: uma resposta pessoal ao chamado de Deus. E foi justamente isso que aconteceu na Era da Crença. A resposta é a fé *pessoal* que responde à interpelação divina.[212] Com efeito, Moingt alude ao fato de que, no cristianismo primitivo, embora a fé fosse exercida pelo gesto ritual do batismo e pela participação na eucaristia, em ambos os ritos não se dispensavam o ato responsável do crente, a livre pro-

---

[206] "Os pentecostais têm acentuado fortemente que o chamado à experiência exige mais que crer em uma experiência e sim experimentar a experiência mesma. Em outras palavras, para o pentecostal, é um tipo particular de experiência, e não a ideia de experiência como tal, o que constitui o momento fundamental para articular uma teologia pentecostal" (W. Vondey, *Teología pentecostal*, p. 29).

[207] J. Moingt, *Deus que vem ao homem*, p. 66.

[208] Ibidem, p. 67.

[209] Ibidem, p. 70.

[210] Ibidem, p. 70.

[211] Ibidem, p. 70.

[212] Segundo Moingt: "Um dos traços distintivos da fé cristã é ser uma resposta pessoal do homem a um chamado pessoal de Deus, traço que emana da particularidade do Deus dos judeus e dos cristãos por ser um Deus que fala" (*Deus que vem ao homem*, p. 68).

fissão de fé, ou seja, a decisão pessoal.[213] Mesmo marcada por sinais rituais, a entrada na fé cristã exigia um refletido assentimento, um exercício pessoal de resposta à "atração poderosa do Espírito", em um ato de suprema liberdade, que se "diferenciava da piedade cultual de outras religiões".[214]

Quando o rito de iniciação se impõe por força do costume social e da tradição familiar, "a religião cristã passa a se propagar como todas as outras, não mais pelo contágio da liberdade da fé, mas pela força da tradição social", transformando-se no já mencionado "fenômeno de transmissão".[215] A fé que não se alimenta mais do ouvir as Escrituras, do viver no Espírito Santo e do desejo sempre renovado do coração de viver uma vida em santificação acaba por se transfigurar na observância de tradições e em uma piedade sentimental que quase sempre reflete um "nós cremos" desprovido de um "eu creio". Na prática, tal fé "rebaixa-se ao nível de 'simples crença', no sentido de opinião que se propaga e se transmite".[216]

Quando inserido em um cenário de prevalência da crença, o crente se torna mais vulnerável às correntes de opinião de seu ambiente social, cultural e religioso. A ascensão da ciência natural constituiu um forte golpe contra o cristianismo de crenças, cujas proposições sobre o mundo eram acatadas em razão da autoridade religiosa. Na modernidade, a crença cristã sucumbiu diante da epistemologia que pôs o sujeito no centro do conhecimento e consolidou a hegemonia da razão. Por essa razão, instaurou-se uma crise de sentido sem precedentes. Segundo Alister McGrath, "na cultura ocidental, especialmente durante o século 19, a onda de interesse pelo ateísmo é mais uma medida da desilusão com a cultura e do desencanto com o ortodoxia religiosa".[217] Para Maria Clara Bingemer, "apesar dos avanços, as novas descobertas não ajudaram o ser humano a entender a causa, o motivo de sua existência".[218] Se antes havia a oferta social e cultural da religião, atualmente a demanda por sentido tomou a forma de busca espiritual, pois "a ciência não conseguiu apagar o desejo de Deus do coração humano".[219]

Tal busca espiritual leva a uma nova consideração da revelação de Deus. Trata-se de revisitar a revelação de Deus em Jesus. Volta-se para Jesus e para sua relação com o Pai e com o Espírito Santo. Volta-se para a missão

---

[213] Moingt, *Deus que vem ao homem*, p. 69.
[214] Ibidem, p. 70.
[215] Ibidem, p. 70.
[216] Moingt, *O Deus que vem ao mundo*, p. 71.
[217] McGrath, *Heresia*, p. 9.
[218] M. C. Bingemer, *O mistério e o mundo*, p. 20.
[219] Ibidem, p. 20.

O NOVO PARADIGMA DO CRISTIANISMO GLOBAL

de Jesus de libertar o mundo de toda dominação e de viver em comunhão de amor. Volta-se do "polo religioso" para o "polo evangélico".[220] O religioso se baseia na crença; o evangélico se baseia no serviço, assim como Jesus veio para servir e dar sua vida pelo mundo. Assim, o papel do Espírito Santo ganha grande ênfase. Afinal, "o cristianismo não pode dar razão de si mesmo sem reconhecer que não seria nada ou não seria o que é sem o Espírito Santo".[221] São contundentes as palavras de Joseph Moingt acerca do Espírito Santo nessa nova era do cristianismo: "É justo ter o Espírito, junto com Cristo que o envia, por princípio criador do cristianismo".[222]

O movimento pentecostal-carismático se situa historicamente nesse momento de transição, como um tipo de cristianismo que postula, em primeiro lugar, a vida de fé caracterizada pelo encontro com Deus pelo seu Espírito.[223] Situa-se não como inovação, no sentido estrito da palavra, mas, sim, como *movimento de renovação* de um cristianismo que estava, de certa forma, oculto por um percurso histórico que deu prevalência à crença em detrimento da fé viva. Com efeito, Harvey Cox, discorrendo sobre essa transição entre Era da Crença e Era da Espírito, afirma que "praticamente todos os movimentos 'espirituais' atuais derivam, de maneira vaga ou direta, de alguma das tradições religiosas históricas".[224] O *ethos* pentecostal-carismático tem, em seu âmago, a noção de que a vida cristã, na esteira do derramamento do Espírito Santo em Atos 2, deve ser uma vida de encontro direto com o Espírito, tanto individual quanto comunitariamente.[225]

Assim, "levando em conta todo o processo histórico de formação do cristianismo, vemos que sua essência está na afirmação de que Cristo nasce, continuamente, no coração daquele que crê".[226] Allan H. Anderson, discorrendo sobre algumas características das igrejas do movimento pentecostal-carismático, afirma que todas elas "reconheceriam a presença sem mediação de Deus no culto, todas esperariam algum sinal de intervenção

---

[220] Moingt, *Deus que vem ao mundo*, p. 101.

[221] Ibidem, p. 102.

[222] Ibidem, p. 103.

[223] Discorrendo sobre o atual momento histórico, Maria Clara Bingemer afirma que "nasce, assim, uma profunda necessidade de experimentar Deus. Mas não se trata necessariamente de Deus tal como o entendem as teologias oficiais e as instituições históricas" (*O mistério e o mundo*, p. 20).

[224] Cox, *O futuro da fé*, p. 27.

[225] Segundo Wolfgang Vondey, o pentecostalismo propõe "a participação no Pentecoste como um sistema perpétuo da vida cristã", e ensina ainda que "esse tipo de teologia mística sempre surge, identifica, preserva e envolve a experiência fundacional do Espírito Santo" (*Teología pentecostal*, p. 27).

[226] Bingemer, *O mistério e o mundo*, p. 28.

PENTECOSTALISMOS

miraculosa [...] e a maioria incentivaria a participação da congregação".[227] Esse retorno a uma fé "primitiva" com um acentuado viés restauracionista[228] parece fornecer uma pista relevante para a razão do crescimento do movimento pentecostal-carismático: trata-se, em um ambiente histórico que padecia de uma crise de espiritualidade, de uma fé viva ter sido encontrada.

Os movimentos pentecostais e carismáticos, "que algumas pessoas descartam como se fossem perversões ou inovações gratuitas", na verdade representam "recuperações de elementos que um dia foram traços aceitos do cristianismo, mas foram descartados em algum lugar do caminho".[229] Para Allan H. Anderson, ainda que "pentecostais e carismáticos nem sempre concordem quanto à formulação precisa de sua teologia do Espírito, a ênfase no encontro divino e a transformação de vida resultantes estarão sempre presentes".[230] Anderson acrescenta que a "experiência do Espírito é o coração da teologia pentecostal e carismática, especialmente onde não há necessidade de harmonizar essa teologia com a teologia evangélica conservadora".[231] Essa última afirmação é de suma importância para o presente trabalho.

A experiência do Espírito não pode ser moldada por uma teologia de viés racionalista típica do protestantismo que emergiu da modernidade nos Estados Unidos e na Europa.[232] Daniel Castelo, discorrendo sobre os grupos evangélicos americanos que edificaram uma teologia baseada em um paradigma epistemológico racionalista, afirma que "estes grupos compartilham uma tendência escolástica; eles tipicamente racionalizam a fé cristã de tal maneira que deixam pouco espaço para uma sensibilidade mística".[233] Uma teologia erigida em consonância com os ditames do paradigma científico não pode dar conta das experiências no Espírito dos

---

[227] Anderson, *Uma introdução ao pentecostalismo*, p. 14.

[228] O restauracionismo está ligado à ideia de "fé apostólica" ou de um retorno à fé da igreja primitiva. Segundo o *Dicionário do movimento pentecostal*, "integrantes do movimento de santidade criam que alguma coisa de errado aconteceu bem no início da história da igreja, de forma que o ensino bíblico simples e a prática dos apóstolos haviam sido gradualmente corrompidos" e que também "os padrões da igreja do Novo Testamento começaram a ser restaurados com a Reforma Protestante do século 16, e essa restauração se daria em sucessivas ondas até a atualidade, em preparação ao retorno de Cristo à Terra" (p. 598).

[229] Cox, *O futuro da fé*, p. 28.

[230] Anderson, *Uma introdução ao pentecostalismo*, p. 200.

[231] Ibidem, p. 209.

[232] Segundo Daniel Castelo, "a história da teologia evangélica estadunidense em particular pode ser contada como a história de como a teologia cristã foi determinada pela metodologia" e de como essa teologia "absorveu e adotou uma metodologia teológica muito específica, desenvolvida especialmente com referência contínua à razão" (*Pentecostalismo*, p. 84).

[233] D. Castelo, *Pentecostalismo*, p. 89.

140

O NOVO PARADIGMA DO CRISTIANISMO GLOBAL

pentecostais-carismáticos, pois o "Deus buscado e encontrado por essa nova chave de compreensão se revela através da experiência".[234] Por isso, avalizo as elucidativas palavras de Allan H. Anderson, quando diz que a experiência pentecostal-carismática do Espírito é o que "aproxima pentecostais e carismáticos das tradições místicas, talvez mais do que qualquer outra forma de cristianismo".[235]

Para concluir, cito as precisas palavras de Harvey Cox sobre o momento atual: "O cristianismo agora tem uma segunda chance", pois "uma combinação de circunstâncias possibilita uma nova perspectiva que pode ser mais parecida com a dos três primeiros séculos e menos com a dos últimos quinze".[236] O cristianismo não é mais uma religião ocidental, e há um "um claro elo entre a origem e o futuro".[237] O cristianismo voltou a fazer aquilo que Jesus, os apóstolos e seus seguidores faziam; voltou a crer como as comunidades apostólicas criam. Também voltou a adorar como eles adoravam; a orar como eles oravam; a evangelizar como eles evangelizavam; a curar como eles curavam; a profetizar como eles profetizavam. O cristianismo voltou a ser apostólico e profético. Ao contrário de algumas religiões, o cristianismo não está amparado em mitos nem em lendas. Houve um tempo histórico em que não havia cristianismo e, a partir de uma data determinada, ele passou a existir, pois, "quando chegou a plenitude do tempo, Deus enviou seu Filho, nascido de mulher, nascido debaixo da Lei" (Gl 4:4). Mateus escreve que Jesus nasceu "em Belém da Judeia, nos dias do rei Herodes" (Mt 2:1). Por isso, é bastante compreensível e saudável que o cristianismo revisite seu passado para se lembrar de (e inspirar-se em) como era o movimento original.

Só se entendermos esses processos históricos e suas razões poderemos compreender o que ocorre hoje no cristianismo global. A dinâmica desse "novo" cristianismo está sólida e pneumaticamente fincada no solo do cristianismo primitivo que foi e está sendo revisitado até as entranhas. Essa arqueologia espiritual está em pleno andamento e não dá mostras alguma de que cessará. Em todo o mundo, os pentecostalismos continuam escavando os tesouros escondidos da riqueza da vida espiritual neotestamentária. Os resultados dessa escavação revelam uma fé ilimitadamente dinâmica e com alto poder de contextualização. A Era do Espírito veio para ficar.

---

[234] Bingemer, *O mistério e o mundo*, p. 19.
[235] Anderson, *Uma introdução ao pentecostalismo*, p. 200.
[236] Cox, *O futuro da fé*, p. 80-1.
[237] Ibidem, p. 80.

CAPÍTULO • 3

Pentecostais ou neopentecostais? Taxonomia e terminologia

TEOLOGIA E SOCIOLOGIA: ABORDAGENS DIFERENTES DO FENÔMENO RELIGIOSO

Uma das questões mais espinhosas relacionadas ao pentecostalismo no Brasil é a questão terminológica. Aqui, reina uma confusão de termos, e inúmeras classificações (taxonomias) diferentes foram e continuam sendo produzidas por pesquisas sociológicas e históricas. Digo que a questão é espinhosa pelo fato de estar vinculada à identidade cristã dos grupos pentecostais. Durante muitos anos e até os dias de hoje, muitos membros de diferentes denominações independentes me perguntam se suas igrejas são pentecostais ou neopentecostais. Eles também querem saber a diferença entre pentecostais e neopentecostais, e normalmente não escondem sua decepção quando afirmo que a questão não é tão simples para responder de bate-pronto. Nos dias em que vivemos, a maioria das pessoas quer respostas rápidas aos seus questionamentos. Sempre digo que perguntar é fácil e qualquer um pode emitir perguntas. Já responder a certas indagações não é algo simples e nem sempre encontramos alguém capaz de dar respostas.

No Brasil, a palavra "neopentecostal" está inteiramente contaminada por clichês e estereótipos que se caracterizam pelo uso afoito e não refletido dos termos. Quando ingressei nas fileiras do pentecostalismo independente, em meados da primeira década do século 21, me deparei pela primeira vez com a expressão "neopentecostal". Para a minha surpresa

142

PENTECOSTAIS OU NEOPENTECOSTAIS? TAXONOMIA E TERMINOLOGIA

e perplexidade, seu uso era dotado de um viés depreciativo e utilizado como um muro simbólico para dividir os *territórios* da identidade cristã no Brasil. O uso simbólico da expressão ainda é feito hoje com os mesmos objetivos. O que mudou de lá para cá é que esse uso deixou de me causar perplexidade. Mas estou consciente de que muitos cristãos sinceros ainda se sentem angustiados com o sentido obscuro do termo e sua larga utilização pelos detratores dos pentecostalismos.

Dediquei-me, primeiramente como pastor, a estudar a *etimologia* da expressão, com vistas a livrar as pessoas que eu pastoreava das densas redes de mal-entendidos terminológicos que, vez por outra, produzem efeitos nocivos à vida de fé. Ao adentrar os meandros e as sutilezas desse território conceitual, percebi que as taxonomias pentecostais também precisavam ser esclarecidas para um público mais amplo. É o que pretendo fazer agora. Os que participam de comunidades pentecostais independentes não costumam ser muito ligados a questões técnicas que envolvam teologia, sociologia e história. Grande parte dos que frequentam igrejas pentecostais prefere viver a entusiástica vida doxológica pentecostal-carismática. Preferem orar em seus grupos de intercessão, adorar e dançar nos cultos e ouvir as pregações com intensas aplicações ao dia a dia. Contudo, as questões mais técnicas, que exigem estudo e reflexão disciplinada, sempre estarão presentes. É imenso o número de pessoas outrora entusiastas da fé pentecostal que retrocederam após terem contato com questões ligadas à terminologia teológica. É evidente que há excessos, manipulações e até mesmo charlatanismos nos meios popularmente chamados "neopentecostais". O cerne do problema, porém, é a generalização, colocar tudo sob uma mesma epígrafe. Encerrar fenômenos tão diversificados sob um único conceito é um erro por si só, visto que um conceito tem o intuito de delimitar e circunscrever, não de abranger elementos que só superficialmente se assemelham. Paulo Barrera explica:

> No estudo dos fenômenos sociais, os conceitos são sempre um esforço metodológico, uma tentativa de simplificar realidades mais complexas. Com o avanço das pesquisas e do conhecimento dos fenômenos estudados, os conceitos vão mostrando seus limites e passam a exigir reformulações. É o que acontece com os conceitos de "protestantismo" e "pentecostalismo".[1]

---

[1] P. Barrera, *Matrizes protestantes do pentecostalismo*, p. 88-9.

PENTECOSTALISMOS

Quando comecei a pesquisar esse tema, percebi, antes de tudo, que as tipologias do pentecostalismo brasileiro foram e são majoritariamente produzidas pela sociologia, não pela teologia. A sociologia desenvolveu um campo de estudos religiosos fundamentado, principalmente, nas robustas reflexões sobre a religião feitas pelo sociólogo alemão Max Weber (1864-1920) e pelo sociólogo francês Émile Durkheim (1858-1917).[2] Os dois, ao lado do alemão Karl Marx (1818-1883) e do francês Auguste Comte (1798-1857), são considerados os pais fundadores da sociologia. Desde o início, a sociologia tratou do tema da religião, dando surgimento ao campo de estudo denominado "sociologia da religião".[3] Diz o sociólogo Ricardo Mariano:

> Karl Marx e os fundadores da sociologia como disciplina científica — Auguste Comte, Émile Durkheim e Max Weber — deram grande atenção à religião em suas reflexões sobre o avanço do capitalismo e das radicais transformações políticas e socioculturais nas sociedades europeias em processo de modernização. A religião esteve no centro das investigações teóricas e históricas na formação da sociologia entre as décadas finais do século XIX e as primeiras do século XX.[4]

Os estudos sociológicos da religião, assim como a própria sociologia, são "herdeiros todos da sanha anticlerical e antirreligiosa do Iluminismo".[5] Por exemplo, é conhecida a chamada "lei dos três estágios" de Auguste Comte. Com tal teoria, Comte objetivava caracterizar as etapas progressivas da evolução humana, individual e coletiva. O processo passaria por três estágios, a saber: a) teológico; b) metafísico; c) positivo. No estágio *teológico*, os fenômenos são vistos como produto da ação direta de agentes sobrenaturais. No estágio *metafísico*, os fenômenos são explicados em razão de essências, ideias ou forças abstratas. No estágio *positivo*, o ser humano, reconhecendo a impossibilidade de obter conhecimentos absolutos, "renuncia a perguntar qual é sua origem, qual é o destino do

---

[2] "Entre os fundadores da sociologia, Durkheim e Weber foram os que mais se dedicaram a investigar os fenômenos religiosos e seu impacto sociocultural e econômico. Ambos estabeleceram forte associação entre modernidade e declínio da religião no Ocidente europeu" (R. Mariano, "Sociologia da religião e seu foco na secularização", p. 234).

[3] "A questão da religião parece intimamente ligada à concepção da sociedade e da autocompreensão que a Sociologia tem de si mesma. Essa 'centralidade' da religião para a sociologia é evidente nas obras dos 'clássicos'" (S. Martelli, *A religião na sociedade pós-moderna*, p. 29).

[4] R. Mariano, "Sociologia da religião e seu foco na secularização", p. 232.

[5] Mariano, *Compêndio de ciência da religião*, p. 234.

144

PENTECOSTAIS OU NEOPENTECOSTAIS? TAXONOMIA E TERMINOLOGIA

universo, e quais as causas íntimas dos fenômenos para procurar somente descobrir, com o uso bem combinado do raciocínio e da observação, suas leis efetivas".[6] Em síntese, "todo homem é *teólogo* na infância, é *metafísico* em sua juventude e é *físico* em sua maturidade".[7] Assim, Auguste Comte "relegava a religião a uma fase pré-moderna da humanidade".[8]

Segundo Frank Usarski, o filósofo britânico David Hume (1711-1776) foi o mentor dos estudos científicos da religião, "devido à sua abordagem da religião dentro de um quadro referencial estritamente científico".[9] Ainda segundo Usarski, Hume inaugurou uma tradição do tratamento racional da religião que foi continuada por pensadores como Jean-Jaques Rousseau (1712-1804), Immanuel Kant (1724-1804), Georg W. Hegel (1770-1831) e Arthur Schopenhauer (1788-1860).[10] Hume foi um homem de seu tempo, e sua época foi um período de radicais transformações na forma de conceber o ser humano e a realidade. Contudo, ele ficou marcado como um dos críticos mais ferrenhos da base sobrenatural do cristianismo, especialmente dos milagres. Para ele, "nossos pensamentos não devem se afastar do âmbito físico".[11] Hume foi ao mesmo tempo "o patrono dos filósofos agnósticos contemporâneos" e o "patriarca do ceticismo moderno".[12]

Antes de entrar nas tipologias pentecostais propriamente ditas, pretendo demonstrar que as classificações do pentecostalismo brasileiro foram cunhadas por estudos sociológicos, não teológicos. Sem desmerecer tais estudos, faz-se necessário observar que as pressuposições agnósticas neles contidas condicionam suas metodologias, pois "nenhuma ciência vive sem pressupostos e a elaboração de um sistema que seja considerado como consequência lógica de sua definição prévia".[13] Como veremos, a terminologia "neopentecostal", oriunda dos estudos sociológicos da religião, é muitas vezes empregada, até mesmo por teólogos, de maneira acrítica. A teologia, na qual a maioria das tradições evangélicas advindas da Reforma se empenha, tem como fonte principal a revelação e, nesse sentido, a teologia "não é gerada pelo esforço de nossa observação de Deus", pois é "o resultado da revelação soberana e pessoal de

---

[6] G. Reale; D. Antiseri, *História da filosofia*, p. 292.
[7] Ibidem, p. 292.
[8] Mariano, "Sociologia da religião e seu foco na secularização", p. 233.
[9] F. Usarski, *História da ciência da religião*, p. 55.
[10] Ibidem, p. 55.
[11] C. Brown, *Filosofia e fé cristã*, p. 63.
[12] Ibidem, p. 63.
[13] H. Maia, *Introdução à metodologia das ciências teológicas*, p. 73.

PENTECOSTALISMOS

Deus".[14] Ela é sempre relativa à revelação e nunca é a causa primeira, mas sempre o efeito da ação primeira de Deus em se revelar.[15]

A teologia nasce do coração da própria fé.[16] Não de qualquer fé. Mas da fé no Deus que se revela. A fé do teólogo é a fé da criatura que experimentou o novo nascimento ou conversão.[17] Na base do labor teológico, não há somente uma pressuposição, mas, acima de tudo, uma relação, pois "a teologia não termina em conhecimento teórico e abstrato, mas, antes, se plenifica no conhecimento prático e existencial de Deus".[18] Na esteira da filosofia de Martin Buber, a teologia não trata da relação sujeito-objeto (Eu-Isso), mas de uma relação entre sujeitos (Eu-Tu).[19] A faceta experiencial da tradição pentecostal não nega a centralidade da revelação; ao revés, sustenta-se nela, pois toda experiência se dá à luz da revelação. Ao ouvir a revelação (*auditus fidei*), a tradição pentecostal entende que, na nova aliança, existe uma relação dinâmica *no* e *com* o Espírito Santo, que não se resume ao aspecto soteriológico-interno, mas se refere também ao aspecto carismático-externo (glossolalia, profecias, curas e dons do Espírito Santo).[20]

Os pressupostos nos quais se baseiam as tipologias pentecostais construídas pelos sociólogos diferem em muito dos pressupostos da teologia apresentados acima. Frank Usarski ensina que a "ciência da religião defende uma postura epistemológica específica baseada no compromisso com o ideal de 'indiferença' diante do seu objeto de estudo".[21] Chamo a atenção para o termo "ideal", que se refere a uma espécie de modelo axiomático prévio. Mariano, outrossim, reconhece que os sociólogos da religião perseguem ideais científicos de objetividade e neutralidade axiológica. Tal vigilância epistemológica, porém, não garante que consigam

---

[14] Ibidem, p. 70-1.

[15] Ibidem, p. 71. Para J. B. Libanio e Afonso Murad, "a teologia, no fundo, se resume em transpor para a linguagem a experiência da fé, como acolhida da revelação" (*Introdução à teologia*, p. 65).

[16] C. Boff, *Teoria do método teológico*, p. 17.

[17] "Só um ser profundamente transformado pode ter acesso aos mistérios divinos" (C. Boff, *Teoria do método teológico*, p. 17).

[18] Maia, *Introdução à metodologia das ciências teológicas*, p. 71.

[19] M. Buber, *Eu e tu* (São Paulo: Centauro, 2001).

[20] Sobre *auditus fidei*, Libanio e Murad explicam: "A teologia constitui-se em movimento espiral. Capta determinado dado, reflete sobre ele, ampliando-o, para, em momento ulterior, retomá-lo e sobre ele avançar a reflexão. Ao momento de escuta a tradição chamou *auditus fidei*, e ao momento de reflexão *intellectus fidei*" (*Introdução à teologia*, p. 83).

[21] Usarski, *História da ciência da religião*, p. 51. Sobre a "ciência da religião", Usarski afirma que o termo "refere-se a um empreendimento acadêmico que [...] dedica-se de maneira não normativa ao estudo histórico e sistemático de religiões concretas em suas múltiplas dimensões, manifestações e contextos culturais" (*História da ciência da religião*, p. 51).

PENTECOSTAIS OU NEOPENTECOSTAIS? TAXONOMIA E TERMINOLOGIA

dissociar a consecução de suas pesquisas, análises e interpretações de seus valores, padrões normativos, interesses e visões de mundo.[22] Ele afirma ainda que os cientistas sociais "sofrem influência das posições sociais que ocupam, dos contextos históricos e socioculturais em que vivem e das tradições intelectuais de seu ambiente acadêmico".[23]

Além do reconhecimento de que não há ciência sem pressupostos e de que todo cientista trabalha sobre uma base epistemológica e axiológica idiossincrática, tanto Frank Usarski quanto Ricardo Mariano salientam que um ponto unificador da pesquisa sociológica é o *agnosticismo metodológico ou ateísmo metodológico*.[24] São extremamente importantes as palavras de Ricardo Mariano sobre o tema:

> Tal como os cientistas atuantes em outras áreas, os sociólogos da religião partem do agnosticismo metodológico para investigar e interpretar crenças, práticas, sociabilidades e organizações religiosas, as religiosidades que extrapolam o domínio institucional e seus impactos na vida social. *Pesquisam tais fenômenos como produtos da agência humana*, da interação social e da cultura, *jamais como resultantes da ação divina* ou de uma necessidade pré-social entranhada na natureza humana. De modo que *fica fora da alçada da sociologia da religião toda indagação (tipicamente religiosa) a respeito da existência do sobrenatural e de sua influência sobre os seres humanos e a natureza.*[25]

Assim, torna-se evidente que os pressupostos utilizados pela sociologia da religião são completamente distintos dos usados pela teologia. Os dois campos do saber podem (e, a meu ver, devem) trabalhar juntos, desde que sejam salientadas e respeitadas suas respectivas diferenças. Enquanto a teologia pressupõe não só a existência de um Deus pessoal, mas também sua atuação no mundo, na história e na vida humana, a sociologia, na esteira do método científico em geral, pressupõe a "não existência" de Deus e, por conseguinte, exclui qualquer atuação dele no mundo. Em palavras francas e claras, a teologia é crente e a sociologia da

---

[22] Mariano, "Sociologia da religião e seu foco na secularização", p. 231.

[23] Ibidem, p. 231.

[24] Usarski afirma que a postura epistemológica da ciência da religião se traduz em "uma técnica de observação e descrição que a literatura especializada é frequentemente associada a termos como 'ateísmo metodológico' ou 'agnosticismo metodológico'" (*História da ciência da religião*, p. 51).

[25] Mariano, "Sociologia da religião e seu foco na secularização", p. 231 (grifo nosso).

147

PENTECOSTALISMOS

religião é ateia! Se a religião não tem sua força motriz na atuação de Deus e de seu Espírito, então o fenômeno religioso precisa ter "outras causas".

Os fenômenos religiosos estão em todos os lugares. Segundo os estudos científicos da religião, eles não são causados por Deus ou por qualquer ente transcendente. Então, suas causas são eminentemente sociais e econômicas, e tais fenômenos serão observados e explicados a partir dessas causas. Desse modo, quando consideramos que o pentecostalismo, além de ser uma tradição cristã, enfatiza a ação sobrenatural do Espírito em todas as áreas da vida, concluímos que qualquer conclusão das análises sociológicas, por mais que elas nos forneçam *insights* valiosos, não pode alcançar a dimensão da importância *teológica* da atuação do Espírito para os pentecostais. O pentecostalismo atribui toda a dinâmica das comunidades pentecostais à presença extraordinária do Espírito Santo, ao passo que a análise sociológica exclui, *a priori*, a possibilidade da ação sobrenatural como causa de qualquer dinâmica religiosa nas comunidades pentecostais. O fato é que as ciências sociais "procuram" outras causas para os fenômenos que os pentecostais e carismáticos atribuem *exclusivamente* ao impulso do Espírito Santo. Por isso, toda análise do pentecostalismo feita por metodologias científicas das ciências sociais deve ser recebida com parcimônia.[26]

A ORIGEM SOCIOLÓGICA DO TERMO "NEOPENTECOSTALISMO" E AS TIPOLOGIAS PENTECOSTAIS

Minha trajetória pessoal e pastoral para compreender a origem e o conteúdo da onipresente expressão "neopentecostal" me levou aos primeiros trabalhos sobre pentecostalismo no Brasil. Esses primeiros trabalhos, de caráter sociológico, segundo Cecília Loreto Mariz, giravam em torno do "debate sobre o poder transformador do pentecostalismo" e indagavam se "a transformação do indivíduo pode levar à mudança social mais ampla ou se está fadada apenas a reforçar a ordem dominante".[27] Como a tipologia mais consagrada é oriunda de pesquisas sociológicas, primeiramente percorrerei essas pesquisas e só depois explorarei uma classificação de

---

[26] Paul Freston observa: "Outro problema é a dificuldade dos pentecostais em aceitar o enraizamento dos seus fenômenos religiosos em ações analisáveis pelas ciências dos homens" (*Breve história do pentecostalismo brasileiro*, p. 69). Entendo que as análises sociológicas e as teológicas podem trabalhar em esquema de cooperação, não de mútua exclusão.

[27] C. L. Mariz, "Perspectivas sociológicas sobre o pentecostalismo e o neopentecostalismo", p. 38.

PENTECOSTAIS OU NEOPENTECOSTAIS? TAXONOMIA E TERMINOLOGIA

caráter teológico. Meu objetivo aqui é deixar clara a origem sociológica da expressão "neopentecostal" e situar o leitor no espectro classificatório mais amplo do pentecostalismo global, que leva em conta a expansão do cristianismo para o Hemisfério Sul e a mudança de paradigma do cristianismo contemporâneo. O livro *A experiência de salvação: pentecostais em São Paulo*, de Beatriz Muniz de Souza, lançado em 1969, é considerado pioneiro nos estudos acadêmicos sobre o pentecostalismo brasileiro.[28] Essa análise "apoiou-se na tipologia weberiana seita-igreja",[29] ou seja, dentro dos parâmetros do ateísmo metodológico, típico da ciências sociais.[30]

As tipologias sociológicas bipartites ou dicotômicas

As primeiras tipologias do pentecostalismo brasileiro foram bipartites. Carlos Rodrigues Brandão, em 1980, na obra *Os deuses do povo*,[31] utiliza critérios de classes sociais para tipificar o campo protestante brasileiro, privilegiando a análise das relações de dominação.[32] Opõe, assim, a *religião erudita/dominante* (protestantismo histórico) à *religião popular* (pequenas seitas e movimentos de cura divina). Entre esses dois polos, o erudito e o popular, figuram as *igrejas de mediação*, no caso, as Assembleias de Deus e a Congregação Cristã no Brasil. Lembrando que aqui se trata de uma tipologia do campo *protestante* brasileiro.[33] Eis a classificação:

---

[28] B. M. Souza, *A experiência de salvação: pentecostais em São Paulo* (São Paulo: Duas Cidades, 1969). Segundo o *Dicionário do movimento pentecostal*, a "classificação weberiana seita-igreja" foi "usada na obra sociológica pioneira sobre o pentecostalismo em São Paulo, publicada no final da década de 60, por Beatriz Muniz de Souza (*A experiência de salvação: pentecostais em São Paulo, 1969)*" (p. 583).

[29] Mariano, *Neopentecostais*, p. 23.

[30] Segundo Emerson Giumbelli, "o trabalho de Beatriz Muniz de Souza (1969), pioneiro entre nós na sua tentativa de inventariar os elementos que constituíam a religiosidade pentecostal [...] dedica um capítulo inteiro a uma discussão de tipologia e adota, a partir de referências sociológicas que desenvolvem as elaborações de Weber, Troelsch e Niebuhr, um 'gradiente seita-igreja' para dar conta da diversidade interna dos pentecostais" (*A vontade do saber*, p. 90). Também segundo Cecília Loreto Mariz, o trabalho de Beatriz Muniz de Souza destaca "o papel do pentecostalismo como um instrumento de integração social do indivíduo em uma sociedade urbana em intenso processo de transformação" (*Perspectivas sociológicas sobre o pentecostalismo brasileiro*, p. 37).

[31] C. R. Brandão, *Os deuses do povo* (São Paulo: Brasiliense, 1980).

[32] Mariano, *Neopentecostais*, p. 27; *Dicionário do movimento pentecostal*, p. 583.

[33] Emerson Giumbelli escreveu no ano 2000 algo que me parece ainda atual: "Os estudos, por sua vez, sempre reconheceram a heterogeneidade do protestantismo [...] mas, até pouco tempo atrás, essa heterogeneidade não adentrava o universo pentecostal. Em todo caso, generalizou-se a percepção de que se tornou insuficiente definir o universo pentecostal a partir apenas da contraposição às demais denominações protestantes. O resultado é um verdadeiro debate a respeito não só de como caracterizar o protestantismo dos pentecostais, mas também de como apreender suas distinções internas" (*A vontade do saber*, p. 90).

149

PENTECOSTALISMOS

- religião erudita/dominante: protestantes históricos;
- igrejas de mediação: Assembleias de Deus e Congregação Cristã no Brasil (pentecostais);
- pequenas seitas (pentecostais).

Nos critérios de Brandão, o pentecostalismo é classificado em *igrejas de mediação* e *pequenas seitas*. Mariano faz a ressalva de que Brandão escreveu em uma época que antecede a visibilidade da Igreja Universal do Reino de Deus (IURD).[34] Essa observação é importante porque evidencia que a categoria *neopentecostal* foi elaborada para abarcar a IURD e suas congêneres.

Segundo Mariano, em 1989 Antônio Gouvêa de Mendonça[35] classificou o pentecostalismo inicialmente em:[36]

- pentecostalismo clássico: Assembleias de Deus, Congregação Cristã no Brasil, Igreja do Evangelho Quadrangular e O Brasil para Cristo;
- agências de cura divina: instituições pentecostais compostas de população flutuante descompromissada.

Em 1992, Mendonça classificou o pentecostalismo em:

- pentecostalismo clássico;
- pentecostalismo de cura divina; neopentecostalismo; pentecostalismo autônomo (as expressões são usadas como sinônimas).[37]

---

[34] Mariano, *Neopentecostais*, p. 27. Freston afirma: "Fundada em 1977, a IURD começa a crescer na década seguinte" (*Breve história do pentecostalismo brasileiro*, p. 131).

[35] As análises do trabalho de Antônio Gouvêa Mendonça são extraídas de três fontes dos anos de 1989, 1992 e 1994. A de 1989 é: "Um panorama do protestantismo brasileiro atual". In: *Sinais dos tempos: tradições religiosas no Brasil*. Cadernos do ISER, 22, p. 37-86. A do ano de 1992 é: "Sindicato de mágicos: pentecostalismo e cura divina". São Bernardo do Campo, Ed. IMS — Edims. *Estudos da Religião*, n. 8, p. 49-59. A de 1994 é: "O neopentecostalismo". São Bernardo do Campo, Ed. IMS — Edims. *Estudos da Religião*, n. 9, p. 147-59. V. R. Mariano, *Neopentecostais*, p. 26-7.

[36] Quanto aos estudos de Antônio Gouvêa Mendonça, é importante ressaltar que "suas atenções [...] estiveram exatamente voltadas para a construção de uma tipologia do protestantismo brasileiro". Assim, percebe-se uma mudança, visto que os pentecostais vão ocupando um espaço cada vez maior no campo religioso brasileiro. Nesse sentido, "em 1986, Mendonça proferiu uma palestra na qual os pentecostais são tratados a partir do conceito de seita, segundo as formulações sociológicas [...] já no ano seguinte, os pentecostais passam a ocupar um lugar dentro da tipologia do protestantismo" (E. Giumbelli, *A vontade de saber*, p. 92).

[37] Mariano, *Neopentecostais*, p. 26; *Dicionário do movimento pentecostal*, p. 583-4.

PENTECOSTAIS OU NEOPENTECOSTAIS? TAXONOMIA E TERMINOLOGIA

E, por fim, no ano de 1994, Mendonça classificou da seguinte forma:

- pentecostalismo clássico;
- neopentecostalismo.[38]

Sobre essa derradeira tipologia, Mariano aduz que Mendonça "continua a analisar as igrejas formadas a partir dos anos 50 com base nos mesmos parâmetros expressos no conceito de 'agência de cura divina'" e prossegue afirmando que Mendonça "junta a 'Deus é Amor' à 'Universal do Reino de Deus'".[39]

José Bittencourt Filho foi o autor, em 1991, da classificação do CEDI (Centro Ecumênico de Documentação e Informação).[40] Essa classificação bipartite subdivide o espectro pentecostal em:

- pentecostalismo clássico: Assembleias de Deus, Congregação Cristã, Igreja de Deus e Igreja Pentecostal;
- pentecostalismo autônomo:[41] Casa da Bênção, Deus é Amor, Igreja do Evangelho Quadrangular, Maranata, Igreja de Nova Vida, Brasil para Cristo, IURD.[42] Segundo Emerson Giumbelli, "o que caracteriza o 'pentecostalismo autônomo' para Bittencourt é 'o descompromisso com suas origens históricas' ou 'liberdade na formulação de novas propostas doutrinárias, de novas formas organizativas'".[43] Grande parte do perfil que Bittencourt elabora com a categoria "pentecostalismo autônomo" provém da análise empírica da IURD.[44]

O antropólogo Ari Pedro Oro também esboçou uma tipologia bipartite do pentecostalismo brasileiro:[45]

- pentecostalismo tradicional;
- pentecostalismo autônomo/neopentecostalismo.

---

[38] Mariano, *Neopentecostais*, p. 26; *Dicionário do movimento pentecostal*, p. 583-4.
[39] Mariano, *Neopentecostais*, p. 26-7.
[40] J. F. Bittencourt, "Pentecostalismo autônomo"; "Remédio amargo". In: *Alternativa dos desesperados: como se pode ler o pentecostalismo autônomo* (Rio de Janeiro, CEDI, 1991).
[41] Segundo Emerson Giumbelli, "o conceito de pentecostalismo autônomo" tem o condão de "designar uma espécie de religiosidade 'muito original, muito singular' [...] que nasce independentemente tanto do protestantismo histórico quanto do pentecostalismo clássico" (*A vontade de poder*, p. 93).
[42] Mariano, *Neopentecostais*, p. 25; *Dicionário do movimento pentecostal*, p. 584.
[43] Giumbelli, *A vontade de poder*, p. 94.
[44] Ibidem, p. 94.
[45] A. P. Oro, "Podem passar a sacolinha: um estudo sobre as representações do dinheiro no pentecostalismo autônomo brasileiro atual". *REB*, n. 210, p. 301-23, 1993; A. P. Oro, "Neopentecostais e afro-brasileiros: quem vencerá esta guerra?", *Debates do NER*, n. 1, p. 10-36, 1997. P. A. Oro; P. Semán, "Neopentecostalismo e conflitos éticos", *Religião e Sociedade*, v. 20, n. 1, p. 39-54.

PENTECOSTALISMOS

Segundo Emerson Giumbelli, em Oro "se alternam os conceitos de 'pentecostalismo autônomo' e 'neopentecostalismo'" e, por meio deles, Oro "designa um conjunto de igrejas autóctones, criadas depois da década de 50, que, além de seguirem 'os princípios éticos e doutrinários do pentecostalismo tradicional', apresentam uma série de características específicas".[46]

As tipologias sociológicas tripartites ou tricotômicas

Paul Freston inaugurou a classificação tripartite do pentecostalismo brasileiro.[47] Ele foi o primeiro a dividir, no Brasil, o pentecostalismo pela metáfora marítima das ondas.[48] Em sua tese de doutorado de 1993, Freston "propõe uma nova tipologia do protestantismo", afirmando que, dentro dela, "em relação aos pentecostais é que as novidades aparecem".[49] A metáfora marítima que inspirou Freston foi a utilizada pelo sociólogo David Martin,[50] que distinguiu três ondas na história do protestantismo mundial, a saber: a puritana, a metodista e a pentecostal.[51] Para Freston, "o pentecostalismo brasileiro pode ser compreendido como a história de três ondas de implementação de igrejas".[52] A tipologia de Freston é a seguinte:[53]

- *Primeira onda*: década de 1910. Deu-se com a chegada quase simultânea das duas primeiras igrejas pentecostais do Brasil, a Congregação Cristã no Brasil (1910) e as Assembleias de Deus (1911).[54] Coincide com a expansão mundial do pentecostalismo.
- *Segunda onda*: década de 1950 e início dos anos de 1960. O campo pentecostal se fragmenta, e, dentre outros menores, surgem três grandes grupos: a Igreja do Evangelho Quadrangular (1951),

---

[46] Giumbelli, *A vontade de poder*, p. 101.

[47] "Enquanto os demais pesquisadores [...] dividem em dois grandes grupos de igrejas o pentecostalismo nacional, Freston o fraciona em três" (R. Mariano, *Neopentecostais*, p. 29).

[48] F. Freston, "Protestantes e política no Brasil: da Constituinte ao *impeachment*", Campinas, tese de doutorado em sociologia, IFCH-Unicamp, 1993.Os capítulos da tese de Freston relativos à tipologia do pentecostalismo brasileiro foram adaptados e publicados, em 1994, na obra coletiva: Antoniazzi, A. et al. *Nem anjos nem demônios: interpretações sociológicas do pentecostalismo* (Petrópolis: Vozes, 1994).

[49] Giumbelli, *A vontade de poder*, p. 102.

[50] D. Martin, *Tongues of fire: the explosion of Pentecostalism in Latin America* (Oxford: Blackwell, 1990).

[51] Mariano, *Neopentecostais*, p. 28; Giumbelli, *A vontade de poder*, p. 103.

[52] Freston, *Breve história do pentecostalismo brasileiro*, p. 70.

[53] Paulo D. Siepierski observa que a classificação de Freston "a rigor não é uma tipologia, mas uma genealogia" (*Pós-pentecostalismo e política no Brasil*, p. 49).

[54] Freston, *Breve história do pentecostalismo brasileiro*, p. 70.

PENTECOSTAIS OU NEOPENTECOSTAIS? TAXONOMIA E TERMINOLOGIA

O Brasil para Cristo (1955) e a Igreja Deus é Amor (1962). Segundo Freston, o contexto dessa pulverização é *paulista*.[55]

- *Terceira onda*: iniciada no final da década de 1970, ganhou força nos anos de 1980. Sua representante máxima é a IURD (1977), seguida pela Igreja Internacional da Graça de Deus. O contexto é fundamentalmente *carioca*.[56]

Algumas observações sobre a classificação de Freston são importantes. A primeira é que ele põe o critério histórico em primeiro plano. Nas tipologias dicotômicas, o critério histórico estava sempre subordinado à avaliação de outras características.[57] Na classificação de Freston, o viés histórico-institucional assume lugar central, e as igrejas são referidas pela data de sua criação. A segunda observação é que, ao apresentar sua classificação, Freston trabalha "com interesse especial pelas posições políticas de seus líderes".[58] Segundo Emerson Giumbelli, as avaliações de Freston não representam "apenas a conclusão de um trabalho acadêmico", mas "as bases de uma militância simultaneamente religiosa e política".[59] Ainda segundo Giumbelli, Freston, como protestante, "foi um dos assessores do Movimento Evangélico Progressista, que assume uma postura que se pretende de 'esquerda'".[60]

O padre Jesus Hortal, em 1994, também adotou uma classificação tricotômica para o pentecostalismo brasileiro. Para isso, adotou o termo "gerações", "mas fez um recorte histórico-institucional idêntico ao proposto por Freston".[61] Hortal dispõe as três gerações da seguinte forma:

- *Histórica*: abrange a Congregação Cristã no Brasil e as Assembleias de Deus.
- *Movimento de cura divina*: começa na década de 1950 e abrange a Igreja do Evangelho Quadrangular, O Brasil para Cristo e a Igreja Deus é Amor.
- *Pentecostalismo autônomo*: começa com a Igreja de Nova Vida e abrange principalmente a IURD.[62]

---

[55] Ibidem, p. 71.
[56] Ibidem, p. 71.
[57] Giumbelli, *A vontade de saber*, p. 105.
[58] Ibidem, p. 103.
[59] Ibidem, p. 103.
[60] Ibidem, p. 103.
[61] Mariano, *Neopentecostais*, p. 29.
[62] Ibidem, p. 29. *Dicionário do movimento pentecostal*, p. 584.

PENTECOSTALISMOS

O livro *Neopentecostais: sociologia do novo pentecostalismo no Brasil,* do sociólogo Ricardo Mariano, publicado em 1999, ainda é referência no estudo das tipologias ou classificações do pentecostalismo brasileiro.[63] Apesar dos mais de vinte anos de sua publicação, a obra se tornou um clássico e, entre outras coisas, traça o itinerário das principais taxonomias pentecostais elaboradas no Brasil até o final do século passado.[64] Além disso, a meu ver, foi a obra de Mariano que consagrou o uso do termo *neopentecostal* no Brasil. A classificação de Ricardo Mariano "é um exemplo claro de uma operação que, a um só tempo, se aproveita da redistribuição operada por Freston e reorienta-a em torno de outros critérios mais fundamentais".[65] O principal objetivo de sua obra, como se pode deduzir pelo título, é a caracterização do neopentecostalismo. Sua classificação tripartite é a seguinte:

- *Pentecostalismo clássico*: de 1910 a 1950. "Começa com a fundação da Congregação Cristã no Brasil (São Paulo, 1910) e da Assembleia de Deus (Belém, 1911), até a sua difusão para todo o território nacional."[66]
- *Deuteropentecostalismo*: tem início na década de 1950. Aqui tem início "a fragmentação denominacional do pentecostalismo brasileiro, que, até então, praticamente contava só com Assembleia de Deus e Congregação Cristã".[67] Inclui a Igreja do Evangelho Quadrangular, O Brasil para Cristo, Deus é Amor, Casa da Bênção e outras de pequeno porte.
- *Neopentecostalismo*: começa na segunda metade da década 1970, cresce e fortalece-se no decorrer dos anos de 1980 e 1990. Nesse espectro, Mariano inclui IURD, Igreja Internacional da Graça de Deus, Cristo Vive, Comunidade Evangélica Sara Nossa Terra, Comunidade da Graça, Renascer em Cristo e Igreja Nacional do Senhor Jesus Cristo. Inclui também algumas entidades paraeclesiásticas, "não só pelo período de formação, mas sobretudo por sua teologia".[68] Tais

---

[63] O desenvolvimento das tipologias pentecostais está atrelado às *tipologias do protestantismo brasileiro*. Não é meu propósito apresentá-las aqui, e muito menos fazer uma análise dessas tipologias mais amplas.

[64] O livro de Mariano surge de sua dissertação de mestrado, apresentada em 1995, no Departamento de Sociologia da Universidade de São Paulo.

[65] Giumbelli, *A vontade de poder*, p. 105.

[66] Mariano, *Neopentecostais*, p. 29.

[67] Ibidem, p. 30.

[68] Ibidem, p. 32.

PENTECOSTAIS OU NEOPENTECOSTAIS? TAXONOMIA E TERMINOLOGIA

entidades são o Comitê Cristão de Homens de Negócio (CCHN), a Associação dos Homens de Negócio do Evangelho Pleno (Adhonep) e a Missão Shekinah.

Sobre o *pentecostalismo clássico*, Mariano reconhece que esse termo pouco esclarece acerca das igrejas que o compõem. A rigor, a expressão se refere praticamente só ao pioneirismo histórico das denominações e não revela suas semelhanças nem suas distinções internas.[69] No que diz respeito ao *deuteropentecostalismo*, Mariano afirma que, no início dos anos 1950, os missionários americanos Harold Willians e Raymond Boatright, ligados à Igreja do Evangelho Quadrangular, "trouxeram para o Brasil o evangelismo de massa centrado na mensagem da cura divina".[70] A ênfase no dom de cura divina foi crucial para a aceleração do crescimento e a diversificação institucional do pentecostalismo no Brasil. Na década de 1950, a ênfase na cura divina estava associada à explosão mundial do ministério dos *American healers*, como Oral Roberts, William Branham, Tommy Lee Osborn e Jack Coe. Sobre a relação entre o pentecostalismo clássico e o deuteropentecostalismo, Ricardo Mariano explica:

> Os quarenta anos que separam o início dessas duas ondas [...] justificam o corte histórico-institucional proposto para distingui-las. Quanto à teologia, entretanto, as duas primeiras ondas pentecostais apresentam diferenças apenas nas ênfases que cada qual confere a um ou outro dom do Espírito Santo. A primeira enfatiza o dom de línguas, a segunda, o de cura. [...] A segunda onda constitui, portanto, um desdobramento institucional tardio, em solo brasileiro, do pentecostalismo clássico norte-americano.[71]

Emerson Giumbelli, comentando a classificação de Mariano, afirma que, embora tenha desenvolvido um esquema tripartite, sua estrutura se reduz a uma dicotomia, pois, entre as duas primeiras categorias, há uma diferença histórica e algumas teológicas que, em todo caso, provêm da matriz pentecostal americana. Contudo, "a distinção fundamental estabelece-se entre essas duas primeiras categorias e os 'neopentecostais,' já que nestes se observa a existência de inovações propriamente teológicas".[72] O ineditismo da abordagem de Mariano repousa exatamente sobre a

---

[69] Ibidem, p. 24.
[70] Ibidem, p. 30.
[71] Ibidem, p. 31-2.
[72] Giumbelli, *A vontade de poder*, p. 106.

PENTECOSTALISMOS

ênfase nos elementos teológicos que caracterizam o neopentecostalismo.[73] A utilização do prefixo "neo" encontrou sua razão de ser tanto pelo critério da formação recente quanto pelas inovações teológicas relativas às duas ondas anteriores.

A obra de Mariano praticamente alçou à popularidade o termo *neopentecostal*, tornando-o de uso corrente fora do ambiente acadêmico. Isso não é comum; é a exceção, não a regra. O universo acadêmico tem um linguajar conceitual hermético e acessível somente aos especialistas. Afinal, outras expressões utilizadas posteriormente para classificar o pentecostalismo, que ainda apresentarei, são pouco ou quase nada conhecidas. Uma das razões para a ascensão do termo a partir da obra de Mariano foi a época, o final da década de 1990. Período que assistiu à consolidação da IURD como um grande e controverso fenômeno religioso a ser explicado (e, para muitos, repelido). Hoje, na terceira década do século 21, não nos espanta mais a dimensão alcançada pela IURD. Sua grandiosidade numérica, financeira e arquitetônica já foi assimilada, a gosto ou a contragosto, pela cultura brasileira.

Contudo, em meados da década de 1990, enquanto a IURD crescia avassaladoramente, cresciam proporcionalmente, em grande parte da sociedade brasileira, sentimentos dos mais variados, que, em síntese, expressavam enorme perplexidade (acompanhada de uma boa dose de repulsa) diante da eficácia impressionante de suas práticas proselitistas. O livro de Mariano tem enormes méritos. Reconheçamos o óbvio: a pesquisa de Mariano é excelente. O livro é inteligível e tem uma fluidez rara para uma obra acadêmica. A pesquisa de campo é de alto nível, e Mariano ostenta um enorme conhecimento teórico (histórico e teológico) do pentecostalismo. Assim, naquele momento específico, Mariano forneceu a terminologia para nomear o fenômeno da IURD e congêneres.

Na prática, uma expressão técnica, conceitual e restrita passou a ser usada arbitrariamente. O crescimento da IURD também coincidiu com o grande deslocamento do cristianismo do Hemisfério Norte para o Hemisfério Sul. Esse deslocamento fenomenal, que ainda está ocorrendo, também opera a mudança de paradigma da fé cristã. O cristianismo ocidental, outrora mais racional e teórico, tributário do paradigma racionalista e do projeto iluminista, tem sido derrotado diante do cristianismo experiencial e epistemologicamente holístico típico das culturas do Sul Global. No final da década de 1990, especialmente na primeira década do

---

[73] Ibidem, p. 106.

PENTECOSTAIS OU NEOPENTECOSTAIS? TAXONOMIA E TERMINOLOGIA

século 21, novas formas de cristianismo pentecostal-carismático eclodiram pelo globo com o fenômeno das igrejas independentes e do chamado "cristianismo pós-denominacional". As igrejas independentes começaram a varrer a terra, inculturando a chama pentecostal em novas e criativas sínteses locais: a Era do Espírito havia chegado!

Foi nesse momento que, no Brasil, o termo "neopentecostal" adquiriu seu sentido depreciativo e passou a etiquetar *qualquer* movimento do cristianismo carismático mundial pós-denominacional que se manifestasse em nosso país. No uso corrente do universo religioso popular brasileiro, em especial o evangélico, ser chamado de "neopentecostal" significava estar excluído do cristianismo histórico. O neopentecostal não fazia parte de uma igreja cristã autêntica, mas de um simulacro de cristianismo. Retirado acriticamente de seu meandro sociológico, o termo podia ser utilizado conforme a intenção de seu enunciador, mas normalmente era usado para demarcar a pertença ou não a um suposto (e monolítico) cristianismo autêntico. Foi exatamente no início do século 21 que comecei minha jornada no cristianismo evangélico. Apesar de ter iniciado minha peregrinação em uma igreja protestante histórica, fui conduzido pelo Espírito Santo a algumas igrejas pentecostais-carismáticas independentes. Em 2004, armei minha tenda em uma delas. À época, para mim, o cristianismo, apesar da diversidade, era uma grande comunidade de irmãos: uns oravam em línguas; outros, não; uns ministravam cura; outros, não. Sabia que havia excentricidades, charlatanismo, corrupção e autoritarismo, mas em que área da vida não há? Ainda não sabia que a diversidade de expressões cristãs, por si mesmas e sem nenhum escrutínio, era vista por muitos como *inautenticidade*.

Fui pesquisar sobre o termo "neopentecostal" e descobri que suas nuances acadêmicas não têm relação alguma com seu uso preconceituoso em alguns contextos. Voltando à obra de Mariano e aos estudos sociológicos, chamo a atenção para o fato de que o termo "neopentecostal" foi cunhado no Brasil especialmente para classificar sociologicamente a IURD. Vejamos as palavras do próprio Ricardo Mariano:

> A terceira onda demarca o corte histórico-institucional da formação de uma corrente pentecostal que será aqui designada de *neopentecostal*, termo praticamente já consagrado pelos pesquisadores brasileiros para classificar as novas igrejas pentecostais, *em especial a Universal do Reino de Deus*.[74]

---

[74] Mariano, *Neopentecostais*, p. 33 (grifo no original em negrito; grifo nosso em itálico).

PENTECOSTALISMOS

Depois de reconhecer que, "no Brasil, o termo neopentecostal tem sido empregado com maior imprecisão",[75] Mariano prossegue afirmando que a expressão foi consolidada nos estudos sociológicos para classificar especificamente a IURD, em face de suas notórias idiossincrasias:

> Embora as tipologias de Oro, Bittencourt, Jardilino e Azevedo não façam distinção entre as igrejas da segunda e da terceira ondas, todas priorizam no desenho do tipo a descrição e análise da Universal do Reino de Deus. *O surgimento desta igreja é que justifica a criação de suas tipologias. O centro de suas atenções é a controversa Universal*, justamente a principal igreja neopentecostal e, não por acaso, a maior novidade do pentecostalismo brasileiro.[76]

Como já vimos, o estudo de Mariano toma por base a classificação triádica de Freston. O neopentecostalismo de Mariano é a terceira onda de Freston, e "sua representante máxima é a Igreja Universal do Reino de Deus".[77] Ainda chamo a atenção para o fato de Freston demarcar geograficamente o campo de análise ao afirmar que o contexto da terceira onda é "fundamentalmente carioca".[78] Assim, no Brasil, o termo "neopentecostal", além de ter sido criado quase exclusivamente para dar conta do fenômeno IURD, também se restringe quase exclusivamente à análise de um delimitado contexto geográfico. Em vista dessas peculiaridades, mais uma vez enfatizo que a disseminação do uso dessa expressão se deu de maneira exageradamente acrítica e semanticamente distorcida.

O interessante foi perceber também que a expressão neopentecostal foi importada dos Estados Unidos e adaptada às particularidades da pesquisa sociológica no Brasil. Quando li pela primeira vez o extraordinário livro *O século do Espírito Santo*, do historiador pentecostal Vinson Synan, fiquei intrigado ao perceber que a palavra "neopentecostal" já tivera largo uso na América do Norte.[79] Na verdade, a própria origem do termo se encontra no contexto americano. Ela foi utilizada para designar a renovação carismática nas igrejas históricas americanas no início da década

---

[75] Ibidem, p. 33.
[76] Ibidem, p. 34 (grifo nosso).
[77] Freston, *Breve história do pentecostalismo brasileiro*, p. 71; Giumbelli, *A vontade de poder*, p. 104.
[78] Freston *Nem anjos nem demônios*, p. 71.
[79] V. Synan, *O século do Espírito Santo: 100 anos de avivamento pentecostal e carismático* (São Paulo: Vida, 2009).

PENTECOSTAIS OU NEOPENTECOSTAIS? TAXONOMIA E TERMINOLOGIA

de 1960. O evento paradigmático foi o testemunho do pastor episcopal Dennis Bennett (1917-1992), da Igreja Episcopal de São Marcos, em Van Nuys, Califórnia. Ele falou publicamente sobre sua experiência de falar em línguas. Seu testemunho gerou um verdadeiro *frisson* no meio protestante histórico e acabou deflagrando a renovação carismáticas nas principais igrejas protestantes históricas (presbiterianas, anglicanas, batistas).[80] Segundo Synan, "o resultado foi a criação de um novo movimento, cujos seguidores receberam o rótulo de 'neopentecostais'".[81] Posteriormente, a designação "neopentecostal" foi substituída pela palavra "carismáticos" para designar o movimento de renovação nas igrejas históricas. Mariano, com seu amplo conhecimento sobre a história do pentecostalismo, faz alusão a isso ao afirmar:

> Embora recente entre nós, o termo neopentecostal foi cunhado há vários anos nos EUA. Lá [...] ele designou as dissidências pentecostais das igrejas protestantes, movimento que posteriormente foi chamado de carismático. Como deixou de ser empregado nas tipologias norte-americanas, não confunde nem atrapalha nossa tarefa de classificação.[82]

O fato é que o termo *neopentecostal*, mesmo em seu uso técnico, é usado com muita parcimônia, e o próprio Ricardo Mariano elenca os motivos para isso. Em primeiro lugar, temos as já citadas delimitações geográfica e institucional, referentes, respectivamente, ao contexto carioca e à IURD. Em segundo lugar:

> Com as surpreendentes transformações ocorridas nessa religião nas últimas décadas, que ampliaram sua diversidade teológica, eclesiológica, institucional, social, estética e política, *o trabalho de classificação tornou-se mais difícil, mais intricado e mais sujeito à controvérsia.*[83]

Ora, se, à época em que Mariano escreveu (há mais de vinte anos!), as mudanças no campo pentecostal já tornavam as classificações difíceis, o

---

[80] Eddie Hyatt, escrevendo sobre a experiência de Dennis Bennet, afirma que, "embora outras pessoas nas igrejas tradicionais tivessem experimentado falar em línguas antes disso, aquele evento marcou o início da Renovação Carismática Moderna" (*2000 anos de cristianismo carismático*, p. 221).

[81] Synan, *O século do Espírito Santo*, p. 207.

[82] Mariano, *Neopentecostais*, p. 33.

[83] Ibidem, p. 23 (grifo nosso).

PENTECOSTALISMOS

que dizer de hoje em dia, se levarmos em consideração a erupção vulcânica do cristianismo pentecostal-carismático mundial ocorrida nas duas primeiras décadas do século 21? Em terceiro lugar, Mariano reconhece também que "o pentecostalismo brasileiro nunca foi homogêneo", sendo "bem mais complexo e abrangente do que as correntes cujos contornos delineamos".[84] Eu acrescentaria que nem o pentecostalismo nem o protestantismo, tampouco o próprio cristianismo, são homogêneos, nunca foram e nunca serão. Em face dessa essencial heterogeneidade, a "formação de novas correntes pentecostais [...] implicaria a formulação de novos tipos ideias para classificá-las".[85] E, por último, uma observação assaz importante que revela o anacronismo e o disparate lógico na utilização descontextualizada do termo "neopentecostal". Como se não bastassem as afirmações anteriores acerca da restrição conceitual da expressão, Mariano alerta que, por causa do recorte fenomenológico da pesquisa, o termo "neopentecostal" não tem a pretensão de abarcar em seu seio alguma manifestação pentecostal. Vejamos:

> Mas não são todas as denominações formadas em meados dos anos 70 em diante, ou seja, a partir do surgimento da terceira onda, que podem ser classificadas de neopentecostais, visto que nem todas apresentam as marcas características desta corrente pentecostal.[86]

Sobre "as marcas características desta corrente pentecostal", leiam-se as marcas características da IURD elencadas pela pesquisa sociológica da década de 1990. Para mim, quando terminei minha primeira leitura do livro de Mariano, ficou claro que o termo "neopentecostal" não poderia ser imposto arbitrariamente sobre qualquer igreja ou comunidade pentecostal-carismática.

Pós-Pentecostalismo

Paulo D. Siepierski, no artigo "Pós-pentecostalismo e política no Brasil", publicado em 1997, afirma que Ricardo Mariano não foi feliz ao classificar a terceira onda do pentecostalismo brasileiro sob o termo "neopentecostal". Siepierski chama a atenção para o fato de que Mariano considera

---

[84] Ibidem, p. 23, 37.
[85] Ibidem, p. 38.
[86] Ibidem, p. 37.

160

PENTECOSTAIS OU NEOPENTECOSTAIS? TAXONOMIA E TERMINOLOGIA

a terceira onda uma ruptura teológica com as duas ondas anteriores. Com isso em vista, Siepierski considera a utilização do prefixo "neo" inadequada e contraditória, pois passa a ideia de continuidade, não de descontinuidade. O autor até menciona a utilização original da expressão nos Estados Unidos. Na América do Norte, havia um claro sentido de continuidade teológica entre o pentecostalismo inicial e a renovação carismática das igrejas históricas: a ênfase na glossolalia e nos dons espirituais. Nos Estados Unidos, o termo era corretamente utilizado, pois expressava tanto a continuidade quanto a diferença entre os dois movimentos. Transcrevo as palavras de Paulo D. Siepierski:

> Tradicionalmente, o prefixo "neo" tem sido relacionado com continuidade e não com ruptura. É por isso que em outros lugares "neopentecostalismo" é utilizado para indicar a renovação carismática ocorrida no seio das denominações protestantes, pois ela não diferiu significativamente do pensamento anterior.[87]

Siepierski argumenta que o grande afastamento teológico do neopentecostalismo, cujo "principal representante é a IURD", em relação aos seus predecessores, indica que o fenômeno não é simplesmente uma nova forma de pentecostalismo, mas um "pós-pentecostalismo".[88] Assim, o pós-pentecostalismo é um afastamento do pentecostalismo. Siepierski especifica que o pós-pentecostalismo se afasta não só do pentecostalismo, mas também do próprio protestantismo. Giumbelli, analisando a ótica de Siepierski, afirma que o pós-pentecostalismo é "uma terminologia que exclui os 'neopentecostais' tanto do pentecostalismo quanto do protestantismo".[89] Siepierski conclui:

> Os elementos protestantes do pentecostalismo — cristocentricidade, biblicismo, união com fé e ética — estão praticamente ausentes no pós-pentecostalismo. Isso sugere que, se o pós-pentecostalismo se distancia do pentecostalismo, seu distanciamento do protestantismo é ainda maior, rompendo com os princípios centrais da Reforma. O pós-pentecostalismo é genealogicamente protestante, mas não o é teologicamente.[90]

---

[87] P. D. Siepierski, "Pós-pentecostalismo e política no Brasil", p. 51.
[88] Ibidem, 51.
[89] Giumbelli, *A vontade de poder*, p. 108.
[90] Siepierski, "Pós-pentecostalismo e política no Brasil", p. 52.

PENTECOSTALISMOS

À época de seu artigo, Siepierski já alertava para a "necessidade de uma nova tipologia do campo religioso brasileiro que faça distinção entre os diversos pentecostalismos" e demonstrava quão impreciso é o termo "neopentecostal". Ora, se, em 1997, as tipologias já eram consideradas imprecisas, o que dizer agora, mais de vinte anos depois, com a explosão do cristianismo carismático mundial e sua enorme diversidade? E a forma pela qual uma expressão contestada e de uso tão restrito tornou-se popular e de uso corrente no universo cristão brasileiro é difícil de explicar.[91] Talvez se explique pela sanha humana de etiquetar preconceituosamente o desconhecido e o diferente por meio de critérios impostos de forma unilateral. A religião cria profundos laços de pertença e sólidas estruturas de identidade individual e coletiva. A consolidação de tais identidades normalmente institui um senso de diferença que se manifesta, na melhor das hipóteses, como suspeita e desprezo e, na pior delas, como hostilidade deliberada. É evidente que, nesse último caso, a piedade cristã passa ao largo.

Pseudopentecostalismo

Robinson Cavalcanti, na obra *Igreja evangélica: identidade, unidade e serviço*, também critica a categoria neopentecostal, a qual ele considera um "grande equívoco cometido pelos sociólogos da religião".[92] Para ele, o neopentecostalismo, por estar "tipificado pela Igreja Universal do Reino de Deus", não pode estar associado ao pentecostalismo representado, por exemplo, pelas Assembleias de Deus.[93] O pentecostalismo, ao contrário da IURD, está historicamente enraizado na Reforma Protestante. O evangelicalismo, que deriva dela, "é marcado pela credalidade histórica e pela ênfase doutrinária reformada na doutrina da expiação dos pecados na cruz e na necessidade de conversão, ou novo nascimento".[94] Para Cavalcanti, o discurso e a prática da IURD apontam para a inexistência de vínculos ou de pontos de contato com a Reforma. Se não é protestantismo, também não é pentecostalismo e, se não é pentecostalismo, não pode ser *neo*pentecostalismo. Portanto, Cavalcanti propõe que aquilo que se convencionou sociologicamente chamar "neopentecostalismo" deve ser chamado "pseudopentecostalismo": algo que não é, mesmo dizendo-se ser.[95]

---

[91] Ibidem, p. 56.
[92] R. Cavalcanti, *Igreja evangélica*, p. 17.
[93] Ibidem, p. 17.
[94] Ibidem, p. 18.
[95] Ibidem, p. 18.

PENTECOSTAIS OU NEOPENTECOSTAIS? TAXONOMIA E TERMINOLOGIA

Isopentecostalismo

Jaziel Guerreiro Martins, fazendo alusão principalmente à IURD e à Igreja Mundial do Poder de Deus, afirma que há tanta diferença entre essas igrejas e as evangélicas e pentecostais que "não é mais possível chamar tais igrejas de neopentecostais, mas de igrejas *isopentecostais*, isto é, uma igreja que parece pentecostal mas de fato não seria".[96] Algumas diferenças radicais em relação ao segmento evangélico mais amplo seriam representadas por práticas como uso de sal grosso, rosas ungidas, água fluidificada, fitas e pulseiras especiais, ramo de arruda e lenços com suor.[97] Essas práticas extremamente dissonantes da tradição evangélico-pentecostal teriam por base um discurso "essencialmente demonológico", que poderia ser sintetizado na ideia de que "o demônio não apenas existe, mas ele é o único ser e a única razão que dá origem a tudo que é ruim, dor, dúvida e sofrimento".[98] De acordo com essa lógica, as igrejas isopentecostais sobrepõem à "conversão" a experiência da "libertação". Nas palavras de Guerreiro, "há uma significativa sobreposição entre conversão e libertação, e mesmo uma anterioridade lógica da libertação no que diz respeito ao processo de adesão à Igreja".[99] Na esteira de tais concepções, uma igreja isopentecostal faz questão de se apresentar como um "pronto-socorro espiritual".[100]

A "CRÍTICA" DA CRÍTICA

Antes de passar para o elenco de tipologias baseadas em pressupostos teológicos, gostaria de fazer uma breve menção à crítica de Cecília Loreto Mariz às análises do pentecostalismo nos estudos sociológicos da religião. O artigo "Perspectivas sociológicas sobre o pentecostalismo e o neopentecostalismo", mesmo datando do longínquo ano de 1995, ainda traz críticas importantes aos pressupostos usados para a classificação do pentecostalismo brasileiro.[101] A autora afirma, em primeiro lugar, que a literatura sobre pentecostalismo produzida no Brasil "retoma as questões centrais dos clássicos da sociologia: a anomia que preocupava Durkheim,

---

[96] J. Guerreiro, *A demonologia isopentecostal*, p. 13.
[97] Ibidem, p. 13.
[98] Ibidem, p. 20.
[99] Ibidem, p. 16.
[100] Ibidem, p. 29.
[101] C. L. Mariz, "Perspectivas sociológicas sobre o pentecostalismo e o neopentecostalismo", *Revista de Cultura Teológica*, ano III, n. 13, p. 37-52, out./dez. 1995.

a alienação de classe problematizada por Marx e a racionalização moderna discutida por Weber".[102]

Em segundo lugar, lançando foco especificamente às críticas feitas à categoria dos *neopentecostais*, Mariz afirma a existência de "uma atitude negativa e preconceituosa contra o neopentecostalismo" por parte da mídia e também por parte de alguns intelectuais.[103] Em terceiro lugar, a autora cita as instituições religiosas mais antigas e tradicionais como agentes do campo religioso, que muitas vezes têm dificuldade "em aceitar novos interlocutores".[104] Nesse caso, a principal base para as críticas aos neopentecostais deve-se, principalmente, aos "preconceitos racionalistas" que subjazem a todas elas ou, nas palavras da autora, "parte substancial das críticas ao neopentecostalismo padece de preconceitos racionalistas das camadas médias intelectualizadas".[105] Por isso, "é importante que se critiquem as críticas".[106]

O preconceito racionalista é o pressuposto das análises feitas acerca do pentecostalismo brasileiro. Isso é importante, pois corrobora uma incompreensão ou uma recusa (ambos, talvez) em aceitar a mudança de paradigma no cristianismo global. Ou seja, não se trata de um fenômeno *exclusivamente* brasileiro nem é verdade que uma mudança mais ampla do cristianismo mundial possa ser reduzida (ou mesmo assemelhada) à análise da IURD e às suas especificidades. Ao se condenar todo o arcabouço teológico, litúrgico e prático da IURD, corre-se o risco de condenar também, sob uma única insígnia, todas as "novas" manifestações pentecostais que, apesar de novas, não podem ser reduzidas à estreiteza conceitual do termo "neopentecostal" (e suas sucedâneas posteriores), conforme as elaborações da pesquisa sociológica do Brasil. Mesmo que, no mencionado artigo, a autora dirija suas atenções ao campo das análises feitas pela sociologia a um fenômeno bem específico, encabeçado, via de regra, pela IURD, a análise principal pode ser ampliada para perscrutar uma tendência em desvalorizar os elementos epistemológicos que compõem o novo paradigma do cristianismo, como o papel epistêmico da afetividade.

Para Mariz, ainda que a maior parte dos críticos do pentecostalismo reconheça o fracasso dos pressupostos do Iluminismo, eles não os abandonaram em suas análises: "A racionalidade aparece como base para um

---

[102] Ibidem, p. 37.
[103] Ibidem, p. 40.
[104] Ibidem, p. 41.
[105] Ibidem, p. 44.
[106] Ibidem, p. 40.

PENTECOSTAIS OU NEOPENTECOSTAIS? TAXONOMIA E TERMINOLOGIA

juízo de valor".[107] O paradoxo, segundo a autora, é que "a razão se torna arma em um tipo bem específico de 'guerra religiosa' entre uma religião mais racional contra outras menos".[108] Assim, a razão é situada como se ostentasse uma "pretensa competência cognitiva e moral em relação à forma com que as pessoas constroem seus significados".[109] Ela cita, por exemplo, o conceito marxista de alienação, que também adota o pressuposto racionalista segundo o qual só se conhece verdadeiramente o mundo por meio do conhecimento racional, que traz consigo o poder de libertar o ser humano das mazelas das superstições religiosas.[110]

Como corolário dessa exacerbação racionalista, a crítica ao pentecostalismo opera com base em uma rejeição ao sobrenatural, em um desprezo pelas experiências não racionalmente explicáveis e em uma valoração negativa do papel das emoções nas manifestações religiosas.[111] São lapidares as palavras da autora sobre esse ponto:

> A crítica ao emocionalismo baseia-se no pressuposto de que a emoção não leva à experiência da verdade religiosa. Assume-se que somente se chega a esta pela razão e que a emoção, sentimentos, a experiência corporal criam ilusões e assim são menos competentes para alcançar a verdade. [...] O discurso racionalista na tradição cristã tem chamado de "emocionais" as experiências místicas e assim as desclassifica e as deslegitima. Da mesma forma, "acusa" muitos dos chamados milagres ou experiências com o sobrenatural, como "magia" ou "superstição". A religião racionalizada busca sempre mais restringir o número de milagres. Uma cura milagrosa verdadeira, por exemplo, somente seria aquela provada pela ciência através da experimentação e de argumentos lógicos, e não simplesmente aquela cuja única prova fosse a palavra ou o "testemunho" do sujeito que a vivenciou.[112]

As palavras acima são extremamente importantes, pois, embora ligadas a um contexto bem específico, do qual Mariz fazia parte em meados da década de 1990, revelam grandes sensibilidade e perspicácia da autora, que, transcendendo o âmbito "local", capta o sentido do pentecostalismo

---

[107] Ibidem, p. 43.
[108] Ibidem, p. 43.
[109] Ibidem, p. 43.
[110] Ibidem, p. 43.
[111] Ibidem, p. 40.
[112] Ibidem, p. 43.

dentro de um panorama maior de mudanças no cristianismo. Mariz entende que a cosmovisão sobrenaturalista do pentecostalismo entra em choque com os "setores hiper-racionalizados do Primeiro Mundo", que exerceram e continuam exercendo forte influência nos meios acadêmicos ocidentais.[113] Contudo, nos países do Hemisfério Sul, o encontro da secularização que varreu a Europa nunca passou de uma pequena marola que, praticamente, em nada alterou a situação das espiritualidades locais com seu forte *ethos* sobrenaturalista. A dificuldade que as ciências sociais têm de interpretar as manifestações pentecostais também é ressaltada pelo teólogo peruano Bernardo Campos:

> Em toda manifestação gloriosa do Espírito, possivelmente deve-se esperar uma interpretação incrédula e outra crente. Muitas das interpretações de alguns cientistas sociais e jornalistas a respeito de manifestações do Espírito têm sido, no passado, interpretações jocosas, para dizer o mínimo, ou ideológicas, em algum outro caso.[114]

Nas fileiras cristãs dos países do Sul Global, sempre houve predominantemente uma teologia "popular praticada" sobreposta a uma teologia "academicamente pensada". O pentecostalismo, ao não prestar reverência diante do altar do racionalismo como a única maneira de compreender e articular a fé, acaba ressignificando teologicamente a espiritualidade vibrante, que, na verdade, constitui o coração da fé cristã vivida nas culturas não racionalistas. O pentecostalismo reconhece que a experiência de encontro com Deus pelo Espírito Santo deflagra um conhecimento autêntico de Deus por vias *não exclusivamente* racionais. A razão, portanto, é *um* dos elementos pelos quais o ser humano conhece o Deus que se revela. Assim, duas observações são de suma importância acerca do pentecostalismo global. A primeira é que, para os pentecostais, Deus não fala *apenas* por meio do texto das Escrituras, mas *sempre à luz* do texto canônico. Deus também fala diretamente ao crente e à comunidade de inúmeras maneiras. A segunda observação é que o lugar da *experiência* nos pentecostalismos tem como pressuposto inalienável a primeira observação. Não se pode entender teologicamente o significado da experiência sem a noção de que Deus fala pelas Escrituras e também *diretamente* ao crente à luz das Escrituras. Por isso, Paulo Barrera está certo ao afirmar

---

[113] Ibidem, p. 44.
[114] B. Campos, *O princípio da pentecostalidade*, p. 89.

que "o culto protestante se legitima pela pregação", mas, no "pentecostalismo, a experiência pessoal encontra-se ao lado da pregação".[115] É nas experiências que o pentecostalismo encontra o fundamento para avaliar sua afirmação de que o Espírito Santo fala diretamente à sua igreja sem nenhum tipo de mediação, desde que o controle dessa fala seja exercido pela comunidade dos fiéis à luz do texto sagrado.

TIPOLOGIAS TEOLÓGICAS DOS PENTECOSTALISMOS

Se, por um lado, as tipologias construídas pelas ciências sociais trabalham com um pressuposto antissobrenaturalista e são orientadas por matrizes epistemológicas que tentam fornecer, via de regra, uma explicação socioeconômica para o fenômeno religioso; por outro lado, a teologia cristã contemporânea, já despida da camisa de força racionalista, não só pressupõe o sobrenatural, mas também atribui à intervenção divina a causa das manifestações religiosas. Quando digo "teologia contemporânea", refiro-me ao que Alessandro Rocha chama "teologia *kairos*". Para Rocha, a teologia precisa ser "uma logia de Teo num kairos".[116] Segundo ele, "no que tange à teologia *kairos* é o tempo histórico e cultural no qual o discurso teológico é chamado ao pronunciamento".[117] O tempo histórico em vivemos, como já mencionado, é o da Nova Cristandade, que diz respeito ao histórico deslocamento geográfico-cultural do centro do cristianismo do Hemisfério Norte para o Hemisfério Sul. É também o tempo da já mencionada mudança de paradigma no cristianismo global: do racionalismo ao holismo epistemológico. Essas mudanças podem ser subsumidas pela epígrafe Era do Espírito. A Era do Espírito é essencialmente carismática e a teologia *kairos* está ligada à fisionomia carismático-experiencial do cristianismo deste início do século 21.

Nesse sentido, pode-se concluir que estamos assistindo a uma ressignificação da sobrenaturalidade no mundo globalizado. O islamismo também tem parte nesse ressurgimento do sobrenatural no século 21, porém meu interesse está voltado especificamente ao cristianismo. O ressurgimento avassalador do cristianismo em meio às cinzas das teorias secularizantes que prognosticavam o declínio da fé cristã (re)lança a teologia a um papel de importância pública sem precedentes na história

---

[115] P. Barrera, *Matrizes protestantes do pentecostalismo*, p. 92.
[116] A. Rocha, *Introdução à teologia*, p. 39.
[117] Ibidem, p. 39.

PENTECOSTALISMOS

recente. A teologia agora não pode ser apenas a que tradicionalmente foi produzida nos chamados "grandes centros" (Europa e Estados Unidos). O cristianismo é hoje majoritariamente asiático, africano e latino-americano. A voz do cristianismo hoje é global e policêntrica. A teologia não é mais uma mera ciência acadêmica produzida em seminários e universidades europeus e americanos. Ela agora é global, e o *ethos* do cristianismo global é sobrenaturalista e experiencial.

Assim, a teologia, em diálogo com as outras ciências, precisa encontrar seu lugar de fala a partir de seus pressupostos singulares. Como um todo, os pentecostais-carismáticos privilegiam o aspecto vivencial-experiencial do cristianismo. Logo, partindo da rica e diversificada espiritualidade pentecostal-carismática, uma autêntica teologia pentecostal tende a emergir para dialogar com as demais tradições cristãs e com os mais variados setores da sociedade contemporânea. Para isso, a teologia pentecostal precisa assumir seus pressupostos e incorporar em seu labor teológico os conceitos e *insights* das ciências em geral e das ciências humanas em particular. É nesse espírito que os pentecostais precisam falar de si mesmos. Uma questão que pessoalmente me incomodou durante muitos anos foi a enorme quantidade de não pentecostais falando sobre o pentecostalismo no Brasil e a diminuta quantidade de pentecostais falando aos não pentecostais.[118]

As ciências humanas contemporâneas, essencial e historicamente divorciadas da noção do sobrenatural e da pressuposição da existência transcendente do Deus cristão, têm como objeto próprio o ser humano, em suas diversas condições de vida.[119] À luz desses pressupostos, "as ciências humanas alcançam determinado tipo de certeza que se expressa na forma de leis estatísticas ou qualitativas, indicando mais uma probabilidade de comportamento do que um verdadeiro determinismo".[120] Como já exaustivamente demonstrado, as conclusões da pesquisa nas ciências sociais já estão, de certo modo, condicionadas à escolha das teorias científicas selecionadas para moldar sua metodologia. Em outras palavras, a conclusão já está embutida no método, uma vez que este deita suas raízes em alguma construção teórica agnóstica. As teorias, como sabemos, não são axiologicamente neutras. Ao revés, são históricas e também *pressupõem pressupostos*. Os pressupostos últimos das ciências humanas,

---

[118] "Os novos movimentos religiosos, como o pentecostalismo, não são descritos com objetividade por observadores externos" (P. A. Pomerville, *A força pentecostal em missões*, p. 23).

[119] C. A. Bernard, *Introdução à teologia espiritual*, p. 14.

[120] Ibidem, p. 14.

168

PENTECOSTAIS OU NEOPENTECOSTAIS? TAXONOMIA E TERMINOLOGIA

em consonância com as ênfases filosóficas que lhes deram vida, negam a existência de Deus e, por conseguinte, sua ação no mundo. Assim, em relação ao pentecostalismo, nenhuma ciência humana jamais poderá "dar prioridade à dimensão divina do movimento", como a teologia.[121]

Para que os pentecostais falem de pentecostalismo, a *conditio sine qua non* é que o façam como crentes. O discurso crente, no universo da cultura, é o discurso teológico. Como observa Charles A. Bernard, esse discurso se dá em duplo nível:

> A certeza teológica situa-se, portanto, em um duplo nível: o da *fé*, para o que diz respeito às proposições fundamentais, e o da *pesquisa racional* e científica, quando o teólogo atinge certa compreensão das proposições da fé, comparando o dado revelado com as conclusões obtidas pela reflexão filosófica e com os resultados das ciências exatas e humanas.[122]

O primeiro nível a que alude Bernard, o da fé, implica como pressuposto a aceitação, em um legítimo ato de fé, o fato de que Deus se manifestou livremente na história da humanidade, em uma atitude de autorrevelação. Assim, os princípios da teologia "reportam-se à Revelação".[123] A teologia, diferentemente das ciências sociais, "trata de Deus" e do ser humano "em relação com Deus".[124] Deus é o centro de qualquer reflexão teológica. Por isso Alessandro Rocha afirma, acertadamente, que "a teologia é um saber sobre o que de Deus podemos apreender, e nesse sentido um saber sobre a revelação" e que, "como saber humano sobre algo, precisa se voltar à revelação para a partir dali dizer sua palavra".[125] Quanto à necessidade de se reportar à revelação, que é específica da teologia, convém salientar o fato (amplamente considerado pelos pentecostalismos como tradição cristã) de que a Bíblia Sagrada ostenta o *status* de *norma normans*, ou seja, a "norma das normas".

Não obstante, a importante afirmação da Escritura como *norma normans* "não deve excluir toda uma rica diversidade de lugares onde podemos perceber a autocomunicação divina".[126] Esses "lugares" são os chamados *locus theologicus*. Lugar teológico "é uma fonte para a teologia, um lugar

---

[121] Pomerville, *A força pentecostal em missões*, p. 85.
[122] Bernard, *Introdução à teologia espiritual*, p. 14 (grifo nosso).
[123] Ibidem, p. 15.
[124] Bernard, *Introdução à teologia espiritual*, p. 15.
[125] A. Rocha, *Introdução à teologia*, p. 38.
[126] Ibidem, p. 38.

PENTECOSTALISMOS

onde podemos perceber a revelação de Deus".[127] O cristianismo, considerado em sua totalidade histórica e, por conseguinte, em sua diversidade teológica, tem consagrado alguns lugares teológicos, ainda que tenha as Escrituras como *norma normans*. Nas palavras de Alessandro Rocha, "podemos perceber um leque amplo de lugares teológicos: Escritura, Tradição (ou tradições se pensarmos no protestantismo), Magistério, Natureza, História, Cultura, Experiência".[128] Entendo que a Escritura ocupa a posição de *norma normans* em uma relação dialética com os outros três elementos do quadrilátero wesleyano: Tradição, Razão e Experiência.

Os pentecostalismos reintroduzem no cristianismo a importância da experiência como *locus theologicus*. Portanto, "é descabida a acusação de que a tradição carismático-pentecostal coloca a experiência em pé de igualdade ou, ainda pior, acima da Bíblia".[129] À luz dos escritos do Novo Testamento, principalmente os que tratam da dinâmica pneumática da igreja primitiva, a tradição pentecostal-carismática pressupõe a atividade contínua de Deus no mundo. Essa atividade, como testemunham os textos canônicos, se dá pelo ministério do Espírito Santo e foi deflagrada, segundo as Escrituras, de modo bem específico no derramamento do Espírito sobre toda carne no dia de Pentecoste. Digo "de modo bem específico" para acentuar que o Novo Testamento, além de nos ensinar sobre a dimensão interna da obra interna do Espírito Santo, demonstra a dimensão externa (carismática) de capacitação do Espírito da vida da igreja.[130]

O modo específico e carismático de os pentecostais compreenderem a ação do Paráclito pressupõe a *presença real e imediata* do Espírito Santo no mundo. Os carismas são, digamos assim, um dos subprodutos da presença pessoal do Espírito Santo. O pentecostalismo não é apenas o cristianismo das línguas e dos dons, mas, fundamentalmente, o cristianismo da presença imediata, pessoal, livre e inusitada do Espírito de Deus na igreja e no mundo. É uma teologia de encontro. Para o pentecostalismo, Deus não está confinado a falar (e agir) *somente* pelo texto da Bíblia. Deus fala *pela* Escritura, *além* da Escritura, mas sempre *à luz* de sua Palavra escrita. É na própria Escritura que os pentecostais encontram a base para a atuação contínua do Espírito, não restrita às Escrituras. Logo, o pentecostalismo

---

[127] Ibidem, p. 38.
[128] Ibidem, p. 38.
[129] C. M. Carvalho; C. Carvalho, *Teologia sistemático-carismática*, p. 100.
[130] "Enquanto Lucas fala do Espírito Santo e da capacitação serviçal deste, o apóstolo Paulo destaca o papel do Espírito como agente salvador. [...] a teologia do Espírito Santo em Lucas é carismática, enquanto que em Paulo é soteriológica" (G. F. Siqueira, *Revestidos de poder*, p. 26).

PENTECOSTAIS OU NEOPENTECOSTAIS? TAXONOMIA E TERMINOLOGIA

é rigorosamente bíblico e, portanto, fiel ao testemunho da própria Bíblia. A Escritura é incansável em revelar que Deus fala diretamente ao coração, instrui e revela por meio de sonhos, opera milagres, responde a orações, aparece em teofanias e em visões e distribui dons. Todo esse repertório do agir divino é vivenciado na prática como uma *experiência imediata* com Deus. O milagre é uma experiência, a operação do dom é uma experiência, ouvir a voz de Deus no coração é uma experiência. Há em tudo isso uma experiência de encontro com Deus. Não é qualquer experiência, mas uma experiência com Deus. Mas como sabemos que se trata de uma experiência com Deus? Porque é a própria revelação escrita (*norma normans*) que revela que Deus se revela (permitam-me a repetição) pela experiência direta com o Espírito Santo (*locus theologicus*).

Apesar da diversidade, isso une os pentecostalismos: a experiência direta com o Espírito Santo de Deus, segundo o modelo neotestamentário. O pentecostalismo, em sentido amplo, é um movimento de renovação da experiência apostólica com o Espírito Santo. Algumas tradições pentecostais, como o pentecostalismo clássico, enfatizam a normatividade do modelo lucano do batismo com o Espírito Santo com a evidência física inicial do falar em outras línguas (glossolalia). Outras tradições, como os protestantes carismáticos, enfatizam a ação do Espírito Santo na concessão contemporânea dos dons espirituais à igreja, rejeitando o cessacionismo. Outras tradições, como a renovação carismática católica, enfatizam o caráter essencialmente carismático do cristianismo com a concessão dos dons e a liberação do Espírito no crente por meio dos sacramentos. Novos movimentos pentecostais-carismáticos estão surgindo e, por certo, outros ainda surgirão. Quando se expõe a classificação teológica do pentecostalismo, é preciso ter em mente que "temos de abordar a tarefa de reconhecer o movimento não só como fenômeno que ocorre em um meio humano e sociocultural, mas como *fenômeno iniciado por Deus*".[131] E, com efeito, todos os ramos dos pentecostalismos (ou tradição pentecostal-carismática) têm, como pano de fundo, a renovação da experiência direta com o Espírito Santo segundo o modelo bíblico-neotestamentário. Portanto, "o termo 'renovação' é crucial para avaliar as origens e natureza dos movimentos pentecostais-carismáticos".[132]

As classificações teológicas do pentecostalismo são parecidas. Mas existem questões específicas que precisam ser abordadas. Analisamos

---

[131] P. A. Pomerville, *A força pentecostal em missões*, p. 85 (grifo nosso).
[132] Ibidem, p. 83.

PENTECOSTALISMOS

acima as taxonomias oriundas dos estudos religiosos feitos no Brasil, ao passo que as tipologias teológicas pentecostais ainda são majoritariamente desenvolvidas nas reflexões teológicas de língua inglesa. Apresentarei apenas algumas classificações sem a pretensão de ser exaustivo. Começo por Paul A. Pomerville e suas considerações sobre o que ele denomina *perspectiva evangélico-pentecostal*.

Perspectiva evangélico-pentecostal de Paul A. Pomerville

Paul A. Pomerville, antes de adentrar em sua tipologia, prefere desenvolver um panorama teológico dentro do qual sua classificação encontra lugar. Esse panorama é uma perspectiva mais abrangente, que situa os pentecostalismos no âmbito mais amplo da tradição cristã evangélica. Primeiramente, o autor responde à seguinte indagação: "O que é evangélico?". Depois de afirmar que o termo "evangélico" é tão problemático quanto o termo "pentecostal", Pomerville esclarece:

> A definição de "evangélico" propriamente diz respeito a uma identificação dos princípios que encontram-se na tradição cristã central, princípios que são impulsos do "evangelho" no Novo Testamento. Alguns estudiosos chamam esses princípios de "impulso evangélico". De acordo com a tríplice ênfase da Reforma, o impulso evangélico tinha a ver com: (1) a autoridade das Escrituras, (2) a salvação pela fé e (3) o sacerdócio universal dos crentes.[133]

Além da tríplice ênfase da Reforma, Pomerville sustenta que a teologia evangélica contemporânea identificou sete princípios que configuram o evangelicalismo e concedem-lhe identidade teológica: 1) autoridade da Palavra de Deus; 2) ortodoxia (crença correta); 3) salvação pessoal pela graça; 4) dedicação e compromisso; 5) evangelismo e missões; 6) *koinonia* (ecumenismo); 7) preocupação social.[134] Com efeito, "o evangélico é o cristão que se identifica com essa configuração particular de crença e prática".[135] Nenhum grupo ou denominação particular está em foco quando se utiliza a expressão "evangélico". O foco recai sobre os princípios de crença e prática.[136]

---

[133] Ibidem, p. 25.
[134] Ibidem, p. 25.
[135] Ibidem, p. 25.
[136] Ibidem, p. 25.

PENTECOSTAIS OU NEOPENTECOSTAIS? TAXONOMIA E TERMINOLOGIA

O pentecostalismo se insere nesse conjunto principiológico, aportando um "oitavo princípio": a natureza dinâmica da fé cristã. Na verdade, não se trata de um princípio adicional, como em uma operação aritmética. A rigor, "o pentecostalismo representa a restauração da dimensão dinâmica do Espírito para cada um dos princípios do impulso evangélico".[137] O oitavo princípio envolve a atividade de Deus na experiência cristã contemporânea pelo ministério do Espírito Santo.[138] É sob esse prisma que se fundem os termos "evangélico" e "pentecostal", que, juntos, compõem a perspectiva evangélico-pentecostal. Em suma, Pomerville afirma o seguinte:

> A experiência distintiva do pentecostalismo com o Espírito Santo dá nova nitidez ao termo "evangélico". [...] Como movimento de renovação, o pentecostalismo representa uma renovação da experiência cristã do século I. No entanto, tem mais a contribuir para o evangelicalismo contemporâneo do que um ponto de referência específico do Novo Testamento (o dia de Pentecostes). Traz à tona uma dimensão da fé cristã que quase foi ofuscada no cristianismo ocidental: a dimensão experiencial.[139]

Essa perspectiva mais ampla sobre o movimento pentecostal é de vital importância para meu argumento na presente obra. Todavia, Pomerville não restringe o pentecostalismo a uma manifestação específica de apenas um grupo de denominações surgidas em um momento determinado da história do cristianismo. O oitavo princípio não pertence a nenhuma denominação. A natureza dinâmica da fé cristã segundo a ação do Espírito Santo é do próprio cristianismo. Por isso, rigorosamente falando, o ideal é utilizarmos a expressão "pentecostalismos", no plural, visto que o dinamismo pneumático típico do cristianismo se espraia por meio de diversas e criativas manifestações, que dão ensejo ao surgimento de ricas espiritualidades carismáticas com suas respectivas (e igualmente ricas e criativas) fisionomias litúrgicas. À vista de tais considerações, Pomerville classifica o pentecostalismo da seguinte maneira:

- pentecostalismo clássico: refere-se às igrejas que se separaram do protestantismo histórico no início do século 20, dando azo à formação das primeiras denominações pentecostais. Tal fenômeno

---

[137] Ibidem, p. 26.
[138] Ibidem, p. 26.
[139] Ibidem, p. 25.

PENTECOSTALISMOS

formativo é tipicamente, mas não exclusivamente, americano. Em apertada síntese, a característica central do pentecostalismo clássico é a ênfase na doutrina do batismo com o Espírito Santo, com a evidência física inicial do falar em outras línguas (glossolalia). O exemplo por excelência do pentecostalismo clássico no Brasil é a Assembleia de Deus.

- movimento carismático:[140] refere-se ao movimento do Espírito Santo desencadeado no início dos anos de 1960, nos Estados Unidos, entre as igrejas protestantes históricas. Esse movimento, assim como o pentecostalismo inicial, também disseminou o fogo do Paráclito entre as denominações protestantes espalhadas pelo globo a partir dos Estados Unidos. O movimento carismático "enfatizou o batismo com o Espírito Santo e dons carismáticos", o que não significa "inferir que a explicação teológica que eles dão da experiência pentecostal seja idêntica à do pentecostalismo clássico".[141]

- renovação carismática católica: refere-se à renovação pentecostal na Igreja Católica Romana iniciada no final dos anos de 1960, também nos Estados Unidos. Dos acontecimentos que deflagraram a renovação no seio do catolicismo romano, emergiu um pungente movimento católico carismático, com um grande número de participantes no Brasil. Ao incluir uma tradição distinta do protestantismo na resposta à pergunta "Quem é pentecostal?", vemos de forma muito clara a polivalência semântica, histórica e teológica da expressão "pentecostalismo", que de nenhuma forma insinua tratar-se de uma tradição monolítica. Ao revés, "o termo 'pentecostal' é usado [...] para designar a renovação mais ampla da obra carismática do Espírito Santo em todas as formas de cristianismo".[142]

- igrejas independentes: refere-se às igrejas não pertencentes aos grupos anteriores, ligadas especificamente à expansão mundial do cristianismo no Hemisfério Sul. Pomerville também classifica tais igrejas como "neopentecostais-carismáticas".[143] Segundo ele, "esses movimentos de renovação no mundo em desenvolvimento são pentecostais e fazem parte de uma renovação pentecostal e

---

[140] Pomerville ainda utiliza a expressão "neopentecostais" e "neopentecostalismo" ao lado da expressão "carismáticos" para se referir ao movimento de renovação pneumática nas igrejas protestantes históricas.

[141] Pomerville, *A força pentecostal em missões*, p. 29.

[142] Ibidem, p. 28.

[143] Ibidem, p. 32.

PENTECOSTAIS OU NEOPENTECOSTAIS? TAXONOMIA E TERMINOLOGIA

carismática mundial".[144] Podemos situar aqui as incontáveis igrejas e comunidades cristãs independentes que têm surgido pelo Brasil. A palavra "independente", nesse caso, está ligada à ideia de independência em relação às denominações pentecostais clássicas, às denominações protestantes históricas e ao catolicismo. Trata-se de um cristianismo pós-denominacional. Obviamente, essa independência é relativa, visto que, em maior ou menor grau, as igrejas independentes são derivadas dos avivamentos pentecostais do início do século 20. Pomerville também situa as igrejas independentes na terceira onda do pentecostalismo. Com efeito, para o autor, a primeira onda é o pentecostalismo clássico, a segunda onda abarca tanto os protestantes históricos quanto o catolicismo renovados e a terceira onda diz respeito à "recente renovação pentecostal-carismática no Hemisfério Sul".[145]

A taxonomia de Robert P. Menzies

Um dos mais destacados teólogos pentecostais da atualidade, Robert P. Menzies, antes de apresentar sua taxonomia, faz pelo menos duas considerações importantes. A primeira é que ele, assim como Paul A. Pomerville, enfatiza veementemente que o pentecostalismo é uma tradição evangélica. A segunda, intrinsecamente ligada à primeira, é sua consideração quanto ao núcleo teológico que une os pentecostalismos. Quanto à primeira consideração, Menzies critica o fato de que atualmente muitos estudiosos, dentro e fora do movimento pentecostal, têm negligenciado as raízes evangélicas que formam a base do pentecostalismo.[146] Para Menzies, "os pentecostais são, por definição, evangélicos no sentido mais amplo do termo", pois "compartilham com suas irmãs e irmãos evangélicos as principais convicções que moldam e definem a família evangélica global".[147]

Quanto à segunda consideração, Menzies acentua o fato de que o pentecostalismo é um movimento profundamente enraizado nas Sagradas Escrituras. Ter raízes profundas na Bíblia significa dizer, por conseguinte, que o movimento está enraizado em Jesus Cristo, pois "ninguém

---

[144] Ibidem, p. 31.
[145] Ibidem, p. 32.
[146] R. Menzies, *Teologia pentecostal*, p. 19-20.
[147] Ibidem, p. 22.

175

PENTECOSTALISMOS

pode colocar outro alicerce além do que já está posto, que é Jesus Cristo" (1Co 3:11). Em essência, o movimento pentecostal não está centrado no Espírito, mas em Cristo.[148] O retrato caricatural do pentecostalismo que o reduz ao emocionalismo extremo e à busca da experiência pela experiência não faz jus à "natureza bíblica do movimento", já que é "a Bíblia, e particularmente o livro de Atos", que "promove a molda a experiência pentecostal".[149] Por isso, partindo da pressuposição de que o pentecostalismo tem uma mensagem teológica embasada nas Escrituras, o pentecostalismo pode e deve ser definido de forma clara e precisa, se levarmos em conta que a dinâmica experiencial do movimento está, na verdade, fundamentada na interpretação bíblica dos pentecostais. É uma forma única de interpretar a Escritura que dá vazão à experiência pentecostal.[150] Portanto, são acertadas, a meu ver, as palavras de Gutierres Fernandes Siqueira, quando afirma que, "longe de ser uma mera provocação litúrgica, o pentecostalismo e sua formação teológica é uma provocação hermenêutica".[151]

À luz da natureza bíblica do pentecostalismo, Menzies defende que não devemos relutar em defini-lo teologicamente. O autor fala até mesmo da necessidade de reexaminar, esclarecer e transmitir "o rico legado teológico que os pioneiros pentecostais nos passaram", pois "precisamos saber quem somos".[152] Com efeito, Robert P. Menzies, assim como Pomerville, sustenta também uma *perspectiva evangélico-pentecostal*. Com a palavra "evangélico", Menzies refere-se aos cristãos que:

- afirmam a autoridade da Bíblia;
- afirmam a importância de um relacionamento pessoal com Cristo;
- afirmam que compartilhar as boas-novas (evangelismo) é um aspecto central da vida cristã.[153]

Desse modo, Menzies apresenta a seguinte classificação:

- Pentecostal: igreja ou indivíduo que acredita que o livro de Atos fornece um modelo para a igreja contemporânea e, com base nisso,

---

[148] R. P. Menzies, *Pentecostes*, p. 17.
[149] Menzies, *Teologia pentecostal*, p. 24-5.
[150] "O movimento pentecostal tem uma história clara, enraizada em uma compreensão particular do Novo Testamento e especialmente do livro de Atos. Portanto, tem uma importante mensagem teológica" (R. Menzies *Teologia pentecostal*, p. 248).
[151] G. F. Siqueira, *Revestidos de poder*, p. 26.
[152] R. P. Menzies, *Pentecostes*, p. 19.
[153] Ibidem, p. 17.

PENTECOSTAIS OU NEOPENTECOSTAIS? TAXONOMIA E TERMINOLOGIA

encoraja todo crente a experimentar o batismo no Espírito Santo conforme a descrição de Atos 2:4, entendido como uma capacitação para a missão distinta da regeneração, marcada pelo falar em línguas. Tanto os sinais e prodígios quanto os dons listados em 1Coríntios 12:8-10 devem caracterizar a vida da igreja contemporânea.[154]

• Carismático: igreja ou indivíduo que acredita que todos os dons listados em 1Coríntios 12:8-10, incluindo profecia, línguas e curas, estão disponíveis para a igreja hoje. Contudo, Menzies observa que o carismático *rejeita* a afirmação de que o batismo no Espírito Santo (At 2:4) é uma capacitação para a missão *distinta da regeneração*.[155]

• Neopentecostal: igreja ou indivíduo que concorda e age de acordo com todos os princípios pentecostais, *exceto* a afirmação de que o falar em línguas serve como um *ensino normativo* para o batismo no Espírito Santo.[156]

Em relação à categoria "neopentecostal", são cabíveis algumas observações. A palavra "neopentecostal" é utilizada de modo bem diferente no Brasil. No contexto brasileiro, pelas razões já expostas, o termo deve ser evitado, pois mais descaracteriza do que caracteriza e, por definição, "bons teólogos falam com precisão e isso é o que é necessário quando se trata de movimento pentecostal".[157] A expressão que sugiro para nosso contexto é "pentecostalismo independente". Na classificação de Menzies, o termo "neopentecostal" também não se refere aos movimentos de renovação nas igrejas protestantes históricas nem à Renovação Carismática Católica. Seu uso por Menzies é similar ao da expressão "neopentecostais-carismáticos" de Pomerville. Ainda assim, entendo que Menzies quer abrigar sob o termo "neopentecostal" toda a enorme gama de igrejas pentecostais independentes do movimento pentecostal-carismático global. De fato, a maioria das igrejas pentecostais do pentecostalismo global, não obstante a grande variedade que as caracteriza, aproxima-se da noção de Menzies, crendo que o batismo no Espírito Santo é bíblico, constitui uma experiência pós-conversão e deve ser fomentado e buscado, mas elas entendem que a glossolalia não é uma evidência física *normativa*, apesar de ser reconhecidamente a evidência *normal* do batismo no Espírito Santo.

---

[154] R. Menzies, *Teologia pentecostal*, p 248-9.
[155] Ibidem, p. 249.
[156] Ibidem, p. 249.
[157] Ibidem, p. 248.

Eu não poderia encerrar esta breve apresentação da taxonomia de Robert P. Menzies sem me referir, ainda que sumariamente, aos seus contundentes comentários acerca da diferença entre as análises sociológicas do pentecostalismo, normalmente feitas por observadores externos, e as análises teológicas do mesmo movimento. Menzies afirma que muitos acadêmicos zombam da ideia de que se pode definir teologicamente o pentecostalismo.[158] Ele alega que a definição do que significa ser presbiteriano, luterano ou batista é dada por afirmações teológicas e sustenta que, no caso do pentecostalismo, não há motivos para ser diferente: a identidade pentecostal precisa ser teologicamente definida.

Apesar da diversidade do movimento pentecostal causada por seu explosivo crescimento global, para Menzies, está claro que "a experiência e prática pentecostais são impulsionadas pela Bíblia, particularmente a narrativa de Atos", e é "impossível entender os pentecostais sem esse fato fundamental e básico".[159] Para deixar claro que Menzies, como erudito ligado à Assembleia de Deus americana, não se refere apenas ao pentecostalismo clássico de sua denominação, cito sua afirmação de que "o movimento pentecostal global está firmemente enraizado no solo evangélico, fato que muitos estudiosos contemporâneos não estão dispostos a admitir".[160] Apesar dessa clareza, ele entende que há no âmago da comunidade acadêmica razões pragmáticas e ideológicas para a relutância em definir teologicamente e com precisão os pentecostais.[161] Segundo Menzies, "ainda que a análise sociológica forneça muitas ideias úteis, por si não pode compreender de forma plena ou descrever de maneira adequada este movimento profundamente centrado em Cristo e de base bíblica".[162]

Segundo Menzies, a análise sociológica "é consistentemente orientada por preocupações ideológicas".[163] Uma de suas afirmações me despertou para a importância de "reter o que é bom" das análises sociológicas do pentecostalismo sem abrir mão do juízo crítico em relação às pressuposições que as fundamentam. Ele diz:

> Em suma, a análise sociológica [...] chega muitas vezes com um monte de bagagens. Mais positivamente, devemos reconhecer que as ferramentas e

---

[158] R. P. Menzies, *Pentecostes*, p. 13.
[159] Ibidem, p. 13.
[160] Ibidem, p. 17.
[161] Ibidem, p. 15.
[162] Ibidem, p. 18.
[163] Ibidem, p. 18.

análises sociológicas não se destinam ou foram projetadas primariamente para atender às necessidades da igreja. Não é de admirar que, como pentecostal, *quando leio livros sociologicamente orientados sobre os pentecostais,* mesmo os que contêm muitos *insights* importantes e úteis, *sinto que algo está faltando. Fico com a nítida impressão de que o quadro apresentado do que significa ser pentecostal é uma caricatura,* uma imagem que, ainda que parcialmente verdadeira, contém muitos exageros e distorções.[164]

A taxonomia de C. Peter Wagner

Charles Peter Wagner (1930-2016) foi um importante estudioso da expansão global do pentecostalismo. Foi professor do Seminário Teológico Fuller e missionário na América do Sul entre 1956 e 1971. Wagner tomou conhecimento do crescimento das igrejas pentecostais no final da década de 1960 e, desde então, passou a estudar o movimento.[165] Ele declara:

> Jamais, na história da humanidade, um movimento cresceu com a rapidez com que o cristianismo está crescendo atualmente. Sem a ajuda de forças políticas ou militares, a mensagem do Reino, a mensagem do Reino de Deus, está ultrapassando fronteiras em vastas áreas da Ásia, África e América Latina, seguindo-se-lhe um extraordinário crescimento das igrejas. Dentro da família cristã, a expansão mais espantosa está ocorrendo entre os chamados pentecostais ou carismáticos.[166]

A indagação de Wagner, que à época não era pentecostal nem carismático, era: "O que nós, os não pentecostais, estamos perdendo?". Ele pôde constatar *in loco* que o maior crescimento entre os pentecostais estava ocorrendo na América Latina.[167] Wagner reconhece que, quando começou a pesquisa, sua atitude para com os pentecostais não era de "apreciação e entusiasmo", e ele nutria algumas "atitudes antipentecostais".[168] O autor afirma que a principal influência para a mudança de sua atitude foi o contato direto com os pentecostais da América Latina. Em um relato autobiográfico, que, em minha opinião, é uma das mais impactantes passagens da literatura acadêmica pentecostal, Wagner afirma:

---

[164] Ibidem, p. 18 (grifo nosso).
[165] Wagner, *Por que crescem os pentecostais?*, p. 6.
[166] Ibidem, p. 5.
[167] Ibidem, p. 6.
[168] Ibidem, p. 7.

PENTECOSTALISMOS

Vi Deus operando entre eles. Vi igrejas em explosão. Vi pregações tão poderosas que pecadores endurecidos eram atingidos e se rendiam ao amor de Jesus. Vi curas milagrosas. Vi cristãos e suas igrejas multiplicando-se não uma, mas diversas vezes. Vi famílias destruídas sendo restauradas. Vi os pobres e oprimidos serem libertos e readquirindo sua dignidade graças à Palavra viva de Deus. Vi ódio sendo transformado em amor. Tudo isso foi impressionante.[169]

A partir dessa perspectiva autobiográfica, Wagner propõe sua classificação para o pentecostalismo. Tendo mudado seu ponto de vista em relação aos pentecostais, o autor percebeu que a primeira e mais essencial dinâmica do crescimento pentecostal é o poder do Espírito Santo.[170] Wagner afirma ter percebido a possibilidade de os cristãos agirem em quatro níveis diferentes de fé, e passar de um nível para outro põe o cristão em contato cada vez maior com o poder de Deus mediado pelo Espírito Santo. Para ele, os quatro níveis de fé são:[171]

- *Fé salvadora*: o nível que todo cristão genuíno experimenta. Diz respeito à conversão e ao novo nascimento. Aqui, a fé é o genuíno dom da graça de Deus (Ef 2:8-9).
- *Fé santificadora*: quando crescemos em nossa experiência cristã e nossa vida demonstra mais e mais frutos do Espírito Santo (Gl 5:22-23). Wagner afirma que, conquanto não haja níveis de fé salvadora, no segundo nível já se percebe uma diferença considerável de grau entre os cristãos. Como a *fé* opera pelo *amor* (Gl 5:6), o cristão que cresce no fruto do Espírito passa a andar em um nível de fé diferente daquele que não frutifica.
- *Fé do pensamento da possibilidade*: um nível pouco acessado pelos cristãos que diz respeito à fé tal como é apresentada em Hebreus. Aqui, já estamos no campo da fé que vê o invisível como certo: "Ora, a fé é a certeza daquilo que esperamos e a prova das coisas que não vemos" (Hb 11:1). Nesse nível, o cristão é levado a esperar, seja o que for e pelo tempo que for, por aquilo que Deus prometeu. Wagner cita o exemplo de Noé e sua atitude resiliente ao construir a arca em uma terra seca. Todos os exemplos de Hebreus 11

---

[169] Ibidem, p. 7-8.
[170] Ibidem, p. 27.
[171] Ibidem, p. 28-31.

180

poderiam ser citados aqui. Há um profundo compromisso com a causa de Deus que afeta por completo a vida cristã. A própria história de uma pessoa passa a se confundir com o que ela crê que Deus está fazendo e fará.

- *Fé da quarta dimensão*: é o nível de fé capaz de realizar milagres. É a fé que move montanhas (Mt 17:20). Wagner afirma que a razão do espantoso crescimento pentecostal pelo globo se dá pelo fato de que o pentecostalismo opera no quarto nível de fé. Embora nem todos os pentecostais *individualmente* ministrem nesse nível, o pentecostalismo, como movimento, alimenta e transmite a fé da quarta dimensão. Nesse nível de fé apostólica, o poder de Deus opera na cura de enfermos e na expulsão de demônios não mais como algo excepcional, mas, sim, como o normal da experiência cristã.

Wagner observa que duas consequências decorrem do ensino de que os milagres terminaram com o fim da era apostólica e com o fechamento do cânon. A primeira é que, por certo, os que assim foram ensinados dificilmente experimentaram esse tipo de poder do Espírito Santo em sua vida, visto que, em relação a *esse tipo de fé*, mesmo sendo cristãos, eles estão no campo da incredulidade. A segunda é que os milagres e os sinais acabam sendo considerados fraudulentos e atribuídos a ignorância, superstição ou manipulação psicológica.[172] No entanto, Wagner ensina que aqueles ministram no quarto nível de fé e creem na operação sobrenatural do Espírito Santo manifestando sinais e prodígios são os que estão ganhando o Hemisfério Sul para Cristo. O fato é que o Sul Global não está secularizado como a Europa e os Estados Unidos. A visão de mundo predominante na Ásia, África e América do Sul inclui atividade de forças sobrenaturais nas rotinas normais da vida. Diz Wagner:

> Os cristãos que operam no quarto nível de fé estão em contato com o poder espiritual que pode combater e derrotar destemidamente as atividades de Satanás. Os pentecostais sempre souberam disso, e é este um dos principais motivos pelos quais têm crescido com tanta rapidez na América Latina.[173]

---

[172] Ibidem, p. 31.
[173] Ibidem, p. 35.

PENTECOSTALISMOS

À luz dessas constatações, Wagner formula sua classificação para o pentecostalismo. Sua taxonomia tripartite se vale da conhecida metáfora marítima das ondas:

- *Primeira onda*: deflagrada pelo próprio movimento pentecostal no início do século 20 e diretamente ligada ao pentecostalismo clássico.
- *Segunda onda*: ligada ao surgimento do movimento carismático nas igrejas protestantes históricas (1960) e ao surgimento da Renovação Carismática Católica (1967).
- *Terceira onda*: surgida no último quarto do século 20. É uma manifestação do mesmo poder miraculoso do Espírito Santo em igrejas e instituições tradicionais que, por diversas razões, não desejam ser incluídas entre os pentecostais e carismáticos. Além disso, a partir do final da década de 1990, surgiu a Nova Reforma Apostólica, com ampla difusão no pentecostalismo global.[174]

Cabe aqui uma observação muito importante para a compreensão das taxonomias pentecostais. O próprio Wagner afirma que, embora não seja pentecostal, ele se considera parte da terceira onda. Afirma também que, com outros integrantes da terceira onda, ele se une aos pentecostais e carismáticos no quarto nível de fé, no qual o ministério milagroso do Espírito Santo faz parte da vida cristã. Segundo ele, "esse é o ponto importante".[175] Com efeito, para Wagner, o que caracteriza a terceira onda do pentecostalismo é a participação no chamado quarto nível de fé: a dimensão que manifesta a presença extraordinária do Espírito Santo conforme o modelo apostólico neotestamentário. Segundo esse critério, um gigantesco número de igrejas independentes pode estar contido na terceira onda. Seguindo esse critério de Wagner, Paul A. Pomerville inclui na terceira onda a "recente renovação pentecostal-carismática no Hemisfério Sul". Para Pomerville, o critério do paradigma americano do pentecostalismo, centrado em definições doutrinárias, não pode ser aplicado às igrejas independentes do Sul Global.[176]

Segundo o autor, o principal critério para a inclusão de uma igreja na terceira onda é a experiência pentecostal, conforme o evangelho do

---

[174] Ibidem, p. 7; C. P. Wagner, *Apóstolos e profetas*, p. 25.
[175] Ibidem, p. 7, 33.
[176] Pomerville, *A força pentecostal em missões*, p. 32.

PENTECOSTAIS OU NEOPENTECOSTAIS? TAXONOMIA E TERMINOLOGIA

reino de Deus que os apóstolos articularam no Novo Testamento.[177] Isso é importante para entender o pentecostalismo independente brasileiro e como ele se insere em uma classificação mais ampla e sob qual critério. De modo geral, portanto, as incontáveis igrejas que têm como núcleo teológico essencial a crença na presença extraordinária do Espírito Santo segundo o modelo apostólico, ainda que não se intitulem pentecostais ou carismáticas, fazem parte da terceira onda do pentecostalismo pelo critério utilizado por Wagner e Pomerville. Muitas igrejas independentes no Brasil não se consideram pentecostais, porém se utilizam da expressão "apostólica" ou variantes para, no fundo, expressar a crença na operação do Espírito Santo em continuidade com a experiência da igreja primitiva. No final das contas, não é o nome adotado por uma igreja que define necessariamente sua identidade, mas, sim, suas crenças expressas por suas práticas.

De acordo com Wagner, durante a década de 1990, consolidou-se, no âmbito do pentecostalismo global, a Nova Reforma Apostólica. Segundo o autor, trata-se de um movimento de transição do século 20 para o século 21: "Acredito que Deus preparou a igreja para esta transição levantando apóstolos nos anos 1990. Para usar uma analogia visual, vejo os apóstolos como tendo pulado de um 'trampolim' para dar o salto para a igreja e nos conduzir neste novo século".[178] De acordo com Wagner, o mover apostólico não exige ajustes radicais na teologia, pois, segundo ele, há um amplo consenso de que o movimento está erigido sobre os princípios centrais da Reforma do século 16.[179] Por isso, para Wagner, o "trampolim" que impulsionou a Nova Reforma Apostólica se encontra na própria tradição protestante. Com efeito, a "santidade wesleyana" do século 17 foi outro trampolim a impulsionar o movimento para o terceiro milênio. Segundo Wagner, "a santidade é uma parte do trampolim através do qual os apóstolos estão nos conduzindo ao século 21. Estou convencido de que as igrejas na vanguarda do que Deus está fazendo aqui neste novo milênio serão aquelas que ensinam e praticam a santidade autêntica".[180] Outro trampolim ainda é o "movimento missionário moderno" do século 19. Para o autor, as igrejas apostolicamente orientadas têm uma mentalidade missionária agressiva em seu DNA.

---

[177] Ibidem, p. 32.
[178] Wagner, *Apóstolos e profetas*, p. 14.
[179] Ibidem, p. 15.
[180] Ibidem, p. 17.

PENTECOSTALISMOS

Contudo, Wagner ensina que os elementos principais do trampolim que impulsionou a Nova Reforma Apostólica já estavam presentes quando o século 20 começou. Ao longo do século 20, vários passos importantes foram dados para o avanço do movimento. O mais importante deles certamente foi o surgimento do movimento pentecostal no início daquele século. Durante a década de 1990, Wagner foi coordenador de redes internacionais de oração. Segundo ele, nessa época, a igreja mudou seu foco para a oração em um nível jamais visto na história.[181] A consequência foi o surgimento do "ofício do intercessor", pessoas reconhecidas como tendo o dom especial da intercessão. Na sequência, veio o reconhecimento do "ofício do profeta" e do "ofício do apóstolo". A partir desses reconhecimentos, surge a Nova Reforma Apostólica, que "é uma obra extraordinária de Deus no encerramento do século 20, a qual está, de modo significativo, mudando a forma de cristianismo protestante ao redor do mundo".[182] Para Wagner, portanto, estamos passando por uma "reforma" radical na maneira de ser igreja, que, para ele, é mais profunda do que a própria Reforma Protestante.

A classificação do *The Cambridge Companion to Pentecostalism*

O prestigiado *The Cambridge companion to Pentecostalism* [O guia de Cambridge para o pentecostalismo], editado por Cecil M. Robeck Jr. e Amos Yong, apresenta uma taxonomia elaborada por Michael J. McClymond. Em formato tripartite e similar à classificação de Wagner, a obra acentua que a classificação do pentecostalismo tem caráter retrospectivo, ao mesmo tempo que lida com a complexidade contemporânea do pentecostalismo global. Por certo, a diversidade do cristianismo carismático mundial, em grande medida, dificulta uma adequada taxonomia ou terminologia pentecostal.[183] Além disso, McClymond reconhece que até recentemente a taxonomia pentecostal esteve (e, a meu ver, ainda está) estreitamente vinculada à historiografia pentecostal americana. Feitas tais considerações, McClymond apresenta a seguinte classificação em três fases ou três ondas do Espírito:

- *Primeira fase/onda*: a Era Pentecostal, que começou em 1901 com Charles F. Parham e expandiu-se até o avivamento da rua Azusa

---

[181] Ibidem, p. 21.
[182] Ibidem, p. 26.
[183] M. J. McClymond, *Charismatic renewal and Neo-Pentecostalism*, p. 32.

PENTECOSTAIS OU NEOPENTECOSTAIS? TAXONOMIA E TERMINOLOGIA

(1906-1909), com William J. Seymour, dando surgimento às denominações do "pentecostalismo clássico".

- *Segunda fase/onda*: a Era Carismática, que começou em meados da década de 1960 e encontrou tanto as igrejas protestantes históricas (anglicana, luterana, presbiteriana, metodista e batista) quanto a católica romana.

- *Terceira fase/onda*: a Era "Neopentecostal", que começou em 1980 e inclui os cristãos evangélicos que se tornaram pentecostais (Vineyard), bem como grupos independentes que praticam os dons espirituais.[184]

A taxonomia de Allan H. Anderson

O renomado estudioso do pentecostalismo global Allan H. Anderson, na obra coletiva *Studying global Pentecostalism: theories and methods* [Estudando o pentecostalismo global: teorias e métodos], escreveu um capítulo inteiro para tratar da terminologia e da taxonomia do pentecostalismo. Anderson salienta que a globalização de vários tipos de pentecostalismo é um fato de nosso tempo e que não podemos perder de vista a mudança do centro de gravidade do cristianismo no século 21.[185] Em face da enorme variedade e da grande complexidade presentes no pentecostalismo global, ao lado da ênfase na ação do Espírito Santo e na contemporaneidade dos dons espirituais, características históricas, teológicas e culturais também entram cena como fatores que influenciam a construção de uma taxonomia. Por essa razão, com o intuito de tentar abarcar tamanha diversidade, Anderson desenvolve uma taxonomia que se vale de "tipos" e "subtipos". A classificação de Anderson, com quatro tipos principais, é a seguinte:[186]

- *Pentecostais clássicos*: oriundos da primeira década do século 20; podem ser subdivididos em:
  a) *Pentecostais holiness*. Com raízes no movimento de santidade do século 19, enfatizam a santificação como uma segunda obra da graça após a conversão.[187]

---

[184] Ibidem, p. 32.

[185] A. H. Anderson, *Varieties, taxonomies, and definitions*, p. 13.

[186] Ibidem, p. 17-9.

[187] "As primeiras igrejas pentecostais americanas estavam profundamente arraigadas ao movimento de santidade wesleyano, o qual se espalhara pela América do Norte no século XIX" (V. Synan, *O século do Espírito Santo*, p. 136).

PENTECOSTALISMOS

b) *Pentecostais da obra consumada*. Diferem dos pentecostais *holiness* na abordagem referente à santificação, não a julgando como uma experiência separada da conversão, mas iniciada com ela e de caráter progressivo.[188] Os pentecostais da obra consumada estão ligados ao ministério de Willian H. Durham. A Assembleia de Deus é a denominação que melhor os representa.

c) *Pentecostais unicistas*. Rejeitam a doutrina da Trindade e adotam uma postura unitarista.[189] Ao revés, o pentecostalismo clássico *holiness* e o da obra consumada aderiram à doutrina tradicional da Trindade como legado do cristianismo histórico.[190]

- *Antigas igrejas espirituais independentes*: localizadas principalmente na China, Índia e África Subsaariana. Tais igrejas não têm uma teologia definida e nem sempre veem a si mesmas como "pentecostais". Creem na cura divina e nos dons espirituais.[191]
- *Antigas igrejas carismáticas*: referem-se à renovação carismática nas igrejas protestantes históricas (1960) e também à Renovação Carismática Católica (1967).
- *Igrejas neopentecostais e neocarismáticas*: igrejas independentes, até mesmo as megaigrejas, influenciadas tanto pelo pentecostalismo clássico quanto pela renovação carismática. A maioria surgiu na década de 1970 e pode ser subdividida em:

  a) *Igrejas Palavra da Fé*. Enfatizam a cura divina e a prosperidade material. Estão ligadas principalmente ao ministério de Kenneth Hagin. No Brasil, a Igreja Internacional da Graça de Deus é uma autêntica representante dessa vertente.

  b) *Igrejas da terceira onda*. São as igrejas surgidas em meados da década de 1980. São evangélicos que não se consideram

---

[188] "Esse ensino ia de encontro à doutrina *holiness* da santificação como segunda obra da graça, pois afirmava que tudo que o crente podia necessitar já estava incluído na obra de Cristo sobre a cruz" (Synan, *O século do Espírito Santo*, p. 91).

[189] Segundo Anderson, em uma reunião em Arroyo Seco, perto de Los Angeles, em 1913, "o evangelista canadense Robert MacAlister começou a pregar sobre o batismo 'em nome de Jesus Cristo' de Atos 2:38, que ele dizia ser a prática comum da igreja primitiva, em vez da fórmula trina de Mateus 28:19. O batismo devia ser 'em nome de Jesus' porque era o 'nome' de Deus, enquanto 'Pai, Filho e Espírito Santo' eram títulos diferentes para o nome singular de Jesus Cristo" (*Uma introdução ao pentecostalismo*, p. 61-2).

[190] A. Yong, *O Espírito derramado sobre a carne*, p. 305.

[191] Sobre o desenvolvimento do pentecostalismo na China, Índia e África na primeira metade do século 20, v. A. H. Anderson, *Uma introdução ao pentecostalismo*, p. 129-53, 155-76.

PENTECOSTAIS OU NEOPENTECOSTAIS? TAXONOMIA E TERMINOLOGIA

pentecostais, mas creem nos dons espirituais e na atuação do Espírito Santo na contemporaneidade.

c) *Novas igrejas apostólicas.* São igrejas que reintroduziram no cristianismo contemporâneo o modelo de liderança apostólica e a noção de "equipes apostólicas". Estabelecem também "redes" apostólicas de alcance regional ou global. São também chamadas "Nova Reforma Apostólica".

d) *Diferentes igrejas independentes.* São igrejas cuja teologia apresenta consideráveis variações em relação às da terceira onda, palavra da fé, pentecostalismo clássico e nova reforma apostólica. Por essa razão, é difícil categorizá-las. Normalmente, são lideradas por pregadores carismáticos e populares. Muitas vezes se organizam em redes e estão entre as igrejas de maior crescimento no mundo, principalmente nos grandes centros urbanos.

A taxonomia de David B. Barrett

Os estudos de David B. Barrett contam com grande prestígio na comunidade acadêmica internacional. Barrett discorre com grande maestria sobre o crescimento global do pentecostalismo. Segundo ele, o pentecostalismo chegou em três ondas *suficientemente* distintas para serem classificadas como primeira, segunda e terceira ondas. As três ondas, segundo Barrett, "compartilham a mesma experiência do poder do Espírito Santo".[192] Ele observa que, à luz da metáfora marítima, "as ondas são simultâneas". Quando alguém está na praia, diante do mar, e percebe que as ondas estão se aproximando, acaba se dando conta de que não se trata de apenas uma onda, mas de uma ondulação. As ondas vêm em sequência e não chegam à praia ao mesmo tempo, apesar de fazerem parte da mesma ondulação. Assim, segundo Barrett, tem acontecido com o movimento de renovação chamado "pentecostalismo". Suas três ondas, juntas, continuam avançando rumo à praia.[193] Assim, ele apresenta a seguinte taxonomia:[194]

- *Primeira onda (avivamento pentecostal):* surgiu nos Estados Unidos, em 1901. São as denominações pentecostais clássicas

---

[192] D. B. Barrett, *O avivamento mundial do Espírito Santo*, p. 502.
[193] Ibidem, p. 503.
[194] Ibidem, p. 520-2.

PENTECOSTALISMOS

(pentecostais denominacionais). As denominações pentecostais clássicas ensinam que os cristãos devem buscar uma experiência pós-conversão denominada "batismo no Espírito Santo". Para a maioria dos pentecostais clássicos, o batismo no Espírito Santo é evidenciado fisicamente pelo falar em línguas (glossolalia). Barrett inclui entre os pentecostais clássicos os seguintes grupos: pentecostais *holiness*, pentecostais batísticos, pentecostais apostólicos e pentecostais unicistas.

- *Segunda onda (avivamento carismático)*: surgiu nos Estados Unidos, com a renovação carismática do protestantismo histórico e do catolicismo romano da década de 1960. Em geral, os carismáticos consideram-se renovados pelo Espírito e preferem permanecer em suas denominações. Creem nos dons do Espírito Santo, mas não consideram a glossolalia a evidência física do batismo no Espírito Santo.

- *Terceira onda (avivamento neocarismático)*: evangélicos e outros cristãos que não fazem parte do avivamento pentecostal nem do avivamento carismático. Embora, via de regra, não reconheçam um batismo no Espírito Santo segundo o modelo do pentecostalismo clássico, recebem o poder do Espírito e creem em milagres, sinais e maravilhas. Do ponto de vista terminológico, não se identificam como pentecostais nem como carismáticos. É um segmento amplo que acolhe as igrejas independentes pós-denominacionais, inclusive as da Nova Reforma Apostólica. Características importantes do avivamento neocarismático são: ênfase no poder evangelizador, novas estruturas eclesiásticas e criação de redes de igrejas.

A taxonomia de Eldin Villafañe

A classificação esboçada por Eldin Villafañe é importante por se tratar de um autor latino-americano e, portanto, mais próximo da realidade do pentecostalismo brasileiro. A taxonomia do autor, como ele próprio esclarece, é uma síntese das classificações de Vinson Synan e Walter J. Hollenweger.[195] Villafañe adverte que "uma taxonomia do movimento pentecostal, por causa de sua complexidade, também corre o perigo de 'excessiva simplificação' ou 'reducionismo'". Ele salienta que, quando se fala de pentecostalismo, a referência recai sobre um movimento religioso

---

[195] E. Villafañe, *Introducción al pentecostalismo*, p. 20, 25.

PENTECOSTAIS OU NEOPENTECOSTAIS? TAXONOMIA E TERMINOLOGIA

complexo e multifacetário.[196] Com isso em mente, Villafañe classifica assim o pentecostalismo:[197]

- *Movimentos pentecostais clássicos*: igrejas cuja origem remonta aos ensinos de Charles F. Parham (Topeka, 1901) e William J. Seymour (Los Angeles, 1906, nos Estados Unidos). Ainda que, dentro desse grupo, haja algumas divergências doutrinárias, "o denominador comum, em geral, é sua aceitação da glossolalia como a evidência física inicial do batismo no Espírito Santo".[198]
- *Protestantes históricos carismáticos (neopentecostais)*: grupo que representa o movimento carismático dentro das denominações tradicionais, que teve início por volta de 1960. Villafañe destaca que os carismáticos não apoiam necessariamente a teoria da evidência inicial.[199]
- *Católicos carismáticos*: movimento surgido entre católicos romanos no ano de 1967, no emblemático evento envolvendo professores e alunos da Universidade Duquesne, em Pittsburg, nos Estados Unidos. A Renovação Carismática Católica se desenvolveu dentro de uma estrutura teológica própria, mas foi influenciada pelo pentecostalismo protestante.
- *Grupos independentes*: igrejas independentes não estão diretamente associadas a nenhuma expressão denominacional histórica, protestante ou pentecostal. Em muitos casos, novas denominações surgem desse grupo.
- *Grupos autônomos do Terceiro Mundo (ou do Sul Global)*:[200] movimentos pentecostais de maior crescimento no mundo. Não estão relacionados com as igrejas do Hemisfério Norte. Villafañe destaca que tais grupos "praticam formas de teologia e adoração pentecostais não ortodoxas".[201]

A taxonomia de Bernardo Campos

A última taxonomia a que farei menção é a do teólogo peruano Bernardo Campos. A meu ver, é uma classificação condizente com a atual dinâmica

---

[196] Ibidem, p. 20.
[197] Ibidem, p. 20-1.
[198] Ibidem, p. 20.
[199] Ibidem, p. 20.
[200] Villafañe utiliza a expressão "Terceiro Mundo"; "Sul Global" é acréscimo nosso.
[201] Villafañe, *Introducción al pentecostalismo*, p. 21.

PENTECOSTALISMOS

do pentecostalismo global, em especial com o pentecostalismo latino-
-americano. Para Campos, o pentecostalismo ou movimento pentecostal
"corresponde ao conjunto de igrejas e organizações cristãs protestantes
que enfatizam a doutrina do Batismo no Espírito Santo".[202] Não considero
adequada a definição proposta por Campos. Em primeiro lugar, pelo fato
de a expressão "movimento pentecostal" não se referir apenas a organizações cristãs *protestantes*, por incluir a renovação carismática católica. Por
isso, entendo que o mais adequado é a adoção do conceito de Wolfgang
Vondey, segundo o qual "o pentecostalismo se refere em um sentido amplo
à complexa diversidade dos pentecostais clássicos, do movimento carismático e das igrejas independentes pentecostais".[203] Em segundo lugar,
porque não avalizo a afirmação de que o movimento pentecostal, em
sentido amplo, se caracteriza pela ênfase no batismo no Espírito Santo.
Compreendo, como Paul A. Pomerville, que o verdadeiro elemento distintivo do movimento pentecostal-carismático é a renovação do evangelho
que os apóstolos proclamavam na igreja primitiva, que incluía a mesma
experiência normativa com o Espírito Santo que eles desfrutavam.[204] A
experiência apostólica com o Espírito Santo inclui a noção de batismo no
Espírito Santo, mas não se limita a ela.[205] Feitas essas considerações, passo
à classificação esboçada por Campos, dividida em quatro "correntes":[206]

- *Pentecostalismo histórico*: o mais antigo de todos, datando do fim do
  século 19. Campos insere nesse grupo a Igreja de Deus (Cleveland);
  Igreja de Deus da Profecia; Movimento e Igrejas de Santidade e Igreja
  Espanhola Betel. Essa corrente precede as denominações pentecostais que caracterizam o pentecostalismo clássico. Campos menciona que tais igrejas se apartaram das denominações protestantes
  pela importância que começaram a dar ao dom de línguas. A menção
  à Igreja de Deus (Cleveland) é importante por causa do avivamento
  ocorrido em 1896 em Cherokee County, nos Estados Unidos, com
  várias manifestações de dons espirituais, incluindo curas e glossolalia.[207] Esse avivamento deu origem à Igreja de Deus de Cleveland, e

---

[202] B. Campos, *O princípio da pentecostalidade*, p. 136.

[203] W. Vondey, *Teología pentecostal*, p. 13.

[204] Pomerville, *A força pentecostal em missões*, p. 83.

[205] Conforme o ensino de Allan H. Anderson, a ênfase dos pentecostalismos está no "encontro
divino e a transformação da vida resultante" desse encontro (*Uma introdução ao pentecostalismo*,
p. 200).

[206] Campos, *O princípio da pentecostalidade*, p. 136-42.

[207] Hyatt, *2000 anos de cristianismo carismático*, p. 168.

PENTECOSTAIS OU NEOPENTECOSTAIS? TAXONOMIA E TERMINOLOGIA

alguns historiadores da Igreja de Deus consideram o avivamento em Cherokee County o início do movimento pentecostal.[208]

- *Pentecostalismo clássico*: surgido em 1.º de janeiro de 1901, com Charles F. Parham, em Topeka, Kansas, nos Estados Unidos. Segundo Campos, é herdeiro do avivamento do País de Gales (1904), liderado por Evan Roberts, e fez surgir "um ramo separado no cristianismo, que deriva das renovações de tipo espiritual que aconteceram no Bethel Bible College (Topeka, Kansas) em 1901 e na Azusa Street Mission (Los Angeles, Califórnia) em 1906".[209] Essa afirmação de Campos é importante porque, com o pentecostalismo clássico, há, de fato, uma ampliação na ramificação do cristianismo histórico, com o surgimento das denominações pentecostais. Nesse período da história, o pentecostalismo se insere na seara histórico-institucional do cristianismo com suas primeiras instituições.

- *Pentecostalismo unicitário (ou unicista)*: também chamado "pentecostalismo do nome de Jesus", rejeita a doutrina da Trindade e afirma a unicidade de Deus. De acordo com Amos Yong, para os unicitários, a Bíblia fala de Pai, Filho e Espírito Santo como diferentes manifestações, papéis, modos, títulos, atributos e relacionamentos com o homem ou como funções do único Deus, mas não se refere ao Pai, Filho e Espírito Santo como três pessoas.[210] Seus integrantes praticam o batismo apenas em nome de Jesus, em vez de seguir a fórmula trinitária. Mesmo sendo pouco conhecido no Brasil, Campos afirma que, em 2007, estimava-se haver quarenta milhões de pentecostais unicitários pelo mundo.

- *Movimento carismático ou neopentecostalismo*: movimento de renovação surgido no âmbito do protestantismo histórico e do catolicismo romano nos anos de 1960, nos Estados Unidos. Caracteriza-se pela introdução, em suas respectivas igrejas, de elementos do pentecostalismo. Dentro desse grupo do movimento carismático, Campos situa também as igrejas independentes, as que assimilaram a teologia da prosperidade, as que adotam a teologia da guerra espiritual e o *pentecostalismo neoapostólico-profético*. Sobre o último grupo, Campos observa que ele promove a restauração dos carismas ministeriais de Efésios 4 (especialmente apóstolos e profetas), o que se pode chamar de Nova Reforma Apostólica.

---

[208] Anderson, *Uma introdução ao pentecostalismo*, p. 21.
[209] Campos, *O princípio da pentecostalidade*, p. 137.
[210] Yong, *O Espírito derramado sobre a carne*, p. 304.

CAPÍTULO • 4

Pentecostalismo: um movimento de renovação

A UNIDADE TEOLÓGICA DOS PENTECOSTALISMOS

As classificações teológicas do pentecostalismo revelam o caráter multifacetado do movimento. Não obstante sua grande diversidade, que engloba diferentes tradições (pentecostais clássicos, protestantes históricos carismáticos, católicos da renovação carismática e igrejas independentes), todos são considerados pentecostais diante de um núcleo teológico comum. Por isso, opto pelo termo "pentecostalismos", no plural, para denotar o *todo* do pentecostalismo global, ainda que utilizemos alternadamente a palavra "pentecostalismo", no singular.[1] O núcleo teológico dos pentecostalismos pode ser abordado por diferentes terminologias e ênfases. Essas diferenças podem levar alguns a sustentar que, na realidade, não há unidade teológica no movimento. Contudo, as próprias taxonomias, ao reunir tradições distintas entre si como pertencentes a um conjunto maior, já pressupõem essa unidade, pois sua ausência retiraria a legitimidade do próprio ato de classificar. Não se reúnem coisas diametralmente opostas em uma mesma taxonomia.

A dificuldade em determinar com rigor conceitual-terminológico o eixo sobre o qual gravitam os diferentes ramos pentecostais-carismáticos

---

[1] Para Bernardo Campos, o pentecostalismo, paradoxalmente, aparece como uma unidade ao mesmo tempo complexa, confusa, indefinida e multiforme. Por isso, "alguns intérpretes quiseram contemplar a heterogeneidade, complexidade e variedade dos sujeitos, referindo-se a eles no plural, como pentecostalismos". Contudo, o teólogo peruano afirma o mesmo sobre as demais tradições cristãs como o catolicismo e o protestantismo histórico, classificando-as como "altamente complexas e heterogêneas" (*Da Reforma Protestante à pentecostalidade da igreja*, p. 74).

192

PENTECOSTALISMO: UM MOVIMENTO DE RENOVAÇÃO

não deve causar estranheza a ponto de sugerir sua ausência. Como argumentei quanto à igreja primitiva, uma variedade de expressões teológicas convivia sem a instauração de um caos teológico. A mudança paradigmática em curso no cristianismo global, que põe a espiritualidade em um plano privilegiado, remete à desnecessidade de encontrar um *único princípio racional* para fundamentar uma construção teórico-teológica. Trata-se de um vício moderno-cartesiano, que consagra a razão como o único alicerce seguro do conhecimento. Contudo, o alicerce da teologia não é a razão, mas o ato de fé. A fé das comunidades pentecostais é expressa, acima de tudo, em sua espiritualidade e nas práticas que revelam suas crenças. Como afirma acertadamente Wolfgang Vondey, "a possibilidade de articular uma teologia pentecostal tem suas raízes na espiritualidade discernível da vida pentecostal".[2] Essa também é a lição de Amos Yong sobre o modo de proceder da teologia pentecostal global ao afirmar que "a teologia pentecostal não pode ser construída a partir de um ponto abstrato, longe da realidade vivida por crentes pentecostais".[3]

Dessa forma, a unidade teológica subjacente aos pentecostalismos não precisa encontrar necessariamente expressão conceitual terminológica *unívoca*. A teologia não precisa buscar o rigor conceitual *a todo custo*, como se sua credibilidade dependesse de um inflexível rigor lógico. Para Maria Clara Bingemer, a teologia, para falar sobre Deus, precisa "passar pela linguagem conceitual, rigorosa e acadêmica, mas não necessariamente deter-se indefinidamente nela". Ela afirma ainda que "conceitos e enunciados são importantes e pertinentes, mas as tradições teológicas ocidentais e orientais, os místicos e os profetas de todos os tempos nos dizem que há mais possibilidades, sempre abertas, de propor o discurso teológico".[4] Em teologia, a clareza conceitual precisa estar a serviço da fé e criativamente submissa a ela. Por isso, Amos Yong traz à baila o clássico princípio *lex orandi lex credendi*, para lançar luz sobre o modo de acordo com o qual os pentecostalismos devem proceder no labor teológico, tendo em vista a consolidação de uma identidade teológica autenticamente pentecostal. Segundo Yong, "conforme diz o clássico ditado teológico *lex orandi lex credendi*, a teologia pentecostal deve buscar ter suas raízes fixas nas experiências vividas pelas comunidades de adoração".[5]

---

[2] W. Vondey, *Teología pentecostal*, p. 24.
[3] A. Yong, *O Espírito derramado sobre a carne*, p. 116.
[4] M. C. Bingemer, "A cristologia de Antonio Manzatto", *Revista de Cultura Teológica*, ano XXVIII, n. 95, jan./abr. 2020, p. 53.
[5] Yong, *O Espírito derramado sobre a carne*, p. 116.

PENTECOSTALISMOS

A expressão *lex orandi lex credendi* significa que *o que* a comunidade ora demonstra *em que* ela crê. Em outras palavras, "é a liturgia que conduz à teologia".[6] A palavra "liturgia" é a transliteração do grego *leitourgia*, composto de *laos* ("povo") e *ergon* ("trabalho").[7] Segundo o *Dicionário global de teologia*, a liturgia cristã "é a expressão da tradição cristã que incorpora práticas de culto que o povo de Deus vem usando e foram se desenvolvendo ao longo do tempo". Além disso, "não é, em princípio, algo que se imprime num papel, mas algo que um encontro de cristãos realiza".[8] Com efeito, "a igreja é livre para discernir a forma de sua vida litúrgica em diálogo com as Escrituras, sob a orientação do Espírito, conforme se revela no testemunho dos cristãos do passado e da realidade global presente".[9] A liturgia, desse modo, é fundamentalmente a celebração doxológica do mistério de Cristo.

O adágio *lex orandi lex credendi* é de autoria de Próspero de Aquilânia (século 5).[10] A expressão aponta para o fato de que "desde o início do cristianismo [...] a liturgia sempre precedeu a formulação e a elaboração das verdades da fé", de modo que, quando se invoca o adágio, "não estará com isso a teologia inventando algo novo".[11] Consoante a lição de Francisco Taborda, a patrística fez sua reflexão teológica "sem preocupação sistemática, mas a partir da celebração vivida em comunidade, indutivamente".[12] Segundo Maria Clara Bingemer:

> O que foi rezado, louvado, cantado, expressado nas celebrações cúlticas das catacumbas dos primeiros séculos foi o material com o qual os padres da igreja puderam elaborar seus escritos e lançar as bases de uma dogmática que consiste até os dias de hoje no conteúdo da fé professada.[13]

Do ponto de vista epistêmico e metodológico, o que pesa para determinar o que é *lex orandi* é sua fundamentação escriturística.[14] Significa dizer que não é "qualquer uso litúrgico ou expressão da oração da igreja que é, por si, expressão da fé", mas, sim, que "a liturgia é 'lugar teológico',

---

[6] Bingemer, "A cristologia de Antonio Manzatto", p. 51.
[7] *Dicionário global de teologia*, p. 473.
[8] Ibidem, p. 472-3.
[9] Ibidem, p. 474.
[10] F. Taborda, "*Lex orandi lex credendi*", *Perspectiva Teológica*, n. 35, 2003, p. 72.
[11] Bingemer, "A cristologia de Antonio Manzatto", p. 51.
[12] Taborda, "*Lex orandi lex credendi*", p. 71.
[13] Bingemer, "A cristologia de Antonio Manzatto", p. 51.
[14] Taborda, "*Lex orandi lex credendi*", p. 76.

PENTECOSTALISMO: UM MOVIMENTO DE RENOVAÇÃO

na medida em que é fundada sobre a Escritura".[15] Já falamos do *locus theologicus* e também da Escritura como *norma normans* ("norma das normas"). Os pentecostais, em sua maioria evangélicos, são, em essência, bíblicos. E a própria Bíblia testifica que o derramamento do Espírito, em Atos 2, foi o cumprimento de uma profecia registrada nas *Escrituras* (Jl 2) e fundou a *comunidade* cristã pela *experiência* do recebimento do Espírito. Assim, Espírito, Escritura e Comunidade estão imbricados em uma estrutura hermenêutica triádica.[16] A Escritura afirma que, nos últimos dias, o Espírito seria derramado sobre toda a carne. Para os pentecostais, as Escrituras não só afirmavam que o Espírito *seria* derramado, mas que *está sendo* derramado até o retorno de Cristo. Esse "está sendo" atribui às comunidades cristãs um caráter indelevelmente carismático e, à luz das Escrituras (*norma normans*), faz da experiência com o Espírito um *locus theologicus* por excelência. A conexão com o Pentecoste, além de fornecer o nome para a tradição teológica, afirma também o caráter inerentemente bíblico-teológico dos pentecostalismos.[17] Logo, nos pentecostalismos, como nova tradição teológica e em referência ao quadrilátero wesleyano, Escritura, Tradição, Razão e Experiência estão em equilíbrio.

A experiência comunitária com o Espírito Santo em todas as igrejas pentecostais-carismáticas mundo afora faz florescer, em sintonia com a grande variedade cultural do Sul Global, inúmeras espiritualidades e manifestações litúrgicas que, a rigor e para a perplexidade de muitos, expressam uma unidade teológica de fundo, ainda que essa unidade não possa ser expressa em uma fórmula conceitual unívoca. Aqui, reside a importância do adágio *lex orandi lex credendi*, oriundo da tradição cristã, para demonstrar os fundamentos de uma teologia pentecostal mundial. Essa invocação do princípio não é uma casuística pentecostal que intenta justificar sua teologia e unidade a todo custo. Francisco Taborda, no contexto católico romano, confirma que a expressão tem sido retomada em tempos recentes e celebra o fato de o adágio ter adquirido nova força.[18] No contexto protestante, Justo L. González observa que o racionalismo moderno nos leva a crer que as ideias surgem principalmente da lógica e do pensamento objetivo quando, na verdade, surgem da vida e são

---

[15] Ibidem, p. 76.
[16] Sobre a estrutura hermenêutica triádica envolvendo Espírito, Escritura e Comunidade, v. K. J. Archer, *A Pentecostal hermeneutic*, p. 212-60.
[17] Vondey, *Teología pentecostal*, p. 12.
[18] Taborda, "*Lex orandi lex credendi*", p. 71.

PENTECOSTALISMOS

formuladas por ela. Do mesmo modo, existe a tendência de conceber a construção da doutrina teológica como fruto *exclusivo* do debate teórico quando, historicamente e na maioria das vezes, o que a igreja afirma doutrinariamente se refere ao que ela experimenta e afirma no culto.[19] Com efeito, González afirma:

> *Também é importante assinalar que a principal fonte das doutrinas não é a especulação teológica, mas, sim, o culto da igreja.* Os estudiosos geralmente se referem a esse princípio como *lex orandi est lex credendi* — a regra do culto torna-se a regra da fé. A igreja adorava a Jesus Cristo como Deus muito tempo antes do aparecimento dos debates sobre o que isso significava.[20]

Maria Clara Bingemer considera a máxima *lex orandi lex credendi* um "marco teológico", uma vez que a teologia de nossos dias é chamada "a rever radicalmente suas formas de expressão".[21] Contudo, essa revisão das formas de expressão teológicas não é sinônimo de inovação ou de simples acomodação cultural. Rever é reexaminar e reconsiderar. Diz Bingemer:

> O louvor, a celebração, o canto, os rituais não são acessórios na vida cristã, mas a fundação mesma da identidade desta. A liturgia e o rito revelam aquilo em que realmente a fé crê e professa. *O modo como a igreja louva, celebra e canta deve ser um testemunho profético da verdade que professa.* Na igreja primitiva havia tradição litúrgica antes do credo e da doutrina.[22]

Com essas considerações, também não quero afirmar que a doutrina ou a crença não interpelam a liturgia. Ao revés, os pentecostalismos, em maior ou menor grau, dependendo do contexto, são tão apegados à doutrina que muitas vezes desembocam no fundamentalismo e/ou literalismo bíblico. Contudo, eles conseguem harmonizar, talvez como nenhuma outra expressão cristã, uma liturgia altamente experiencial com uma grande valorização do texto da Bíblia. Nos pentecostalismos, texto e experiência estão em sintonia. Mas essa sintonia, em primeiro plano, é manifesta na espiritualidade e na liturgia pentecostais, que estão fundamentadas no *ethos* doxológico-carismático das comunidades do

---

[19] J. González, *Uma breve história das doutrinas cristãs*, p. 11.
[20] Ibidem, p. 11 (grifo nosso).
[21] Bingemer, "A cristologia de Antonio Manzatto", p. 52.
[22] Bingemer, "A cristologia de Antonio Manzatto", p. 51 (grifo nosso).

PENTECOSTALISMO: UM MOVIMENTO DE RENOVAÇÃO

Espírito. O adágio *lex orandi lex credendi* dá sentido teológico à espiritualidade pentecostal e, por conseguinte, confere senso de unidade aos pentecostalismos. O referido adágio, além de situar a espiritualidade como lugar teológico, chama a atenção para a liturgia doxológica como "lugar de expressão da fé, em que a revelação se torna acessível a nós".[23] Discorrendo sobre a mudança de eixo no cristianismo do Hemisfério Norte para o Hemisfério Sul, Philip Jenkins observa que, por causa da inevitável mudança também na forma de cultuar, a crença e a doutrina cristãs foram afetadas. Jenkins afirma:

> Uma antiga máxima da igreja declara: *lex orandi, lex credendi*, ou seja, a lei da oração é a lei da fé — o modo como cultuamos mostra em que acreditamos. Quando os padrões de culto se modificam, o mesmo se dá com as crenças subjacentes, e é *inevitável que as mudanças da prática no Sul do globo tenham consequências em termos da crença e da teologia.*[24]

A partir da harmonização entre espiritualidade e crença, que caracteriza a teologia pentecostal, segue-se ser possível invocar os sentidos teológicos das expressões *fides qua creditur* e *fides quae creditur*. A primeira significa literalmente "a fé *pela qual* cremos"; a segunda, "a fé *em que* cremos".[25] A expressão *fides qua creditur* aponta para o ato de confiança e certeza que se encontra no cerne da fé cristã.[26] Esse "tipo de fé" se expressa pelo modo que a igreja louva, celebra, canta e ora. Revela a diversidade de expressões na unidade de um *modus* doxológico. Quando falo de *fides qua creditur*, refiro-me à "importância de recuperar o simbólico, o imaginativo, o afetivo, ou seja, tudo o que não é estritamente racional para a teologia hoje".[27] Em contrapartida, e não menos importante, a expressão *fides quae creditur* aponta para o conteúdo específico da fé cristã comunicado nos diversos credos, confissões, doutrinas e declarações de fé.[28] A tradição pentecostal-carismática valoriza o equilíbrio entre as duas formas de expressar a fé, tendo-as como duas faces da mesma moeda, desde que a doutrina esteja alicerçada sobre a fé viva expressa na espiritualidade comunitária.

---

[23] Taborda, *"Lex orandi lex credendi"*, p. 80.
[24] P. Jenkins, *A próxima cristandade*, p. 159 (grifo nosso).
[25] A. McGrath, *Teologia sistemática, histórica e filosófica*, p. 618.
[26] Ibidem, p. 618.
[27] Bingemer, "A cristologia de Antonio Manzatto", p. 51.
[28] McGrath, *Teologia sistemática, histórica e filosófica*, p. 618.

Acredito que o pentecostalismo resgatou a importância da *fides qua creditur* como instância de expressão primária da fé cristã, sem a qual a crença (*fides quae creditur*) não faz sentido. Do ponto de vista fenomenológico e sociológico, quando o pentecostalismo é visto mediante recortes metodológicos que, de alguma forma, o reduzem, é possível interpretá-lo como uma religião *exclusivamente* experiencial e emocionalista. Tais interpretações, contudo, não correspondem à verdade sobre a tradição pentecostal-carismática quando observada do ponto de vista histórico-teológico. Para Wolfgang Vondey, "em meio aos contextos e desafios cada vez mais complexos da tarefa teológica, o pentecostalismo tem surgido com uma incomum vitalidade como uma *nova tradição teológica*".[29] Por isso, é importante compreender que as múltiplas expressões do pentecostalismo global constituem *um tipo de expressão teológica*, visto que manifestam a fé que se fundamenta em Jesus Cristo, segundo a tradição cristã mais ampla. Com efeito, tanto o adágio *lex orandi lex credendi* quanto a relação entre *fides qua creditur* e *fides quae creditur* expressam que: 1) a teologia cristã sempre reconheceu a diferença entre o ato de crer e as expressões primárias do conteúdo doutrinário da fé cristã;[30] 2) a tradição pentecostal-carismática enfatiza o encontro com Jesus Cristo pelo Espírito Santo, e toda a espiritualidade decorrente dessa experiência constitui uma *conditio sine qua non* para a construção da teologia pentecostal.

Muitos podem alegar que a busca por um fundamento único para o pentecostalismo ocultaria a grande diversidade do movimento global.[31] Contudo, alguns autores têm elaborado propostas sobre o que há de comum em todas as manifestações da tradição pentecostal-carismática, mas se recusam a concluir que, por causa da diversidade, "a teologia pentecostal seja um conjunto desconectado de ideias".[32] As questões em voga nessa seara poderiam ser, por exemplo: os pentecostais teriam um motivo central para sua reflexão teológica? Se sim, esse motivo pode ser articulado de maneira construtiva e sistemática? Os pentecostais teriam um método teológico a ser desenvolvido em conversação com outras tradições cristãs? Quais seriam a linguagem teológica e o vocabulário do pentecostalismo global?[33] Como já afirmei, ainda que as propostas de unidade

---

[29] Vondey, *Teología pentecostal*, p. 11 (grifo nosso).
[30] McGrath, *Teologia sistemática, histórica e filosófica*, p. 618.
[31] Ibidem, p. 11. Essa não é a posição de Vondey. Em sua obra, o autor apresenta esse argumento como presente no debate contemporâneo.
[32] F. D. Macchia, *Bautizado en el Espíritu*, p. 29.
[33] Vondey, *Teología pentecostal*, p. 12.

PENTECOSTALISMO: UM MOVIMENTO DE RENOVAÇÃO

teológica do pentecostalismo não coincidam quanto à *forma*, certamente coincidem quanto ao conteúdo relativo à experiência de encontro com Deus pelo seu Espírito.

O DISTINTIVO PENTECOSTAL SEGUNDO PAUL A. POMERVILLE

Para o missiólogo americano Paul A. Pomerville, a tradição pentecostal--carismática é um *movimento de renovação*. Apesar de sua diversidade, Pomerville encontra o que ele denomina "o verdadeiro elemento distintivo dos movimentos pentecostais-carismáticos".[34] Segundo ele, os pentecostalismos têm um *núcleo bíblico-teológico* que não é considerado quando se tenta descrever "os movimentos apenas do ponto de vista da 'fenomenologia religiosa'".[35] Com essa afirmação, Pomerville não se posiciona contrário à análise do pentecostalismo exclusivamente pelas ciências humanas, mas defende que uma abordagem holística e interdisciplinar pode ter "ênfase na dimensão teológica" do movimento.[36]

De acordo com esse raciocínio, Pomerville elege como elemento distintivo do movimento pentecostal-carismático o fato de ser "uma 'renovação' do *evangelho* que os apóstolos e seguidores de Jesus proclamaram na igreja primitiva, incluindo uma renovação da mesma *experiência normativa com o Espírito* que eles desfrutavam".[37] Em outras palavras, "o denominador comum do movimento pentecostal" é a "experiência pentecostal do Espírito".[38] Essa renovação do evangelho, segundo Pomerville, também é chamada "qualidade duradoura dos movimentos pentecostais--carismáticos" em suas três ondas.[39] Nas palavras desse autor:

> Um denominador comum é sugerido pela crença entre as três correntes do pentecostalismo de que Deus está renovando a igreja pela restauração do espectro completo do ministério do Espírito Santo hoje. Portanto, qualquer denominador comum que tenha a ver com o distintivo pentecostal irá se referir à obra carismática exterior do Espírito Santo entre os pentecostais clássicos, os neopentecostais e os carismáticos católicos.[40]

[34] P. A. Pomerville, *A força pentecostal em missões*, p. 83.
[35] Ibidem, p. 84.
[36] Ibidem, p. 87.
[37] Ibidem, p. 83.
[38] Ibidem, p. 134.
[39] Ibidem, p. 83.
[40] Ibidem, p. 136.

PENTECOSTALISMOS

A ideia de "renovação" é crucial para entendermos o distintivo teológico e a natureza dos pentecostalismos. Inicialmente, a tradição pentecostal-carismática operou em um contexto histórico, teológico e eclesiológico que negligenciou, em sua maior parte, o ministério do Espírito Santo.[41] O pentecostalismo responde a essa negligência, reivindicando a "restauração da experiência cristã do Novo Testamento".[42] Por isso, revertendo a tendência contrária e por meio de sua expansão global, o pentecostalismo tem propiciado o surgimento de *contextos de renovação* da experiência com o Espírito Santo. Essa renovação, teologicamente falando, representa um retorno à pneumatologia do Novo Testamento.[43] Assim, Gutierres Fernandes Siqueira ensina que "a efetiva contribuição do pentecostalismo" para a teologia cristã "é o resgate do Espírito Santo do ostracismo".[44]

Os pentecostais advogam que uma teologia bíblica equilibrada do Novo Testamento assegura tanto a operação pneumática interna de conversão quanto "o ministério de poder exterior-carismático do Espírito Santo".[45] Com efeito, a tradição pentecostal-carismática tem como denominador comum a crença subjacente em experiências de encontro com Deus pelo Espírito Santo além da conversão, ainda que não se nomeiem tais experiências como "batismo no Espírito Santo".[46] Não obstante as diferentes nuances encontradas na pneumatologia dos pentecostalismos, a crença geral é de que a experiência pentecostal-carismática segue o padrão da igreja do Novo Testamento. Os pentecostais entendem que a natureza dinâmico-pneumática da fé cristã constitui um elemento imprescindível à própria caracterização da natureza do cristianismo.

Com essas afirmações, Pomerville reivindica que os pentecostalismos globais são variantes de *um único movimento bíblico de renovação* de caráter dinâmico e experiencial da fé cristã. Para o autor, mesmo que

---

[41] "Católicos e pentecostais [...] rejeitam a noção de que os carismas teriam efetivamente cessado após a era apostólica ou em outras fases da história cristã. Contudo, reconhecem que, durante muitos séculos, os carismas não estiveram à frente nem *ao centro* da vida eclesial" (Comissão Internacional de Diálogo Católico-Pentecostal, *"Não extingais o Espírito (1Ts 5,19)": os carismas na vida e na missão da Igreja*, p. 8).

[42] Pomerville, *A força pentecostal em missões*, p. 137.

[43] Gutierres Fernandes Siqueira afirma que "o pentecostalismo é uma força evangélica e cristã cujo papel é o resgate da Pessoa do Espírito Santo na condução da Igreja" (G. F. Siqueira, *Revestidos de poder*, p. 14).

[44] G. F. Siqueira, *Revestidos de poder*, p. 16.

[45] Pomerville, *A força pentecostal em missões*, p. 137.

[46] "As dificuldades em aceitar essa 'outra' experiência com o Espírito Santo devem-se aos longos períodos da história da igreja quando a completa experiência do Espírito perdeu-se" (P. A. Pomerville, *A força pentecostal em missões*, p. 138).

PENTECOSTALISMO: UM MOVIMENTO DE RENOVAÇÃO

existam "numerosas outras definições do movimento", todas "enfatizam o mesmo pensamento central: Deus visita seu povo na contemporaneidade, assim como ele visitou no século I".[47] Nosso intento ao compartilhar as lições de Pomerville é enfatizar que o pentecostalismo tem uma sólida base bíblica, caracterizada pela crença de que a experiência da igreja primitiva com o Espírito descreve *o modelo* de vida cristã para a igreja de hoje. Não se trata apenas de relato histórico que informa as origens do cristianismo, mas, sim, de um modo de vida para os cristãos de todas as épocas e lugares.[48] Os pentecostalismos apelam para o retorno à posição em que a igreja não encontra Deus só pelo texto, mas também pela experiência pessoal à luz do texto. Para os pentecostais, é o próprio texto canônico que nos orienta a desejar e buscar a presença poderosa de Deus. A realidade da experiência dos crentes com o Espírito Santo, na verdade, foi negligenciada. O Novo Testamento, em grande medida, foi negligenciado. Isso faz do pentecostalismo uma tradição cristã que hipervaloriza a Escritura sem se acomodar a contextos culturais e sociais em que a racionalidade tenta emitir um decreto de revogação das experiências sobrenaturais. À luz dessas assertivas, fica evidente que muitas acusações e insinuações contra a autenticidade cristã das experiências pentecostais são infundadas.

É evidente que existem exageros. Qualquer pessoa de bom senso reconhece isso. Tais exageros, que muitas vezes correspondem a "práticas manipuladoras e desonestas" e, portanto, em total desacordo com as Escrituras, trazem descrédito às genuínas experiências carismáticas.[49] Contudo, sem nos esquivarmos dessa crítica, ressaltamos que o racionalismo no cristianismo também é um exagero que, a rigor, perverte o caráter da fé tanto quanto, ou até mais, do que os exageros do experiencialismo. Os exageros e as distorções carismáticos também estavam presentes na igreja primitiva. As admoestações de Paulo na Primeira Carta aos Coríntios acerca do uso (ou abuso) dos dons espirituais deixa esse ponto muito claro. Não obstante, a solução para o problema dos excessos carismáticos não foi (e não é) a proibição do exercício dos dons de poder ou a defesa de sua cessação. A própria comunidade carismática, também por meio de carismas, discerne quais manifestações provêm do Espírito para edificar o corpo de

---

[47] Pomerville, *A força pentecostal em missões*, p. 101.
[48] Vondey, *Teología pentecostal*, p. 22.
[49] Comissão Internacional de Diálogo Católico-Pentecostal, *"Não extingais o Espírito (1Ts 5,19)": os carismas na vida e na missão da Igreja*, p. 33.

PENTECOSTALISMOS

Cristo (1Co 14:26). Portanto, pode-se afirmar que, "com a assistência do Espírito Santo, toda a comunidade de fé, ministros ordenados e fiéis leigos, é chamada a engajar-se em um processo de discernimento para verificar se certas palavras e feitos são manifestações genuínas do mesmo Espírito".[50]

Voltando à questão do distintivo pentecostal, posso afirmar que meu maior choque ao chegar às raízes neotestamentárias do pentecostalismo foi perceber que, mais do que acrescentar doutrinas, o pentecostalismo chamou a igreja de volta à verdade histórica (e pneumática) do cristianismo. É sempre importante reafirmar que as principais correntes do cristianismo ocidental reconheceram, ao longo do século 20, que a dimensão experiencial do cristianismo foi negligenciada e que o pentecostalismo foi responsável por reacender a chama do fogo do Espírito entre a cristandade. Pomerville afirma:

> Um movimento de renovação que enfatiza os ministérios carismáticos negligenciados do Espírito Santo pode dar a impressão de ser superenfatizado para as pessoas que estão fora do movimento. No entanto, as pessoas que estão *dentro* do movimento pentecostal, tanto no cristianismo protestante quanto no católico romano, não veem que o movimento está representando uma ênfase exagerada. Veem o movimento como renovação da experiência cristã normativa.[51]

Também a importante Comissão Internacional de Diálogo Católico--Pentecostal dispõe que "católicos e pentecostais concordam que o Avivamento Pentecostal do século XX acarretou uma atenção renovada aos carismas como algo essencial para revigorar a vida e a missão da igreja".[52] O que se reconhece é que o pentecostalismo retirou o véu que cobria a dimensão experiencial da fé cristã conforme apresentada não só no Novo Testamento, mas em toda a Escritura. Esse véu foi colocado principalmente (ainda que não exclusivamente) pela influência da cultura racionalista na fé. Com essa afirmação, não me coloco, como já disse, ao lado dos que condenam a cultura ocidental como *um todo*. Estou apenas considerando o fato histórico evidente de que a fé cristã foi contextualizada em um ambiente cultural que solapou sua identidade primitiva.

---

[50] Comissão Internacional de Diálogo Católico-Pentecostal, *"Não extingais o Espírito (1Ts 5,19)": os carismas na vida e na missão da Igreja*, p. 26.

[51] Pomerville *A força pentecostal em missões*, p. 103 (grifo no original).

[52] Comissão Internacional de Diálogo Católico-Pentecostal, *"Não extingais o Espírito (1Ts 5,19)": os carismas na vida e na missão da Igreja*, p. 30.

PENTECOSTALISMO: UM MOVIMENTO DE RENOVAÇÃO

Com efeito, segundo Pomerville, o "pentecostalismo contrasta com a expressão estática e intelectualmente orientada do cristianismo herdada do período pós-Reforma".[53]

O DISTINTIVO PENTECOSTAL SEGUNDO FRANK D. MACCHIA

Para Frank D. Macchia, o batismo no Espírito Santo é o distintivo central do pentecostalismo. Segundo ele, a centralidade do batismo no Espírito Santo está revelada, em parte, pelo fato de que as abordagens teológicas pentecostais não podem ignorar tal tópico.[54] Fiel a essa perspectiva, Macchia dá a uma de suas mais importantes obras o título que, traduzido para o português, seria: "Batizado no Espírito: uma teologia pentecostal global". Tanto o título quanto o subtítulo apontam para o objetivo de Macchia: desenvolver uma teologia para o pentecostalismo mundial baseada em uma releitura do batismo no Espírito Santo. Essa releitura é uma exigência do caráter plural do pentecostalismo global. O próprio Macchia interpreta o subtítulo de seu livro, afirmando que o artigo indefinido "uma" deve ser enfatizado, pois, segundo ele, não se trata de estabelecer *a* teologia pentecostal como um sistema de teologia fechado. O que ele faz é propor o batismo no Espírito Santo como "princípio organizativo" de uma teologia pentecostal global.[55] O autor também elucida o uso da palavra "global" no subtítulo: implica um "convite" para que pentecostais de contextos diferentes possam dialogar.[56]

Macchia reconhece que, quando se fala de batismo no Espírito Santo, a primeira noção que vem à mente é aquela consagrada pela maioria dos que compõem o pentecostalismo clássico, ou seja, uma investidura para o ministério distinta da regeneração evidenciada fisicamente pelo falar em outras línguas. Contudo, ele também reconhece que "nem todos os pentecostais compreendem globalmente o batismo no Espírito dessa maneira".[57] Com efeito, a Renovação Carismática Católica e alguns protestantes históricos renovados ligam o batismo no Espírito à conversão-iniciação.[58] No âmbito das ondas da renovação

---

[53] Pomerville, *A força pentecostal em missões*, p. 116.
[54] F. D. Macchia, *Bautizado em el Espíritu*, p. 22.
[55] Ibidem, p. 19
[56] Ibidem, p. 19.
[57] Ibidem, p. 23.
[58] "Um número significativo de pentecostais chilenos e alemães considera o batismo no Espírito uma regeneração" (F. D. Macchia, *Bautizado em el Espíritu*, p. 21).

PENTECOSTALISMOS

pentecostal, só os pentecostais clássicos afirmam a glossolalia como a evidência física inicial do batismo no Espírito Santo. Ou seja, a compreensão sobre o batismo no Espírito Santo varia conforme a tradição pentecostal-carismática. Nessa linha, Eldin Villafañe afirma:

> *Nem todos os pentecostais (globalmente falando) aceitam as línguas como evidência inicial do batismo no Espírito Santo.* Para eles, a manifestação de outros dons do Espírito e/ou uma nova renovação ou vivacidade da fé e espiritualidade são os sinais do batismo no Espírito.[59]

Não obstante tais diferenças, Macchia ensina que o batismo no Espírito, como representante de certa classe de experiência espiritual intensa, centrada em Cristo e com fundamento bíblico, tem o maior potencial, entre outros possíveis distintivos teológicos, de conectar os pentecostalismos na formação de uma pneumatologia mais ampla.[60] Tendo em mente a nova face global do cristianismo e do pentecostalismo, Macchia defende que a tarefa de refletir acerca do batismo no Espírito como um princípio organizativo dos pentecostalismos não pode ficar confinada aos parâmetros doutrinários do pentecostalismo americano. Ele presume que a falta de uma reflexão teológica mais ampla tem levado a uma perda gradual da importância do batismo no Espírito no pentecostalismo global. Contudo, ele sustenta a importância do batismo no Espírito como "metáfora" neotestamentária que, sem negar a atuação do Espírito na conversão--iniciação, faz referência, principalmente, à atuação poderosa do Espírito após a conversão. Macchia entende que a obra lucana não deixa margem de dúvidas para a atuação carismática do Espírito depois da conversão. Ele ainda afirma que, "em geral, parece justo dizer que a teologia de Lucas sobre o batismo no Espírito tem um certo enfoque carismático e missiológico". E acrescenta: "Lucas está interessado no poder para testemunhar" e "a igreja está investida para ser testemunho vivo em sua vida comunitária" pelo ministério do Espírito.[61]

O interessante na proposta de Macchia, no que diz respeito ao tipo de experiência que se vive nas igrejas pentecostais independentes no Brasil, é que, em primeiro lugar, ele presume que há uma unidade teológica fundamental nos pentecostalismos. A experiência vivida nas igrejas

---

[59] E. Villafañe, *Introducción al pentecostalismo*, p. 119 (grifo nosso).
[60] Macchia, *Bautizado em el Espíritu*, p. 24.
[61] Ibidem, p. 16.

PENTECOSTALISMO: UM MOVIMENTO DE RENOVAÇÃO

independentes está em linha de continuidade com o viés experiencial geral do pentecostalismo. Não se trata de usufruir a *experiência pela experiência*, como muitos observadores externos afirmam, mas, sim, de uma experiência cristã do Espírito que não pode ser idêntica em todos os lugares e épocas, em virtude da própria natureza dinâmica da ação pneumática. Em segundo lugar, Macchia corretamente não se prende a *uma doutrina* para caracterizar o pentecostalismo. Quando invoca o batismo no Espírito Santo como distintivo pentecostal, não o faz como algum parâmetro conceitual do pentecostalismo clássico, mas como uma *metáfora* bíblica da ação poderosa do Espírito Santo na vida da igreja. Macchia afirma que essa *dimensão experiencial*, seja individual, seja comunitária, é o que o Novo Testamento denomina "batismo no Espírito Santo". No fundo, o autor acentua a dimensão experiencial da fé cristã, mesmo em face da diversidade doutrinária das tradições que assumem essa mesma dimensão, embora de formas diferentes, e incorporam-na em seus sistemas doutrinários. Em última análise, ainda que se identifiquem por meio de expressões teológicas que refletem identidades históricas diversas (luterana, católica, anglicana, presbiteriana, autóctone), os pentecostalismos são todos *movimentos de renovação* da experiência cristã do Novo Testamento.[62] O denominador comum do movimento é a experiência de encontro com Deus à luz do Pentecoste. Não se trata de crer na *possibilidade* da atuação do Espírito hoje e, por conseguinte, de conceitualizar essa crença em uma fórmula doutrinária, mas, sim, de experimentar Deus verdadeiramente, e não apenas concebendo uma doutrina da experiência. Se experimentamos verdadeiramente a presença do Espírito, *narramos, relatamos* e *testemunhamos* a experiência sem fórmulas rígidas. Ninguém relata uma cura citando uma fórmula teológica. Ninguém profetiza por fórmulas teológicas. O que a teologia faz, *a posteriori*, é refletir sobre essas ações dinâmicas do Espírito Santo na igreja, porém sempre *participando* delas.

Macchia propõe uma releitura do batismo no Espírito, alargando seu campo de análise para equilibrar as concepções lucana e paulina. O autor lembra que Paulo também é carismático em sua pneumatologia, porém a interpretação paulina do batismo no Espírito está mais ligada à ideia de "estar em Cristo", enquanto, em Lucas, a ênfase recai sobre "funcionar em Cristo" com o poder do Espírito.[63] Logo, o autor afirma que ambos os autores canônicos concordam que o batismo no Espírito é uma

---

[62] Pomerville, *A força pentecostal em missões*, p. 145.
[63] Macchia, *Bautizado en el Espíritu*, p. 16.

PENTECOSTALISMOS

experiência.[64] Segundo Macchia, "tanto Lucas como Paulo comparam o estado de alguém controlado pelo Espírito a uma espécie de embriaguez de Deus (At 2:13; Ef 5:18)".[65] Para ele, a experiência-embriaguez no Espírito refere-se a um estado de consciência "completamente originado em Deus, pelo qual alguém se sente especialmente inspirado a estender-se a outros por meio de qualquer dom que Deus haja criado internamente".[66]

Por isso, as indagações de Frank D. Macchia são pertinentes: "Qual é o poder com o qual somos investidos para testemunhar de Cristo? É um poder puro, sem outro conteúdo ou guia mais além das considerações e necessidades pragmáticas?".[67] Com um questionamento retórico, Macchia aponta um caminho relevante para as considerações acerca do batismo no Espírito Santo: "Não é o poder do amor divino do Cristo crucificado e ressurreto derramado entre nós (Rm 5:5)?".[68] Aqui, é importante ter sempre em mente a afirmação de Steve J. Land de que os primeiros dez anos do movimento pentecostal representam o coração, não a infância do pentecostalismo.[69] Assim, mesmo reconhecendo a importância de Charles F. Parham, "em um sentido real, o avivamento da Rua Azusa marca o início do pentecostalismo clássico".[70] William J. Seymour, líder da Missão da Fé Apostólica, na rua Azusa, em Los Angeles, imprimiu um *ethos* que veio a se diferenciar do *ethos* de Parham. Nos primeiros anos do movimento da rua Azusa, Seymour seguiu a orientação doutrinária de Parham: o batismo no Espírito Santo era uma experiência pós-conversão que empoderava o crente para o serviço, evidenciada fisicamente pelo falar em outras línguas.[71]

No entanto, com o passar do tempo, Seymour "repudiou a doutrina da 'evidência inicial' de Parham".[72] Em meados de 1907, os pensamentos de Seymour quanto à evidência apropriada para o batismo no Espírito começaram a mudar. Ele passou a argumentar que a ênfase deveria recair sobre o fruto do Espírito Santo (Gl 5:22-23), não sobre as línguas.[73] O periódico

---

[64] Ibidem, p. 16.

[65] Ibidem, p. 16.

[66] Ibidem, p. 16.

[67] Ibidem, p. 20.

[68] Ibidem, p. 20.

[69] S. J. Land, *Pentecostal Spirituality*, p. 15.

[70] A. H. Anderson, *Uma introdução ao pentecostalismo*, p. 56.

[71] "Em seus primeiros anos, a Missão da Rua Azusa estava firmemente comprometida com a visão de que o falar em línguas era a 'evidência bíblica' do batismo no Espírito" (C. M. Robeck Jr., "William J. Seymour e a 'evidência bíblica'", p. 108).

[72] *Uma introdução ao pentecostalismo*, p. 56.

[73] "Até maio de 1907, a fé apostólica apresentou uma sólida posição de que a capacidade de falar em línguas era a evidência, 'a evidência bíblica' do batismo com o Espírito Santo. Seymour começou a argumentar que talvez a capacidade de falar em línguas tivesse perdido sua singularidade

206

PENTECOSTALISMO: UM MOVIMENTO DE RENOVAÇÃO

Apostolic Faith, publicado por Seymour, é uma das fontes históricas para o conhecimento do pentecostalismo da rua Azusa. Segundo Cecil M. Robeck Jr., na edição de outubro de 1908, Seymour perguntou qual era a evidência de que um homem ou uma mulher recebera o batismo com o Espírito Santo. A resposta foi: "O amor divino, que é a caridade".[74] Com efeito, temos a importante afirmação de Robeck de que "Seymour tinha claramente ampliado sua compreensão do batismo no Espírito Santo para incluir uma dimensão ética".[75]

A experiência pastoral de Seymour o levou a observar inúmeros casos de pessoas que, por mais que falassem em línguas, se comportavam de maneira inapropriada, do ponto de vista ético.[76] A busca da experiência sem a santificação, sem a maturidade e sem a manifestação do amor passou a ser repudiada por Seymour. Para ele, as línguas passaram a ser vistas como um "sinal" que se segue ou não ao batismo no Espírito Santo, mas não sua "evidência".[77] A verdadeira evidência da vida no Espírito é o amor.[78] O crente e a comunidade são moradas do Espírito Santo. A presença do Espírito transforma o coração. O maior empoderamento é ser inundado pelo amor de Deus, pois o amor "tudo sofre, tudo crê, tudo espera, tudo suporta" (1Co 13:7). A síntese de Vinson Synan e Charles Fox Jr. é precisa:

> Seymour aceitou inicialmente a tese de Parham de que falar em línguas era a "evidência bíblica" de que alguém havia recebido o batismo do Espírito Santo e promoveu esse ensino na rua Azusa. No entanto, pouco tempo depois da divisão entre ele e Parham, começou a mudar sua posição sobre a evidência do batismo do Espírito para incluir uma dimensão ética, baseada no fruto do Espírito. *Para Seymour, falar em línguas deveria ser considerado como "um dos sinais" que acompanhavam o batismo*

---

como evidência. Seu pano de fundo Holiness Wesleyano, com sua ênfase no fruto do Espírito (Gl 5.22-23) tinha um elemento igualmente importante a ser considerado" (C. M. Robeck Jr., "William J. Seymour e a 'evidência bíblica'", p. 117).

[74] C. M. Robeck Jr., "William J. Seymour e a 'evidência bíblica'", p. 117.

[75] Ibidem, p. 118.

[76] "A visão de Seymour sobre o Espírito Santo se tornaria mais matizada ao longo do tempo, provavelmente por causa do que ele observou daqueles que alegavam ser cheios do Espírito, mas não tinham caráter para sustentar suas palavras" (V. Synan; C. Fox Jr., *William Seymour*, p. 134).

[77] "A transformação teológica que sofreu moveu-o da afirmação de que falar em línguas era a evidência do batismo do Espírito Santo, para a crença de que o amor divino era o sinal do batismo no Espírito Santo" (Synan; Fox Jr., *William Seymour*, p. 135).

[78] Segundo Frank Bartleman, testemunha ocular do avivamento da rua Azusa, "o amor divino se manifestava maravilhosamente nessas reuniões. A mensagem era o amor de Deus" (*A história do avivamento da Azusa*, p. 54).

do Espírito Santo, mas não a "evidência verdadeira" do batismo do Espírito na vida cotidiana de uma pessoa.[79]

Para Seymour, portanto, o amor é, acima de qualquer outra, a evidência da vida batizada no Espírito. Em grande medida, "a compreensão de Seymour sobre o Pentecostes foi rapidamente esquecida, e os pentecostais começaram a enfatizar demais as línguas".[80] O que houve, na prática e, portanto, na história, foi a prevalência da concepção doutrinária de Parham e um esquecimento da mensagem de Seymour.[81] No contexto inter-racial da Azusa, em plena vigência da legislação Jim Crow, Seymour percebeu que o batismo no Espírito Santo demonstrava a igualdade de raças e de gênero.[82]

O Espírito veio sobre toda carne, ou seja, sobre negros, brancos, pobres, ricos, homens e mulheres, sem discriminação.[83] Tornou-se icônica a afirmação de Frank Bartleman, participante do avivamento da Azusa, de que "a segregação racial fora apagada pelo sangue de Jesus".[84] Para William Seymour, o poder pentecostal, o batismo no Espírito Santo, significam o derramar de mais amor de Deus.[85] Não posso deixar de citar, a esta altura, a importantíssima afirmação dos biógrafos de Seymour, Vinson Synan e Charles Fox Jr.:

> De acordo com Seymour, a tarefa principal do Espírito Santo não era produzir glossolalia como marca distintiva da unidade pentecostal. Em vez disso, o trabalho do Espírito Santo era fazer todas as raças e nações em uma família global através do amor divino.[86]

---

[79] Synan; Fox Jr., *William Seymour*, p. 123-4 (grifo nosso).

[80] Ibidem, p. 124.

[81] "Seymour tinha constantemente admoestado seus seguidores na Missão da Rua Azusa para não buscar línguas, mas para se concentrar no doador dos dons e buscar mais a Deus. Em contrapartida, seu conselho foi finalmente rejeitado por todo o Movimento Pentecostal, na medida em que as línguas se tornaram ponto focal da experiência pentecostal" (Synan; Fox Jr., *William Seymour*, p. 125).

[82] Sobre a igreja da rua Azusa, Eddie Hyatt escreve que "o primeiro conselho diretor refletia tanto a diversidade racial quanto a de gênero. Este conselho [...] era formado por sete mulheres e cinco homens. Cinco das mulheres eram brancas e duas negras. Dentre os homens, quatro eram brancos e o pastor Seymour era negro" (*2000 anos de cristianismo carismático*, p. 185).

[83] "Para Seymour, a inclusão racial era o sinal da verdadeira igreja que nasceu no dia de Pentecoste, quando diversos grupos étnicos se reuniram para ouvir o evangelho em sua própria língua nativa" (V. Synan; C. Fox Jr., *William Seymour*, p. 136).

[84] F. Bartleman, *A história do Avivamento Azusa*, p. 53.

[85] V. Synan; C. Fox Jr., *William Seymour*, p. 135.

[86] Ibidem, p. 136.

PENTECOSTALISMO: UM MOVIMENTO DE RENOVAÇÃO

Desse modo, a concepção de Seymour sobre o batismo no Espírito Santo não era apenas pneumatológica, mas também eclesiológica, no que seria possível classificar como uma pneumatologia eclesiológica.[87] Essa ideia está profundamente arraigada ao amor como essência de Deus e ao batismo no Espírito Santo como um poderoso derramar pneumático desse amor. Para Emil Brunner, a afirmação de que Deus é amor (1Jo 4:8) aponta para o coração da mensagem do Novo Testamento.[88] Revelar esse amor é a missão de Jesus Cristo e o conteúdo da nova aliança.[89] O amor de Deus é a autodoação de Deus. Contrastando o *eros* grego com o ágape da concepção cristã, Brunner afirma que aquele denota o amor dedicado a alguém que merece ser amado por seu valor, enquanto este "não procura valor, mas gera valor ou concede valor".[90]

Assim, esse amor não tem uma lógica. Em certo sentido, é absurdo. Por isso, não pode ser definido em termos intelectuais, mas apenas conhecido e verbalizado a partir de um encontro divino-humano. Nesse encontro, Deus partilha de si mesmo, derramando seu amor (Rm 5:5). Por essa razão, em um marco pneumatológico-trinitário, o batismo no Espírito é visto como um batismo no amor de Deus.[91] O Pentecoste encontra seu fundamento no amor de Deus, pois o Espírito capacita o crente não só para falar de Deus, mas também para "relacionar-se com o outro" ao modo de Jesus. Assim, a evidência do batismo é o amor de Deus manifesto na vida em comunidade.[92] Para Daniel Castelo, "o amor divino é a essência do batismo no Espírito e, sob essa luz, este último pode explicar temas relacionados com a santificação e com o empoderamento carismático".[93]

Em sua releitura do batismo no Espírito como fundamento para uma teologia pentecostal global, Frank D. Macchia defende que ele se insere em uma ótica neotestamentária mais ampla e diz respeito à *chegada do reino de Deus em poder*. Seu sentido seria, portanto, a presença escatológica do reino de Deus, unindo os aspectos escatológico, soteriológico

---

[87] Aqui, percebemos o que Roger Haight chama "confraternidade carismática". Assim, "a confraternidade é constituída pelo Espírito Santo; é formada por uma experiência comum do Espírito que integra as pessoas no corpo de Cristo" (*A comunidade cristã na história*, p. 525).

[88] E. Brunner, *Dogmática*, p. 241.

[89] Ibidem, p. 243.

[90] Ibidem, p. 245.

[91] "O que insinuo desde o princípio é que o derramamento do amor divino sobre nós é a máxima descrição de Pentecoste" (F. D. Macchia, *Bautizado en el Espíritu*, p. 253).

[92] "O amor divino deve ser a essência do batismo no Espírito Santo. O Espírito Santo é o Espírito do amor santo" (F. D. Macchia, *Bautizado en el Espíritu*, p. 254).

[93] D. Castelo, *Pentecostalismo*, p. 152.

PENTECOSTALISMOS

e eclesiológico. Não obstante o equilíbrio entre esses aspectos, Macchia afirma que o batismo no Espírito, como princípio organizativo da teologia pentecostal, deve funcionar no âmbito do que ele chama "marco escatológico" em uma "interpretação escatológica do batismo no Espírito Santo", que leva a sério a correlação "Pentecoste-reino de Deus".[94] Diz Macchia sobre essa proposta:

> Paulo chama o Pentecoste de um derramamento do amor divino [...]. A melhor descrição da substância do batismo no Espírito como dom escatológico a vê como um derramamento do amor divino. *Essa é a combinação final do soteriológico com o carismático.* Não é possível uma combinação maior e mais profunda.[95]

Sua conclusão (e proposta) é que o batismo no Espírito Santo é um batismo no amor de Deus, de acordo com o texto de Romanos 5:5: "A esperança não nos decepciona, porque Deus derramou seu amor em nossos corações, por meio do Espírito Santo que ele nos concedeu". Entendo que Macchia, ao expandir a compreensão pentecostal do batismo no Espírito Santo como um derramamento do amor divino, subscreve com as próprias palavras a tese fundamental de que o pentecostalismo é uma teologia de encontro com Deus pelo Espírito Santo. Macchia, ao trabalhar com a *metáfora* do batismo no Espírito Santo, remete-nos à obra lucana e à experiência do dia de Pentecoste. Ainda que o autor ressalte (a meu ver, com razão) a dimensão ética do batismo no Espírito Santo, o empoderamento carismático não pode ser abstraído. Com efeito, a dimensão da transformação ética e a dimensão do poder carismático estão unidas. Aqui, percebo que, para Macchia, bem como para Pomerville, o pentecostalismo é um movimento de renovação da experiência da igreja primitiva, a qual está ligada à inauguração do reino de Deus e, portanto, à irrupção do tempo escatológico. A igreja é empoderada para testemunhar (At 1:8) e para manifestar os dons do Espírito Santo como sinais evidentes da chegada do reino em uma verdadeira dinâmica de antecipação escatológica. Com o derramamento do Espírito sobre toda carne, a igreja participa ativamente da história salvífica de Deus no mundo. O pentecostalismo, portanto, é um movimento de renovação desse participar experiencial na história da salvação.

---

[94] Macchia, *Bautizado en el Espíritu*, p. 18-9.
[95] Ibidem, p. 19 (grifo nosso).

O DISTINTIVO PENTECOSTAL SEGUNDO AMOS YONG

Para Amos Yong, um dos mais prolíficos teólogos pentecostais da atualidade, à luz das grandes mudanças no "novo contexto global", não só a teologia cristã tem voz ativa, mas, acima de tudo, "é a própria teologia pentecostal que possui esta voz particular".[96] Yong se coloca entre os que defendem a construção heurística de uma teologia pentecostal global e/ ou mundial. O autor é um observador atento da expansão pentecostal pelo globo e trabalha com o pressuposto de que "o pentecostalismo é um movimento global, quer olhemos para o número de convertidos, quer olhemos para os países alcançados".[97] Como temos afirmado, a formação da Nova Cristandade se dá pelo crescente número de cristãos na América Latina, África e Ásia. Isso implica uma mudança não apenas no eixo demográfico do cristianismo, mas na própria fisionomia da fé cristã: o cristianismo global é pentecostal-carismático.

Como todas essas mudanças influenciarão a teologia cristã no século 21? Para Yong, a Nova Cristandade está tomando para si a responsabilidade pelas crenças e práticas desse novo cristianismo, tendo como critério as próprias experiências e os contextos nativos. Isso não significa uma rejeição à tradição teológica cristã, mas a construção de uma teologia pentecostal global fincada em suas "raízes pentecostais". Sobre tais raízes, Yong afirma:

> As mesmas nascentes que deram força aos reavivamentos pentecostais do século passado agora deságuam em afluentes e longos córregos; fluxos de água que hoje nos trazem um pentecostalismo mundial que, em toda a sua diversidade, dialoga com vertentes semelhantes ou idênticas àquelas que têm anunciado uma nova teologia aos países emergentes ao Sul e ao Oriente. Aqui está aquilo que há de mais promissor (e desafiador) na teologia pentecostal contemporânea.[98]

Segundo Yong, "é possível que existam mais fontes e recursos teológicos dentro da tradição pentecostal do que se pode imaginar".[99] Consciente do grande amadurecimento da teologia pentecostal acadêmica, Yong propõe "novos diálogos teológicos", para além de uma teologia dogmática

---

[96] Yong, *O Espírito derramado sobre a carne*, p. 22.
[97] Ibidem, p. 23.
[98] Ibidem, p. 28.
[99] Ibidem, p. 27.

PENTECOSTALISMOS

já estabelecida. Assim, ele vê o pentecostalismo mundial como "uma nova tradição teológica por meio da qual poderemos explorar tanto as possibilidades quanto as adversidades que circundam o desenvolvimento de uma teologia cristã no mundo contemporâneo".[100] O pentecostalismo, como tradição teológica, certamente tem um fundamento que corresponde à unidade de sua diversidade. Yong não só presume a existência desse fundamento, mas também propõe uma teologia pentecostal mundial.

Em primeiro lugar, o autor chama a atenção para o fato de que, como tradição cristã, os pentecostalismos têm as "bases bíblicas de uma teologia pentecostal mundial".[101] Assim, deve-se considerar a existência de uma "perspectiva pentecostal singular". Ou seja, os pentecostalismos trabalham à luz de uma hermenêutica e/ou orientação explicitamente pneumatológica. Isso acontece em virtude do lugar privilegiado que o Pentecoste neotestamentário ocupa na tradição pentecostal-carismática: a *força motriz* bíblica e experiencial do movimento. Evidentemente, a força narrativa do Pentecoste erigiu a obra do evangelista Lucas à condição de *matriz* escriturística pentecostal que concede "destaque ao caráter experiencial da fé".[102] Assim, podemos afirmar que os pentecostalismos estão enraizados na Bíblia e, hermeneuticamente, centrados em Lucas-Atos. Essa centralização opera como força hermenêutica centrífuga que se espraia no texto de toda a Escritura. Para os pentecostalismos, Lucas-Atos representa uma espécie de moldura que nos permite ver e entrar no mundo da igreja primitiva. Ao adentrar o universo da igreja apostólica, os pentecostais não leem apenas histórias; eles também recebem um *convite do Espírito* para participar hoje mesmo da obra iniciada com o derramar no dia de Pentecoste.[103] Por isso, surge o desejo de experimentar a força do Espírito Santo conforme manifestada na igreja primitiva e o profundo anelo pela presença de Deus. A (re)descoberta desse acesso experiencial a Deus no nível de encontro pessoal influencia completamente a leitura pentecostal da Bíblia: toda a Escritura passa a ser o relato do Deus que nos encontra e sempre convida seu povo a encontrá-lo.

Em segundo lugar, mesmo concordando plenamente que a tradição pentecostal tem dado uma enorme contribuição à teologia pneumática

---

[100] A. Yong, *O Espírito derramado sobre a carne*, p. 22. Jenkins também afirma ser o Sul Global "uma nova tradição, de importância comparável à das igrejas do Oriente e do Ocidente de épocas históricas" (*A próxima cristandade*, p. 18).

[101] Yong, *O Espírito derramado sobre a carne*, p. 36.

[102] Ibidem, p. 36.

[103] "É indiscutível que o Espírito, e em particular o dom do Espírito, foi uma experiência real na vida dos primeiros cristãos" (J. Dunn, *El bautismo del Espíritu Santo*, p. 268).

212

PENTECOSTALISMO: UM MOVIMENTO DE RENOVAÇÃO

como um todo, rompendo com a negligência em relação à pneumatologia, Yong acrescenta que a orientação pneumatológica pentecostal é profundamente cristológica. O pressuposto é que o Espírito Santo é o Espírito de Jesus e, "assim como a pneumatologia serve como orientação dinâmica, a cristologia é quem dita o tom desta nova teologia".[104] O que Yong ressalta é que a experiência pentecostal, além de carismática, é sempre soteriológica. Com efeito, o autor, após demonstrar o caráter bíblico dos pentecostalismos, afirma que o princípio temático de qualquer teologia pentecostal deve partir da doutrina da salvação.[105] Contudo, a obra de salvação é pneumatológica do início ao fim. É também dinâmica e integra muitas experiências. Yong denomina essa concepção "soteriologia pneumatológica". Os pentecostalismos não dividem a obra salvífica de Deus em operações conceituais e abstratas. Não se divide a obra de Cristo e do Espírito na salvação.[106] A soteriologia pneumatológica crê na salvação como uma obra simultânea de Cristo e do Espírito Santo, do início ao fim: o Espírito salva *com* Cristo.

A esta altura, para não deixar margem a dúvidas, é imprescindível salientar que a ênfase em uma soteriologia pneumática que põe em evidência a obra de Cristo com o Espírito é trinitária em essência.[107] Não há dúvida de que o pentecostalismo clássico, em geral, aderiu à doutrina ortodoxa da Trindade. A exceção é o pentecostalismo unicista, bastante representativo em várias partes do globo, mas não no Brasil. Por essa razão, não levarei em conta essa vertente pentecostal. No Brasil, os diversos pentecostalismos assumem, direta ou indiretamente, o legado trinitário advindo do cristianismo histórico. Isso demonstra a importância do papel da tradição dogmática no trabalho teológico, mesmo em uma corrente experiencial como o pentecostalismo. Ainda que historicamente os pentecostais compartilhem uma suspeita em relação à tradição dogmática e aos credos ecumênicos, o fato de estarem inseridos no único tronco do cristianismo revela uma dependência teológica dos ramos da fé cristã a algumas concepções básicas.[108]

---

[104] Yong, *O Espírito derramado sobre a carne*, p. 38.

[105] Ibidem, p. 119.

[106] Yong menciona a tradição do escolasticismo reformado, na qual "Cristo provê a salvação de maneira objetiva (na obra da justificação) e o Espírito conquista a salvação de maneira subjetiva (na santificação). Assim, a obra soteriológica do Espírito acaba se tornando algo subsequente e subordinado à obra de Cristo" (*O Espírito derramado sobre a carne*, p. 120).

[107] Yong, *O Espírito derramado sobre a carne*, p. 120.

[108] É interessante a afirmação de Yong, que apresenta equilíbrio entre Tradição, Escritura e Experiência nos pentecostalismos, mas escreve que, "embora a construção de um corpo teológico precise levar em conta dados bíblicos e da experiência contemporânea, creio que também deva encaixar suas propostas no contexto da tradição histórica da igreja" (*O Espírito derramado sobre a carne*, p. 121).

213

PENTECOSTALISMOS

Presumindo-se esse fundamento trinitário, a teologia pentecostal, em vez de seguir a sequência clássica de temas das teologias sistemáticas protestantes (doutrina de Deus Pai, do Filho e do Espírito Santo), parte de uma teologia bíblica (Lucas-Atos) "pneumatologicamente dirigida e centrada em Cristo desde o início". Por isso, inicia com a experiência do Espírito, ou seja, "da experiência e prática pentecostal para a reflexão teológica", pois "perguntar pelo Espírito é perguntar sobre Jesus e sobre Deus".[109] A dimensão experiencial do pentecostalismo diz respeito ao "encontro pessoal com o Espírito de Deus", sendo, assim, trinitária.[110] Feitas essas considerações, é possível afirmar que, para Yong, a unidade dos pentecostalismos, em última análise, encontra-se em sua específica ênfase na dimensão experiencial da fé cristã, baseada no encontro divino-humano pelo Espírito de Cristo, que reflete a mesma experiência da igreja apostólica. Essa dimensão é extraída de uma teologia bíblica centralizada em Lucas-Atos. Segundo Lucas, Jesus é o Deus encarnado (*Logos*) e também o Homem ungido pelo Espírito Santo para anunciar a chegado do reino de Deus. Nesse contexto, as afirmações do evangelista em Lucas 4:16-21, citando Isaías 61:1-2, são contundentes:

Ele [Jesus] foi a Nazaré, onde havia sido criado, e no dia de sábado entrou na sinagoga, como era seu costume. E levantou-se para ler. Foi-lhe entregue o livro do profeta Isaías. Abriu-o e encontrou o lugar onde está escrito:

"O Espírito do Senhor
está sobre mim,
porque ele me ungiu
para pregar boas-novas
aos pobres.
Ele me enviou
para proclamar liberdade
aos presos
e recuperação da vista
aos cegos,
para libertar os oprimidos
e proclamar o ano da graça
do Senhor".

---

[109] Yong, *O Espírito derramado sobre a carne*, p. 299-300.
[110] Ibidem, p. 121.

PENTECOSTALISMO: UM MOVIMENTO DE RENOVAÇÃO

Então ele fechou o livro, devolveu-o ao assistente e assentou-se. Na sinagoga todos tinham os olhos fitos nele; e ele começou a dizer-lhes: "Hoje se cumpriu a Escritura que vocês acabaram de ouvir".

Jesus era plenamente ungido pelo Espírito e, segundo Lucas, a mesma unção que estava sobre Jesus é prometida aos seus discípulos: "Eu lhes envio a promessa de meu Pai; mas fiquem na cidade até serem *revestidos do poder* do alto" (Lc 24:49). Diante disso, Yong afirma:

Se o Espírito de Deus que ungiu Cristo habitar em você, o Espírito há de o capacitar a fazer as mesmas obras (Atos) de que Cristo foi capaz sob a mesma unção (Lucas). É importante destacar o papel central desempenhado pelas obras de Jesus. [...] Para Lucas, o dom do Espírito aos seguidores de Cristo os capacita a vencerem o pecado, a tentação e o diabo; ele os autoriza a expulsar os demônios e a curar os enfermos; e os habilita a servir no ministério aos pobres, cativos e oprimidos, tal qual fez Jesus.[111]

Todavia, mesmo que existam divergências conceituais no âmbito da tradição pentecostal-carismática (o que é típico da reflexão teológica), o que fundamenta os diversos pentecostalismos é a renovação da dinâmica experiencial neotestamentária da fé cristã caracterizada pelo encontro divino-humano. Diz Yong:

É a experiência dinâmica do Espírito Santo que dá vida à espiritualidade pentecostal, e creio que *a grande contribuição do pentecostalismo às igrejas cristãs hoje é justamente o despertar e o retorno aos estudos pneumatológicos e à teologia pneumatológica como um todo.*[112]

É evidente que o pentecostalismo restaurou o viés experiencial da fé apostólica. É o que Yong chama "teologia pneumatológica". Essa teologia está longe de ser abstrata; ao revés, é extremamente prática e nós a reconhecemos mundo afora pelo variadíssimo repertório da espiritualidade pentecostal que dá um testemunho dinâmico acerca do encontro divino-humano pelo Espírito Santo. São os hinos, os testemunhos, as curas, as danças e outras experiências que dão testemunho, muitas vezes de forma

---

[111] Ibidem, p. 129-30 (grifo nosso).
[112] Ibidem, p. 37 (grifo nosso).

dramática, da força quase indescritível da presença de Deus entre os pentecostais. Por isso:

> Somente uma teologia que mantém os pés no chão é capaz de cumprir seu chamado a estreitar os laços entre a reflexão teológica e a realidade pentecostal, incluindo culto, a adoração, e a vida do crente, seguindo assim o antigo ditado que nos fala da união entre a oração e estudo da teologia: *lex orandi lex credendi.*[113]

Yong reconhece que, por causa do dinamismo e do caráter imprevisível da ação do Espírito Santo, a teologia pentecostal está sempre "em via de construção", visto que é centrada na ação surpreendente do Espírito.[114] Creio que Yong, ao afirmar que os pentecostais não podem mais adiar a elaboração de uma teologia sistemática que *redefina o conteúdo e a estrutura da teologia* nos termos da *experiência pentecostal e das dinâmicas do Espírito*, está em harmonia com a afirmação de Paul A. Pomerville, de que o pentecostalismo é um movimento de renovação da experiência normativa com o Espírito Santo segundo o modelo da igreja apostólica e à luz do derramar do Espírito no Pentecoste.[115] Percebo que cada autor, de maneira singular e criativa, elabora sua proposta teológica tendo como pressuposto inalienável a experiência pneumática pentecostal de encontro com Deus. Tal experiência figura como o elemento distintivo dos pentecostalismos e, portanto, como a base teológica de sua unidade.

O DISTINTIVO PENTECOSTAL SEGUNDO ALLAN H. ANDERSON

O renomado estudioso do pentecostalismo global Allan H. Anderson reconhece as dificuldades inerentes à grande diversidade apresentada pelos pentecostalismos. Na opinião dele, há várias características comuns ao que ele chama "família do pentecostalismo", assim como inúmeras diferenças. Trabalhando à luz da expansão pentecostal global, ele reconhece que, em relação às milhares de igrejas pentecostais espalhadas pelo globo, "é muito difícil encontrar características unificadoras comuns ou aspectos distintivos pelos quais elas possam ser definidas".[116] Em face dessa atual

---

[113] Ibidem, p. 39.
[114] Ibidem, p. 41.
[115] Ibidem, p. 40.
[116] A. H. Anderson, *Introdução ao pentecostalismo*, p. 14.

PENTECOSTALISMO: UM MOVIMENTO DE RENOVAÇÃO

realidade, ele afirma que os pentecostais, como um todo, não podem ser distinguidos pelas crenças teológicas centrais de *um* dos grupos que compõe a tradição pentecostal-carismática. Por exemplo, por mais que seja amplamente reconhecida a influência do pentecostalismo denominacional americano sobre os pentecostalismos, sua ênfase característica no batismo no Espírito Santo como experiência pós-conversão evidenciada fisicamente pelo falar em línguas não pode ocupar a posição de distintivo pentecostal.[117] Segundo ele, "uma perspectiva limitada como essa não pode ser corroborada em uma perspectiva global, uma vez que exclui a infinidade de cristãos cuja experiência igualmente autêntica do Espírito é com frequência diferente daquela dos que possam ter falado em línguas".[118]

Anderson propõe uma "teologia do Espírito" como um distintivo pentecostal em meio à ampla diversidade do pentecostalismo global. Contudo, seguindo o novo paradigma do cristianismo, o autor não sugere uma "fórmula" ou uma "formulação" conceitual unívoca dessa teologia do Espírito. Ele reconhece categoricamente a fonte neotestamentária da teologia do Espírito pentecostal, principalmente quando traça o itinerário histórico-teológico do batismo no Espírito Santo, desde o metodismo de John Wesley e sua ênfase em uma segunda obra da graça posterior à conversão, até a formulação clássica de Charles F. Parham, no início do século 20.[119] Elaborando uma síntese sobre a doutrina central do pentecostalismo clássico, Anderson lembra que ela foi formulada em referência:

> ao livro de Atos, especialmente à experiência do dia de Pentecostes (At 2,4), à experiência dos samaritanos (At 8,4-19), a Cornélio (At 10,44-48) e aos discípulos em Éfeso (At 19,1-7) como "modelos normativos para todos os cristãos". Essas passagens, dizem, indicam que há uma experiência de

---

[117] Ibidem, p. 15. Segundo Esequias Soares, um dos mais respeitados teólogos das Assembleias de Deus no Brasil, dois pontos são fundamentais "sobre o conceito do pentecostalismo clássico de batismo no Espírito Santo: a) trata-se de um experiência espiritual do crente com o Espírito de Deus separada da conversão, na qual ele 'entra em uma nova fase em relação ao Espírito'; b) tem o falar em línguas, glossolalia, como evidência física inicial do batismo" (*O verdadeiro pentecostalismo*, p. 41.

[118] Anderson, *Introdução ao pentecostalismo*, p. 15; Villafañe, *Introducción al pentecostalismo*, p. 119.

[119] Sobre a influência de Charles F. Parham no pentecostalismo clássico, Anderson afirma que ele "fez a *ligação teológica* original entre falar em línguas e batismo no Espírito" e ainda que "a doutrina foi enfatizada pela missão da rua Azusa e tem sido uma característica do pentecostalismo americano desde então [...] e continuando a ser uma crença fundamental da maioria das denominações pentecostais clássicas no mundo ocidental" (*Introdução ao pentecostalismo*, p. 203 [grifo nosso]).

217

PENTECOSTALISMOS

receber o Espírito algum tempo depois da conversão e que, em cada caso, expressa ou implicitamente, aqueles que receberam o Espírito falaram em línguas. [...] Os pentecostais clássicos explicaram a declaração implícita de Paulo de que nem todos falam em línguas (1Co 12,30), distinguindo entre línguas como um "sinal" (como evidência do batismo no Espírito) e línguas como um "dom" (não para todos os fiéis, e para uso nas reuniões da igreja). Com base nessas Escrituras, os pentecostais afirmam que o padrão normativo do batismo no Espírito é a "evidência física inicial" de falar em línguas.[120]

Contudo, ainda que reconheça a importância da formulação clássica do batismo no Espírito Santo para o pentecostalismo, Anderson expõe os debates que surgiram ao longo do século 20 sobre a referida doutrina. Algumas opiniões abalizadas contestam sua conceitualização como uma experiência da graça, posterior à conversão (pós-conversão), com a evidência física inicial do falar em outras línguas e que tem por objetivo principal capacitar o crente ao serviço-testemunho. Assim, por exemplo, Anderson cita a opinião de peso do erudito James Dunn, que, mesmo simpático ao pentecostalismo, defende o batismo no Espírito Santo como uma experiência ligada à conversão-iniciação, não posterior a ela.[121] Na opinião de Dunn, "ainda que a crença pentecostal na natureza dinâmica e vivencial do batismo no Espírito esteja bem fundamentada, a separação desta da conversão-iniciação é totalmente infundada".[122] Também sobre as línguas como evidência física inicial, Anderson mostra como o próprio "William Seymour também questionou a doutrina da 'evidência inicial', como fizeram alguns dos primeiros líderes pentecostais europeus, assim como Willis Hoover e o movimento pentecostal chileno".[123] Acredito que Anderson concorde com a opinião de Amos Yong quando este afirma que, mediante o multifacetado e extraordinário mover do Espírito no Hemisfério Sul, "o pentecostalismo norte-americano não está mais na vanguarda daquilo que Deus tem feito por meio desse movimento".[124]

Levando-se em consideração o fato de que o termo "pentecostal" se refere, na verdade, aos *pentecostalismos* (clássico, carismático, neocarismático, igrejas independentes ou primeira, segunda e terceira ondas), Anderson entende que a doutrina do batismo no Espírito Santo, segundo

---

[120] Anderson, *Introdução ao pentecostalismo*, p. 204.
[121] Ibidem, p. 205.
[122] J. Dunn, *El bautismo del Espíritu Santo*, p. 10.
[123] Anderson, *Introdução ao pentecostalismo*, p. 206.
[124] Yong, *O Espíritu derramado sobre a carne*, p. 44.

PENTECOSTALISMO: UM MOVIMENTO DE RENOVAÇÃO

o conceito sedimentado no pentecostalismo clássico, não pode ser caracterizada como o distintivo teológico da tradição pentecostal-carismática *como um todo*. Em uma época que testemunha o vertiginoso crescimento do pentecostalismo global, faz-se necessária uma definição da base teológica dos pentecostalismos que enfatize sua dupla capacidade de encarnar o evangelho em diferentes culturas, sem abrir mão do *ethos* que caracteriza a tradição pentecostal-carismática. Por essa razão, Anderson lembra o fato de que o termo "pentecostalismo", no sentido de tradição cristã em expansão global, "é apropriado para descrever todas as igrejas e movimentos mundiais que enfatizam a operação dos dons do Espírito, tanto em bases fenomenológicas como teológicas".[125] Acredito que Anderson, ao se referir à dupla base teológica e fenomenológica, quer salientar que a última não pode ser desprezada, em virtude da impressionante penetração do pentecostalismo em cenários culturais que, sem exagero, são absolutamente orais e, por conseguinte, contam com pouco suporte teológico doutrinário formal escrito. Os pentecostalismos têm se alojado tanto nas grandes metrópoles quanto em pequenas vilas e comunidades remotas do Hemisfério Sul, onde a educação formal, quando existe, é extremamente rara e precária. A maneira que a vida no Espírito é vivida nessas comunidades não pode ser de modo algum desprezada e vista de cima para baixo, como se o segmento letrado do pentecostalismo tivesse o monopólio sobre o discurso teológico acerca do Espírito Santo. Frank Bartleman, em referência ao início do avivamento da rua Azusa, certa vez afirmou que novamente Deus nascia em uma estrebaria, e não em pomposos estabelecimentos eclesiásticos.[126] Por isso, o pentecostalismo (assim como o cristianismo) do século 21 não pode ser monopolizado por acadêmicos e pastores formados.[127] Com efeito, Anderson ensina que "o pentecostalismo é mais corretamente entendido em um contexto muito mais amplo como um movimento interessado na *experiência* da operação do Espírito Santo e na *prática* dos dons espirituais".[128]

Portanto, para Allan H. Anderson, o tema central e distintivo da teologia pentecostal é a obra do Espírito Santo. Segundo ele, "a experiência da plenitude do Espírito é o coração da teologia pentecostal e

---

[125] Anderson, *Introdução ao pentecostalismo*, p. 18.
[126] F. Bartleman, *A história do avivamento Azusa*, p. 42.
[127] "No avivamento de Gales, os grandes pregadores da Inglaterra tiveram de vir e sentar-se aos pés de mineiros trabalhadores e rudes para ver as obras maravilhosas de Deus" (F. Bartleman, *A história do avivamento da Azusa*, p. 43).
[128] Anderson, *Introdução ao pentecostalismo*, p. 18 (grifo no original).

carismática".[129] Todas as expressões do pentecostalismo têm uma experiência em comum: um encontro pessoal e/ou comunitário com o Espírito de Deus que empodera, capacita e transforma. Sinais, maravilhas e dons espirituais se manifestam. Uma adoração exultante é estabelecida a cada "visitação" do Espírito. A leitura da Palavra é enriquecida quando o Espírito se manifesta. Testemunhos individuais da ação do Espírito ampliam o horizonte de compreensão comunitária sobre como Deus está realizando sua obra. E tudo isso se constitui em virtude da herança recebida do caudaloso rio do pentecostalismo que corre com força vertiginosa, desaguando em diferentes culturas e saciando a sede dos corações ansiosos pelo Deus vivo. O fato de o protestantismo histórico e o catolicismo romano se haverem "renovado" por influência do pentecostalismo demonstra que, em última análise, o que se transmite não é uma doutrina no sentido escolástico do termo, mas, sim, "a experiência dinâmica e carismática do Espírito na vida cristã [...] enraizada na experiência cristã do século I".[130]

O fundamento dos pentecostalismos está no derramamento do Espírito "sobre todos os povos" (At 2:17). A expressão "Todos os povos" aponta para a ação do Espírito sobre qualquer pessoa, em qualquer época e lugar. O Espírito Santo não é uma *força capacitadora*, mas, sim, uma *pessoa que capacita*. A capacitação pressupõe a relação. A salvação não é um fim em si mesmo. Para os pentecostais, o objetivo máximo da vida cristã é a reconciliação do ser humano com Deus e com toda a criação; é andar com Deus, conhecê-lo intimamente e fazer sua obra no poder do Espírito. "Tudo isso provém de Deus, que nos reconciliou consigo mesmo por meio de Cristo e nos deu o ministério da reconciliação" (2Co 5:18). A reconciliação com Deus e a transformação do coração (afetos), que, apaixonada e desesperadamente, olha para Deus, em detrimento dos ídolos, formam a base a partir da qual a capacitação e o empoderamento fazem sentido. "De nada vale ser circuncidado ou não. O que importa é ser uma nova criação" (Gl 6:15). O ser vem antes do fazer. A reconciliação dá coração à missão e, pelo poder do Espírito derramado, deflagra uma *paixão pelo reino de Deus*.

Quando o Espírito foi derramado no dia de Pentecoste, pessoas de várias partes do Império Romano ouviram os discípulos "declarar as maravilhas de Deus" (At 2:11). Independentemente da celeuma sobre as línguas faladas em Atos 2 (se *xenolalia* ou *glossolalia*), o fato é que aqueles que, para alguns dos presentes, pareciam bêbados estavam, na

---

[129] Ibidem, p. 209.
[130] Pomerville, *A força pentecostal em missões*, p. 39-40.

PENTECOSTALISMO: UM MOVIMENTO DE RENOVAÇÃO

verdade, cheios do Espírito Santo.[131] O que a multidão *viu* foi uma experiência extática, mas o que *ouviu* foi um discurso de como Deus é magnífico e esplêndido. A visão e a audição (experiências extática e estética) deixaram todos "atônitos e perplexos" e "todos perguntavam uns aos outros: 'Que significa isto?'" (At 2:12). Lucas apresenta Pedro como o primeiro teólogo do acontecimento do Pentecoste. O discurso do apóstolo (At 2:14-36), segundo Bernardo Campos, é composto de quatro elementos teológicos que ressaltam o Pentecoste como: a) *evento cristológico*, pois é o Messias ressuscitado que se faz presente na comunidade, sendo ele mesmo o centro da revelação de Deus; b) *evento pneumatológico*, pois o Espírito Santo é a presença de Deus que empodera os discípulos para a missão de proclamar o evangelho do Reino; c) *evento soteriológico*, pois a salvação é fruto da cruz e da ressurreição, e deve ser uma realidade vivida e proclamada; d) *evento escatológico*, pois Pedro fala sobre o derramamento do Espírito "nos últimos dias" (At 2:17) e "antes que venha o grande e glorioso dia do Senhor" (At 2: 20).[132]

Todas as ideias anteriores estão fundamentadas na teologia bíblica do Novo Testamento, em sua ênfase no reino de Deus *já presente*. O horizonte hermenêutico que fundamenta a teologia pentecostal é a ação salvífica de Deus, pois ele "em Cristo estava reconciliando consigo o mundo" (2Co 5:19).[133] Jesus é o Salvador e "não há salvação em nenhum outro" (At 4:12). O Pentecoste é um evento cristológico e soteriológico, porque o Espírito é derramado por Cristo para que se dê testemunho da salvação que há nele (At 1:8). É um evento escatológico porque inaugura uma nova era do plano salvífico de Deus: a era do Espírito, que antecede a consumação escatológica com o retorno de Jesus: "Sim, venho em breve!" (Ap 22:20). Os últimos dias já começaram! O Pentecoste é o ponto de virada crucial. Amos Yong, conectando o aspecto escatológico do dia de Pentecoste com a expansão global do pentecostalismo, afirma que "Atos 2 descreve a igreja mundial do século 21 e antecipa a reunião escatológica de todos os povos, línguas, tribos, e nações no Reino de Deus".[134] E o Pentecoste é pneumatológico, pois a teologia bíblica pentecostal neotestamentária enfatiza que, com a presença derramada do Espírito Santo, o

---

[131] "As línguas foram compreendidas por muitos pentecostais, no princípio, como xenolalia [...], que é a capacidade de proclamar as boas-novas no idioma das nações" (F. D. Macchia, *Bautizado en el Espíritu*, p. 38).

[132] Campos, *O princípio da pentecostalidade*, p. 91.

[133] Pomerville, *A força pentecostal em missões*, p. 113.

[134] Yong, *O Espírito derramado sobre a carne*, p. 138.

221

PENTECOSTALISMOS

reino de Deus *já* se faz pneumaticamente presente, embora *ainda não* em sua plenitude. Temos aqui o "já e ainda não" concernente à presença do reino de Deus na Era do Espírito. O reino de Deus *já* está presente, mas *ainda não* consumado.[135] Para Campos, o Pentecoste é muito mais do que um avivamento: é a matriz de todos os avivamentos.[136] O Pentecoste é o fundamento bíblico que testemunha "a chegada do reino em poder" e a ação carismática e experiencial do Espírito Santo.[137] O reino de Deus se manifesta dinamicamente pelo ministério do Espírito Santo. Existe uma "maneira em que o Espírito Santo opera nessa era do Espírito, que é a sua habitadora presença e poder nos cristãos".[138]

À luz do contexto global do cristianismo do século 21, essa ênfase pentecostal na ação dinâmica do Espírito se traduz na formação de "pneumatologias contextuais", pois "não há necessidade de harmonizar essa teologia com a teologia evangélica conservadora".[139] Ainda que o pentecostalismo se movimente, em grande parte, no âmbito da tradição protestante, não pode ser identificado com a teologia evangélica racionalista, que ganhou notoriedade com seus sistemas fechados de teologia. Na visão de mundo holística encontrada nos países da América Latina, África e Ásia, a pneumatologia é, antes de tudo, algo que se vive e se pratica, e não algo teorizado. Não se teoriza a ação do Espírito para conceber teologicamente o que ele pode fazer. Pelo contrário, o Espírito desfruta uma atmosfera de liberdade absoluta para fazer o que lhe apraz.[140] Os feitos do Espírito são teologizados, primeiramente, em formas orais e narrativas, e apenas *a posteriori* cabe a reflexão racional sobre a ação do Espírito. No entanto, essa teologização de segunda ordem é tributária da espiritualidade dinâmica das comunidades pentecostais. Trata-se de uma teologia de oração e adoração, mas sempre controlada pela Palavra e pelo discernimento da comunidade (Espírito, Escritura e Comunidade). Aliás, a

---

[135] Amos Yong ensina sobre a "dimensão escatológica" do "já e ainda não". Ele afirma que "o próprio Cristo apontou que o reino de Deus não está apenas no porvir: 'porque o reino de Deus está entre vós' (Lc 17:21). O tão prometido derramamento do Espírito faz com que os 'últimos dias' sejam nosso hoje (At 2:17). [...] No meio-tempo, entretanto, a igreja vive em entremeios: no 'já', anunciando o 'ainda não'" (*O Espírito derramado sobre a carne*, p. 133).

[136] Campos, *O princípio da pentecostalidade*.

[137] Macchia, *Bautizado em el Espíritu*, p. 16.

[138] Pomerville, *A força pentecostal em missões*, p. 109.

[139] Anderson, *Introdução ao pentecostalismo*, p. 209.

[140] "O pentecostalismo é fundamental e predominantemente um fenômeno do mundo majoritário. A ênfase pentecostal na 'liberdade do Espírito' tornou os vários movimentos inerentemente flexíveis em diferentes contextos culturais e sociais" (A. H. Anderson, *Introdução ao pentecostalismo*, p. 259).

PENTECOSTALISMO: UM MOVIMENTO DE RENOVAÇÃO

Palavra que controla é a mesma que fomenta a experiência pneumática. É a Palavra viva, que fala ao coração e faz estremecer a alma. Não se lança fora nem se desconsidera o conteúdo intelectual do cristianismo. James K. A. Smith aponta que, "embora os pentecostais [...] possam ser suscetíveis a cair no anti-intelectualismo, não acho que ele seja intrínseco à espiritualidade pentecostal propriamente dita".[141] O próprio conteúdo racional do cristianismo aponta para o Transcendente e para a vida *do* e *no* Espírito. Aqui, a razão não está contra o Espírito, mas em harmonia com o coração, mirando Deus como a Verdade última e pessoal pela qual o ser humano anseia.[142] A razão convence intelectualmente que a verdadeira vida é de entrega a Deus em comunhão com seu Espírito. A teologia é feita por adoradores quebrantados na presença do Espírito. É uma teologia aberta ao sobrenatural, aos milagres e ao inusitado. É uma teologia que quer ser surpreendida pelo Espírito. Essa pneumatologia é uma manifestação dinâmica e contextualizada da revelação bíblica.[143] Para Anderson, na prática, em qualquer culto pentecostal, em qualquer lugar do globo, independentemente de maior ou menor ênfase em algum aspecto particular, espera-se a presença sem mediação de Deus por meio de alguma manifestação do Espírito Santo e uma grande participação da congregação em todo o contexto cultual.[144] O que os pentecostalismos, como movimentos de renovação, trazem à tona é essa dimensão do poder carismático do ministério do Espírito, rejeitando qualquer ideia de que as manifestações carismáticas pertençam unicamente à igreja do século 1. Em suma, a tradição pentecostal-carismática representa um retorno à *pneumatologia integral* do Novo Testamento e, portanto, é rigorosamente bíblica.

Recapitulando: para Paul A. Pomerville, teólogo que escreve com grande sensibilidade sobre a expansão global do pentecostalismo e seu novo paradigma, o denominador comum do movimento pentecostal é a experiência pentecostal do Espírito com a renovação do ministério carismático do Espírito Santo. Ou seja, o elemento distintivo do pentecostalismo é a renovação da experiência normativa com o Espírito Santo.

---

[141] J. K. A. Smith, *Pensando em línguas*, p. 96-7.

[142] "Quer te louvar o homem, fragmento qualquer de tua criação, e anda em círculos carregando sua mortalidade, anda em círculos carregando a prova de seu pecado e a prova de que tu resistes aos soberbos, contudo, o homem que te louvar, este fragmento qualquer de tua criação. Tu o incitas, para que goste de louvar, porque o fizeste rumo a ti e nosso coração é inquieto, até repousar em ti" (AGOSTINHO DE HIPONA, *Confissões*, p. 33).

[143] Anderson, *Introdução ao pentecostalismo*, p. 210.

[144] Ibidem, p. 14.

223

PENTECOSTALISMOS

A dimensão experiencial da fé cristã é que vem à lume com o movimento pentecostal. À luz da grande variedade dos pentecostalismos globais (pentecostais clássicos, protestantes carismáticos, renovação carismática católica, igrejas independentes), o batismo no Espírito Santo, em que pese sua importância bíblica e histórica, não pode ser considerado o distintivo dos pentecostalismos. Pomerville explica que, embora as interpretações teológicas da doutrina do *batismo com o Espírito Santo* difiram entre os pentecostais-carismáticos, é *comumente aceita a crença de que Deus está restaurando uma dimensão carismática da experiência cristã*.[145]

Frank D. Macchia propõe especificamente uma teologia pentecostal global. Assim, por óbvio, ele entende haver uma unidade teológica na gigantesca diversidade pentecostal. Ele elege o batismo no Espírito Santo como distintivo pentecostal, porém não nos moldes conceituais do pentecostalismo clássico. Ele advoga a tese de que o batismo no Espírito não pode ser visto apenas pela ótica lucana, como empoderamento e capacitação, mas pelo marco escatológico mais amplo do Novo Testamento, que aponta para a chegada do reino de Deus em poder. O autor aponta para a conexão Pentecoste-reino de Deus, mas entende, acima de tudo, que o batismo no Espírito é um dom escatológico que funciona como um derramamento do amor divino (Rm 5:5). O que desejo demonstrar é que Macchia também aponta, com base no Novo Testamento, para a ação dinâmica, profunda e pessoal do Espírito Santo na vida da igreja. É isso que o pentecostalismo vive e é nisso que ele crê. Deus está presente pelo seu Espírito.

Para Yong, é possível uma teologia pentecostal global, pois o pentecostalismo é uma nova tradição teológica que opera sobre a base de uma teologia pneumatológica, por sua vez fruto da experiência dinâmica do Espírito Santo. Nesses termos, a ação do Espírito significa que "Deus derramou e continua a derramar seu Espírito sobre homens e mulheres, jovens e velhos, servos e servas (At 2:17-18; Jl 2:28-29)".[146] É a ação dinâmica do Espírito, presente em todos os pentecostalismos. O Espírito convence, converte, cura, capacita, dá sonhos e visões, concede dons, opera milagres, sinais e prodígios: enfim, "onde está o Espírito do Senhor, ali há liberdade" (2Co 3:17).

Para Allan H. Anderson, um dos maiores especialistas em pentecostalismo global e representante da escola de Birmingham, inaugurada pelo decano dos estudos pentecostais, o suíço Walter J. Hollenweger, o tema

---

[145] Pomerville, *A força pentecostal em missões*, p. 104.
[146] Yong, *O Espírito derramado sobre a carne*, p. 43.

PENTECOSTALISMO: UM MOVIMENTO DE RENOVAÇÃO

central e distintivo da tradição pentecostal-carismática é a obra do Espírito Santo. Os pentecostalismos têm em sua base uma teologia do Espírito que corresponde à ação dinâmica do Paráclito conforme testemunhada no Novo Testamento. A ação do Espírito Santo na nova aliança não diminuiu em momento algum. Ele continua agindo da mesma forma que na igreja primitiva. Com efeito, Anderson assevera que "a razão para a própria existência dos pentecostais é sua convicção no poder do Espírito trabalhando na igreja" e que "a ênfase em receber uma experiência consciente do Espírito é uma característica fundamental dos diferentes tipos de igrejas pentecostais e carismáticas".[147]

Gostaria de traduzir de forma simples e unificada a concordância entre os autores citados, que subsiste a despeito de algumas divergências terminológicas: o pentecostalismo é uma nova tradição cristã que defende o acesso direto a Deus (não mediado) pela ação do Espírito Santo.[148] Em outras palavras: o pentecostalismo entende que o Novo Testamento testemunha que a nova aliança é caracterizada pelo relacionamento (experiência) com Deus pelo Espírito Santo à luz do derramamento do dia de Pentecoste e da experiência pneumática apostólica. Ainda que na prática haja sacramentos e liturgias específicas em cada tradição, a ação do Espírito *não se restringe à mediação* dos sacramentos ou a qualquer ato, pois Deus se faz conhecido na vida diária, real e concreta das pessoas. Mesmo que as comunidades sejam dirigidas de modo permanente pelo Espírito, em última análise, o Espírito se revela *também* às pessoas individualmente, em uma dinâmica pessoal-comunitária. Essa presença direta do Espírito "coloca o saber sobre o Senhor no nível da relação direta e sem mediação racionalista conceitual, ainda que a ortodoxia tenha seu lugar, seja importante e se estabeleça nessa dialética entre fé experiencial e fé conceitual".[149] Por exemplo, pensemos em uma pessoa enferma que receba uma cura física. Ela experimentou uma ação direta do Espírito: trata-se de uma experiência com Deus. A pessoa curada, ao *narrar a experiência* de cura, possibilita que os ouvintes também conheçam algo acerca de Deus e de como ele age pelo seu Espírito. São formas de *conhecer* Deus ressaltadas pela dinâmica experiencial do pentecostalismo. A experiência dá testemunho da presença dinâmica de Deus pelo Espírito Santo, como ocorria na igreja apostólica. E quem ouve o testemunho da cura passa a conhecer Deus, embora a cura não tenha sido sua experiência.

---

[147] Anderson, *Introdução ao pentecostalismo*, p. 334-5.
[148] K. Terra, *Racionalidade, experiência e hermenêutica pentecostal*, p. 115.
[149] G. Siqueira; K. Terra, *Autoridade bíblica e experiência no Espírito*, p 188.

PENTECOSTALISMOS

Esse tipo de conhecimento de Deus encontra apoio na teologia bíblica que ressalta o fato de o "paradigma epistemológico pentecostal" ser construído à luz do termo "conhecimento" (*yada*) na Bíblia hebraica, de seu cognato no Novo Testamento (*gnoskein*) e da perspectiva relacional do Paráclito na literatura joanina.[150] Segundo Kenner Terra, "nesse modelo de teologia bíblica, conhecer não seria ato abstrato e conceitual. Pelo contrário, 'conhecer' (*yada*) na tradição judaica tem relação com experiência e vivência".[151] Com efeito, conhecer Deus é relacionar-se pessoal e experiencialmente com ele. Não se trata de um saber conceitual, mas de um conhecimento vivencial. Esta é a lição de Steve J. Land:

> Essa forma de conhecimento presente nos testemunhos pentecostais se encontra na palavra do Antigo Testamento que, traduzida para o português, significa "conhecimento" (*yada*), que vai além da conceitualização de um objeto até a atualização de uma relação. Essa é a razão pela qual *yada* é utilizada para o ato de amor conjugal (como em Gn 4:1) e para a intimidade de um pacto (como em Jr 1:5; 22:16; 31:34). A força e o poder com que isso ocorre frequentemente nos cultos pentecostais indicam que a transformação, e não uma mera informação, foi a meta do processo.[152]

As experiências pentecostais estão ligadas a um horizonte relacional revelado pela Escritura e caracterizado pelo desejo divino de (re)encontrar experiencial e amorosamente o ser humano. Com isso, a *dimensão experiencial* põe em relevo a *dimensão relacional* da fé cristã: a vida em Cristo testemunhada pelo Novo Testamento é profundamente relacional. E, por ser relacional, é também experiencial. Para Terra, "tal horizonte dialogaria perfeitamente com a ideia do conhecer observada no movimento carismático-pentecostal, porque aponta para o saber capaz de reunir inteligência e experiência, articulação vivencial e intelecto".[153] Uma das maiores críticas que sempre ouvimos é a de que os pentecostais só querem experiências, só querem sentir, cair ao chão ou, de algum modo, fugir da realidade. Sim, reconhecemos o viés individualista e extremamente superficial de muitos contextos pentecostais. Não raramente, a experiência com o Espírito é apresentada de maneira superficial, como

---

[150] Ibidem, p. 185.
[151] Ibidem, p. 185.
[152] S. J. Land, *Pentecostal spirituality*, p. 68.
[153] Siqueira; Terra, *Autoridade bíblica e experiência no Espírito*, p. 186.

PENTECOSTALISMO: UM MOVIMENTO DE RENOVAÇÃO

mais uma forma de prazer sensorial, entre tantas outras que fomentam a busca pela própria experiência como um fim em si mesmo. Contudo, vejo também que o vazio de sentido, a busca desenfreada por bens de consumo como meta da vida humana e o hedonismo patológico se entremearam por todas as facetas da existência humana e se expressam por diferentes formas de vida religiosa e secular. Ainda que algumas formas de "pentecostalismo" expressem esses (des)valores contemporâneos, nem de longe expressam o que o pentecostalismo *verdadeiramente* expressa e representa.

A experiência pneumática não mediada de Deus, evidenciada na espiritualidade pentecostal, representa sua principal "identidade teológica".[154] O distintivo pentecostal, a experiência de Deus (encontro divino--humano), é teológico, mas não é uma doutrina, no sentido conceitual usualmente atribuído ao que é tido como teológico. A superposição entre o teológico e o doutrinário é uma exigência do paradigma racionalista ocidental. O que é teológico não é exclusivamente expresso pela linguagem lógico-conceitual. Na feliz "conceituação" de Wolfgang Vondey, "o pentecostalismo é uma forma de vida fundamentalmente preocupada com a obra renovadora de Deus, tal como surge da efusão do Espírito Santo no dia de Pentecostes".[155] A tradição pentecostal-carismática, com sua ênfase experiencial, aponta para outra compreensão, não só do fazer teológico, mas da própria existência humana, apontando para categorias não racionalistas de discurso sobre Deus.[156] A pneumatologia experiencial desenvolvida nos pentecostalismos demonstra que a "experiência não é qualquer coisa, mas a ação do Espírito como foi realizada entre os apóstolos e as comunidades cristãs primitivas".[157] Na prática, os pentecostais experimentam a presença de Deus de variados modos, e isso nos leva a sustentar que o distintivo pentecostal seja a própria experiência de Deus como experiência de encontro divino-humano. Não estou falando aqui apenas da *crença* na presença de Deus, mas da própria *experiência* dessa presença divina. Portanto, a "verdadeira natureza" do movimento pentecostal, em última análise, diz respeito a "uma questão teológica", pois se trata de "uma renovação do Espírito na história da salvação".[158]

---

[154] Terra, *Racionalidade, experiência e hermenêutica pentecostal*, p. 115.
[155] Vondey, *Teología pentecostal*, p. 22.
[156] Siqueira; Terra, *Autoridade bíblica e experiência no Espírito*, p. 181.
[157] Ibidem, p. 188.
[158] Pomerville, *A força pentecostal em missões*, p. 83.

CAPÍTULO • 5

Pentecostalidade, reino de Deus e experiências pentecostais

Em minha jornada espiritual e ministerial, foi importante compreender que os pentecostalismos tinham uma unidade teológica fundamentada na Bíblia, mesmo que essa unidade não se expressasse por um axioma dotado de rigidez conceitual, mas por um dinamismo pneumático-carismático. Colocar (relativa) ordem na casa em meio a tantas manifestações pentecostais também foi importante em minha formação teológica. Em alguns momentos, cheguei a desacreditar que houvesse alguma unidade em meio à gigantesca gama de experiências entre aqueles que aparentavam estar "bêbados" (At 2:13). No entanto, minha experiência ministerial, somada à convivência com centenas de pessoas sérias que tinham inúmeras experiências com o Espírito, me fez prosseguir na jornada para conhecer mais profundamente a razão de nossa esperança (1Pe 3:15). Como já afirmei, eu sabia que nenhuma daquelas pessoas vivia um conto de fadas espiritual. A embriaguez, no caso, denotava enchimento do Espírito (Ef 5:18). E, quanto mais salmodiavam, cantavam, louvavam e davam graças, mais cheias ficavam. Os próprios cânticos e danças se tornavam experiências que testemunhavam a presença poderosa do Espírito na vida delas. Assim como pessoas embriagadas por bebidas alcoólicas tropeçam e caem em dado momento, certas visitações do Espírito são tão desconcertantes que nos lançam ao chão. Vinson Synan denomina tais experiências de "fenômenos motrizes", amplamente encontrados na historiografia dos despertamentos.[1] Eu mesmo vivi muitas vezes a

---

[1] V. Synan, *A tradição de santidade e do pentecostalismo*, p. 21.

PENTECOSTALIDADE, REINO DE DEUS E EXPERIÊNCIAS PENTECOSTAIS

experiência de "cair no Espírito", como os *holy rollers*.[2] Sobre as experiências extáticas de canto, dança e quedas, Vinson Synan afirma que "muitos desses fenômenos têm sido repetidos periodicamente ao longo da história cristã", e que eles "não parecem estar confinados a algum período ou lugar em particular".[3] Afinal de contas, não se trata apenas de cantar, mas de cantar *com o Espírito*, de orar *com o Espírito* e de, *por meio do Espírito*, falar mistérios com Deus (1Co 14:2,15). Por isso, continuei buscando os fundamentos e as raízes mais profundas da tradição pentecostal-carismática.

O PRINCÍPIO DA PENTECOSTALIDADE

O teólogo pentecostal peruano Bernardo Campos trouxe reflexões valiosas para a compreensão do fenômeno pentecostal. Para Campos, quando falamos de pentecostalismo em sentido histórico, não estamos discorrendo apenas sobre uma configuração histórica que pôs o Espírito em movimento. Ao contrário, falamos de um "movimento do Espírito" que dá à luz um movimento histórico.[4] Diz Campos:

> Abordar o pentecostalismo em termos de uma igreja, seita ou formação social é equivocar-se quanto ao objeto fundamental ou, no melhor dos casos, limitá-lo a uma de suas configurações históricas, reduzi-lo sectariamente a uma entidade particular. Trata-se precisamente de um "movimento espiritual" muito mais profundo e mais complexo do que suas expressões históricas propriamente ditas, como podem ser os pentecostalismos ou as manifestações carismáticas no interior de configurações religiosas tipicamente não pentecostais.[5]

Assim, na visão de Campos, a observação dos pentecostalismos não pode se perder na análise caso a caso de sua enorme e sempre mutante

---

[2] "A expressão *holy rollers*, traduzida aqui por 'roladores santos', tinha uso pejorativo devido às práticas dos antigos pentecostais de rolarem no chão no momento das manifestações carismáticas nos cultos *Holiness* e, posteriormente, no pentecostalismo primitivo" (W. Menzies; R. Menzies, *No poder do Espírito*, p. 31-2). William e Robert Menzies, discorrendo sobre as primeiras reuniões pentecostais, afirmam que "o cântico em alta voz, acompanhado de palmas e entremeado pelo 'dançar no Espírito', era praticado amplamente desde os primeiros dias. Nessas reuniões efusivas, não era raro alguém, ou muitas pessoas, cair em uma espécie de transe, às vezes agitando-se violentamente. 'Cair no poder' era também um fenômeno muito difundido" (W. Menzies; R. Menzies, *No poder do Espírito*, p. 31).
[3] Synan, *A tradição de santidade e do pentecostalismo*, p. 21.
[4] B. Campos, *Da Reforma Protestante à pentecostalidade da igreja*, p. 72.
[5] Ibidem, p. 72.

PENTECOSTALISMOS

diversidade. Os pentecostalismos históricos e concretos expressam, ao revés, uma unidade subjacente que se refere ao "movimento do Espírito" como fundador e ordenador da igreja em qualquer época. Repetindo, não é a igreja que deflagra a ação do Espírito, mas a ação do Espírito que deflagra as diferentes manifestações históricas da igreja. Portanto, parece adequado distinguir um elemento geral (a pentecostalidade) do pentecostalismo, uma versão religiosa desse fenômeno que não permite que ele se restrinja a determinada versão.[6] A melhor definição de pentecostalidade ou do princípio da pentecostalidade sem dúvida advém das palavras do próprio Bernardo Campos:

> Devemos definir a *pentecostalidade* como aquela experiência universal que expressa o acontecimento de Pentecostes em sua qualidade de princípio ordenador da vida daqueles que se identificam com o avivamento pentecostal e, por isso, constroem desde ali uma *identidade pentecostal*. A pentecostalidade seria assim o princípio e a prática do tipo religioso, informada pelo acontecimento de Pentecostes; uma experiência universal que eleva à categoria de "princípio" (arque ordenador) as práticas pentecostais e pós-pentecostais que buscam ser concretizações históricas dessa *experiência primordial*.[7]

Em uma definição mais sucinta, Campos afirma que pentecostalidade é "o princípio e prática religiosa informada pelo acontecimento de Pentecostes".[8] Com efeito, a pentecostalidade se distingue dos pentecostalismos, os quais seriam atualizações históricas daquela. A distinção básica entre pentecostalidade e pentecostalismos está no fato de que estes são prolongamentos históricos daquela.[9] Com o movimento pentecostal, assistimos hoje a uma expressão mais universal da pentecostalidade. Diante da expansão do cristianismo carismático global e da enorme variedade que o torna praticamente inapreensível *in totum* a qualquer método de observação fenomenológica, são importantíssimas as palavras de Campos:

> Em sua qualidade de "princípio", a pentecostalidade em si mesma rejeita qualquer concretização histórica do tipo pentecostal que pretenda ser sua

---

[6] D. M. Oliveira; K. R. C. Terra, *Experiência e hermenêutica pentecostal*, p. 176.
[7] Campos, *O princípio da pentecostalidade*, p. 105 (grifo no original).
[8] Campos, *La Reforma Radical y las raices del pentecostalismo*, p. 129.
[9] Campos *O princípio da pentecostalidade*, p. 106.

PENTECOSTALIDADE, REINO DE DEUS E EXPERIÊNCIAS PENTECOSTAIS

expressão única (exclusiva) ou pretenda convertê-la em *seu* absoluto, negando a outros a possibilidade de fundamentar-se também nela (inclusividade).[10]

Com essa afirmação, Campos encontra legitimidade (e unidade) teológica para os diversos pentecostalismos e, ao mesmo tempo, rejeita toda possível tentativa de hierarquizar os pentecostalismos ao propor *um* modelo histórico como paradigma de legitimidade. Contudo, com isso não se outorga o caráter cristão a *qualquer* manifestação que se afirme do Espírito. A comunidade cristã carismática global, com o discernimento do Espírito, respeitadas as diferenças culturais que a caracterizam, tem plenas condições de reconhecer, em meio à gigantesca diversidade, modelos que se afastam da centralidade que o pentecostalismo confere a Cristo e sua obra redentora.

O princípio da pentecostalidade ostenta um *status* de princípio ordenador, em virtude de sua base neotestamentária, que aponta para sua universalidade. Lucas expressamente afirma o derramamento do Espírito sobre toda carne/humanidade (Atos 2:17), enfatizando que "a promessa é para vocês, para os seus filhos e para todos os que estão longe, para todos quantos o Senhor, o nosso Deus, chamar" (At 2:39).[11] Aqui, temos uma teologia bíblica da experiência pentecostal que funciona como fundamento de uma eclesiologia e de uma missiologia pneumatológicas. Se, em Atos 1:8, é apresentado o projeto pneumatológico de anúncio empoderado, o texto de Atos 2, que narra o derramar do Espírito, é o início da realização desse projeto. Dessa perspectiva, Atos 2:1-13 pode ser visto como uma "experiência religiosa fundante narrativizada".[12]

O princípio da pentecostalidade, ao ressaltar a importância universal da experiência do dia de Pentecoste, está ancorado na exegese que valoriza a experiência religiosa como instrumento de interpretação das origens do cristianismo.[13] Assim, a pentecostalidade diz respeito à universalidade do derramar do Espírito de Cristo, que torna possível a igreja como comunidade. Em outras palavras, "a pentecostalidade é o carisma que faz possível a instituição eclesial".[14] Pela cristologia, a pentecostalidade deve ser vista como a presença do Espírito de Cristo que possibilita a igreja ser corpo

---

[10] Campos, *Da Reforma Protestante à pentecostalidade da igreja*, p. 85.
[11] Campos, *O princípio da pentecostalidade*, p. 78.
[12] Oliveira; Terra, *Experiência e hermenêutica pentecostal*, p. 185.
[13] Ibidem, p. 186.
[14] Campos, *O princípio da pentecostalidade*, p. 77.

PENTECOSTALISMOS

de Cristo, povo de Deus e comunidade de profetas na história concreta da humanidade. É também pela perspectiva cristológica que se acentua o tema da vinda do reino de Deus, pois, "se é pelo dedo de Deus que eu expulso demônios, então *chegou a vocês o Reino de Deus*" (Lc 11:20).

A relação entre a unção-capacitação do Espírito e o reino de Deus é extremamente importante para Lucas. Segundo Campos, tal importância é vista no chamado "programa messiânico" de Jesus apresentado no Novo Testamento.[15] Segundo Campos:

- No batismo no Jordão, é transferida para Jesus a missão de batizar com o Espírito Santo e com fogo: "Eu os batizo com água. Mas virá alguém mais poderoso do que eu, tanto que não sou digno nem de desamarrar as correias das suas sandálias. Ele os batizará com o Espírito Santo e com fogo" (Lc 3:16). João Batista transfere o bastão para Jesus no Jordão (a dupla porção do Espírito), da mesma forma que Elias fez no Jordão com Eliseu.[16]
- Imediatamente após o Jordão, anuncia-se o cumprimento da profecia de Isaías 61:1-2. Nessa ocasião, Jesus se identifica como o Ungido do Senhor: "*O Espírito do Senhor está sobre mim, porque ele me ungiu* para pregar boas-novas aos pobres. Ele me enviou para proclamar liberdade aos presos e recuperação da vista aos cegos, para libertar os oprimidos e proclamar o ano da graça do Senhor" (Lc 4:18-19).
- A indicação de Jesus como aquele que transfere o Espírito aos seus discípulos, a fim de que eles deem continuidade ao ministério de Jesus e manifestem a chegada do reino de Deus, ganha ênfase na passagem de João 20:21-23, que Campos denomina "Pentecoste joanino" ou "protopentecostalismo". Quando se fala de protopentecostalismo, a referência é à "experiência pré-pascal" com o Espírito na vida de Jesus e à "experiência pós-pascal" na vida dos discípulos. Antes do Pentecoste, Jesus se apresentou na casa em que estavam reunidos os discípulos e transmitiu-lhes o Espírito Santo: "Jesus disse: 'Paz seja com vocês! Assim como o Pai me enviou, eu os envio'. E com isso, soprou sobre eles e disse: '*Recebam o Espírito Santo. Se perdoarem os pecados de alguém, estarão perdoados; se não os perdoarem, não estarão perdoados*'" (Jo 20:21-23). Aqui, fala-se

---

[15] Ibidem, p. 80.
[16] Ibidem, p. 80-1.

PENTECOSTALIDADE, REINO DE DEUS E EXPERIÊNCIAS PENTECOSTAIS

do que o grupo seleto de discípulos recebeu e experimentou na presença do Ressurreto. Trata-se de uma pentecostalidade imediatamente pós-pascal e "logo viria o Pentecostes universal para a comunidade mais ampla".[17]

• Anúncio do derramar do Espírito sobre a comunidade dos discípulos: "João batizou com água, mas dentro de poucos dias *vocês serão batizados com o Espírito Santo*" (At 1:5). O batismo em Atos 2 é essa capacitação-empoderamento do Espírito, com sinais e milagres que tornam possível levar a cabo a missão que Jesus transferiu aos seus discípulos após a ressurreição. A pentecostalidade como missão estende o reino de Deus sobre a terra.[18]

Para ressaltar essa dimensão cristológica ligada ao estabelecimento do reino pela transferência do Espírito à comunidade, Campos afirma:

> As experiências atuais da pentecostalidade não são unicamente símbolos das manifestações *extraordinárias* de Deus nas igrejas. São também um chamado de atenção e um convite a crer no Jesus ressuscitado. Deus *plenifica* a história com seu Espírito. Os milagres e sinais que acompanham estas manifestações cumprem a mesma função que cumpriram na época de Jesus e no restante da história cristã. Na teologia do Novo Testamento, os milagres estão ligados ao tema da conversão que introduz o reino.[19]

Essa afirmação é de suma importância para a compreensão de que as experiências pentecostais têm um fundamento cristológico e não estão ligadas apenas ao deleite da experiência pela experiência. O fato é que a experiência é com o Espírito de Jesus. É uma experiência de salvação e de libertação. São experiências com o Salvador. Nos pentecostalismos, como acentua Amos Yong, "a salvação é algo experimentado, de maneiras materiais e concretas, não como algo meramente abstrato e conceitual".[20] O Espírito Santo não é simplesmente uma ideia, mas uma pessoa. Aqui, fala-se da "dimensão física e material da salvação".[21] Yong, discorrendo sobre características do pentecostalismo asiático que se aplicam ao pentecostalismo global, fala da *soteriologia holística* que caracteriza os pentecostalismos:

---

[17] Ibidem, p. 75.
[18] Ibidem, p. 81.
[19] Ibidem, p. 80 (grifo no original).
[20] Yong, *O Espírito derramado sobre a carne*, p. 71.
[21] Ibidem, p. 75.

PENTECOSTALISMOS

O evangelho pentecostal, adaptado ao contexto da região, resultou em uma compreensão da salvação que engloba a libertação de espíritos malignos e cura do corpo, a capacitação por meio do Espírito (manifesta em milagres e testemunhos de fé) e a ênfase na oração e em cultos de avivamento.[22]

Todavia, a soteriologia holística pentecostal está ligada ao encontro com o Espírito do Salvador, que traz avivamento espiritual, cura física, comunhão com os irmãos, libertação de problemas materiais, profecias, sonhos, exorcismos e outras manifestações.[23] Portanto, a experiência pentecostal não é apenas carismática, mas soteriológica, e podemos dizer que "o princípio temático de qualquer tentativa de teologia pentecostal" deve partir "da própria doutrina da salvação".[24] A compreensão de que as experiências pentecostais estão ligadas a uma dimensão soteriológica me trouxe um apreço ainda maior pelas experiências pentecostais. Fui percebendo cada vez mais que a leitura experiencial da Bíblia praticada pelos pentecostais guarda riquezas e tesouros teológicos ainda não explorados. Campos aprofunda sua análise e afirma que o acontecimento de Pentecoste é um protofenômeno do cristianismo historicamente constituído.[25] Em outras palavras, o cristianismo histórico está erigido sobre a experiência pentecostal. Mas não podemos ler "experiência pentecostal" aqui como as experiências derivadas do movimento pentecostal recente, deflagrado no início do século 20. A pentecostalidade fala da *matriz experiencial* que funda a própria historicidade cristã. Nesse sentido, o cristianismo é experiencial por natureza, ainda que essa natureza não se manifeste em diversas formações históricas. O caráter permanente da experiência fundante é tão proeminente para Campos que ele sugere que a pentecostalidade seja incluída como um *notae* ou uma marca da igreja cristã, ao lado das consagradas características da igreja como una, santa, católica e apostólica.[26] Segundo as lições de Kenner Terra e David Mesquiati de Oliveira:

> Na pentecostalidade estariam o princípio e a experiência universal fundante do Espírito, que pode fundar expressões concretas *na força do Espírito*. Teologicamente falando, pressupõe uma comunidade de fé e o evento crístico, salvador e transformador. Com isso, para os pentecostais,

---

[22] Ibidem, p. 77.
[23] Ibidem, p. 94.
[24] Ibidem, p. 119.
[25] Campos, *La Reforma Radical y las raíces del pentecostalismo*, p. 130.
[26] Oliveira; Terra, *Experiência e hermenêutica pentecostal*, p. 28.

PENTECOSTALIDADE, REINO DE DEUS E EXPERIÊNCIAS PENTECOSTAIS

as quatro *notae* da igreja são expandidas em sua fórmula para cinco: *una, santa, católica, apostólica* e a *pentecostalidade*.[27]

Campos, à luz de um cristianismo global, destaca que o princípio da pentecostalidade não tem fronteiras, pois é interconfessional, global e universal. Portanto, "deveria ser considerado como uma marca ou *notae* do Credo Apostólico".[28]

Entretanto, se a pentecostalidade é uma marca da igreja, por que, do ponto de vista histórico, o cristianismo nem sempre manifestou sua vocação carismática e experiencial? Seguindo o mesmo raciocínio de Harvey Cox quanto às três eras da igreja (Era da Fé, Era da Crença e Era do Espírito), Campos ensina que a história do cristianismo é marcada pela *tensão entre carisma e instituição eclesial*. Com efeito, "podemos interpretar a história da igreja como a história do conflito entre o carisma e a instituição: a história do predomínio (manifestação) de um contra a repressão (ou latência) do outro".[29] Depois da predominância carismática nos três primeiros séculos, a pentecostalidade restou contida com a *constantinização da igreja* a partir do século 4. A partir daí, diferentes formas de pentecostalidade se manifestaram, algumas na "periferia da história", para usar a expressão consagrada por Juan Driver, e outras submissas à instituição eclesial.[30] Os movimentos do Espírito que se manifestaram ao longo da história prontamente receberam a etiqueta de "heréticos". À luz dessas observações, uma historiografia da pentecostalidade deveria considerar períodos intermitentes que marcam, às vezes, sua latência e, em outras, sua manifestação.[31] É possível falar, pois, de um movimento cíclico de "evolução-involução", de "latência-manifestação", de "avivamento--esclerosamento" e de "repressão-liberação" do carisma.[32]

O cristianismo carismático global está localizado no âmbito da evolução-manifestação-liberação do carisma, dando concretude histórica à pentecostalidade. Na linha dos avivamentos que o antecederam, o pentecostalismo se afirma não só como um avivamento temporário, mas como uma consolidação da pentecostalidade no cristianismo histórico. A impressão é de que os binômios ambivalentes mencionados por

---

[27] Ibidem, p. 30.

[28] Campos, *O princípio da pentecostalidade*, p. 123.

[29] Campos, *La reforma radical y las raices del pentecostalismo*, p. 132.

[30] J. Driver, *La fe en la periferia de La historia*. Guatemala: Ediciones Semilla, 1997.

[31] Campos, *La reforma radical y las raices del pentecostalismo*, p. 132.

[32] Campos, *Da Reforma Protestante à pentecostalidade da igreja*, p. 87.

PENTECOSTALISMOS

Campos talvez estejam sendo superados com a consolidação do cristianismo carismático global. Nesse sentido, segundo Campos, "do século XVIII ao XXI temos passado por quatro séculos de impacto e irradiação da onda avivamentista e ainda vivemos seus efeitos".[33] Aprendi com o princípio da pentecostalidade algo extremamente diverso do que tinha ouvido no início de minha caminhada cristã. Alguns detratores do pentecostalismo afirmavam enfaticamente que o cristianismo experiencial pentecostal era uma distorção histórica. Com o tempo, compreendi que as teologias cessacionistas é que são, bíblica e historicamente, distorções da fé cristã. Na verdade, entendo que, sem a realidade da experiência do Espírito, não podemos compreender o exuberante universo pneumático do Novo Testamento. O reino de Deus irrompeu pelo derramamento do Espírito. A presença poderosa e surpreendente do Paráclito é a fonte de toda dimensão experiencial dos pentecostalismos.

A irrupção carismática do reino traz à baila o que se pode denominar "dimensão doxológica" dos pentecostalismos, extremamente marcante em seus cultos mundo afora. Daniel Castelo afirma que a vida no Espírito opera desde uma "modalidade doxológica", ou seja, em um contexto de adoração. Aqui, adoração não se refere apenas à atividade cultual da igreja, mas também a uma forma de perceber, atuar e comportar-se no mundo.[34] Os que receberam o Espírito sobre a carne pareciam "bêbados" que falavam "as maravilhas de Deus" (At 2:11). Na verdade, eles estavam embriagados do Espírito, "cheios do Espírito Santo" (At 2:4). Campos afirma que esse aspecto experiencial tem um viés missionário. O derramar do Espírito está ligado ao impulso carismático do envio e do testemunho na unção de Jesus. O envio e o testemunho operam no poder do Espírito e manifestam, antes de tudo, um modo de vida marcado por adoração e celebração, fruto da presença pessoal do Deus que salva. Esse modo de vida é encontrado, por exemplo, na efusiva adoração de Davi ao levar a arca da aliança para Jerusalém, "na medida em que procura adorar a Deus em todas as formas possíveis, chegando as raias do escândalo, do ridículo ou da ingenuidade [...] na presença de Mical".[35]

Em suma, a pentecostalidade está além de qualquer confessionalismo e alude à experiência universal dos cristãos com o Espírito Santo, a partir da analogia ou da extensão da experiência do dia de Pentecoste, quando

---

[33] Campos, *Pastoral pentecostal*, p. 182.
[34] D. Castelo, *Pentecostalismo*, p. 21.
[35] Campos, *Pastoral pentecostal*, p. 192.

PENTECOSTALIDADE, REINO DE DEUS E EXPERIÊNCIAS PENTECOSTAIS

se formou a igreja do Novo Testamento.[36] Por causa de sua qualidade de princípio ordenador da experiência pneumático-carismática cristã, a pentecostalidade deve ostentar o status de *notae* ou característica universal de toda igreja cristã. Por isso, a pentecostalidade não é exclusiva dos pentecostais, mas, antes, uma identidade cristã de caráter universal que, do ponto de vista histórico, tem se manifestado mais nos chamados reavivamentos, embora não se detenha exclusivamente neles. O movimento pentecostal-carismático inova radicalmente a dinâmica histórica das manifestações concretas da faceta carismática da pentecostalidade ao romper com a limitação espaçotemporal que caracterizou os despertamentos-avivamentos ao longo da história. A *pentecostalização* das igrejas históricas e do catolicismo, caracterizada pela constatação de que "os contornos do cristianismo têm sido progressivamente moldados pelos valores pentecostais", erige e revela a pentecostalidade como princípio fundante da Nova Cristandade.[37] Assim, a pentecostalidade é inerente a toda a igreja fundada em Jesus Cristo. Sem o Espírito de Cristo, a igreja não seria igreja. As lapidares palavras de Campos sobre o(s) pentecostalismo(s) são, à luz do princípio da pentecostalidade, imprescindíveis para a compreensão da identidade pentecostal:

> O pentecostalismo moderno é um movimento histórico nascido no princípio do século XX e composto na atualidade por muitas igrejas, instituições e ênfases teológicas, mas com uma espiritualidade mais ou menos em comum que se identifica voluntariamente com a igreja do século I. Caracterizado por uma multiplicidade de manifestações carismáticas (línguas, curas, milagres, exorcismos, unções, quedas, assim como uma proclamação compulsiva e às vezes proselitista do evangelho etc.), *o pentecostalismo, mais que uma igreja, é essencialmente um movimento do Espírito* que no tempo toma a forma congregacional de igrejas, assume formas históricas em congregações religiosas debaixo do nome genérico de pentecostalismo, neopentecostalismo ou o que recentemente se tem chamado de pós-pentecostalismo.[38]

Destaquei as afirmações do teólogo peruano que sintetizam as ideias de que 1) o pentecostalismo é "essencialmente" um movimento do Espírito;

---

[36] Ibidem, p. 178.
[37] Menzies; Menzies, *No poder do Espírito*, p. 17-8.
[38] Campos, *Pastoral pentecostal*, p. 178 (grifo nosso).

PENTECOSTALISMOS

2) o pentecostalismo, na sua incrível variedade, encontra uma "unidade dinâmica" em sua espiritualidade. Essas duas noções remetem à importância do Pentecoste que dá nome ao movimento e ao princípio ordenador (pentecostalidade). Ingressar no âmbito do Pentecoste neotestamentário é ingressar no rincão da teologia bíblica do reino. Discorrerei sobre isso a partir de agora. Realmente, a profundidade do pentecostalismo é impressionante. Jamais eu imaginaria, no início das minhas pesquisas, que depararia com tamanha riqueza espiritual e teológica. Tal riqueza está ligada à ênfase pentecostal em "adorar a Deus e manifestar o Seu Reino".[39]

O REINO DE DEUS: "JÁ/AINDA NÃO"

No dia da ressurreição de Jesus, dois discípulos saíram frustrados de Jerusalém a caminho da aldeia de Emaús. O Ressurreto se aproximou deles, cujos olhos "foram impedidos de reconhecê-lo", e interpelou-os sobre o que conversavam. A pergunta de Jesus causou perplexidade, a ponto de um deles, chamado Cleopas, retrucar: "Você é o único visitante em Jerusalém que não sabe das coisas que ali aconteceram nestes dias?". Na sequência, os dois discípulos fizeram um relato exclusivamente natural da condenação e da morte de Cristo e da grande frustração que isso acarretara para eles, não obstante terem ouvido, naquele mesmo dia, o testemunho da sua ressurreição. Jesus prontamente repreendeu a incredulidade deles quanto a "tudo o que os profetas falaram" e fez-lhes uma pergunta teológica: "Não devia o Cristo sofrer estas coisas, para entrar na sua glória?". Fico imaginando os dois discípulos se entreolhando com um silencioso e veemente "não sabemos" no semblante. Diante disso, Jesus, "começando por Moisés e todos os profetas, explicou-lhes o que constava a respeito dele em todas as Escrituras" (Lc 24:13-35).

Esse impressionante relato lucano traz à tona algumas ideias de grande importância para nosso estudo. Em primeiro lugar, mostra que todo o Antigo Testamento aponta para Cristo: sua encarnação, vida, ministério, morte e ressurreição, pois o Novo Testamento está latente no Antigo e o Antigo se torna patente no Novo.[40] Em segundo lugar, mostra que Jesus tinha de sofrer pelos pecados e depois entrar em sua glória. Contudo, ele

---

[39] Ibidem, p. 184.
[40] Karl Bath, discorrendo sobre a importância do Antigo Testamento para a fé cristã, afirma que "a teologia evangélica ouve esses testemunhos, não como se fossem uma espécie de prelúdio do Novo Testamento mas com máxima seriedade, pois: *Novum Testamentum in Veter latet, Vetus in Novo patet*" (*Introdução à teologia evangélica*, p. 24).

PENTECOSTALIDADE, REINO DE DEUS E EXPERIÊNCIAS PENTECOSTAIS

esclarece ainda que o "entrar na sua glória" não significava ausência ou que apenas um testemunho oral ou escrito de sua memória ficaria à disposição. Antes de entrar em sua glória, Jesus não só se revelou aos discípulos em seu corpo ressurreto, mas também *foi até eles* para lhes ministrar, ter comunhão e, principalmente, prepará-los para dar continuidade à missão no poder do Espírito Santo (Mt 16:19-20). Jesus entrou em sua glória, mas também derramou essa glória sobre seus discípulos.[41] O que mais impressiona no dia de Pentecoste é o discurso de Pedro, afirmando que o cumprimento da promessa de Joel havia chegado e que o Espírito seria derramado não apenas sobre um pequeno grupo de seguidores, mas "para *todos* os que estão longe, para *todos* quantos o Senhor, o nosso Deus, chamar" (At 2:39). Os últimos dias haviam chegado: o reino de Deus estava entre nós!

Os discípulos no caminho de Emaús não entenderam que o Verbo havia sido feito carne e estava entre nós (Jo 1:14). Não compreenderam que o Salvador estava inaugurando o reino de Deus em um mundo que ainda não fora totalmente redimido do cativeiro da corrupção (Rm 8:21). Jesus é o Salvador. O nome Jesus significa "o SENHOR salva" e, no Novo Testamento, é a forma grega que corresponde ao hebraico Yeshua. O nome designa a missão que Jesus veio realizar, anunciada pelo anjo do Senhor a José: "Ela dará à luz um filho, e você deverá dar-lhe o nome de Jesus, porque ele salvará o seu povo dos seus pecados" (Mt 1:21). João Batista, que veio em cumprimento das profecias de Malaquias (Ml 4:5-6; Mc 1:3) e Isaías (Is 40:3; Mt 3:3; Mc 1:3; Lc 3:3-6; Jo 1:23), afirmava com veemência: "Arrependam-se, pois o Reino dos céus está próximo" (Mt 3:2).[42] Dando continuidade à pregação de João Batista, Jesus, segundo Mateus, após a tentação do deserto, também passou a anunciar o reino: "Daí em diante Jesus começou a pregar: 'Arrependam-se, pois o Reino dos céus está próximo'" (Mt 4:17). Roger Stronstad salienta com razão que "João e Jesus

---

[41] Os Evangelhos são unânimes em afirmar que, após a ressurreição, Jesus não apenas se revelou às pessoas que foram até o sepulcro, mas também pôs em marcha um cronograma de encontros e instruções (Mt 28:7,9-10,16-20; Mc 16:7,9-11,12-13,14-18; Lc 24:6,34,36-49; Jo 20:14-23,26-29; 21:1-19). Também em Atos, em flagrante preparação para empoderar a igreja para sua missão, o Cristo Ressurreto apareceu e instruiu os discípulos. Lucas afirma: "Depois do seu sofrimento, Jesus apresentou-se a eles e deu-lhes muitas provas indiscutíveis de que estava vivo" (At 1:3; veja tb. At 1:4-5,8).

[42] É cediço que a utilização de "reino dos céus", em Mateus, em vez de "reino de Deus", estava de acordo com o costume judaico de evitar o uso direto do nome divino (cf. H. Kessler, *Manual de dogmática*, p. 243). "A propósito, observemos que essas duas expressões, o 'Reino de Deus' e o 'Reino dos céus', são obviamente intercambiáveis", sendo que "o Reino dos céus é a forma semita, e o Reino de Deus a forma grega da mesma expressão" (G. E. Ladd, *O evangelho do reino*, p. 33).

239

PENTECOSTALISMOS

são os agentes primários anunciando o reino".[43] O evangelista Marcos traz a importantíssima ideia de cumprimento de um propósito divino quando afirma: "O tempo é chegado [...]. O Reino de Deus está próximo. Arrependam-se e creiam nas boas-novas!" (Mc 1:15). Lucas, que, como os demais Sinóticos, situa o início do ministério público de Jesus após a tentação do deserto, insere um texto não encontrado nos demais evangelhos, que aponta para a chegada do reino na própria pessoa de Jesus. Refiro-me ao discurso de Jesus na sinagoga em Nazaré, em Lucas 4:16-21:

Ele [Jesus] foi a Nazaré, onde havia sido criado e no dia de sábado entrou na sinagoga, como era seu costume. E levantou-se para ler. Foi-lhe entregue o livro do profeta Isaías. Abriu-o e encontrou o lugar onde está escrito:

"O Espírito do Senhor
 está sobre mim,
porque ele me ungiu
 para pregar boas-novas
 aos pobres.
Ele me enviou
 para proclamar liberdade
 aos presos
e recuperação da vista
 aos cegos,
para libertar os oprimidos
e proclamar o ano da graça
 do Senhor".

Então ele fechou o livro, devolveu-o ao assistente e assentou-se. Na sinagoga todos tinham os olhos fitos nele; e ele começou a dizer-lhes: "Hoje se cumpriu a Escritura que vocês acabaram de ouvir".

Jesus, ao ler Isaías (61:1-2) na sinagoga de Nazaré, anuncia o cumprimento da profecia em sua pessoa.[44] Ele é o ungido do Senhor (Lc 3:22),[45]

---

[43] R. Stronstad, *Teologia bíblica pentecostal*, p. 174.

[44] Segundo French L. Arrington, "Ele lê Isaías 61:1-2 e se identifica como o profeta ungido. Ele é o Messias profético, ungido pelo Espírito para proclamar as boas-novas" (*Comentário bíblico pentecostal*, p. 339).

[45] Sobre Jesus, French L. Arrington chega a afirmar que "sua experiência no Jordão significa que Ele é pentecostal-carismático — por excelência, um homem do Espírito" e que "a unção de Jesus pelo Espírito é distinta do batismo de João Batista, no que tange a torná-la uma capacitação profética para o ministério" (*Comentário bíblico pentecostal*, p. 335-6). Veja tb. G. E. Ladd, *Teologia do Novo Testamento*, p. 92.

PENTECOSTALIDADE, REINO DE DEUS E EXPERIÊNCIAS PENTECOSTAIS

está "cheio do Espírito Santo" (Lc 4:1) e opera "no poder do Espírito" (Lc 4:14).[46] A ênfase lucana em Jesus como o Messias-Profeta-Ungido é sintetizada na afirmação categórica de que "Deus ungiu Jesus de Nazaré com o Espírito Santo e poder" (At 10:38).[47] A chegada do reino de Deus é o tema central do ministério de Jesus.[48] O cumprimento do reino se dá em sua pessoa: Jesus é aquele que traz o reino.[49] O reino de Deus continua presente na terra após a ascensão de Jesus, e a igreja é capacitada pelo Espírito Santo para levar adiante a missão salvífica de Cristo, pois "receberão poder quando o Espírito Santo descer sobre vocês" (At 1:8). A base teológica subjacente a toda espiritualidade, liturgia, manifestação, experiência e doutrina pentecostal-carismática é o tema do reino de Deus e a chegada dos "últimos dias".[50] A base bíblico-teológica que fundamenta as experiências pneumático-carismáticas pentecostais corresponde à crença de que a missão da igreja na terra está em linha de continuidade com a missão de Jesus. O Espírito do Senhor que estava sobre Jesus foi derramado sobre toda carne, e "aquele que crê em mim fará também as obras que tenho realizado. Fará coisas ainda maiores do que estas, porque eu estou indo para o Pai" (Jo 14:12). Assim como Jesus era "profeta, poderoso em palavras e em obras" (Lc 24:19), sua igreja também está destinada a ser uma comunidade de profetas ungidos pelo Espírito. Segundo Roger Stronstad, "assim como Jesus era o Profeta ungido pelo Espírito, os discípulos, como herdeiros e sucessores de seu ministério profético, tornam-se uma comunidade de profetas batizados no Espírito, o paradigma do ministério profético de todos os crentes".[51]

---

[46] "O ungido sobre quem o profeta falou agora está presente para cumprir sua missão" (L. F. Arrington, Comentário bíblico pentecostal, p. 339).

[47] "A unção do Espírito se estende a todo o ministério de Jesus. Do batismo no Jordão em diante, Ele é cheio do Espírito (Lc 4.1a), conduzido pelo Espírito (Lc 4:1b) e capacitado pelo Espírito (Lc 4.14). Sua experiência no rio Jordão é programática para seu ministério, do início ao fim" (L. F. Arrington Comentário bíblico pentecostal, p. 336).

[48] U. Schnelle, Teologia do Novo Testamento, p. 104; G. E. Ladd, A presença do futuro, p. 142; Ladd, O evangelho do reino, p. 15; C. M. Carvalho; C. Carvalho, Teologia sistemático-carismática, p. 1317; J. Ratzinger, Jesus de Nazaré, p. 57; H. Kessler, Manual de dogmática, p. 242; N. T. Wright, Simplesmente cristão, p. 111; J. Jeremias, Teologia do Novo Testamento, p. 160; Stronstad, Teologia bíblica pentecostal, p. 172.

[49] "Por meio de Jesus Cristo, o Deus de Israel estabelece seu domínio escatológico (= Reino de Deus)" (G. L. Müller, Dogmática católica, p. 187. Segundo George E. Ladd, "o fato mais marcante na proclamação que Jesus fez do Reino de Deus foi sua irrupção na história em sua própria pessoa e missão" (Teologia do Novo Testamento, p. 100).

[50] Pomerville, A força pentecostal em missões, p. 106. Segundo French L. Arrington, "as promessas de profetas como Isaías estão sendo cumpridas, e os últimos dias chegaram" (Comentário bíblico pentecostal, p. 339).

[51] Stronstad, Teologia lucana sob exame, p. 115.

PENTECOSTALISMOS

Se, por um lado, as mensagens seminais de João Batista e Jesus se assemelham no campo lexical por causa da expressão "reino de Deus", por outro lado, distanciam-se no campo semântico. Para João Batista, a expressão "reino de Deus" apontava para o juízo escatológico iminente. Para Jesus, a mesma expressão significava a chegada de uma nova era na "história da salvação" (*Heilsgeschichte*), que dividia a chegada do reino em duas etapas: presente e futura.[52] Como profeta da antiga aliança, João Batista trazia consigo o arcabouço de uma típica concepção judaica acerca do reino de Deus. A expectativa judaica, de modo geral (e sem entrar em maiores detalhes), apontava para a vinda do reino (*malkuth*) em um acontecimento único.[53] Tanto no profetismo pré-exílico quanto no pós-exílico, desenvolveu-se a concepção de que o Deus de Israel reinava sobre todo o cosmos *de iure*, mas ainda não *de facto*.[54] A esse ideário, associava-se a "esperança escatológica" do estabelecimento definitivo do reinado de Deus sobre toda terra.[55]

No período pós-exílico, os séculos que se seguiram à restauração do cativeiro babilônico lançaram o povo judeu em um dilema histórico- -teológico cujo significado eles não puderam interpretar com facilidade: apesar da fidelidade de Israel no período, o reino de Deus não veio.[56] Diz George E. Ladd:

> Em vez disso, veio o reino dos selêucidas e a determinação de afastar os judeus de sua devoção fanática à lei e forçá-los a adotar os hábitos gregos. Esse período sangrento foi seguido por um século de independência judaica; contudo, o crescente mundanismo e a paixão por tudo que fosse grego dos governantes asmoneus provaram que esse não poderia ser o Reino de Deus. Por fim, com o aparecimento de Pompeu, na Palestina,

---

[52] "No entanto, as duas ênfases — presente e futura — desempenham um papel importante no ensino de Jesus. A era do cumprimento não está apenas próxima; ela está presente de fato. No entanto, o tempo da consumação apocalíptica permanece no futuro" (G. E. Ladd, *A presença do futuro*, p. 125).

[53] "O Deus que visitou Israel no Egito para torná-lo seu povo, que o visitou repetidas vezes em sua história, deve vir a eles no futuro para julgar a iniquidade estabelecer, por fim, seu Reino. A esperança de Israel está assim enraizada na história. Ou melhor, no Deus que trabalha na história (G. E. Ladd, *A presença do futuro*, p. 63).

[54] H. Kessler, *Manual de dogmática*, p. 243. Ladd observa que, "embora a expressão 'o Reino de Deus' não ocorra no AT, a ideia é encontrada em todos os profetas" (*A presença do futuro*, p. 58).

[55] "Essa expectativa, que se estende ao universo dos povos, e até do cosmos e, por fim, inclusive do mundo dos mortos, permaneceu viva no profetismo pós-exílico" (H. Kessler, *Manual de dogmática*, p. 243).

[56] Ladd, *A presença do futuro*, p. 85.

PENTECOSTALIDADE, REINO DE DEUS E EXPERIÊNCIAS PENTECOSTAIS

em 63 a.C., as esperanças da soberania judaica foram esmagadas sob o pé de ferro de Roma. No período do NT, a visão dos padrões romanos em Jerusalém era um lembrete vívido para todo judeu devoto de que, embora o Reino de Deus pudesse existir no céu, o reino de Roma governava a terra.[57]

Essa incômoda situação exigiu uma reinterpretação da esperança do reino de Deus, e os "escritos apocalípticos" forneceram essa releitura. Segundo Ladd, a palavra "apocalíptico", como gênero literário, foi "aplicada pelos estudiosos modernos a um tipo particular de escritos judaicos produzidos entre 200 a.C. e 100 a.C.".[58] Aqui, não é o espaço adequado para apresentar as particularidades da literatura apocalíptica e as diferenças e similaridades existentes entre ela e a visão profético-canônica (pré e pós-exílica) do Antigo Testamento. Para o nosso interesse, basta mencionarmos que ambas alimentavam o arcabouço teológico judaico no tempo do ministério de João Batista com a ideia de que "Deus visitaria seu povo para libertá-lo do mal só no final", pois "Deus é o Deus do futuro",[59] ainda que, segundo os profetas do Antigo Testamento, Deus atuasse na história.

A mensagem de João Batista anunciava a chegada do reino: Deus estava prestes a agir. Deus visitaria seu povo outra vez, e o reino seria estabelecido. Como esclarece Ladd: "De fato, João não oferece uma imagem do estado das coisas a serem introduzidas pelo Messias".[60] O reino é fundamentalmente o ato de Deus que trará julgamento sobre a presente ordem.[61] Como os Evangelhos resumem a pregação inicial de João e de Jesus como idênticas (Mt 3:3; 4:17), uma interpretação apressada pode levar à conclusão de que ambos falavam a mesma coisa. Contudo, a mensagem de Jesus sobre a chegada do reino de Deus "o diferenciava

---

[57] Ibidem, p. 85.

[58] Ibidem, p. 86.

[59] Ibidem, p. 108. Ainda segundo Ladd, uma das diferenças marcantes entre a interpretação profética e a apocalíptica é que a primeira compreendia o reino de Deus como irrompimento divino na história: Deus opera na história e as teofanias registradas nas Escrituras confirmam essa crença. Assim, o "'Deus que vem' é uma das características centrais do ensino do AT sobre Deus, e une a história e a escatologia". Ao revés e não obstante as similaridades, "a escatologia apocalíptica perdeu o conceito dinâmico de Deus, ativo quanto à redenção na história", e o enorme pessimismo quanto à história expresso no gênero apocalíptico pressupunha igual pessimismo "acerca de qualquer visitação divina na história". Por isso, na apocalíptica, "a tensão profética entre a escatologia e a história foi perdida" (A presença do futuro, p. 60, 108).

[60] Ladd, A presença do futuro, p. 114.

[61] Ibidem, p. 114. "João anunciava que a vinda do Reino de Deus significava que o julgamento deveria começar pela casa de Deus. Ele rejeitava de forma categórica o particularismo judaico e a passividade ética que tantas vezes caracterizavam os escritos apocalípticos" (Ladd, A presença do futuro, p. 115).

do judaísmo", pois carregava um "elemento distintivo".[62] Esse elemento consistia no fato de que, em Cristo, a chegada do reino não significava o juízo iminente e o correspondente fim da história. Na verdade, o reino havia chegado na pessoa de Jesus e tornava a *presença do reino* uma *salvação presente* em sua pessoa. Assim, o sermão na sinagoga de Nazaré (Lc 4:16-20), que transcrevemos anteriormente, demonstra que ele é o Ungido do Senhor que veio "proclamar o ano da bondade do SENHOR" (Is 61:2). Foi um "anúncio inesperado e surpreendente".[63] Jesus asseverava que a salvação futura havia chegado no presente em sua pessoa e, como salienta Hans Kessler, "isso não havia sido anunciado por nenhum dos mensageiros anteriores de Deus".[64]

Com efeito, Jesus passa a revelar que o significado da vinda escatológica do reino não se esgota em sua referência ao futuro. A vinda do Messias não trazia consigo o fim *da* história, mas um novo período *na* história.[65] O Novo Testamento demonstra que a vinda do reino na pessoa de Jesus deflagra a mudança do "reino que virá" para o "reino que está aqui". João Batista revelou sua perplexidade e incompreensão sobre o ministério de Jesus quando enviou mensageiros para perguntar: *"És tu aquele que haveria de vir ou devemos esperar algum outro?"* (Lc 7:20). Jesus, segundo Lucas, responde com ações e palavras que evocavam o que o profeta Isaías havia predito acerca dos tempos messiânicos (Is 29:18-21; 35:5,6; 61:1):[66]

> Naquele momento Jesus curou muitos que tinham males, doenças graves e espíritos malignos, e concedeu visão a muitos que eram cegos. Então ele respondeu aos mensageiros: "Voltem e anunciem a João o que vocês viram e ouviram: os cegos veem, os aleijados andam, os leprosos são purificados, os surdos ouvem, os mortos são ressuscitados e as boas-novas são pregadas aos pobres" (Lc 7:21-22)

Para João Batista, o cumprimento do reino não estava acontecendo nos moldes esperados, e a consumação escatológica não parecia estar no horizonte. Jesus *responde por ações* para demonstrar que a promessa do reino estava se cumprindo. Afinal, como afirma Karl Barth: "Deus

---

[62] Ladd, *A presença do futuro*, p. 116.
[63] Ibidem, p. 117.
[64] Kessler, *Manual de dogmática*, p. 244.
[65] Pomerville, *A força pentecostal em missões*, p. 107.
[66] Ladd, *Teologia do Novo Testamento*, p. 92.

PENTECOSTALIDADE, REINO DE DEUS E EXPERIÊNCIAS PENTECOSTAIS

age e, agindo, fala".[67] Em Cristo, a proclamação da presença do reino (o reino *já* presente) não exclui a expectativa escatológica de sua segunda vinda (o reino *ainda não* presente). Contudo, antes da consumação no futuro, o reino invade o mundo na pessoa e na obra de Jesus. Por isso, a Escritura afirma:

> Então ele se voltou para os seus discípulos e lhes disse em particular: "Felizes são os olhos que veem o que vocês veem. Pois eu lhes digo que muitos profetas e reis desejaram ver o que vocês estão vendo, mas não viram; e ouvir o que vocês estão ouvindo, mas não ouviram" (Lc 10:23-24).

A esperança das gerações anteriores se tornou experiência presente.[68] O fato é que, agindo de forma surpreendente em relação às expectativas de sua época, Jesus instaura o reino sem, contudo, consumá-lo; ou seja, trata-se do cumprimento sem consumação (*já* presente e *ainda não* consumado). Jesus Cristo contém em si mesmo o reino de Deus.[69] O foco central da obra de Jesus era unir o céu e a terra para trazer o futuro de Deus ao presente e mantê-los juntos.[70] O cristão vive na era da presença do reino já manifesto em Jesus, mas ainda não plenamente consumado. Portanto, resumidamente, é legítimo que se fale da tensão escatológica "já e ainda não".[71] Segundo Graeme Goldsworthy, há extrema e íntima conexão entre o tema do evangelho e o tema do reino de Deus. Segundo o autor, "a conclusão inevitável a partir das evidências do NT é que o evangelho cumpre a esperança do AT a respeito da vinda do reino de Deus".[72]

Mesmo que o conceito de reino não fosse algo completamente novo à época de Jesus, certamente a chegada do reino na pessoa de Jesus e a posterior deflagração do reino sem consumação escatológica consistiam em algo completamente novo ou, como diz Ladd, "um evento novo".[73] N. T. Wright indaga o que Jesus queria dizer quando anunciou ao povo que o reino de Deus estava chegando, enquanto ele mesmo o anunciava. A resposta do teólogo britânico é que Jesus "estava dizendo que as antigas profecias estavam sendo cumpridas, que o Deus de Israel estava fazendo

---

[67] K. Barth, *Introdução à teologia evangélica*, p. 19.
[68] Ladd, *A promessa do futuro*, p. 118.
[69] G. Goldsworthy, *Trilogia*, p. 112.
[70] N. T. Wright, *Simplesmente cristão*, p. 114.
[71] Goldsworthy, *Trilogia*, p. 110.
[72] Ibidem, p. 101.
[73] Ladd, *A presença do futuro*, p. 119.

PENTECOSTALISMOS

algo novo, renovando e restaurando a nação de forma radical".[74] Na esteira do ensino de Goldsworthy, para enxergar o reino de Deus, é preciso olhar para Jesus.[75] Justamente nisso reside a relação entre o reino e o evangelho, pois este "é o que Deus fez por nós em Cristo para nos salvar".[76] Não é à toa que o evangelho é também chamado "evangelho do Reino" (Mt 4:23; 9:35; 24:14). Em essência, o evangelho é a declaração do que Deus fez por nós em Jesus Cristo.[77] Por isso, César Moisés Carvalho e Céfora Carvalho afirmam que "o reino de Deus apresenta-se como uma chave hermenêutica para o entendimento do evangelho, não apenas no sentido que usualmente se utiliza, mas no fato de ser um 'novo tempo'".[78]

Consequentemente, o evangelho e o reino se encontram na pessoa de Jesus Cristo e, portanto, apontam para a cristologia como fundamento de toda a teologia. Com efeito, como ensina Gerhard Ludwig Müller, "a cristologia é, sem dúvida, o eixo central e o ponto cardeal de toda dogmática cristã e, portanto, também da teologia em seu conjunto".[79] Como ainda veremos, a teologia pentecostal expressa sua espiritualidade em uma narrativa teológica que tem como eixo uma cristologia ou, mais precisamente, uma *cristologia do Espírito*.[80] Trata-se do evangelho de quatro (ou cinco) pontos: Jesus salva, santifica, batiza com o Espírito Santo, cura e voltará.[81] A chegada do reino em Cristo antes da consumação é o advento de uma era de perdão e reconciliação com Deus em Cristo. É também a Era do Espírito, que empodera o povo de Deus para testemunhar as boas-novas "até os confins da terra" (At 1:8), pois "este evangelho do Reino será pregado em todo mundo" (Mt 24:14).

Assim, Jesus faz do reino de Deus a ênfase central de seu ministério.[82] Em Jesus de Nazaré, o símbolo religioso central é o reino/domínio de

---

[74] Wright, *Simplesmente cristão*, p. 112.

[75] Goldsworthy, *Trilogia*, p. 111.

[76] Ibidem, p. 100.

[77] Ibidem, *Trilogia*, p. 99.

[78] C. M. Carvalho; C. Carvalho, *Teologia sistemático-carismática*, p. 1322.

[79] G. L. Müller, *Dogmática católica*, p. 189. César Moisés Carvalho e Céfora Carvalho afirmam com precisão que "um dos pressupostos básicos da teologia carismático-pentecostal é que o conceito de reino de Deus precisa ser abordado também [...] de um prisma cristológico" (*Teologia sistemático-carismática*, p. 1318).

[80] Sobre a expressão "cristologia do Espírito", César Moisés Carvalho e Céfora Carvalho afirmam que ela é usada "para referir-se à representação de Cristo encontrada principalmente na obra Lucas-Atos, que ressalta como a vida e o ministério de Jesus são constantemente impulsionados pela ação direta do Espírito Santo" (*Teologia sistemático-carismática*, p. 1281).

[81] Vondey, *Teología pentecostal*, p. 16; D. Dayton, *Raízes teológicas do pentecostalismo*, p. 50.

[82] "O senhorio de Deus — e geralmente em sentido escatológico — constitui o centro e, a rigor, o único tema da atuação de Jesus, ao qual Ele subordina todo o resto" (H. Kessler, *Manual de dogmática*, p. 243). "Estamos alinhados com grandes teólogos ao afirmar que o tema central

PENTECOSTALIDADE, REINO DE DEUS E EXPERIÊNCIAS PENTECOSTAIS

Deus.[83] O conteúdo central do evangelho diz que o reino de Deus está próximo.[84] Algo novo estava acontecendo em Cristo! A fé hebraica expressava sua esperança como a expectativa pela vinda do reino de Deus.[85] Em Jesus, essa expectativa é saciada. Assim, temos "duas manifestações do reino de Deus": uma presente, manifestada na pessoa do Filho de Deus e pelo Espírito Santo, e uma futura, quando Cristo voltar em poder e glória.[86] São lapidares as palavras de George E. Ladd:

> O Reino é uma realidade atual (Mt 12.28) e, contudo, é uma bênção futura (1Co 15.50). Ele é uma bênção espiritual redentora (Rm 14.17), experimentada apenas por meio do novo nascimento (Jo 3.3), e, contudo, terá que ver com o governo das nações do mundo (Ap 11.15). O Reino é um domínio no qual os homens entram agora (Mt 21.31), e no qual, todavia, entrarão amanhã (Mt 8.11). Ele é, ao mesmo tempo, um presente de Deus que será conferido pelo Senhor, no futuro (Lc 12.32), e que, no entanto, precisa ser recebido no presente (Mc 10.15).[87]

A doutrina da segunda vinda de Cristo continua central na teologia bíblica e é também um dos pilares dos pentecostalismos. Ou seja, a vontade de Deus não será *perfeitamente* realizada na presente era. Precisamos ter em mente, em definitivo, que o reino se manifesta *tanto* no futuro *quanto* no presente.[88] Essa manifestação presente do reino, inaugurada por Jesus e continuada pela igreja, que recebeu o dom do Espírito (pentecostalidade), nos interessa para fundamentar a vida no Espírito (experiências pneumáticas) testemunhada no cristianismo carismático mundial. A comunidade empoderada pelo Espírito Santo dá continuidade à missão de Jesus de pregar as boas-novas do evangelho do reino de Deus ao demonstrar que as curas, os milagres, os exorcismos e as profecias constituem elementos intrínsecos à propagação do evangelho e do reino de Deus. César Moisés Carvalho e Céfora Carvalho afirmam com acerto:

---

da mensagem de Jesus é o reino de Deus" (C. M. Carvalho; C. Carvalho, *Teologia sistemático--carismática*, p. 1317).

[83] U. Schnelle, *Teologia do Novo Testamento*, p. 104.

[84] Ratzinger, *Jesus de Nazaré*, p. 58.

[85] Ladd, *O evangelho do Reino*, p. 14.

[86] Ibidem, p. 26.

[87] Ibidem, p. 18-9 (grifo nosso).

[88] "Se há algum consenso entre a maioria dos estudiosos, este é que o Reino é, em sentido verdadeiro, tanto presente quanto futuro" (G. E. Ladd, *Teologia do Novo Testamento*, p. 85).

PENTECOSTALISMOS

O evangelho pregado por Jesus não é apenas verbal, ou seja, não se limita apenas aos seus sermões, mas também se estende a suas ações, seus milagres e suas maravilhas. Um dos pressupostos mais equivocados acerca dos dons do Espírito Santo e sinais é o fato de se pensar que, no período canônico, eles tinham o objetivo de "certificar" ou "garantir" a veracidade da mensagem do evangelho. Absolutamente não! Eles são parte integrante do evangelho.[89]

A atividade presente do reino na pessoa de Jesus é afirmada de maneira contundente em Mateus 12:28: "Se é pelo Espírito de Deus que eu expulso demônios, então chegou a vocês o Reino de Deus".[90] Segundo George E. Ladd, "o que se fez presente não foi o *eschaton*, mas o poder real de Deus atacando o domínio de Satanás e libertando os homens do poder do mal".[91] O ensino de Jesus acerca do reino de Deus modifica radicalmente a linha redentora do tempo. O Antigo Testamento e o judaísmo ansiavam pela chegada de um dia singular na história, o "dia do SENHOR", quando Deus agiria para estabelecer seu reino na história. Contudo, Jesus inaugura o reino sem a sua consumação. Os sinais do reino vindouro já são visíveis: Satanás, o "homem forte", de Mateus 12:29, já está sendo saqueado; a "igreja vive entre duas eras";[92] a chegada do reino, com Jesus, e a consumação do reino, no final dos tempos. Ladd acrescenta:

> O reino de Deus esteve ativo nos dias do Antigo Testamento. Em eventos tais como o Êxodo e o cativeiro babilônico, Deus estava exercendo seu poder real para livrar ou julgar seu povo. Entretanto, em um sentido real, o reino de Deus veio e entrou na história na pessoa e missão de Jesus.[93]

Hoje, a igreja é instrumento do reino de Deus para continuar a missão de Jesus. O mesmo Espírito de Deus que ungiu Jesus para seu ministério foi derramado sobre a igreja para que ela exerça seu ministério no mesmo poder que Jesus exerceu o dele em seu ministério terreno.[94] É nisso que a tradição pentecostal-carismática crê e é exatamente o que ela vive e

---

[89] C. M. Carvalho; C. Carvalho, *Teologia sistemático-carismática*, p. 1317 (grifo nosso).
[90] Ladd, *Teologia do Novo Testamento*, p. 92; C. M. Carvalho; C. Carvalho, *Teologia sistemático-carismática*, p. 1317.
[91] Ladd, *Teologia do Novo Testamento*, p. 92.
[92] Ibidem, p. 95.
[93] Ibidem, p.96.
[94] "A visão de que a missão da igreja é uma continuação da era do Espírito, que irrompeu no Dia de Pentecoste e continua a irromper hoje quando as pessoas se engajam em missões, é consistente com o tema do Reino de Deus" (P. A. Pomerville, *A força pentecostal em missões*, p. 109).

PENTECOSTALIDADE, REINO DE DEUS E EXPERIÊNCIAS PENTECOSTAIS

manifesta no cristianismo global: a ação empoderadora do Espírito Santo.[95] O reino de Deus não é apenas o reinado no coração do ser humano, mas também a manifestação ativa e dinâmica do Espírito na história em Cristo e por meio da igreja. O poder e os sinais do reino *já presente*, mas *ainda* vindouro, são visíveis na ação do Espírito Santo. Com efeito, o reino de Deus é um poder dinâmico em ação no mundo, nesta era que precede a manifestação do reino futuro, exterior e apocalíptico.[96] Como observa Pomerville:

> A visão do movimento pentecostal como fenômeno missionário é, em certo sentido, a manifestação do presente e poderoso reino de Deus em ação. É evidência da atividade dinâmica e redentora de Deus Espírito Santo nos tempos contemporâneos.[97]

Por certo, essa atividade contemporânea do Espírito, bíblica e fenomenologicamente, é acompanhada de diversas manifestações e experiências carismáticas. Os pentecostais estão imersos no reino já presente. Não restam dúvidas de que a presença do reino traz consigo o poder e os sinais do reino. A presença do reino aponta para a "entrada abrupta e sobrenatural de Deus na história na pessoa de Jesus".[98] Em dadas regiões do globo, a ênfase pode recair sobre curas e exorcismos; em outros lugares, sobre glossolalia e profecia. Independentemente dessas ênfases regionais, o fato é que os pentecostalismos, que são o fundamento do cristianismo carismático global (formado por pentecostais clássicos, protestantes históricos carismáticos, católicos da renovação carismática, igrejas da terceira onda, pentecostalismos independentes, igrejas identificadas com o Movimento Apostólico Profético), manifestam atualmente em todo o mundo os carismas e as experiências que dão testemunho não só das páginas do Novo Testamento, mas de toda a Bíblia.[99] Aprendemos que tais manifestações,

---

[95] "Cremos que damos continuidade, no presente, ao trabalho que Cristo iniciou naquela época: pregamos a chegada do Reino e, por meio da continuidade da ação do Espírito Santo na igreja, mantemos viva a chama da esperança de sua plenitude, sendo canais para a realização dos milagres, em nome de Jesus, e no poder do Espírito (Mc 16:15-20)" (C. M. Carvalho; C. Carvalho, *Teologia sistemático-carismática*, p. 1282).

[96] Pomerville, *A força pentecostal em missões*, p. 108.

[97] Ibidem, p. 109.

[98] Ibidem, p. 112.

[99] "O século 21 está cada vez mais carismático. Os movimentos pentecostais crescem em todo o globo, especialmente no Sul Global, e a teologia tem acompanhado o avanço gradual e extraordinário do sopro do Espírito na vida do ser humano, da igreja e do próprio cosmo. Nunca se escreveu tanto sobre o Espírito Santo, mesmo na teologia cristã mais ampla" (G. Siqueira, *Pneumatologia*, p. 16).

PENTECOSTALISMOS

longe de serem inovações ou distorções, são o que preferimos chamar "presentificação" do reino de Deus. O poder do reino está entre nós por causa da presença e da operação do Espírito de Cristo. O pentecostalismo resgatou da teologia bíblica essa presentificação do reino de Deus ao reivindicar (e manifestar) a contemporaneidade da atuação carismática do Espírito Santo segundo o modelo neotestamentário.

O *modus operandi* do Espírito na manifestação do reino de Deus no pentecostalismo fez com que a "lacuna pneumatológica", que, de certa forma, atrofiava (e intelectualiza *excessivamente*) o cristianismo, fosse preenchida.[100] Estamos de acordo com Gutierres Siqueira quando ele afirma que "o pentecostalismo não redescobriu o Espírito Santo".[101] Com precisão, Siqueira afirma:

> O pentecostalismo [...] provocou uma chacoalhada intelectual na busca pela pneumatologia, seja pelos pentecostais, no desenvolvimento da excelência acadêmica, seja pelos não pentecostais, ao reagirem ao pentecostalismo. O movimento pentecostal não só colocou o Espírito Santo na roda de conversa dos teólogos, mas também produziu reflexões importantes sobre a atuação do Espírito Santo na vida da igreja.[102]

A esta altura, à luz da visão bipartite do reino de Deus e da tensão "já e ainda não" que caracteriza o programa escatológico revelado no Novo Testamento, é possível falar da "dimensão pneumatológica da escatologia".[103] Sendo o reino de Deus uma grandeza escatológica, é de extrema importância para a compreensão pentecostal aludir que a manifestação do reino por Jesus em seu ministério público é oriunda da capacitação recebida por ele da unção do Espírito Santo. A ação do Espírito e o reino estão interligados em Jesus e revelam a dimensão pneumatológica da escatologia. É exatamente essa dimensão que os pentecostais creem ser a atmosfera transcendente-imanente que os envolve pneumaticamente na era presente, situada entre a ressurreição-ascensão e a volta de Jesus.

César Moisés Carvalho e Céfora Carvalho fazem menção justamente a essa dimensão pneumatológica da escatologia, opção que traz à baila a

---

[100] A expressão "lacuna pneumatológica" é de Pomerville (cf. *A força pentecostal em missões*, p. 109).

[101] Siqueira, *Pneumatologia*, p. 23.

[102] Ibidem, p. 24.

[103] A expressão é de César Moisés Carvalho e Céfora Carvalho (*Teologia sistemático-carismática*, p. 1757).

PENTECOSTALIDADE, REINO DE DEUS E EXPERIÊNCIAS PENTECOSTAIS

importância do tema para a compreensão não só da teologia pentecostal, mas também da dinâmica experiencial dos pentecostalismos. Assim, para os autores, se, por um lado, não há dúvida de que Jesus Cristo inaugura o reino de Deus, por outro, não podemos deixar de reconhecer que é a ação do Espírito Santo que torna o reino visível.[104] É a ação do Espírito que demonstra de forma clara que o reino de Deus é uma realidade, tanto no ministério de Jesus quanto no da igreja. Quanto ao Corpo de Cristo, recordamos aqui as lições de Bernardo Campos sobre o princípio da pentecostalidade, no que diz respeito ao fato de o Pentecoste ser o evento fundante da igreja e ao fato de o movimento pentecostal nada mais ser do que uma atualização histórica dessa pentecostalidade.[105] Desse modo, a igreja é uma realidade pneumática: *no* e *do* Espírito, que agora manifesta o reino por meio dela com a mesma potência carismática testemunhada no ministério de Jesus e da igreja apostólica.

A presença carismática do Espírito é um sinal antecipado da era vindoura, que manifesta *parcialmente* no presente aquilo que há de se manifestar *totalmente* no futuro. Sem essa dimensão carismática, o evangelho não é integralmente evangelho. O evangelho não está dissociado de sua dimensão carismática visível. Aliás, essa é a leitura *natural* do texto bíblico. As boas-novas não foram proclamadas por Jesus apenas com palavras, mas com ações que manifestavam a chegada antecipada do reino e de seu poder para reverter as consequências da Queda e do pecado.[106] As culturas que não foram totalmente influenciadas pelo paradigma técnico--científico não concebem o evangelho do reino divorciado dos milagres, das curas, dos exorcismos e dos dons espirituais. O que salta aos olhos ao lermos a Bíblia é justamente o elemento sobrenatural *visível* ao longo de sua narrativa, que se manifesta de maneira portentosa no ministério de Jesus e na missão da igreja apostólica. O fato de o livro de Atos relatar que pessoas comuns, após o derramamento do dia de Pentecoste, saíram pelo mundo no mesmo poder do Espírito que Jesus ministrou não deixa dúvida acerca do caráter intrinsecamente sobrenatural do evangelho do reino de Deus. Só o filtro racionalista e antissobrenaturalista pode produzir uma

---

[104] C. M. Carvalho; C. Carvalho, *Teologia sistemático-carismática*, p. 1758.

[105] Campos, *O princípio da pentecostalidade*, p. 104.

[106] Segundo J. Jeremias, sempre que, no mundo bíblico, o Espírito de Deus se revela, isso se dá de dois modos: em ação e em palavra. "Ambos estão indissoluvelmente ligados. Jamais ocorre a palavra sem ação, nem ação sem a palavra que a anuncia. Assim também se passa com Jesus: a revelação conclusiva manifesta-se de dois modos." J. Jeremias, *Teologia do Novo Testamento*, p. 145.

interpretação que solape a essência sobrenatural do evangelho! Contudo, como já demonstramos, as culturas não governadas pela epistemologia iluminista (que constituem a maioria do globo) receberam, como não poderia deixar de ser, a mensagem e a espiritualidade pentecostal sem os constrangimentos intelectuais que assolam boa parte da cultura globalizada erigida sobre o paradigma técnico-científico.

O movimento pentecostal recupera a realidade, o apreço e a valorização da experiência carismática, fruto da *presença extraordinária* do Espírito Santo.[107] Para César Moisés Carvalho e Céfora Carvalho, é imprescindível que a tradição pentecostal-carismática encontre um "centro distinto do institucional, para que recupere sua dimensão de movimento"; por isso, defendem que "devemos nos concentrar no reino de Deus".[108] A perspicácia dos autores está em perceberem que o pentecostalismo não é apenas uma tradição institucional-denominacional, mas, ao revés, uma autêntica tradição cristã que se formou no *âmbito* do protestantismo, ao lado do catolicismo romano, da ortodoxia oriental e do protestantismo histórico, ainda que haja estreita relação entre tais "cristianismos", pois, a rigor, o cristianismo é uma *unidade diversificada*.[109] Concluindo, "o movimento pentecostal pode ser considerado uma manifestação do reino de Deus, pois testemunha a dinâmica e redentora atividade de Deus — o evangelho — na contemporaneidade".[110]

PENTECOSTE: A MATRIZ DOS PENTECOSTALISMOS

O movimento pentecostal, como manifestação do reino de Deus, está relacionado com a presença atual do reino na ação do Espírito Santo. Essa presença antecipa as bênçãos escatológicas futuras pela operação dinâmica do Espírito, que desbanca a força de Satanás e sobrepõe-se aos efeitos da Queda mediante o anúncio da vitória escatológica do Senhor e da transformação de todas as coisas (Ap 21:1). Essa presença régia e extraordinária do Paráclito está relacionada com o advento dos "últimos

---

[107] C. M. Carvalho; C. Carvalho, *Teologia sistemático-carismática*, p. 1768.
[108] Ibidem, p. 1768.
[109] Segundo Bernardo Campos, "não há um cristianismo único, senão vários, no sentido de vertentes ou aproximações no seguimento a Cristo". O autor peruano ainda ensina que o "protestantismo", atualmente, se expressa em *três tipos* de movimentos ou congregações, a saber: 1) aquele que corresponde às igrejas históricas de caráter nacional; 2) aquele que corresponde às igrejas históricas de caráter congregacional; 3) aquele que corresponde a movimentos pentecostais ou carismáticos (*O princípio da pentecostalidade*, p. 125, 134).
[110] C. M. Carvalho; C. Carvalho, *Teologia sistemático-carismática*, p. 1771.

dias" (At 2:17). Por sua vez, os "últimos dias" foram deflagrados no dia de Pentecoste. Segundo Craig S. Keener, "os judeus associavam o derramamento do Espírito especialmente ao fim da era" e, quanto a isso, "vários sinais dados por Deus no dia de Pentecostes indicam que, em certo sentido, embora o reino ainda não estivesse consumado, deu-se início aos poderes do reino com a primeira vinda do Messias".[111] A importância do Pentecoste salta aos olhos pelo simples fato de o movimento ser nomeado, em sentido amplo, como "pentecostal". Ainda que nem todas as ramificações da tradição pentecostal-carismática se identifiquem como pentecostais,[112] existe o amplo reconhecimento de que foi o avivamento da rua Azusa que fez eclodir a renovação pentecostal pelo globo. Com efeito, na introdução ao documento da Sexta Fase do Diálogo Internacional Católico-Pentecostal publicado no Brasil, o bispo dom Francesco Biasin afirma:

> Podemos então dizer que o século passado foi o "século do pentecostalismo", pois foi a partir da manifestação do Espírito em Azusa Street que o moderno Movimento Pentecostal tomou força e veio a se tornar o que é atualmente, seja nas denominações ali nascidas, seja nas várias expressões da espiritualidade carismática.[113]

Na abalizada opinião de Wolfgang Vondey, o "Pentecostes é o símbolo central da teologia pentecostal".[114] Ainda segundo Vondey:

> Para dizer o óbvio: o nome "pentecostal", como título para a teologia do movimento, sugere uma associação estreita com o dia de Pentecostes. A teologia pentecostal, desde a perspectiva dessa autoidentificação, se reflete em uma espiritualidade experiencial arraigada no dia de

---

[111] C. S. Keener, *Comentário histórico-cultural da Bíblia*, p. 381.

[112] Como já demonstrei exaustivamente, segundo Bernardo Campos, a *pentecostalidade* é uma característica da igreja cristã universal, e o movimento pentecostal é uma manifestação histórica dessa pentecostalidade, que não se reduz às denominações pentecostais. Ao contrário, todas a tradições cristãs, ao assumirem a pentecostalidade, manifestam, no âmbito de suas respectivas tradições e instituições, a vida carismática ínsita ao corpo de Cristo. O mérito do movimento pentecostal moderno foi deflagrar a presença extraordinária do Espírito de tal forma que levou as demais tradições cristãs a assumirem definitivamente o viés carismático do cristianismo. Assim, "juntos, católicos e pentecostais afirmam a natureza carismática de toda a igreja" (Comissão Internacional de Diálogo Católico-Pentecostal, *"Não extingais o Espírito (1Ts 5,19)": os carismas na vida e na missão da Igreja*, p. 25).

[113] Comissão Internacional de Diálogo Católico-Pentecostal, *"Não extingais o Espírito (1Ts 5,19)": os carismas na vida e na missão da Igreja*, p. 10.

[114] Vondey, *Teología pentecostal*, p. 11.

Pentecostes e que os pentecostais creem estar disponível como uma continuação, ou repetição, ou expansão (ou às vezes as três) dessa experiência original. Minha proposta é que o caminho a seguir para uma teologia pentecostal construtiva está marcado por um caminho para dentro e para fora das crenças e práticas concretas que surgem com o dia de Pentecostes. Em outras palavras, Pentecostes, pentecostalismo e teologia pentecostal são realidades que se entrecruzam.[115]

Por causa dessa centralidade do Pentecostes, é imprescindível que compreendamos melhor seu significado bíblico, para que a identidade pentecostal tenha sólidas raízes nas Escrituras. Acredito na necessidade de um mergulho mais profundo no terreno bíblico, a fim de que conheçamos melhor, por um lado, os meandros simbólicos, históricos e teológicos do Pentecoste e a razão, por outro, de esse acontecimento corroborar a espiritualidade experiencial do cristianismo carismático no mundo. Se não formos mais fundo no coração do Pentecoste, não teremos jamais uma autocompreensão pentecostal. Ainda invocando o ensino de Wolfgang Vondey, convém deixar claro que, no pentecostalismo, a doutrina não é o principal e, para explicar esse caráter peculiar da teologia pentecostal, necessitamos falar dos princípios que precedem o conteúdo da doutrina pentecostal. Diante disso, o autor interroga: "O que há antes da doutrina pentecostal? A resposta que determinará todo o trabalho é: Pentecostes".[116] Pentecoste é o próprio *prolegômeno* da teologia pentecostal.[117]

A tarefa que encontramos como necessária, antes de qualquer outra, foi situar o Pentecoste nas Escrituras. Farei isso de forma sintética, com o propósito de simplificar. A palavra "Pentecoste" é derivada do grego e significa "cinquenta" ou "quinquagésimo".[118] Essa referência numérica se dá pelo fato de que a festa "era realizada sete semanas (50 dias) depois da Páscoa".[119] Em hebraico, o nome da festa é *Hag Ha Shavuot* ou *Shavuot*,

---

[115] Ibidem, p. 13.

[116] Ibidem, p. 21.

[117] Ibidem, p. 22.

[118] E. C. Millos, *Las siete festas de Jehová*, p. 166; W. Brunelli, *Teologia para pentecostais*, v. 2, p. 221.

[119] *Comentário bíblico Vida Nova*, p. 297. A primeira festa judaica estabelecida no Antigo Testamento era, na verdade, uma combinação de duas festas: Pães sem Fermento (ou Pães Asmos) e Páscoa. Por essa razão, diz-se que a contagem de dias para o Pentecoste pode ser a partir da Páscoa ou da Festa dos Pães sem Fermento. Com efeito, "a primeira festa é realizada em março-abril (*abibe*, conhecido depois do exílio como 'Nisã') e é, na verdade, uma combinação de duas festas, a saber, Páscoa (no dia 14) e Pães sem Fermento (Festa dos Pães Asmos, ARA; dias 15 a 21)" (*Comentário bíblico Vida Nova*, p. 331).

PENTECOSTALIDADE, REINO DE DEUS E EXPERIÊNCIAS PENTECOSTAIS

plural de *Shavua* ("semana").[120] Também era chamada Festa da Ceifa ou Festa das Semanas.[121] Era uma festa de um dia somente.

Quanto a suas referências no Antigo Testamento, o Pentecoste (e o calendário festivo israelita) é mencionado explicitamente nos seguintes textos:

- Êxodo 23:14-19; 34:22;
- Levítico 23:15-22;
- Números 28:26-31;
- Deuteronômio 16:9-12.

Todos esses textos falam da instituição das *festas judaicas*, que foram estabelecidas por ocasião da saída de Israel do Egito. Segundo Eduardo Cartea Millos, as festas solenes do Senhor eram sete, a saber: Páscoa, Pães sem Fermento, Primícias, Pentecoste, Trombetas, Dia da Expiação e Tabernáculos.[122] A rigor, são três períodos festivos: o *primeiro* compreende Páscoa, Pães sem Fermento e Primícias; o *segundo*, apenas a Festa de Pentecoste, e o *terceiro*, Trombetas, Dia da Expiação e Tabernáculos.[123] Ainda segundo Millos, o estabelecimento de "sete" ocasiões festivas não pode passar despercebido do ponto de vista teológico e espiritual:

Indubitavelmente o sete é um número proeminente nas Escrituras e é o que mais se menciona. Sete é o número da perfeição espiritual. O significado do termo "sete" — hebr. *shevah* — provém de uma raiz hebraica — *savah* — que significa "estar satisfeito, ter algo de forma suficiente". Assim, está associado à ideia de consumação, cumprimento e perfeição. O sete, portanto, encerra a ideia de algo completo, perfeito e pleno.[124]

---

[120] Millos, *Las siete festas de Jehová*, p. 166.

[121] *Comentário bíblico Vida Nova*, p. 1610. Dependendo da tradução da Bíblia, pode aparecer a expressão "Festa da Sega" (ARA; ARC). O *Comentário bíblico Vida Nova* afirma que "a *Festa da Sega* era também conhecida como 'Festa das Semanas', pois era celebrada sete semanas depois da Festa dos Pães Asmos. Na época do NT, era conhecida como 'Pentecoste' (lit. "cinquenta") porque vinha 50 dias depois de Pães Asmos" (p. 177). Cf. tb. A. Gilberto, *Teologia sistemática pentecostal*, p. 80.

[122] Millos, *Las siete festas de Jehová*, p. 35.

[123] Convém ressaltar que, ao longo da história de Israel, dois feriados festivos foram acrescentados: Purim e Hanucá. A Festa do Purim é a comemoração do livramento obtido pelos judeus durante o reinado Persa (século 5 a.C.), conforme narrado no livro de Ester. Hanucá, por sua vez, comemora a vitória obtida pelos judeus sobre Antíoco Epifânio (século 2 a.C.). A expressão significa "dedicação" e refere-se ao tempo em que os judeus rededicaram o Templo após derrotarem seu opositor. Cf. R. Booker, *Celebrando Jesus nas festas bíblicas*, p. 148, 164. Veja tb. R. Stronstad, *Teologia lucana sob exame*, p. 96.

[124] Millos, *Las siete festas de Jehová*, p. 36.

PENTECOSTALISMOS

Levando-se em consideração esse aspecto espiritual e teológico das festas judaicas, Millo salienta o principal aspecto de cada uma delas, conforme registrado nas Escrituras:[125]

- Páscoa: festa de redenção;
- Pães sem Fermento: festa de santidade;
- Primícias: festa de consagração;
- Pentecoste: festa de plenitude;
- Trombetas: festa de encontro;
- Dia da Expiação: festa de perdão;
- Tabernáculos: festa de esperança.

Esse sentido de plenitude, de estar satisfeito *em* Deus e *com* Deus pelo que ele *fez* e pelo que ele *é*, se mostra extremamente revelador para o que os pentecostais mundo afora entendem como vida cristã. No cerne da espiritualidade pentecostal, não está a ideia, mas a própria experiência, de encontrar Deus e desfrutar sua presença. O encontro com Deus se expressa melhor nos pentecostalismos por um vasto e criativo repertório simbólico-litúrgico, como línguas (glossolalia), hinos, danças, palmas e outros gestos. Há uma intensa corporalidade expressiva e simbólica que antecede a ação lógico-discursiva. A celebração das festas do Antigo Testamento, com todas as suas ações simbólicas e seu caráter festivo, salientam, assim como os cultos pentecostais, que o encontro com Deus não está centralizado no discurso ou na razão. Os pentecostalismos ressaltam o aspecto lúdico, simbólico e apofático que caracterizam a vida cristã, ou seja, seu indelével viés experiencial. Tal ênfase, em vez de desonrar o aspecto lógico-discursivo, o revitaliza na simbiose entre os espectros racional, corporal e afetivo que compõem o ser humano.

Uma observação necessária é que a festa de Pentecoste estava inserida em um amplo contexto que envolvia a recordação (anamnese) e a comemoração da poderosa e amorosa ação de Deus em resgatar, cuidar e direcionar seu povo no Êxodo. Por exemplo, o período festivo que antecedia o Pentecoste (Páscoa, Pães sem Fermento e Primícias)[126] tinha como um de seus objetivos "lembrar os israelitas de que escaparam milagrosamente

---

[125] Ibidem, p. 85, 115, 133, 163, 191, 215, 241.

[126] "A *Páscoa* e a *Festa dos Pães Asmos* são, tecnicamente, duas festas distintas, mas elas se fundiram, visto que uma acontecia imediatamente depois da outra" (*Comentário bíblico Vida Nova*, p. 236).

PENTECOSTALIDADE, REINO DE DEUS E EXPERIÊNCIAS PENTECOSTAIS

do Egito devido ao poder de Deus e seu amor por eles".[127] Já a Festa dos Tabernáculos, principal do terceiro período festivo, estava ligada à "ordem de os israelitas viverem temporariamente em tendas durante a festa, como um lembrete das habitações temporárias do povo durante sua fuga do Egito".[128] Essa festividades visavam, portanto, celebrar a história da redenção e, portanto, realizar uma anamnese histórico-espiritual. A redenção não está ligada apenas ao ato do resgate em si, mas ao processo gracioso que outorga a Israel a identidade como povo eleito e provê comunhão com Deus. Ou seja, o Êxodo só pode ser visto à luz da fidelidade do Deus da aliança. Por isso, quanto às festas mencionadas em Êxodo 23, por exemplo, Páscoa, Pentecoste e Tabernáculos, "a adoração está no cerne das três festas anuais que celebram a benevolência de Deus com Israel".[129] Nesse sentido, Eduardo Cartea Millos comenta:

> Que significado tinham para Israel as festas de Jeová? Quando Deus as instituiu o fez para que seu povo se alegrasse com suas bênçãos e recordasse sempre com gratidão a sua misericórdia, bondade e graça para com eles. Sem dúvida, eram motivo de recordação permanente. Deus queria que seu povo tivesse sempre em mente o que eles viviam antes de serem libertados "com mão forte e com braço estendido" de sua opressão e escravidão; de como ele os havia sustentado, guardado, alimentado e guiado e ainda os discipulado no deserto.[130]

Na verdade, as festas são momentos de *adoração*. São as festas de YHWH.[131] Elas eram convocações ou assembleias festivas, santas e especiais estabelecidas por Deus. Nelas, o povo eleito se reunia para ter comunhão entre si e com YHWH.[132] Elas apresentam um Deus festivo que instituiu para seu povo um programa de celebrações, a fim de que a experiência de alegria em sua presença fosse permanente. Essas festas têm um poderoso

---

[127] *Comentário bíblico Vida Nova*, p. 331.

[128] Ibidem, p. 332.

[129] Ibidem, p. 177. Richard Booker explica que Páscoa (*Pesach*), Pentecoste (*Shavuot*) e Tabernáculos (*Succot*) se referem a "três períodos de festas com sete festas individuais". Assim, o primeiro período incluía Páscoa, Pães sem Fermento e Primícias. O segundo período era a Festa de Pentecoste e o terceiro período incluía Tabernáculos, Festa das Trombetas e Festa da Expiação (*Celebrando Jesus nas festas bíblicas*, p. 20). Todavia, como ensina Millos, Páscoa, Pentecoste e Tabernáculos eram "um tempo de grande alegria para o povo". (*Las siete festas de Jehová*, p. 167).

[130] Millos, *Las siete festas de Jehová*, p. 24.

[131] "Na Bíblia, o nome de Deus na aliança é YHWH (Yahweh)" (R. Booker, *Celebrando Jesus nas festas bíblicas*, p. 19).

[132] R. Booker, *Celebrando Jesus nas festas bíblicas*, p. 19.

PENTECOSTALISMOS

significado espiritual, com aplicação direta à nossa experiência como crentes. Essa adoração envolve nos lembrarmos (anamnese) do que Deus fez no passado, para sabermos quem é Deus hoje e o que ele pode fazer amanhã. São festas do reino de Deus: o Pentecoste bíblico era uma delas. No que diz respeito à Festa de Pentecostes, French L. Arrington afirma:

> Atos 2 faz uma narrativa do primeiro dia de Pentecostes depois da ressurreição de Cristo. O dia de Pentecostes (*he pentecoste*, "o quinquagésimo dia") se dava cinquenta dias depois da Páscoa. Também era chamado "Festa das Semanas", porque ocorria sete semanas depois da Páscoa. Por causa da colheita que acontecia naquele período, era uma celebração da colheita de grãos (Êx 23.16; 34.22; Lv 23.15-21).[133]

Arrington chama a atenção para o fato de que, inicialmente, a Festa de Pentecoste estava inserida em um calendário religioso-agrícola que tinha enorme importância material e espiritual para Israel. No antigo Oriente Próximo, as principais festas religiosas e dias santos eram relacionados, em sua maioria, a eventos agrícolas.[134] Digo "inicialmente" porque, como demonstrarei, à época do Pentecoste do Novo Testamento, a festividade já assumira outra conotação. A importância da agricultura é ressaltada no fato de o calendário de festas poder ser chamado também "festivais da colheita".[135] Com efeito, durante o primeiro período festivo, apresentavam-se a Deus os primeiros frutos da colheita de cevada e, no Pentecoste, os primeiros feixes da colheita de trigo (Êx 34:22).[136] Richard Booker afirma que, "embora a Festa da Páscoa marcasse o começo da colheita da cevada, a Festa de Pentecostes era celebrada durante a colheita do trigo".[137] À luz desse contexto, Eduardo Cartea Millos, ao discorrer sobre a festa de Pentecoste, ressalta:

> Uma vez que o Israel do Antigo Testamento era um povo agrícola, cuja economia dependia do que a terra produzia, essa festa era, portanto, um acontecimento com pano de fundo agrícola [...] *era um tempo de grande alegria. Festejava-se, pois, em comunidade com adoração, com música de flautas, címbalos e tamborins e com cânticos.*[138]

---

[133] F. L. Arrington, *Comentário bíblico pentecostal*, p. 631.
[134] *Comentário histórico-cultural da Bíblia*, p. 212.
[135] Ibidem, p. 213.
[136] Millos, *Las siete festas de Jehová*, p. 167.
[137] Booker, *Celebrando Jesus nas festas bíblicas*, p. 91.
[138] Millos, *Las siete festas de Jehová*, p. 167 (grifo nosso).

258

PENTECOSTALIDADE, REINO DE DEUS E EXPERIÊNCIAS PENTECOSTAIS

De modo semelhante, os pentecostais desenvolveram um estilo de vida e um culto entusiástico e vibrante. Por sinal, nos cultos pentecostais, a atmosfera de adoração tende sempre ao rompimento dos limites anteriormente estabelecidos em uma busca constante por mais da presença de Deus. A alegria, a gratidão e a paixão pentecostais são torrencialmente embaladas pela música, que ocupa lugar de destaque nos pentecostalismos. Para os pentecostais, a vida com Deus é vida de alegria, pois ele é alegre. Jesus, o Deus encarnado, comia e bebia com os pecadores (Mt 11:19) e deu início aos seus sinais em uma festa de casamento (Jo 2:11). Quando descemos até a profundidade do coração do Pentecoste, compreendemos quem *é* Deus, o que ele *fez* (e faz) pelo seu povo e *como* ele espera que celebremos essas duas verdades. Certamente, a vida humana é caracterizada por inúmeros dissabores que afetam, em menor ou maior grau, todos os que passam por essa breve existência terrena. Em vários lugares do mundo, a vida é bem mais difícil do que em outros. Não é surpresa que nascer e viver em certos países mais abastados proporcionam algumas vantagens materiais que, de modo geral, amenizam a dureza intrínseca do viver. Aliás, um dos intentos da modernidade, com a ideia de progresso, tem sido justamente o de tentar suavizar as condições materiais contrárias ao bem-estar humano que, ao longo da história, têm amargurado a existência humana, tornando-a desprazerosa e difícil.

Foi justamente nesse cenário que o pentecostalismo emergiu para revitalizar a alegria de viver em meio ao caos político, às privações materiais e aos dilemas existenciais. Aprendemos a respeitar todas as formas de cristianismo e suas respectivas tradições. Todas se apresentam como respostas do ser humano à revelação de Deus e ao convite para adorá-lo de todo o coração. Todas estão condicionadas historicamente e relacionadas às condições culturais, sociais e geográficas de onde surgiram. Em algumas tradições, a própria exatidão litúrgica está no cerne da adoração, e a execução meticulosa dos atos litúrgicos é sinônimo de reverência ao Senhor. Outras tradições, por suas características culturais, são mais quietistas e avessas ao entusiasmo emocional, que, nesses contextos, é muitas vezes depreciado, tido como simples emocionalismo. Contudo, o pentecostalismo surge influenciado pelo *ethos* dos avivamentos ingleses e americanos, nos quais a *emoção* ocupa lugar central.

Os avivalistas buscavam justamente reintroduzir no culto cristão a dimensão afetiva, o elemento emocional e a dimensão corpórea. Para a cultura avivalista, a ênfase no rigor litúrgico ou na dimensão lógico-discursiva atrofia a fé cristã e a afasta do seu centro: a dimensão do encontro pessoal

PENTECOSTALISMOS

com Deus a partir do *coração*. A insistência "restauracionista" do pentecostalismo reside no entendimento de que a própria Bíblia afirma esse centro vital e de que o modelo da igreja primitiva reverbera, em alto e bom som, esse eixo central, principalmente no símbolo-paradigma do Pentecoste neotestamentário. Como se não bastasse, além da influência dos reavivamentos anglo-americanos, o pentecostalismo recebeu o poderoso influxo da espiritualidade negra oriunda das fileiras do Movimento *Holiness* americano. Por essa razão, o decano da historiografia pentecostal acadêmica, o suíço Walter J. Hollenweger, em uma de suas obras clássicas, *Pentecostalism: origins and developments worldwide* [Pentecostalismo: origens e desenvolvimentos em todo o mundo], considera a religião tradicional africana uma das raízes-matrizes do pentecostalismo mundial.[139] Para ele, a raiz da religião africana tradicional se desdobra na "religião afro-americana dos escravos", que constitui a "a raiz oral negra" que, com o desdobramento das outras raízes, deságua no pentecostalismo do início do século 20.[140]

É intuitivo e empírico o fato de uma das principais características dos pentecostalismos ser a dimensão doxológica que vê o corpo como elemento indispensável e imprescindível para glorificar a Deus como resposta à sua graça salvífica. A mencionada religiosidade africana se imiscuiu, nos Estados Unidos, ao perfeccionismo wesleyano, à concepção, também advinda de Wesley, de uma segunda obra da graça e ao *ethos* entusiasta dos reavivamentos, que penetrou com indelével força a cultura religiosa americana do século 19. O pentecostalismo, em decorrência dessas influências, gerou uma espiritualidade caracterizada pela centralidade de um tipo de culto no qual se visa demonstrar a Deus, pela necessária mediação do corpo (palmas, danças, pulos, voz, gritos, cânticos, risos, lágrimas), uma imensa gratidão e alegria por sua presença no meio de seu povo. Como diz Steve J. Land:

> Os pentecostais são mais exuberantes que alguns dos outros cristãos. Todos os afetos cristãos significativos estão ali, contudo o perfil é diferente. A visão apocalíptica e a presença transcendente da era vindoura alteram a química afetiva de maneira significativa.[141]

Para os pentecostais, o Espírito derramado sobre a carne constitui a base bíblica para esse modo de vida cristão. É justamente essa "forma

---

[139] W. J. Hollenweger, *Pentecostalism*, p. 2. Cf. Yong, *O Espírito derramado sobre a carne*, p. 27.
[140] Hollenweger, *Pentecostalism*, p. 2.
[141] Land, *Pentecostal spirituality*, p. 133.

PENTECOSTALIDADE, REINO DE DEUS E EXPERIÊNCIAS PENTECOSTAIS

de viver" que encontra abrigo nas culturas globais que, de modo geral, também compreendem o coração como o centro, por um lado, e o corpo como a via de expressão por excelência das crenças, paixões, dores e alegrias do viver (e sobreviver) humano, por outro. Compreender pela Bíblia que, na raiz do Pentecoste, reside uma festividade agrícola que, ano a ano, celebrava a vida em meio aos dilemas materiais por sobrevivência faz despertar na alma do crente pentecostal uma alegria e uma esperança que, se não fosse despertada por esse entendimento, restaria encoberta pela densa camada de medo e desesperança acrescentada pela vida sem Deus. O próprio culto pentecostal é o retirar dessas camadas, é o renovar da esperança e da alegria de viver, pois Deus tem cuidado de nós (1Pe 5:7). Por essa razão, Steve J. Land, quando discorre sobre os principais "afetos pentecostais", elenca como principais a *gratidão* (adoração, ação de graças), a *compaixão* (amor, desejo) e a *coragem* (confiança, esperança).[142]

O Pentecoste, então, era um festival relacionado à colheita do trigo. Embora os festivais agrícolas fossem comuns entre os povos da Antiguidade, as festas de Israel se distinguiam pelo fato de estarem associadas à libertação do Egito. Na ocasião do Pentecoste, a celebração consistia em dedicar uma oferta simbólica de dois pães e um cesto de frutos maduros em gratidão pela colheita.[143] Segundo Booker, a oferta expressava a dependência que os hebreus tinham de Deus para realizar a colheita e obter seu pão diário.[144] A relação imediata com a dependência em relação a Deus e a gratidão a ele pela provisão da terra é o que Millos chama "primeiro significado de Pentecostes".[145] Esse primeiro significado da festa, com a apresentação dos primeiros frutos da colheita de trigo, projeta profeticamente o dia de Pentecoste de Atos dos Apóstolos, quando se recolheram os primeiros frutos da pregação do evangelho pela igreja, que fora inaugurada com o derramamento do Espírito Santo,[146] pois "foi durante essa festa que o Espírito Santo foi enviado aos primeiros discípulos de Cristo, que eram como as primícias da colheita do evangelho (At 2)".[147]

A relação veterotestamentária entre o primeiro período festivo, especialmente a Páscoa, e o Pentecoste revela uma dimensão profética que se

---

[142] Ibidem, p. 135.
[143] *Comentário histórico-cultural da Bíblia*, p. 130. Cf. Booker, *Celebrando Jesus nas festas bíblicas*, p. 92.
[144] Booker, *Celebrando Jesus nas festas bíblicas*, p. 92.
[145] Millos, *Las siete festas de Jehová*, p. 168.
[146] Ibidem, p. 168.
[147] *Comentário bíblico Vida Nova*, p. 297.

cumpre no Pentecoste do Novo Testamento.[148] A sequência é a seguinte: a Páscoa tipifica a morte do Senhor Jesus Cristo; a festa dos Pães sem Fermento, seu sepultamento; as Primícias, sua ressurreição; o Pentecoste, com a vinda do Espírito, a primeira colheita da nova era do reino de Deus. Tal como transcorriam cinquenta dias entre as Primícias e o Pentecoste no Antigo Testamento, foram cinquenta dias desde a ressurreição de Jesus até o dia em ele enviou o Espírito Santo.[149] Diz Booker:

A Páscoa representa o primeiro grande encontro entre Deus e Seu povo. O Pentecostes representa o segundo grande encontro. Deus quer que conheçamos a Cristo, não apenas como o Cordeiro de Deus que morreu por nossos pecados, mas também como o Messias e Senhor vivo e glorificado que nos batiza no Espírito Santo. Quando nasceram de novo na Páscoa, eles receberam o Espírito em seu interior para serem salvos. No Pentecostes, eles receberam poder e ficaram cheios do Espírito Santo até transbordar para servir. Foi um outro encontro com Deus além de sua experiência básica de salvação[150].

O *Comentário bíblico Vida Nova* ressalta o sentido espiritual e profético das festas:

Há uma grande analogia espiritual nessas festas. A Páscoa (comemorando o livramento do Egito e da morte) corresponde à crucificação de Cristo; a Festa das Semanas, ou Pentecostes, corresponde ao envio do Espírito Santo e às primícias da colheita do evangelho (At 2).[151]

Agora, discorrerei sobre o que Eduardo Cartea Millos denomina "novo significado de Pentecostes".[152] À medida que os anos iam se passando e Israel foi deixando de ser um povo eminentemente agrícola, como no período da ocupação de Canaã, outro significado se agregou ao caráter primário da festa. Millos explica:

---

[148] Convém mencionar aqui a lição de Udo Schnelle acerca da linguagem religiosa: "O discurso religioso possui sempre uma dimensão simbólica, porque a realidade de Deus não é imediatamente acessível aos seres humanos. Símbolos são sinais que apontam para além de si e que abrem novos mundos de sentido, que trazem uma outra realidade para dentro de nossa realidade. *Eles não só retratam essa nova realidade, mas trazem-na presente de tal maneira que pode se tornar efetiva*" (*Teologia do Novo Testamento*, p. 103-4 [grifo nosso]).

[149] Booker, *Celebrando Jesus nas festas bíblicas*, p. 95.

[150] Ibidem, p. 100-1.

[151] *Comentário bíblico Vida Nova*, p. 297-8.

[152] Millos, *Las siete festas de Jehová*, p. 169.

PENTECOSTALIDADE, REINO DE DEUS E EXPERIÊNCIAS PENTECOSTAIS

Os anciãos rabinos chegaram à conclusão de que a entrega da Lei ao povo no Sinai, de acordo com Êxodo 19:1, já que esta foi entregue ao terceiro mês depois da saída do povo do Egito, foi em um dia de Pentecostes. Esse dia é considerado o aniversário do judaísmo.[153]

Também o *Comentário histórico-cultural da Bíblia*, ao discorrer sobre a festividade de Pentecostes no Antigo Testamento, afirma que essa festa, "pela tradição, está ligada à outorga da Lei no Monte Sinai, estando também relacionada à renovação da aliança e à peregrinação".[154] Por essa razão, o teólogo pentecostal peruano Bernardo Campos denomina o Pentecoste do Novo Testamento *"deutero-Sinai"*, pois, "da mesma maneira como há um *Deutero-nomio* (repetição da Lei), Pentecostes é um *deutero--Sinai"*.[155] Campos baseia seu entendimento nas lições do teólogo mexicano Eleuterio Uribe Villegas, que escreveu uma obra dedicada ao tema.[156] O Sinai ocupa um lugar de grande relevo na teologia bíblica, pois foi onde o Senhor reuniu Israel para manifestar sua glória e traçar seu destino como povo de Deus e instrumento de salvação das nações da terra.[157]

A entrega da Lei no monte Sinai estabelece a aliança entre Deus e o povo eleito. Contudo, a história de Israel no Antigo Testamento é a narrativa tanto do fracasso do povo em obedecer à aliança quanto do zelo de Deus em fazer o povo cumpri-la. A narrativa do Antigo Testamento enfatiza as inúmeras tentativas divinas de manter Israel fiel à aliança e as reiteradas recusas do povo eleito em obedecer a essa aliança. Assim, por exemplo, quando 2Reis 17:13-15 articula a razão pela qual o Reino do Norte foi derrotado pelos assírios e levado para o cativeiro, em 722 a.C., a desobediência e a idolatria são mencionadas com a recusa persistente em obedecer às admoestações divinas:

O Senhor advertiu Israel e Judá por meio de todos os seus profetas e videntes: "Desviem-se de seus maus caminhos. Obedeçam às minhas

---

[153] Ibidem, p. 169. Richard Booker afirma: "Mais tarde, quando os judeus foram espalhados entre as nações, a Festa de Pentecoste perdeu sua importância primária como festival da colheita e era celebrada como um memorial do tempo em que Deus deu-lhes a Torá no Monte Sinai" (*Celebrando Jesus nas festas bíblicas*, p. 92).

[154] *Comentário histórico-cultural da Bíblia*, p. 241. Também segundo Bernardo Campos, "Pentecoste como festa celebra o outorgamento da lei (os dez mandamentos) no Sinai, realizada uns cinquenta dias depois da saída do Egito" (*O princípio da pentecostalidade*, p. 31).

[155] Campos, *O princípio da pentecostalidade*, p. 21.

[156] E. U. Villegas, *Pentecostés: el nuevo Sinai* (Oregón: Kerigma Publicaciones, 2020). Também sobre a relação entre o Sinai e o Pentecoste do Novo Testamento, v. B. J. Hilberath, *Manual de dogmática*, p. 433.

[157] Campos, *O princípio da pentecostalidade*, p. 22.

PENTECOSTALISMOS

ordenanças e aos meus decretos, de acordo com toda a Lei que ordenei aos seus antepassados que obedecessem e que lhes entreguei por meio de meus servos, os profetas".

Mas eles não quiseram ouvir e foram obstinados como seus antepassados, que não confiaram no SENHOR, o seu Deus. Rejeitaram os seus decretos, a aliança que ele tinha feito com os seus antepassados e as suas advertências.

Por essa razão, os profetas Jeremias e Ezequiel profetizaram o futuro estabelecimento de uma nova aliança com características diferentes da aliança estabelecida no Sinai. Um dos aspectos centrais dessa nova aliança estava relacionado ao fato de que Israel precisava de um novo coração.[158] Com efeito, Jeremias 31:31-33 profetiza:

"Estão chegando os dias",
    declara o SENHOR,
"quando farei *uma nova aliança*
com a comunidade de Israel
e com a comunidade de Judá.
Não será como a aliança
que fiz com os seus antepassados
quando os tomei pela mão
    para tirá-los do Egito;
porque quebraram a minha aliança,
apesar de eu ser o Senhor deles",
diz o SENHOR.
"Esta é a aliança que farei
com a comunidade de Israel
depois daqueles dias",
declara o SENHOR:
"Porei a minha lei no íntimo deles
e a escreverei nos seus corações.
Serei o Deus deles,
    e eles serão o meu povo".

Igualmente, é profetizado em Ezequiel 36:26,27:

---

[158] Villegas, *Pentecostés: el nuevo Sinai*, p. 28.

Darei a vocês um coração novo e porei um espírito novo em vocês; tirarei de vocês o coração de pedra e lhes darei um coração de carne. Porei o meu Espírito em vocês e os levarei a agirem segundo os meus decretos e a obedecerem fielmente às minhas leis.

À luz desses textos, fica patente que, em algum momento, o Senhor agiria para estabelecer um novo pacto que substituiria o anterior, firmado no monte Sinai. Na mesma linha do ensino de Villegas, Luiz Fernando Ribeiro Santana ressalta que a pneumatologia do profetismo veterotestamentário exerce considerável influência sobre a pneumatologia do Novo Testamento. Assim como Villegas, Santana também faz expressa referência aos ministérios proféticos de Jeremias e Ezequiel. Para Jeremias, diante dos inúmeros fracassos e infidelidades de Israel, uma nova aliança "é uma obra somente possível na força do Espírito de Deus".[159] Ezequiel, por sua vez, vê antecipadamente a renovação que o Senhor prepara para seu povo, a qual só será possível pela efusão do Espírito do Senhor.[160] Com efeito, para Santana, "segundo o profetismo veterotestamentário, a efusão do Espírito" estava "reservada para os tempos messiânicos" e, "no quadro de cumprimento das profecias veterotestamentárias, Lucas circunscreve e apresenta o evento do Pentecostes".[161] Diz Uribe Villegas:

> Está muito claro que, à luz da profecia do Antigo Testamento, o Pentecostes representa o cumprimento do novo pacto, pois nele se revela a graça salvífica de Deus para o perdão dos pecados, como diz Jeremias, e também se manifesta a graça salvífica de Deus que regenera o coração e a mente das pessoas. O testemunho bíblico assinala que Jeová poria seu Espírito dentro de seu povo, como diz o profeta Ezequiel, pois só com o Espírito de Jeová o povo do novo pacto estaria habilitado à obediência, à fidelidade e ao amor à lei de Deus.[162]

É como o estabelecimento de um novo pacto que o Pentecoste é tido como um "novo Sinai". Convém esclarecer que, para Israel, a Lei não significava escravidão, mas liberdade.[163] A Lei era instrução, direção, promessa e identidade. "A lei do SENHOR é perfeita, e revigora a

---

[159] L. F. R. Santana, *Liturgia no Espírito*, p. 113.
[160] Ibidem, p. 113.
[161] Ibidem, p. 114.
[162] Villegas, *Pentecostés: el nuevo Sinai*, p. 34.
[163] Millos, *Las siete festas de Jehová*, p. 170.

alma" (Sl 19:7). Assim como a entrega da Lei no Sinai se deu no dia de Pentecoste, também nessa data, em Jerusalém, segundo Atos 2, foi derramado o Espírito que estabeleceu a igreja, o povo da nova aliança, composto por judeus e gentios. Por isso, o Pentecostes inaugurou uma nova época, uma nova dispensação na revelação divina: a igreja do Senhor.[164] Da mesma forma que, no Antigo Testamento, Deus visitava seu povo e o vocaciona por meio de teofanias, em Atos 2, ele visitou seu novo povo ao enviar o Espírito Santo, preenchendo-o e capacitando-o para a era do reino de Deus na terra, inaugurada por Jesus. Villegas assevera:

> Isto foi exatamente o que aconteceu no dia de Pentecostes: Deus mesmo desceu do céu novamente, para fazer um "novo pacto" com seu povo, habitar no meio deles, vocaciná-los para uma missão universal, revelar-lhes seu nome, revesti-los de sua presença e enviá-los a levar a glória de seu nome às nações — o mesmo que ele havia feito ao descer na sarça, no monte Sinai e no Tabernáculo.[165]

Bernardo Campos traça os paralelos entre a teofania do antigo pacto (Sinai) e a do novo pacto (Pentecoste):

- O vento e o fogo de Pentecoste estão relacionados com os trovões e os relâmpagos do Sinai (At 2:2-3; Êx 19:16).
- Assim como Moisés no Sinai, Pedro é o porta-voz de Deus no Pentecoste (At 2:14-40).
- Em ambas as ocasiões, há ênfase na salvação do Senhor e a oferta de uma nova relação entre o Senhor e seu povo (At 2:21,38-39).[166]

Para o teólogo pentecostal Roger Stronstad, a relação entre as teofanias do Sinai e do Pentecoste de Atos 2 são de extrema importância:

> A teofania no Monte do Templo nesse dia de Pentecostes não apenas é descrita na profecia de Joel com uma exatidão impressionante, mas também reflete enormemente a maior teofania da história de Israel, ocorrida no Monte Sinai quando Deus deu a (tábua) da Lei e estabeleceu uma aliança com seu povo.[167]

---

[164] Ibidem, p. 166.
[165] Villegas, *Pentecostés: el nuevo Sinai*, p. 55.
[166] Campos, *O princípio da pentecostalidade*, p. 24.
[167] Stronstad, *Teologia lucana sob exame*, p. 99.

PENTECOSTALIDADE, REINO DE DEUS E EXPERIÊNCIAS PENTECOSTAIS

Stronstad aduz que, enquanto a teofania do Sinai estabeleceu Israel como "reino de sacerdotes", a do Pentecoste estabelece os discípulos como uma "comunidade de profetas". Ele acrescenta que a criação dos discípulos como uma comunidade de profetas é tão importante e memorável quanto a criação anterior de Israel como reino de sacerdotes.[168] Levando em conta a estreita relação entre as duas teofanias, Villegas defende que a teologia narrativa de Lucas habilmente evoca a memória da manifestação de Deus no Sinai. Lucas narra o Pentecoste do seguinte modo: o derramamento do Espírito não era outra coisa senão a descida de Deus com ruído, estrondo, vento forte, línguas, fogo e uma voz que se ouve do meio do fogo, a fim de habitar no meio de seu povo, agora composto não só por judeus, mas por todos os povos da terra.[169] Portanto, o Pentecoste também é a inauguração do novo pacto de Deus com seu povo. É teofania, pois faz parte da manifestação presente do reino de Deus na terra.[170] É um Novo Sinai,[171] porém com uma revelação de Deus muito mais gloriosa e especial.[172]

O mergulho no coração do Pentecoste exige que observemos a relação entre Números 11, que relata o desejo de Moisés de que todo o povo profetizasse, e o Pentecoste do Novo Testamento. Especificamente, olharemos Números 11:10-30. Moisés, demonstrando cansaço no exercício de seu ministério, queixa-se a Deus de toda aquela pressão e afirma: "Não posso levar todo esse povo sozinho; essa responsabilidade é grande demais para mim" (v. 14). Em resposta, e com o intento de dividir as responsabilidades da liderança sobre o povo de Israel, o Senhor pede a Moisés que convoque setenta anciãos e superintendentes do povo, fazendo a seguinte promessa: "*Eu descerei* e falarei com você; e tirarei do Espírito que está sobre você e o porei sobre eles. Eles o ajudarão na árdua responsabilidade de conduzir o povo, de modo que você não tenha que assumir tudo sozinho" (v. 17). Na continuação, lemos: "*O Senhor desceu* na nuvem e lhe falou, e

---

[168] Ibidem, p. 103. Sobre Israel como povo sacerdotal, veja Santana, *Recebereis a força do Espírito Santo*, p. 34-5.

[169] Villegas, *Pentecostés: el nuevo Sinai*, p. 57.

[170] Segundo Luiz Fernando Ribeiro Santana, "traço típico da pneumatologia lucana é a ênfase dada aos efeitos visíveis da presença e da ação do Espírito na história da salvação" (*Liturgia no Espírito*, p. 112).

[171] "O que aprendemos a partir da passagem e da interpretação dos estudiosos judeus é que o primeiro Pentecoste não aconteceu no livro de Atos, mas sim no livro de Êxodo. O primeiro Pentecoste foi no monte Sinai quando Deus escreveu Suas palavras em tábuas de pedra. No entanto, o Senhor prometeu que haveria um tempo, em um futuro distante, em que Ele escreveria Suas leis nas tábuas carnais de seus corações (veja Jeremias 31:31-34)" (R. Booker, *Celebrando Jesus nas festas bíblicas*, p.94).

[172] Villegas, *Pentecostés: el nuevo Sinai*, p. 43.

PENTECOSTALISMOS

tirou do Espírito que estava sobre Moisés e o pôs sobre as setenta autoridades. *Quando o Espírito veio sobre elas, profetizaram*, mas depois nunca mais tornaram a fazê-lo" (v. 25). O texto afirma que dois homens, Eldade e Medade, foram convocados para estar entre os setenta, mas ficaram no arraial. Mesmo assim, "*o Espírito também veio sobre eles*, e profetizaram no acampamento" (v. 26). Diante da informação de que Eldade e Medade estavam profetizando, Josué instou Moisés a ordenar que os dois homens parassem de profetizar. A resposta emblemática de Moisés foi: "Você está com ciúmes por mim? *Quem dera todo o povo do SENHOR fosse profeta e que o SENHOR pusesse o seu Espírito sobre eles!*" (v. 29).

Assim, Moisés manifesta seu desejo de que o Espírito do Senhor viesse sobre todo o povo, levando-o a profetizar. Foi exatamente o que aconteceu em Atos 2. Segundo Robert Menzies, Atos 2 "evoca memórias do desejo de Moisés", que, para o autor, foi cumprido no dia de Pentecoste.[173] Por essa razão, Campos ensina que "o falar em línguas, inspirado pelo Espírito, por parte de 120 discípulos no Pentecostes é paralelo ao dom de Deus do Espírito no Sinai aos setenta que profetizaram (Atos 2.1-4; Números 11.16-30)".[174]Mais uma vez, percebe-se o profundo significado do Pentecoste como cumprimento de expectativas veterotestamentárias acerca da irrupção do reino de Deus no âmbito da história da salvação. Durante a antiga aliança, só algumas pessoas experimentaram o Espírito; do dia de Pentecostes em diante, o Senhor torna possível a todos os seus filhos a plenitude do Espírito.[175] O poder do Espírito não está mais limitado aos líderes ou a alguma classe especial de pessoas.[176] Ligando os eventos de Números 11 e Atos 2, French L. Arrington observa:

> Ao receberem o batismo com o Espírito, as pessoas devem profetizar. Línguas que acompanham a experiência de imersão no Espírito têm o caráter de fala profética, e Pedro liga o poder do Espírito como a explosão mundial da profecia. A mesma ligação é feita entre o poder carismático do Espírito e a profecia em Números 11.24-29, onde os anciãos profetizam depois que o Espírito foi transferido de Moisés para eles. Moisés expressa o desejo de que todo o povo de Deus profetize.[177]

---

[173] Menzies, *Glossolalia*, p. 59.
[174] Campos, *O princípio da pentecostalidade*, p. 24.
[175] Sobre a atividade carismática do Espírito Santo no AT, v. R. Stronstad, *A teologia carismática de Lucas*, p. 31-56.
[176] F. L. Arrington, *Comentário bíblico pentecostal*, p. 634.
[177] Ibidem, p. 634.

PENTECOSTALIDADE, REINO DE DEUS E EXPERIÊNCIAS PENTECOSTAIS

Para Roger Stronstad, ambos os episódios revelam o mesmo *padrão*: transferência do Espírito para os anciãos de Israel e transferência do Espírito para os discípulos. Também estão situados no *contexto da aliança*: a aliança do Sinai e a nova aliança, respectivamente.[178] Stronstad assevera:

> Os paralelos inconfundíveis entre os dois episódios ilustram que, na geração em que a aliança é firmada no monte Sinai, os 70 anciãos tornaram-se os profetas daquela aliança; assim, agora, no Dia de Pentecostes, a comunidade dos 120 discípulos torna-se os profetas da Nova Aliança.[179]

Outro eminente teólogo pentecostal, Robert Menzies, também comenta a relação entre a passagem de Números 11 e o derramar do Espírito Santo no Pentecoste:

> É importante notar que o discurso extasiante dos anciãos em Números 11, constitui o cenário contra o qual Lucas interpreta o de Pentecostes e os derramamentos seguintes do Espírito. Parece que Lucas vê todo o crente (no mínimo, potencialmente) como um profeta do fim dos tempos, antecipando que também proferirão adiante um discurso extasiante inspirado pelo Espírito. Isto é uma clara sugestão da narrativa de Lucas, que inclui repetidos cumprimentos do desejo de Moisés sobre ter o Espírito.[180]

Portanto, o episódio dos setenta profetas de Números 11, do qual Lucas se utiliza, prenuncia o derramamento do Espírito sobre todos os servos do Senhor, em uma transferência vocacional do Espírito que não é mais seletiva, mas universal. Em uma legítima instituição de um sacerdócio de todos os crentes (1Pe 2:9), na visão de Lucas, todo membro da igreja é chamado, recebe poder e profetiza (1Co 14:31).[181] Por isso Stronstad afirma que, no Pentecoste e à luz do Sinai, Deus visitou seu povo para estabelecer uma nova vocação pela concessão de um dom universal de profecia.[182]

Eu não poderia deixar de fazer menção, ainda que brevemente, ao sentido do Pentecoste do Novo Testamento como "reversão de Babel".

---

[178] Stronstad, *Teologia bíblica pentecostal*, p. 215.
[179] Ibidem, p. 215.
[180] Menzies, *Glossolalia*, p. 59-60.
[181] Ibidem, p. 59.
[182] Stronstad, *Teologia lucana sob exame*, p. 98, 103.

PENTECOSTALISMOS

Em Gênesis 11, a Bíblia afirma: "No mundo todo havia apenas uma língua, um só modo de falar" (v. 1). A arrogância do ser humano manifestada na pretensão de tornar célebre o próprio nome (v. 4) foi repreendida pelo Senhor, que desceu para confundir as línguas: "Venham, desçamos e confundamos a língua que falam, para que não entendam mais uns aos outros" (v. 7). Em Babel, houve a dispersão da humanidade pela confusão da língua. Ao revés, no Pentecoste, com o derramamento do Espírito, o Senhor também desceu, mas agora para começar a reunificação da humanidade dispersa em Babel. No dia de Pentecoste, foi o Espírito quem concedeu as línguas (At 2:4) e todos ouviam as grandezas de Deus em seu idioma (At 2:11). Ou seja, operou-se no Pentecostes uma verdadeira reversão de Babel, pois, após a vinda do Espírito, "*não há judeu nem grego, escravo nem livre, homem nem mulher; pois todos são um em Cristo Jesus*" (Gl 3:28).[183] Com efeito, Bernard Jochen Hilberath ensina:

> Na interpretação posterior se traça frequentemente um paralelo entre a confusão de línguas em Babel (Gn 11.9) e o milagre linguístico ou auditivo em Jerusalém. Assim como lá a comunicação humana rompeu-se na confusão das línguas, aqui a compreensão da mesma mensagem torna-se possível em meio à diversidade de línguas. Tal interpretação parece legítima nos moldes de uma interpretação espiritual da Escritura e de uma visão conjunta de tradições bíblicas particulares.[184]

Tudo o que foi exposto acima, como venho defendendo, está inserido no contexto maior da inauguração do reino na pessoa do Jesus Ungido pelo Espírito Santo. A unção que estava sobre Jesus agora é transferida a seus discípulos. Contudo, "a promessa é para vocês, para os seus filhos e para todos os que estão longe, para todos quantos o Senhor, o nosso Deus, chamar" (At 2:39). A teofania do Pentecoste é muito mais do que uma experiência extática ou uma experiência com línguas. Com acerto, Bernardo Campos fala de uma "hermenêutica vital em Pentecostes" que diz respeito ao fato de Pedro, o primeiro teólogo pentecostal, em seu discurso no dia de

---

[183] Cito de maneira intencional um texto paulino à luz de Pentecoste, levando em conta a lição de Eleuterio Urbe Villegas, para quem o Pentecoste tem *tanto* uma centralidade teológica na revelação de Deus *quanto* exerce um inalienável influxo sobre a teologia paulina. Ou seja, a teologia de Paulo só pode ser lida à luz do Pentecoste, pelo fato de ter sido elaborada cronologicamente após o acontecimento de Atos 2 e teologicamente em consideração ao derramar do Espírito, que não só criou a igreja, mas também inaugurou os "últimos dias" no plano escatológico-salvífico de Deus (E. U. Villegas, *Pentecostés: el nuevo Sinai*, p. 37-97).

[184] B. J. Hilberath, *Manual de dogmática*, p. 433.

PENTECOSTALIDADE, REINO DE DEUS E EXPERIÊNCIAS PENTECOSTAIS

Pentecoste, interpretar a experiência à luz da palavra profética do Antigo Testamento.[185] Além de citar o cumprimento no *sentido estrito* da profecia de Joel 2:28-32, Pedro também cita outros textos do Antigo Testamento[186] para demonstrar, como exemplo (não exaustivamente), que, em *sentido amplo*, a experiência do derramamento do Espírito não faz parte da história da salvação como apêndice, mas como elemento que introduz o reino *no coração* de todos os que o recebem e *no mundo* pelo corpo de Cristo, composto por pessoas que são morada do Espírito.[187] Santana discerne esse ponto ao afirmar que "o Espírito Santo mostra-se, no livro de Atos, como aquele que deve continuar, no tempo escatológico da *historia salutis*, a obra salvífica consumada por Jesus".[188] Sobre as experiências pentecostais, o teólogo J. Rodman Williams declara com convicção:

> Trata-se de uma totalidade de impregnação como o Espírito Santo por meio da qual, de um modo novo, todas as áreas do ser da pessoa — corpo, alma e espírito (nas profundezas conscientes e subconscientes) — tornam-se sensíveis à presença e às atividade divinas. Da mesma forma, uma comunidade de pessoas cheias do Espírito Santo descobre que a relação, não apenas com Deus, mas também de uns para com outros, torna-se repleta de um profundo sentimento de Deus estar agindo em e por meio de tudo quanto acontece.[189]

O viés experiencial-carismático dos pentecostalismos é justificado por cumprir a vontade de Deus revelada nas Escrituras de derramar seu Espírito no tempo escatológico do reino *já* presente, mas *ainda não* consumado. Portanto, no tocante à experiência fundante do dia de

---

[185] Campos, *Hermenéuticadel Espíritu*, p. 67.

[186] Salmos 16:8-11; 110:1. O discurso de Pedro é explicitamente messiânico e afirma categoricamente que o homem Jesus é Messias aguardado: "Que todo o Israel fique certo disto: Este Jesus, a quem vocês crucificaram, Deus o fez Senhor e Cristo" (At 2:36). Portanto, o discurso é cristológico e pneumático, pois na era na igreja não há como como separar os dois. Eu ainda iria além e, com Luiz Fernando Ribeiro Santana, diria que na era da igreja (*ekklesia*) não é possível separar pneumatologia, cristologia e eclesiologia. "Na teologia lucana, a pneumatologia está a serviço da cristologia e da eclesiologia" (L. F. R. Santana, *Liturgia no Espírito*, p. 112).

[187] Segundo J. Rodmam Williams, com relação ao dia de Pentecoste, "o contexto do AT é encontrado nas narrativas do preenchimento do tabernáculo e do templo com a glória de Deus". Contudo, "no Pentecoste o mais grandioso não foi o preenchimento de um tabernáculo ou templo (ou até mesmo de uma casa), mas o fato de que pessoas ficaram cheias da glória de Deus" (*Teologia sistemática*, p. 532).

[188] Santana, *Liturgia no Espírito*, p. 114.

[189] J. R. Williams, *Teologia sistemática*, p. 531.

Pentecoste, fica claro que se trata de um dos grandes atos de Deus na história da salvação. Ela ostenta o *status* de evento teofânico e inaugura uma nova etapa do reino de Deus concernente à presença pessoal do Espírito habitando seus servos. As experiências pneumáticas ao longo da história da igreja estão inseridas no contexto maior da história da salvação e, portanto, são experiências do reino de Deus. Como diz Rodman J. Williams:

> A vinda do Espírito Santo é, portanto, expressada de muitas formas. Tanto individualmente quanto em conjunto, tais expressões dizem muito, mas, desde que todas elas dizem respeito à vinda do próprio Deus no Espírito Santo, o evento é mais do que qualquer palavra pode conter. O que se encontra no núcleo da vinda do Espírito Santo — e o que esses termos de modo variado expressam — é o evento/experiência da presença dinâmica de Deus no Espírito Santo.[190]

É imprescindível argumentar que o Senhor resolveu salvar desta maneira: derramando seu Espírito e liberando o poder do Paráclito no mundo. O *modo de viver* no Espírito, biblicamente falando, não gera apenas mudança interior, mas também demonstração de poder e experiências extáticas de encontro pessoal como o Espírito do Deus vivo.[191] No entanto, elas não são aleatórias, como pode parecer à primeira vista, mas cumprem um propósito salvífico, pois integram o anúncio do evangelho. Nesse sentido, J. Rodman Williams afirma que "devemos reconhecer isso como a presença ativa de Deus".[192] Tanto Williams quanto Pomerville denominam a presença pentecostal do Espírito "presença dinâmica", não restrita à interioridade humana, mas também como exterioridade pneumática, pois o reino de Deus é dinâmico e mostra-se como um poder já liberado no mundo. O reino é um poder presente nesta era por meio do ministério do Espírito Santo.[193] As experiências pentecostais no poder do Espírito evidenciam a própria presença do reino de Deus. Assim, segundo Pomerville, "a visão pentecostal de que a igreja contemporânea se engaja em missão no mesmo período e no mesmo poder que a igreja primitiva encontra apoio teológico no tema bíblico do reino de Deus".[194]

---

[190] Ibidem, p. 531.

[191] "Deus, na verdade, está presente em todos os lugares; realmente, 'nele nos movemos e existimos' (At 17.28). Mas, a onipresença não é o mesmo que uma presença dinâmica, i.e., sua presença como evento — evento dinâmico" (J. R. Williams, *Teologia sistemática*, p. 531).

[192] Williams, *Teologia sistemática*, p. 531.

[193] Williams, *Teologia sistemática*, p. 531; Pomerville, *A força pentecostal em missões*, p. 109.

[194] Pomerville, *A força pentecostal em missões*, p. 110.

PENTECOSTALIDADE, REINO DE DEUS E EXPERIÊNCIAS PENTECOSTAIS

Por isso, Amos Yong, em um comentário ao primeiro capítulo do livro de Atos, afirma que o texto se refere aos "Atos do Espírito Santo e o Reino de Deus".[195] Yong chama atenção para a abertura do livro de Atos, especialmente o versículo 3, que, para ele, apresenta o contexto geral no qual se inserem o derramamento do Espírito e o livro de Atos como um todo. Assim: "Depois do seu sofrimento, Jesus apresentou-se a eles e deu-lhes muitas provas indiscutíveis de que estava vivo. Apareceu-lhes por um período de quarenta dias *falando-lhes acerca do Reino de Deus*" (At 1:3). Refletindo a típica expectativa judaica vigente à época a respeito da vinda do reino de Deus, os discípulos perguntaram: "Senhor, é neste tempo que vais restaurar o reino a Israel?" (At 1:6). Segundo Yong, todo esse episódio revela que os discípulos não previram que a renovação de Israel assumiria um formato diferente, ao não discernir que receberiam o poder do Espírito "a fim de testemunharem sobre a vida daquele que proclamou e realizou as obras do reino".[196] Receber o reino, na verdade, consistia em receber o dom do Espírito e "vivê-lo através do poder do Espírito".[197]

Por essa razão, Yong afirma: "Permita-me dizer, no momento, que a chave para o nosso entendimento reside precisamente na resposta de Jesus à pergunta dos discípulos acerca de quando o reino seria restaurado a Israel: no dom do Espírito Santo".[198] A inserção do derramamento do Espírito em Atos 2 no contexto maior da chegada do reino de Deus à terra antes da consumação escatológica situa, como temos defendido, as experiências pentecostais dentro de uma perspectiva soteriológica. Contudo, se, em alguns contextos pentecostais, essa soteriologia tem sido demasiadamente individualista do ponto de vista bíblico, essa salvação visa transformar pessoas *em* relacionamento. Se, com Yong, podemos afirmar que o objetivo último da obra do Espírito é transformar pessoas, não podemos deixar de dizer que o ser humano, como criatura intrinsecamente relacional, só pode ser transformado em sua necessária esfera inter-relacional de existência.[199] Por isso, é correta a crítica ao "evangelho" individualista ensinado em muitas igrejas pentecostais-carismáticas do Brasil.

Aliás, de alguma forma, essa tentativa de "perverter o evangelho de Cristo" (Gl 1:7) precisa ser denunciada e combatida. Aqui, não me refiro

---

[195] Yong, *Quem é o Espírito Santo?*, p. 26.
[196] Ibidem, p. 27.
[197] Ibidem, p. 27.
[198] Ibidem, p. 28.
[199] Ibidem, p. 19.

273

apenas às igrejas ou aos pregadores associados *explicitamente* às teologias da prosperidade e do bem-estar individual e aos seus inúmeros desdobramentos. Faço referência à acomodação geral ao "espírito da época". Esse espírito egoísta, competitivo, vaidoso, hedonista, consumista e ufanista é o que muitas vezes perverte a experiência pentecostal em experiência pela experiência. Entretanto, a experiência pentecostal, ainda que seja *individual*, não é *individualista*! Nem poderia ser, pois não seria experiência cristã. Toda experiência cristã autêntica está *inserida* e *submissa* aos propósitos de Deus. A rendição à vontade de Deus, com o desejo de vê-la cumprida, é *conditio sine qua non* para as autênticas experiências cristãs. Por isso, o estudo das raízes do pentecostalismo contemporâneo deixa claro que o movimento de santidade colocava a santidade acima do empoderamento. A "crise" de santidade é uma herança wesleyana que os pentecostalismos não podem perder de vista. Santidade e poder sempre andaram juntos, e esse é um legado do pentecostalismo que não podemos perder de vista em meio a tantas falsificações da ação do Espírito. Segundo Steve J. Land, parte da tarefa teológica e pastoral do pentecostalismo é justamente integrar santidade e poder. Segundo o autor, é um desafio básico "demonstrar a integração de justiça, amor e poder nesse movimento apocalíptico de transformação espiritual".[200] Ainda segundo Land, "a justiça, a santidade e o poder de Deus estão correlacionados com os afetos distintivamente apocalípticos, que são a base sobre a qual se integra a espiritualidade pentecostal".[201]

Infelizmente, nem sempre o caminho estreito da renúncia e da santidade de vida é ensinado nas igrejas. Com uma frequência cada vez maior, as igrejas têm se transformado em escolas de crescimento pessoal a partir de uma perspectiva de mercado, entoando *slogans* que focam o crescimento do indivíduo à luz do estereótipo sociocultural da "pessoa de sucesso". Ao extremo revés, a voz profética continua ecoando: "*É necessário* que ele cresça e que eu diminua" (Jo 3:30). Amos Yong, em uma nota autobiográfica na qual confessa uma mudança de perspectiva em sua caminhada espiritual pentecostal, afirma: "Agora penso que o mundo do Espírito Santo é muito mais amplo do que eu havia imaginado, e que a obra do Espírito é redimir e transformar nosso mundo como um todo".[202] As experiências com o Espírito Santo proporcionam uma vasta gama de

---

[200] Land, *Pentecostal spirituality*, p. 12.
[201] Ibidem, p. 12.
[202] Yong, *Quem é o Espírito Santo?*, p. 20.

PENTECOSTALIDADE, REINO DE DEUS E EXPERIÊNCIAS PENTECOSTAIS

experiências individuais de encontro com Deus provedoras de sentido para a vida. Contudo, tanto o deleite oriundo da experiência de *provar* Deus quanto o sentido *para* a vida que ela provê não estão divorciados ou alienados da realidade mais ampla da presença do reino de Deus. A rigor, tais experiências só são possíveis porque o Espírito Santo continua sendo derramado sobre toda carne. Mesmo quando a experiência é individual, ela também é para os outros, pois é experiência do reino vindouro: é experiência *para* testemunhar acerca do Salvador.[203] Compreendendo isso, French L. Arrington ensina que, "mediante a capacitação do Espírito no Dia do Pentecostes, o povo de Deus foi capacitado a fazer a missão da igreja. Ao longo de Atos, o Espírito é a fonte de direção e do poder para os crentes testemunharem da graça salvadora de Cristo".[204]

JESUS: O CRISTO CARISMÁTICO, O PROFETA UNGIDO E A IMPORTÂNCIA DE LUCAS-ATOS

Passo agora a discorrer sobre a grande importância da obra de Lucas, em dois volumes, para o pentecostalismo. Afinal, Lucas é quem relata o derramamento do Espírito Santo no dia de Pentecostes, símbolo teológico dos pentecostalismos.[205] A articulação da teologia pentecostal, por conseguinte, está profundamente enraizada no coração do Pentecoste.[206] Quando ingressei no universo pentecostal, vi-me em uma tremenda enrascada hermenêutica. Existia uma vasta literatura teológica que, de forma direta ou indireta, desconstruía as experiências pentecostais ao refutar principalmente a contemporaneidade dos dons espirituais. Se for para negar a vigência dos dons do Espírito, todos os relatos da historiografia do avivamento pentecostal, *a fortiori*, também deveriam ser negados. Se tais relatos não davam testemunho da *presença extraordinária do*

---

[203] "Existe um vínculo inseparável entre o poder do Espírito e o equipar dos crentes para proclamarem que Jesus veio salvar a todos, a despeito de raça, sexo ou posição social" (F. L. Arrington, *Comentário bíblico pentecostal*, p. 307).

[204] Arrington, *Comentário bíblico pentecostal*, p. 302. Creio ser de bom-tom, por fidelidade ao pensamento do autor, lembrar que ele se coloca entre aqueles que entendem que o dia de Pentecoste não é a ocasião em que a igreja foi fundada, pois o Espírito veio, segundo ele, sobre crentes obedientes. Cf. F. L. Arrington, *Comentário bíblico pentecostal*, p. 302. Outros, como Luiz Fernando Ribeiro Santana, entendem que a *notae* da "catolicidade" ou "universalidade", essencial à ideia de igreja, só passou a estar presente com o derramar do Espírito em Atos 2, que conferiu à igreja seu caráter de universal. Cf. L. F. R. Santana, *Liturgia no Espírito*, p. 118.

[205] Vondey, *Teología pentecostal*, p. 21.

[206] Ibidem, p. 14.

PENTECOSTALISMOS

Espírito,[207] então tudo não teria passado de uma falsificação cujo fundamento, segundo os detratores, variava desde o puro charlatanismo até a psicopatologia. Não foram poucas as "pesquisas" que, ao longo do século 20, tentaram "provar" que o fenômeno da glossolalia era uma indução psíquica coletiva que, por variados motivos, vitimava indivíduos e comunidades, que se tornavam massa de manobra. Hoje, essa situação parece ter sido superada. Mas, quando entrei em contato com o pentecostalismo, no início deste século, esses argumentos ainda tinham força e persuadiam muita gente. Testemunhei muitas pessoas que vivenciaram poderosas experiências com o Espírito Santo e experimentaram grande transformação em sua vida, mas que, após serem interpeladas por críticos do pentecostalismo ou lerem livros de teologias adversárias do movimento pentecostal-carismático, se afastaram do ambiente pentecostal.

Lembro-me de que, logo após minha conversão, fui sedento e faminto atrás de livros teológicos. Na minha ingenuidade de neófito, eu achava que a teologia sistemática, no campo evangélico, era um sistema monolítico, que todos partiam dos mesmos pressupostos e, por conseguinte, chegavam às mesmas conclusões. As diferenças para mim estariam mais no estilo e/ou na erudição do autor e na época em que as obras eram escritas. Foi gigantesca a minha surpresa (e decepção) quando percebi que os primeiros livros que li, em vez de reforçar minhas convicções, confrontavam o que eu vivia em uma comunidade pentecostal independente. Logo me dei conta de que a maioria das obras das livrarias que eu frequentava refletiam tradições protestantes que, em maior ou menor grau, apresentavam profundos pontos de divergência com o movimento pentecostal-carismático. Atualmente, no início da terceira década do século 21, celebro o fato de que essa situação tenha passado por uma grande transformação, ainda que a disparidade continue sendo significativa. Ao fim e ao cabo, percebi que, na teologia evangélica, por respeito ao rigor do método teológico, a Escritura é a fonte máxima de autoridade. Contudo, nem todas as teologias lidam da mesma forma com a Escritura. Por força da tradição que se forma em cada reduto evangélico, certa ênfase é dada a algumas partes da Bíblia e faz sobressair as crenças fundamentais de determinada vertente. Nos pentecostalismos, essa ênfase recai sobre Lucas-Atos.

---

[207] Essa expressão é correntemente utilizada na obra de César Moises Carvalho e Céfora Carvalho para indicar a poderosa atuação do Espírito Santo em toda a história da salvação, não apenas em algumas situações específicas. Não obstante, os autores a utilizam com renovada ênfase quando discorrem sobre a obra Lucas-Atos. Cf. C. M. Carvalho; C. Carvalho, *Teologia sistemático-carismática*, p. 785.

PENTECOSTALIDADE, REINO DE DEUS E EXPERIÊNCIAS PENTECOSTAIS

Dada a importância central da Bíblia no que se refere às fontes da teologia, a afirmação/constatação da proeminência de Lucas-Atos revela, a um só tempo, a independência e a singularidade da tradição teológica pentecostal-carismática e a base escriturística de seu *ethos* experiencial. Para a minha vida espiritual, a descoberta da "teologia carismática de Lucas", para utilizar aqui a consagrada expressão de Roger Stronstad, teve o efeito de uma panaceia para a cura de meu mal-estar teológico. William e Robert Menzies ensinam, com rara habilidade didática, o itinerário da ascensão de Lucas-Atos como uma "revolução silenciosa" na hermenêutica que erigiu a "narrativa bíblica" desde meados da década de 1970 a um novo patamar de importância dentro da tradição evangélica mais ampla.[208] Refiro-me aqui especificamente ao campo do labor teológico, pois, no terreno da práxis, as questões mais técnicas por certo não desabonavam a importância da narrativa para a vida de fé das comunidades pentecostais.

A importância de Atos está ligada às raízes metodistas do pentecostalismo. Como assinala Donald Dayton, foi John Fletcher, amigo íntimo de John Wesley, quem pôs em relevo o livro de Atos e deu início à mudança nos fundamentos exegéticos que viriam a fundamentar a tradição pentecostal-carismática. Por sua grande importância para a identidade pentecostal, cito as palavras do próprio Dayton em seu clássico *Raízes teológicas do pentecostalismo*, em que, após afirmar que "é de se notar a ausência do livro de Atos dos Apóstolos" nos escritos de Wesley, "inclusive qualquer referência ao Pentecoste", acrescenta:

> A formulação de Fletcher obviamente dá ao livro de Atos dos Apóstolos uma nova importância. O que podemos identificar é que entre Wesley e Fletcher há uma mudança significativa nos fundamentos exegéticos, indicando mesmo a troca de uma orientação paulina e joanina, característica de Wesley por uma orientação lucana mais própria de Fletcher.[209]

Na esteira dessa afirmação de Dayton, há outra constatação, também de grande relevância histórica e teológica: foi nos Estados Unidos do século 19, e não na Inglaterra do século 18, que os fundamentos exegéticos de Fletcher prosperaram. Isso fica patente com o surgimento do

---

[208] Menzies; Menzies, *No poder do Espírito*, p. 49.
[209] D. Dayton, *Raízes teológicas do pentecostalismo*, p. 106.

PENTECOSTALISMOS

movimento de santidade, cuja retórica pentecostal extraída do livro de Atos encontra seu antecedente histórico nas concepções de Fletcher.[210] Contudo, a proeminência da obra lucana, encontrada primeiramente no movimento de santidade e depois no movimento pentecostal, não encontrava abrigo na tradição evangélica mais ampla. Os Menzies informam que a teologia evangélica tendia a ser uma teologia paulina, dada a importância atribuída às cartas de Paulo. A rigor, a teologia evangélica tradicional havia consagrado a divisão dos escritos bíblicos em *históricos* e *didáticos*. Os primeiros tinham caráter descritivo, e os últimos, como o próprio termo indica, objetivavam o ensino normativo. O histórico--descritivo deveria ser interpretado pelo didático e enquadrado em suas lentes hermenêuticas. Com isso, segundo os Menzies, estabeleceu-se um "cânon dentro de outro cânon", e o livro de Atos, tido como uma descrição histórica, era lido pelas lentes da teologia paulina.[211]

Esse tipo de concepção teológica concebeu a "desaprovação" à prática e à teologia pentecostais nos primeiros anos do movimento ao longo do século 20. Em linguagem simples, à luz dos princípios hermenêuticos vigentes no campo evangélico em grande parte do último século, o fundamento exegético do pentecostalismo era "fraco" e, por conseguinte, as práticas que se baseavam nesse fundamento eram tidas, na melhor das hipóteses, como altamente suspeitas e, na pior delas, como totalmente reprováveis. O século 20 presenciou um fenômeno no mínimo curioso. Enquanto o cristianismo pentecostal-carismático varria o mundo com sua fé viva e entusiástica, levando milhões de pessoas a confessarem Cristo como Senhor e Salvador, uma fileira de críticos se levantava para combater o movimento, com base, principalmente, em sua suposta deficiência exegética congênita. Era a teoria dos frutos da árvore envenenada aplicada ao pentecostalismo.[212]

A ascensão do movimento carismático nas igrejas protestantes históricas, com a deflagração da renovação carismática católica nos anos de 1960, certamente contribuiu para dissipar, paulatinamente, a nuvem de suspeição que pairava sobre o pentecostalismo. Na prática, a adesão de respeitados teólogos e ministros protestantes e católicos às fileiras dos

---

[210] Ibidem, p. 108.

[211] Menzies; Menzies, *No poder do Espírito*, p. 50-1.

[212] A "teoria dos frutos da árvore envenenada" (*fruits of the poisonous tree*) é aplicada, no Direito, ao campo das provas criminais. O significado da metáfora é que, se a árvore está envenenada, todos os seus frutos também estarão. Durante largo período do século 20, parte da tradição evangélica entendia que, se a base exegética do pentecostalismo era equivocada, todas as práticas dela derivadas também o seriam.

PENTECOSTALIDADE, REINO DE DEUS E EXPERIÊNCIAS PENTECOSTAIS

que testemunhavam a presença extraordinária do Espírito serviu para avalizar a percepção teológica pentecostal. Se, à época, a teologia pentecostal ainda era, do ponto de vista acadêmico, incipiente, a sensibilidade pentecostal de encontrar o Deus das Escrituras se provara madura. É como se, em meados dos anos de 1960, várias vozes oriundas de diferentes tradições gritassem: "É verdade: realmente, os pentecostais reencontraram o Espírito que o Senhor nos enviou e estão andando com ele!".

Os Menzies discorrem sobre o fato de que, no plano da erudição bíblica, paralelamente ao crescimento das ondas do pentecostalismo, a metodologia da crítica da redação passava a afirmar que os quatro Evangelhos não tratavam exclusivamente de história, mas que cada autor tinha motivos e preocupações teológicas distintas.[213] Ou seja, os escritores dos Evangelhos eram, sobretudo, teólogos.[214] Até o surgimento dessa proposta, os Evangelhos e Atos eram tratados como história, não como documentos teológicos *stricto sensu*. Por isso, havia pouca razão para que a teologia pudesse fluir de suas páginas.[215] A atribuição do caráter teológico aos Evangelhos e a Atos levou, por conseguinte, à afirmação da importância teológica da narrativa. Para nossos interesses diretos, Lucas-Atos, à luz da concepção que emergia, representavam a história com um propósito: história com uma agenda teológica em mente. Lucas era tanto um historiador confiável quanto um teólogo esclarecido.[216]

Ainda segundo William e Robert Menzies, foi nessa época, mais precisamente no ano de 1970, que surgiu o influente livro de I. Howard Marshall: *Luke: historian and theologian* [Lucas: historiador e teólogo].[217] Escrito por um erudito evangélico tradicional, a obra consolidou a abordagem de Lucas-Atos como unidade literária e a teologia narrativa como expressão teológica autêntica. Chamo a atenção para a data da obra, que

---

[213] "A crítica da Redação procura descrever os objetivos teológicos dos evangelistas ao analisar a maneira como empregam suas fontes" (D. A. Carson; D. J. Moo; L. Morris, *Introdução ao Novo Testamento*, p. 44).

[214] Menzies; Menzies, *No poder do Espírito*, p. 54. Segundo I. Howard Marshall, "os escritores dos evangelhos são vistos como teólogos criativos, dignos de estar ao lado de Paulo e dos escritores hebraicos, e assim o interesse teológico do Novo Testamento é ampliado" (*Fundamentos da narrativa teológica de são Lucas*, p. 23.

[215] Menzies; Menzies, *No poder do Espírito*, p. 55.

[216] Menzies; Menziss, *No poder do Espírito*, p. 55. Segundo I. Howard Marshall, "Lucas pode ser adequadamente apreciado como um teólogo somente quando é reconhecido que ele também é um historiador". Ainda segundo Marshall, "Lucas certamente acreditou que a salvação foi revelada na história, mas seu interesse não foi tanto em registrar a história para benefício da própria história como foi em indicar sua significância como meio de salvação" (*Fundamentos da narrativa teológica de são Lucas*, p. 27-8).

[217] Publicado no Brasil como *Fundamentos da narrativa teológica de são Lucas* (Natal: Carisma, 2019).

PENTECOSTALISMOS

surgiu juntamente com a eclosão da chamada segunda onda do pentecostalismo. Discorrendo sobre esse período e sobre a mudança teológica que ele trouxe, os Menzies afirmam:

> Esses desenvolvimentos convergiram para produzir o que hoje é um consenso claro. Agora há o reconhecimento difundido no mundo evangélico tradicional de que as narrativas bíblicas, particularmente as dos evangelhos e de Atos, foram moldadas com preocupações teológicas em mente e por isso transmitem uma mensagem teológica. A questão crucial não é mais se Lucas e os outros eram teólogos, mas qual a forma ou conteúdo específico da teologia deles.[218]

Em sua obra, Marshall é contundente ao afirmar que sua preocupação é "com a teologia lucana como um todo" e que seu propósito "é tentar descobrir a preocupação teológica central de Lucas".[219] Avaliando o movimento que ocorria na época do lançamento de seu livro (movimento que, diga-se, reverbera ainda com força na atualidade), Marshall escreveu estas importantes palavras que sintetizam a "virada" no estudos lucanos. Discorrendo sobre Lucas, ele escreve:

> Hoje, o foco está sobre seu papel como um teólogo, e a tendência geral de estudo é explorar a sua autoconsciência teológica e idiossincrasias. Meio século atrás, a ênfase estava no extremo oposto. A significância de Lucas estava na sua posição como um historiador do cristianismo apostólico, e o grande valor do seu trabalho estava na informação que isso ofereceu às origens do cristianismo.[220]

Estava aberto o caminho para o surgimento de uma teologia pentecostal reconhecida com justiça como tradição teológica.[221] Marshall consolidara três ideias no ambiente acadêmico evangélico tradicional: 1) a obra de Lucas precisa ser vista como uma unidade (Lucas-Atos), não como livros separados, como aparece no cânon; 2) é necessário descobrirmos

---

[218] Menzies; Menzies, *No poder do Espírito*, p. 57.
[219] I. H. Marshall, *Fundamentos da narrativa teológica de são Lucas*, p. 25.
[220] Ibidem, p. 26.
[221] "Acadêmicos pentecostais partiram do pensamento emergente de Lucas enquanto teólogo para argumentar contra críticos da teologia pentecostal, afirmando que alas mais conservadoras do protestantismo subordinavam outros autores do Novo Testamento e suas perspectivas aos paradigmas paulinos de teologia e doutrina" (A. Yong, *O Espírito derramado sobre a carne*, p. 124).

PENTECOSTALIDADE, REINO DE DEUS E EXPERIÊNCIAS PENTECOSTAIS

a preocupação teológica central da unidade Lucas-Atos; 3) a autoconsciência teológica de Lucas com suas particularidades precisava ser investigada. Não estou afirmando que Marshall levantou pela primeira vez na história esses temas para a teologia cristã.[222] Mas foi ele quem consolidou essas questões no campo evangélico tradicional. Por causa de seu enorme prestígio intelectual, em vez de ser refutado, ele foi seguido por seus pares e, por conseguinte, a teologia pentecostal encontrou lugar à mesa. A árvore já não era mais considerada envenenada. Nunca é demais lembrar que, "desde o seu início, o movimento pentecostal tem enfatizado a narrativa Lucas-Atos".[223] Diz Amos Yong:

> Os benefícios trazidos pela teologia lucana são relevantes pelo fato de superarem as divisões existentes entre os gêneros narrativo e didático nas Escrituras, especialmente quando falamos de princípios teológicos e doutrinários; além disso, a teologia de Lucas nos permite reconhecer que todas narrativas são, de certa forma, didáticas, e que todos os escritos didáticos estão inseridos dentro de um contexto narrativo.[224]

Antes de avançar mais um pouco no que diz respeito à concepção pentecostal de Lucas-Atos, gostaria de escrever sobre a narrativa bíblica, sem nenhuma pretensão de ser exaustivo. Conforme já afirmei em tempos recentes, foi amplamente reconhecida a importância teológica da narrativa bíblica. Segundo a precisa lição de Jaldemir Vitório, "as narrações bíblicas estão em função da transmissão de uma sabedoria teológica e correspondem a um modo de fazer teologia, chamado de *teologia narrativa*".[225] A redescoberta da narrativa bíblica como discurso teológico caminha *pari passu* com a redescoberta dos dons carismáticos do Espírito Santo. Foi justamente a valorização da narrativa como teologia normativa que permitiu ao pentecostalismo experimentar a mesma presença extraordinária do Espírito testemunhada pelas narrativas. Obviamente,

---

[222] Marshall, em *Fundamentos da narrativa teológica de são Lucas*, e Roger Stronstad, em *A teologia carismática de Lucas*, narram brevemente o percurso histórico dos estudos acadêmicos relacionados a Lucas-Atos ao longo do século 20. Stronstad, por sua vez, também lista dez obras da década de 1970 relacionadas ao tema (*A teologia carismática de Lucas*, p. 135-6). Os autores em geral concordam que foi Hans Conzelmann, ao escrever *Die Mitte des Zeit* [No meio do tempo] (1953), "quem deu o pontapé inicial nos estudos de Lucas enquanto teólogo, pensamento que permanece incontestável até os dias de hoje" (A. Yong, *O Espírito derramado sobre a carne*, p. 124).

[223] Menzies; Menzies, *No poder do Espírito*, p. 59.

[224] Yong, *O Espírito derramado sobre a carne*, p. 125-6.

[225] J. Vitório, *Análise narrativa da Bíblia*, p. 41.

PENTECOSTALISMOS

isso não passou despercebido aos teólogos pentecostais. Eles perceberam que, "sem os escritos lucanos, não haveria nenhuma teologia pentecostal, porque não conheceríamos o dom pentecostal (At 1—2)".[226]

No mundo em que as Escrituras surgiram, mais especificamente nas comunidades cristãs primitivas, a narração era o modo privilegiado de falar de Deus. Narrar significava "dizer" a fé e "descrever" os caminhos da relação com Deus.[227] De certa maneira, a narrativa subjaz à totalidade do testemunho bíblico quando consideramos que a Escritura revela o agir de Deus na história, ou seja, a história de Deus no mundo desde a criação até a consumação. Aliás, conforme ensina Stronstad, Lucas-Atos "é a única *Heilsgeschichte* (história da salvação) no Novo Testamento".[228] A atual ascensão da narrativa também está diretamente ligada ao declínio do racionalismo teológico e do seu respectivo discurso e à consequente revalorização de outras formas literárias de expressão teológica, como a poesia (teopoética). Atualmente, como a teologia, no que diz respeito ao seu ato essencial de falar sobre Deus, não está limitada aos parâmetros do racionalismo e da ciência, multiplica-se a atenção às formas literárias não definidas pelo rigor conceitualista tributário à razão iluminista. As palavras de Mário de França Miranda são esclarecedoras:

> A questão principal com relação a Deus vem ser a nossa incapacidade de confiná-lo num conceito. Ele é o fundamento de toda a realidade, e não somente parte dela. O vocábulo "Deus" indica totalidade, razão última inacessível à razão humana.[229]

A ênfase na narrativa reintroduz no cristianismo a importância da Bíblia como *história* de Deus. Para além da frieza dos conceitos teológicos herméticos e distantes da vida real, a teologia narrativa "devolve" ao cristianismo a ênfase principal da Bíblia como livro que conta uma história, não como livro de revelação apenas proposicional. É justamente o fato de a narrativa se apresentar como *sistematicamente assistemática* que, paradoxalmente, lhe confere factibilidade. Nenhuma vida cabe em um sistema lógico. A vida humana é como o vento (Jo 3:8), não como uma régua. A existência humana é a todo momento interpelada por circunstâncias e

---

[226] Menzies; Menzies, *No poder do Espírito*, p. 59.
[227] Vitório, *Análise narrativa da Bíblia*, p. 42.
[228] Stronstad, *A teologia carismática de Lucas*, p. 123.
[229] M. M. Miranda, *Mística cristã*, p. 36.

PENTECOSTALIDADE, REINO DE DEUS E EXPERIÊNCIAS PENTECOSTAIS

sentimentos que desfazem nossas previsões lógicas. Com essas afirmações, não proponho um cristianismo irracional. De forma alguma. Contudo, a primordialidade do ato de fé no cristianismo impõe que a confiança pessoal em Cristo esteja no centro da vida, ainda que a razão não consiga justificá-la. O *crer para compreender* continua dando prevalência à fé que conhece com os olhos espirituais do coração (Ef 1:18). A ênfase recente no papel da narrativa abriu novas janelas que nos permitem experimentar novos ventos de espiritualidade e de reflexão teológica.[230]

A narrativa, com suas histórias dramáticas, personagens ambivalentes, reviravoltas, lutos, lágrimas, dores, vitórias e danças, toca principalmente o coração ao criar um senso de identificação com o leitor-receptor. Ainda que a leitura bíblica se dê nos meandros de determinada tradição e, portanto, esteja em maior ou menor grau condicionada por ela e por seus dogmas, a narrativa tem a força de liberar a voz de Deus diretamente ao coração, a despeito de quaisquer vias ou condutos dogmáticos. Desse modo, a revelação de Deus acontece nesse círculo que se constrói entre a narrativa, o texto e o leitor. Segundo Jaldemir Vitório, descobrimos o Deus que se revela em nossa vida e em nossa história quando lemos a respeito do Deus que se revelou na história de Israel e nas comunidades cristãs primitivas por meio de Jesus Cristo.[231]

Por isso, "ao abrir a Bíblia, o leitor descobre uma história que envolve também a sua".[232] O teólogo pentecostal Robert P. Menzies afirma peremptoriamente que, para os pentecostais, "as histórias de Atos são as *nossas* histórias".[233] A tradição pentecostal lê a Bíblia e, em especial, lê a obra lucana em dois volumes como um *modelo para a vida*. Os pentecostais de todo o mundo se identificam diretamente com as histórias da Bíblia, pois, não obstante o abismo temporal e as diferenças culturais, há semelhanças impressionantes entre o mundo da Escritura e a realidade vivida pela maioria das pessoas do século 21. Tanto a sobrenaturalidade quanto a dificuldade do viver estão presentes em ambos os mundos: o antigo e o contemporâneo. Assim, seus horizontes acabam se fundindo e fazendo com que o texto *entre* nas comunidades pentecostais, mergulhando-as no texto. Segundo Menzies, "os pentecostais do mundo todo identificam-se com essas histórias, sobretudo tendo em vista que muitos enfrentam

---

[230] Menzies; Menzies, *No poder do Espírito*, p. 59.
[231] Vitório, *Análise narrativa da Bíblia*, p. 42.
[232] *Dicionário global de teologia*, p. 925.
[233] Menzies, *Pentecostes*, p. 21.

desafios semelhantes".[234] A narrativa faz com que o texto tenha vida, movimento e significância direta, existencial e emocional. Esse senso de ligação com o texto faz com que a narrativa molde a vida real com suas esperanças, sonhos e imaginação.[235]

Voltando a atenção especificamente para a importância que o conjunto Lucas-Atos tem para os pentecostais, não há dúvida de que a base bíblica do pentecostalismo mundial é a obra lucana em dois volumes. Essa "perspectiva pentecostal singular" confere identidade à tradição pentecostal-carismática ao trazer à tona um "tipo de hermenêutica" de orientação pneumatológica que dá destaque ao caráter experiencial da fé cristã.[236] Apesar de eu usar na presente obra as expressões "movimento pentecostal-carismático" e "tradição pentecostal-carismática" como intercambiáveis, vale a pena especificar que, por causa de sua ênfase hermenêutica particular e à luz de seu crescimento e de sua consolidação histórica, o pentecostalismo se constitui legitimamente como uma das grandes *tradições* cristãs.[237]

Vinson Synan, um dos grandes historiadores do pentecostalismo, foi esclarecedor no prefácio da segunda edição do clássico *A tradição de santidade e do pentecostalismo*.[238] A primeira edição da obra, publicada nos Estados Unidos, é do ano de 1971, ao passo que a segunda edição é do ano de 1997. A primeira edição não trazia a palavra "tradição" no título, mas a palavra "movimento", para se referir ao pentecostalismo. Synan explica a mudança terminológica da primeira para a segunda edição, afirmando que, "em vez da palavra 'movimento'", optou "pela palavra 'tradição'", porque "o pentecostalismo cresceu além de um mero movimento passageiro para se tornar uma grande tradição do cristianismo".[239] Synan alega que o crescimento das "ondas" do pentecostalismo nos quase trinta anos entre a primeira e a segunda edição de sua obra pôs os pentecostais-carismáticos como a "segunda maior família de cristãos do mundo" depois da igreja católica romana. Por essa razão, "as igrejas pentecostais podem agora ser justificadamente chamadas de uma grande 'tradição cristã'".[240] Para Synan, sem sombra de dúvida, "o pentecostalismo realmente merece ser visto como uma grande tradição cristã ao lado das tradições

---

[234] Ibidem, p. 21.
[235] Ibidem, p. 21.
[236] Yong, *O Espíritu derramado sobre a carne*, p. 36.
[237] Vondey, *Teología pentecostal*, p. 11.
[238] Synan, *A tradição de santidade e do pentecostalismo* (Maceió: Sal Cultural, 2019).
[239] Ibidem, p. 9.
[240] Ibidem, p. 9.

PENTECOSTALIDADE, REINO DE DEUS E EXPERIÊNCIAS PENTECOSTAIS

católica romana, ortodoxa e protestante da Reforma".[241] Além dessa razão estatística, Synan justifica a mudança por algo que ele considera ainda mais importante. Aqui, reproduzo as palavras do autor:

> Também uso a palavra "tradição" por outra razão e possivelmente mais importante. Para mim é claro que a premissa básica do pentecostalismo, de que se possam receber derramamentos posteriores do Espírito após a conversão, pode ser claramente traçada na história cristã até o início do rito de confirmação na igreja ocidental.[242]

A perspicácia de Synan é admirável. Mesmo sendo alguém ligado ao pentecostalismo clássico wesleyano, ele compreende o pentecostalismo como uma tradição maior, na qual se entrecruzam diferentes famílias cristãs que assumem o postulado de que a experiência com o Espírito Santo não se restringe à conversão. Mesmo que as diferenças exegéticas e hermenêuticas sublinhem as diferenças dogmáticas entre essas famílias (como na concepção sobre o batismo no Espírito Santo, por exemplo), elas se uniram ao longo do século 20 no reconhecimento de que nem toda a experiência cristã é recebida no momento da conversão.[243] Aqui, o coração dos pentecostalismos bate forte. Ainda que possamos falar de pentecostalismo de primeira, segunda e terceira ondas, de pentecostalismos independentes e de movimento apostólico-profético, a tradição pentecostal-carismática em si mesma não se reduz a nenhum deles, pois é a soma de todos eles, em sua rica diversidade. Essa unidade na diversidade é salientada por Synan como uma "redescoberta" pentecostal de um aspecto intrínseco ao cristianismo que já se encontra na tradição cristã, mas que, por razões diversas, deixou de ser salientado no devir da história.

Roger Stronstad, aplicando isso ao âmbito da *teologia protestante*, afirma que o Novo Testamento revela três dimensões primárias da atividade do Espírito Santo, a saber: 1) salvação, 2) santificação e 3) serviço. Essas dimensões, segundo ele, são interdependentes e complementares. Contudo, segundo Stronstad, ao longo do desenvolvimento histórico, a tradição *reformada* passou a enfatizar a atividade do Espírito na conversão-iniciação, a tradição *wesleyana*, na santificação, e a *pentecostal*, na adoração e no serviço.[244] Eu acrescentaria, para além da órbita

---

[241] Ibidem, p. 11; S. J. Land, *Pentecostal spirituality*, p. 9.
[242] Ibidem, p. 10.
[243] Ibidem, p. 10.
[244] Stronstad, *A teologia carismática de Lucas*, p. 134.

PENTECOSTALISMOS

protestante, que o catolicismo romano também fez recair a ênfase da atividade do Espírito na iniciação-conversão. Contudo, o caráter carismático da igreja revelado pelo movimento pentecostal do início do século 20
tornou imperativo que todas as tradições cristãs reavaliassem a doutrina
e a experiência do Espírito à luz da teologia carismática de Lucas-Atos.[245]
Para Synan, a concepção de que nem toda a experiência cristã (no
Espírito Santo) é recebida no momento da conversão pode ser rastreada
retrospectivamente, do ponto de vista histórico-dogmático, e ser encontrada no alvorecer do rito batismal de iniciação da tradição católica,
que, conforme demonstrado pelos eruditos carismáticos católicos Kilian
McDonnell e George T. Montagne, confere o Espírito Santo ao crente, mas
não o despertar da vida plena com o Espírito e a manifestação de seus
carismas.[246] Por isso, Synan entende que, desde os primórdios do cristianismo, há uma legítima tradição da "segunda bênção" em uma "linha clara"
que perpassa as tradições místicas, a católica, a anglicana, a metodista, a
de santidade e a de Keswick até chegar ao movimento pentecostal. Em
minha empreitada pessoal de buscar compreender esse fenômeno desconcertante chamado "pentecostalismo", encontrei as palavras de Synan como
um oásis no deserto: "Embora os teólogos destas várias correntes históricas discordem uns dos outros sobre o tempo e o conteúdo da 'segunda
bênção', todos eles mantiveram tenazmente a convicção de que nem toda a
experiência cristã era recebida no momento da conversão".[247]
Como tenho deixado claro, Synan considera que a tradição pentecostal é a multiplicidade de famílias cristãs que sustentam ter a vida
carismática, marcada por várias experiências pós-conversão, independentemente do nome que se dê a elas. Todas estão ligadas à ideia de que a
vida cristã é mais profunda ou mais elevada do que o cristianismo nominal que, por muito tempo, caracterizou a história da igreja. A afirmação
supracitada de Synan, para fazer minhas as palavras de Immanuel Kant
sobre David Hume, despertou-me de meu sono dogmático.[248] Eu vivia

---

[245] Ibidem, p. 134. Os autores católicos Kilian McDonnell e George T. Montagne afirmam
que se concentraram "sobre os carismas proféticos em virtude da evidência em Lucas da relação destes carismas com o batismo no Espírito. Além disso, esse é o modo como o batismo no
Espírito tem sido identificado nos movimentos carismáticos/pentecostais clássicos" (*Iniciação
cristã e batismo no Espírito Santo*, p. 349).

[246] K. MacDonnell; G. T. Montagne, *Iniciação cristã e batismo no Espírito Santo*, p. 349.

[247] Synan, *A tradição de santidade e do pentecostalismo*, p. 10.

[248] "Immanuel Kant, ao ler uma tradução alemã das obras de David Hume, em 1775, ficou
chocado com os resultados, e foi despertado, como ele mesmo disse, do 'sono dogmático'" (W.
Durant, *A história da filosofia*, p. 21).

286

PENTECOSTALIDADE, REINO DE DEUS E EXPERIÊNCIAS PENTECOSTAIS

perplexo e angustiado com o fato de muitos autores e líderes considerarem as diferenças conceituais entre as tradições cristãs um *absoluto* que determinava quem era de *dentro* ou quem era de *fora*. Não entendia como cristãos piedosos poderiam se excomungar mutuamente por causa de padrões dogmáticos estabelecidos no seio de suas respectivas tradições. Mas quero deixar claro: não falo de doutrinas absurdas que ameaçam o cerne do cristianismo histórico.

A rigor, quando estamos diante de uma tradição que sustenta que o batismo no Espírito Santo é evidenciado pelo falar em outras línguas e outra que entende esse batismo como carismático, mas não necessariamente evidenciado pela glossolalia, não estamos tocando em um fundamento da fé cristã. Quando li um escritor do patamar de Vinson Synan, que é ligado institucionalmente ao pentecostalismo clássico de viés wesleyano, discorrer com tamanha clarividência sobre "os pentecostalismos" e sua rica e belíssima diversidade, tive a certeza de que minhas intuições sobre o assunto estavam corretas. E, mais importante, assim como, no passado, a concepção de uma "segunda bênção" adquiriu diferentes nuances em diferentes contextos e tradições, agora também, no presente, e certamente no futuro, a experiência no Espírito encontra e encontrará novas expressões. O novo não é, por si só, herético! Assim como o antigo não pode ser jogado fora só por causa do decurso do tempo, o novo não pode ser recusado apenas pelo apego irrestrito ao passado.

Um dia, o movimento pentecostal foi algo novo. No início do século 20, para muitos, o pentecostalismo era uma doutrina de demônios, uma heresia que chegou a ser caracterizada agressivamente como o "último vômito de Satanás". Contudo, os "loucos que falavam em línguas" estavam certos: o Espírito continua sendo derramado sobre toda carne, como no dia de Pentecoste. Agora, cabe aos pentecostais-carismáticos, que vivem a vida cristã na segurança de suas tradições e denominações, não agir como os primeiros detratores do pentecostalismo. Muitos, no passado, por estarem completamente apegados às amarras institucionais de suas denominações e às rígidas construções dogmáticas de suas tradições, acharam-se em guerra contra Deus. Por essa razão, o conselho de Gamaliel ecoará por todas as gerações da presente Era do Espírito, porque, "se o propósito ou atividade deles for de origem humana, fracassará; se proceder de Deus, vocês não serão capazes de impedi-los, pois se acharão lutando contra Deus" (At 5:38-39).

O Espírito Santo não deixará de agir de maneiras inusitadas só porque uma classe de cristãos diz que esta ou aquela manifestação não provém

PENTECOSTALISMOS

do Espírito. Em minha vida cristã, vi e constantemente vejo o Espírito agir de maneiras criativas e desconcertantes. As maiores experiências que tive até hoje envolveram pessoas simples e iletradas, não aquelas que são sábias aos olhos humanos. Conheci muitos homens e mulheres que falam como Pedro diante do Sinédrio (At 4). São pessoas consagradas, de oração e cheias do Espírito Santo (At 4:8). Percebi que a autoridade teológico-institucional, por mais relevante e imprescindível que seja, pode estar divorciada da autoridade profética de pessoas que, ao seu modo, têm "estado com Jesus" (At 4:13). As palavras de Hans-Jürgen Greschat dirigidas às religiões vivas, ou seja, que não são apenas reminiscências históricas, certamente valem para o cristianismo e muito mais para os pentecostalismos. Com efeito, segundo Greschat, "para o objeto 'religião': o que já não se move está morto", pois as "religiões mudam sem cessar", e "a mudança representa a força vital das religiões".[249]

Como tradição teológica cristã, o pentecostalismo tem identidade própria, caracterizada principalmente, mas não exclusivamente, por sua ênfase na obra lucana em dois volumes. A teologia pentecostal busca entender e, acima de tudo, viver as implicações da presença do Espírito Santo como o verdadeiro e único substituto de Cristo na terra.[250] É a leitura pentecostal de Lucas-Atos que fornece a luz para discernirmos a vida no Espírito. Com acerto, Gutierres F. Siqueira ensina que "a teologia pentecostal, portanto, pretende responder a isso: como a presença constante, iluminadora e renovadora do Espírito Santo como substituto de Cristo na terra influencia diretamente a maneira cristã de viver, pensar e agir".[251] Os pentecostais contribuíram decisivamente para consolidar o papel de Lucas como teólogo do Espírito Santo. A teologia lucana em Lucas-Atos aponta, segundo a interpretação pneumatológica pentecostal, para um desenvolvimento teológico da ação do Espírito Santo na vida de Jesus e na comunidade cristã primitiva.[252] Convém ressaltar que a ênfase pentecostal na teologia de Lucas não significa uma recusa à teologia paulina do Espírito Santo, mas à tendência evangélica de reduzir a teologia do Novo Testamento à teologia paulina.[253] O que os pentecostais reconhecem é a independência da pneumatologia lucana em relação à pneumatologia paulina. Para Amos Yong, "Lucas dá à teologia pentecostal mundial

---

[249] H. J. Greschat, *O que é ciência da religião?*, p. 27-8.
[250] Siqueira, *Revestidos de poder*, p. 22.
[251] Ibidem, p. 22.
[252] Ibidem, p. 23.
[253] Menzies, *Pentecostes*, p. 24.

PENTECOSTALIDADE, REINO DE DEUS E EXPERIÊNCIAS PENTECOSTAIS

um ponto de partida para a leitura de todos os outros livros da Escrituras, assim como Paulo deu à teologia protestante todas as categorias teológicas necessárias desde o século XVI, até os dias de hoje".[254]

Esse reconhecimento não opera segundo uma lógica da exclusão: ou uma ou outra pneumatologia. Não se trata aqui de um conflito do tipo "Eu sou de Paulo [...] Eu sou de Apolo" (1Co 3:4). Ao revés, a lógica inerente a esse processo de reconhecimento da independência da pneumatologia lucana é a da integração e da complementaridade. Essa lógica opera segundo a noção de que, "nós, que somos muitos, formamos um corpo, e cada membro está ligado a todos os outros" (Rm 12:5). As pneumatologias lucana e paulina são diferentes, mas não contraditórias; são diferentes, mas complementares. Enquanto a teologia do Espírito de Paulo é *predominantemente soteriológica*, a de Lucas é *carismática*.[255] As palavras de William Menzies e Robert Menzies são esclarecedoras pela precisão e poder de síntese:

> Portanto, propomos que uma visão elevada da Escrituras exige não que Lucas e Paulo tenham o mesmo ponto de vista pneumatológico, mas que a pneumatologia própria de Lucas seja, em última análise, conciliável com a de Paulo e que ambas as perspectivas possam ser vistas como contribuição para o processo de desenvolvimento harmonioso. Em suma, as perspectivas carismática e teológica de Lucas e Paulo, respectivamente, não são apenas compatíveis, mas também complementares. Ambas representam contribuições importantes para uma teologia bíblica do Espírito harmoniosa e integral.[256]

O reconhecimento tanto da diferença quanto da complementaridade das pneumatologias lucana e paulina deve ser celebrado. Afinal, tal reconhecimento, ao contrário da perspectiva anterior de um *cânon dentro do cânon*, nos leva a uma atitude de preservação e consideração de todo o cânon. A implicação de maior alcance desses novos ares hermenêuticos é,

---

[254] Yong, *O Espírito derramado sobre a carne*, p. 125.

[255] Menzies; Menzies, *No poder do Espírito*, p. 77. Cf. G. F. Siqueira, *Revestidos de poder*, p. 26. Utilizei o advérbio de modo "predominantemente" para ressaltar que a pneumatologia paulina não é *exclusivamente* soteriológica. Os Menzies são incisivos nesse ponto, quando afirmam que "a visão de Paulo é nitidamente mais desenvolvida, pois ele enxerga a riqueza plena da obra do Espírito". Afirmam ainda que "Paulo atenta tanto para os aspectos soteriológicos quanto para os carismáticos da obra do Espírito" (*No poder do Espírito*, p. 78).

[256] Menzies; Menzies, *No poder do Espírito*, p. 78-9.

PENTECOSTALISMOS

sem dúvida, a possibilidade de construir uma "teologia bíblica por inteiro", por meio do desejável diálogo entre as tradições cristãs.[257] Por isso, uma teologia bíblica mais integral nos conduzirá a uma "pneumatologia bíblica de caráter global".[258] Uma teologia verdadeiramente bíblica do Espírito Santo deve fazer justiça à pneumatologia de cada autor.[259] Na prática, os pentecostais têm levado em consideração os aspectos carismático e soteriológico das pneumatologias lucana e paulina, respectivamente, construindo criativas e enriquecedoras sínteses tanto na produção teológica quanto na fé viva das comunidades. Essa pneumatologia bíblica de caráter global por certo está na base, ainda que implícita em muitos contextos, do novo cristianismo carismático mundial e é impulsionada pela matriz pneumatológico-carismática que os pentecostais encontraram na obra lucana. Portanto, essa "perspectiva pentecostal singular" não é exclusivista nem excludente, mas, sim, ao mesmo tempo *independente* e *integradora*.[260]

A erudição pentecostal tem reconhecido que a obra *A teologia carismática de Lucas* (1984),[261] do teólogo canadense Roger Stronstad, é um marco na independência teológica pentecostal baseada em Lucas-Atos.[262] Stronstad foi o primeiro a desenvolver uma robusta perspectiva pentecostal com base na teologia distintiva de Lucas-Atos. Diante do fato de que a teologia lucana acerca do Espírito é diferente da de Paulo, Stronstad argumenta que Lucas vê o dom do Espírito *exclusivamente* em termos carismáticos.[263] Segundo ele, Lucas pretendeu instruir Teófilo sobre o ministério de Jesus e o surgimento e a missão da igreja, ressaltando o fato de que Cristo realizou seu ministério público na unção do Espírito recebida em seu batismo (Lc 3:21-22), e que essa unção e capacitação foram transferidas para a igreja no dia de Pentecoste.[264] Isso é o que Stronstad

---

[257] Ibidem, p. 58.

[258] Ibidem, p. 59.

[259] Ibidem, p. 68.

[260] Yong, *O Espírito derramado sobre a carne*, p. 36.

[261] Stronstad, *A teologia carismática de Lucas* (Rio de Janeiro: CPAD, 2018).

[262] Nesse sentido: A. Yong, *O Espírito derramado sobre a carne*, p. 124; W. Menzies; R. Menzies, *No poder do Espírito*, p. 68; G. F. Siqueira, *Revestidos de poder*, p. 25.

[263] Menzies; Menzies, *No poder do Espírito*, p. 69.

[264] Como exemplo da singularidade da interpretação pentecostal da teologia lucana, cito o que Stronstad menciona à guisa de diferenciação da concepção de Lucas sobre o batismo de Jesus no Jordão: "O tema dos sinais está presente nos fenômenos visíveis e audíveis que acompanham o dom do Espírito Santo. Por exemplo, Mateus, Marcos e João relatam que o Espírito desceu 'como pomba' (Mt 3:16; Mc 1:10; Jo 1:32), ao passo que Lucas relata que o Espírito desceu 'em forma corpórea' (Lc 3:22). Com essa qualificação, Lucas enfatiza que a descida do Espírito sobre Jesus não é visionária; é manifestação externa, física e objetiva" (*A teologia carismática de Lucas*, p. 127-8).

PENTECOSTALIDADE, REINO DE DEUS E EXPERIÊNCIAS PENTECOSTAIS

chama "dois focos sucessivos".[265] O *meio* pelo qual Lucas ensina Teófilo, ou seja, o gênero literário de Lucas-Atos, segundo Stronstad, é inferido pelos prólogos de cada um dos volumes (Lc 1:1-4; At 1:1-5).[266] Para esse autor, "o próprio Lucas identifica a sua obra como narrativa histórica".[267] Contudo, esse gênero adotado em Lucas-Atos tem, além da dimensão histórica, uma dimensão didática ou instrucional e, como não poderia deixar de ser, uma dimensão teológica. Aqui, Stronstad fala sobre o *múltiplo propósito histórico-didático-teológico*[268] de Lucas em sua obra de dois volumes:

> Embora a questão do propósito de Lucas comprovadamente seja problemática, não se trata de um assunto que gere desespero. A resposta mais satisfatória para a questão do propósito de Lucas reside no reconhecimento de que ele seja múltiplo. O propósito múltiplo não somente tem uma dimensão histórica, o que o leitor esperaria, visto que o gênero adotado em Lucas é o da narrativa histórica, mas também uma dimensão didática, ou instrucional e teológica.[269]

Portanto, para Lucas, a narrativa histórica é um meio e um método de instrução teológica, e ele se vê como historiador *e* teólogo.[270] Lucas não intenta fornecer a Teófilo e aos seus leitores posteriores uma história completa e exaustiva, mas, sim, uma compreensão teológica por meio de uma *história seletiva*.[271] Acima de tudo, Lucas intenta (aqui está uma concepção trazida à baila por Roger Stronstad e que todo pentecostal precisa compreender sem perder de vista) apresentar uma história seletiva com uma *estrutura paralela* em dois volumes.[272] Sem exageros, talvez esse seja o elemento mais importante para a leitura pentecostal de Lucas-Atos no âmbito do cristianismo carismático global. Segundo Stronstad, Lucas conseguiu produzir uma história seletiva que reflete e suporta a estrutura paralela presente em seus dois volumes.[273] Ainda que Lucas utilize várias estratégias, como a narrativa *episódica*, a *tipológica*, a *programática* e

---

[265] Stronstad, *Teologia lucana sob exame*, p. 38.
[266] Stronstad, *Hermenêutica pentecostal*, p. 54.
[267] Ibidem, p. 54.
[268] Stronstad, *Teologia lucana sob exame*, p. 44-5.
[269] Ibidem, p. 38.
[270] Ibidem, p. 40.
[271] Na verdade, como reconhece Stronstad, "indubitavelmente, Lucas conhece muito mais do que escreve" (*Teologia lucana sob exame*, p. 32).
[272] Stronstad, *Teologia lucana sob exame*, p. 32.
[273] Ibidem, p. 32.

a *paradigmática*, além da estratégia da *inclusão*, o paralelismo entre o Evangelho e o livro de Atos parece ser o aspecto mais importante a ser ressaltado, levando-se em conta o escopo da presente obra.[274] Nas palavras do teólogo canadense:

> Os leitores de Lucas-Atos observaram há muito tempo que Lucas geralmente utiliza a estratégia narrativa do paralelismo. Esse paralelismo, como demonstramos, começa com a estrutura paralela de Lucas e Atos, incluindo paralelos entre a experiência de Jesus e a subsequente experiência de seus discípulos com o Espírito.[275]

Esse paralelismo mostra que a intenção de Lucas era demonstrar que Jesus é o Cristo carismático, o profeta ungido e escatológico, e que a igreja, na *mesma unção* de Jesus, por ele transferida, foi constituída como uma comunidade carismática ou uma companhia de profetas batizados no Espírito Santo.[276] Amos Yong faz uma afirmação importante:

> Stronstad trouxe à tona tanto a *tese geral* de que os escritos lucanos conseguem se sustentar integralmente enquanto teologia quanto a *tese mais específica* de que esta integralidade vem da compreensão lucana de que foi o Espírito de Deus quem capacitou e deu poder a Jesus (tornando-o o Cristo carismático) e à igreja (tornando-a uma comunidade carismática).[277]

O testemunho do Evangelho de Lucas é que, pela capacitação do Espírito Santo, Jesus foi carismático. Da mesma forma, o testemunho de Atos dos Apóstolos é que os discípulos eram uma comunidade carismática. Portanto, na teologia de Lucas, a igreja é carismática.[278] Para exemplificar e fazer sentido à luz da presença extraordinária do Espírito experimentada e testemunhada pelo pentecostalismo global, cito os quatro principais paralelos entre a experiência de Jesus com o Espírito e a posterior experiência dos discípulos com o mesmo Espírito:[279]

---

[274] Sobre as mencionadas estratégias narrativas, v. R. Stronstad, *A teologia carismática de Lucas*, p. 23-4; R. Stronstad, *Teologia lucana sob exame*, p. 21-8.

[275] Stronstad, *Teologia lucana sob exame*, p. 25.

[276] Stronstad, *A teologia carismática de Lucas*, p. 57, 81; Stronstad, *Teologia lucana sob exame*, p. 63, 94; Menzies, *Empoderados para testemunhar*, p. 166, 253-4; Santana, *Liturgia no Espírito*, p. 87; Arrington, *Comentário bíblico pentecostal*, p. 301-2.

[277] Yong, *O Espírito derramado sobre a carne*, p. 124-5 (grifo nosso).

[278] Stronstad, *A teologia carismática de Lucas*, p. 133.

[279] Essa sequência exemplificativa é de Roger Stronstad. Cf. R. Stronstad, *Teologia lucana sob exame*, p. 25-6.

PENTECOSTALIDADE, REINO DE DEUS E EXPERIÊNCIAS PENTECOSTAIS

1) Assim como a descida-unção do Espírito Santo sobre Jesus deu início ao seu ministério público, os discípulos igualmente não iniciaram a missão da igreja até que o Espírito viesse sobre eles, ungindo-os.[280] O paralelo ocorre entre os seguintes textos:

> Quando todo o povo estava sendo batizado, também Jesus o foi. E, enquanto ele estava orando, o céu se abriu e o Espírito Santo desceu sobre ele em forma corpórea, como pomba. Então veio do céu uma voz: "Tu és o meu Filho amado; em ti me agrado" (Lc 3:21-22).[281]

> Ele [Jesus] foi a Nazaré, onde havia sido criado e no dia de sábado entrou na sinagoga, como era seu costume. E levantou-se para ler. Foi-lhe entregue o livro do profeta Isaías. Abriu-o e encontrou o lugar onde está escrito:
>
> "O Espírito do Senhor
>   está sobre mim,
> porque ele me ungiu
>   para pregar boas-novas
>   aos pobres.
> Ele me enviou
>   para proclamar liberdade
>   aos presos
> e recuperação da vista
>   aos cegos,
> para libertar os oprimidos
> e proclamar o ano da graça
>   do Senhor".
>
> Então ele fechou o livro, devolveu-o ao assistente e assentou-se. Na sinagoga todos tinham os olhos fitos nele; e ele começou a dizer-lhes: "Hoje se cumpriu a Escritura que vocês acabaram de ouvir" (Lc 4:16-21).

> Certa ocasião, enquanto comia com eles, deu-lhes esta ordem: "Não saiam de Jerusalém, mas esperem pela promessa de meu Pai, da qual lhes falei. Pois João batizou com água, mas dentro de poucos dias vocês serão batizados com o Espírito Santo" (At 1:4-5).

---

[280] "O que era válido na própria inauguração do ministério de Jesus é similarmente válido para os seus seguidores." R. Stronstad, *Teologia bíblica pentecostal*, p. 212.

[281] Para Robert Menzies, "os paralelos ente a experiência de Jesus no rio Jordão e dos discípulos no dia de Pentecoste são impressionantes e claramente intencionais". R. P. Menzies, Pentecoste, p. 27.

PENTECOSTALISMOS

2) Assim como Jesus foi cheio do Espírito Santo, seus discípulos, inevitavelmente, também seriam cheios do mesmo Espírito:

Jesus, *cheio do Espírito Santo*, voltou do Jordão e foi levado pelo Espírito ao deserto (Lc 4:1).

Todos ficaram *cheios do Espírito Santo* e começaram a falar noutras línguas, conforme o Espírito os capacitava (At 2:4).

Então Pedro, *cheio do Espírito Santo*, disse-lhes [...] (At 4:8).

Depois de orarem, tremeu o lugar em que estavam reunidos; todos ficaram *cheios do Espírito Santo* e anunciavam corajosamente a palavra de Deus (At 4:31).

Irmãos, escolham entre vocês sete homens de bom testemunho, *cheios do Espírito* e de sabedoria. Passaremos a eles essa tarefa (At 6:3).

Estêvão, *cheio do Espírito Santo*, levantou os olhos para o céu e viu a glória de Deus, e Jesus em pé, à direita de Deus (At 7:55).

Ananias foi, entrou na casa, pôs as mãos sobre Saulo e disse: "Irmão Saulo, o Senhor Jesus, que apareceu no caminho por onde você vinha, enviou--me para que você volte a ver e seja *cheio do Espírito Santo*" (At 9:17).

Ele era um homem bom, *cheio do Espírito Santo* e de fé; e muitas pessoas foram acrescentadas ao Senhor (At 11:24).

Saulo, também chamado Paulo, *cheio do Espírito Santo*, olhou firmemente para Elimas e disse [...] (At 13:9).

Os discípulos continuavam *cheios* de alegria e *do Espírito Santo* (At 13:52)

3) Assim como Jesus era guiado pelo Espírito, discípulos como Filipe, Pedro e Paulo também o foram. Lucas traça os seguintes paralelos:

Jesus, cheio do Espírito Santo, voltou do Jordão e foi levado pelo Espírito ao deserto (Lc 4:1).

O Espírito disse a Filipe: "Aproxime-se dessa carruagem e acompanhe-a" (At 8:29).

PENTECOSTALIDADE, REINO DE DEUS E EXPERIÊNCIAS PENTECOSTAIS

Enquanto Pedro ainda estava pensando na visão, o Espírito lhe disse: "Simão, três homens estão procurando por você. Portanto, levante-se e desça. Não hesite em ir com eles, pois eu os enviei" (At 10:19-20).

Paulo e seus companheiros viajaram pela região da Frígia e da Galácia, tendo sido impedidos pelo Espírito Santo de pregar a palavra na província da Ásia (At 16:6-7).

4) Assim como Jesus foi empoderado pelo Espírito e operou milagres e sinais, os discípulos, empoderados pelo Espírito como Jesus, operaram milagres e sinais:

Jesus voltou para a Galileia no poder do Espírito, e por toda aquela região se espalhou a sua fama (Lc 4:14).

Jesus de Nazaré foi aprovado por Deus diante de vocês por meio de milagres, maravilhas e sinais que Deus fez entre vocês por intermédio dele, como vocês mesmos sabem (At 2:22).

Todos estavam cheios de temor, e muitas maravilhas e sinais eram feitos pelos apóstolos (At 2:43).

Os apóstolos realizavam muitos sinais e maravilhas no meio do povo (At 5:12).

Estêvão, homem cheio da graça e do poder de Deus, realizava grandes maravilhas e sinais no meio do povo (At 6:8).

Quando a multidão ouviu Filipe e viu os sinais milagrosos que ele realizava, deu unânime atenção ao que ele dizia (At 8:6).

Com a estratégia do paralelismo, Lucas quer deixar claro que Jesus Cristo foi ungido pelo Espírito Santo, tornou-se o único *portador* do Espírito quando foi batizado por João Batista e, consequentemente, veio a ser o *doador* do Espírito aos discípulos no dia de Pentecoste.[282] Com o "tema da transferência do Espírito", Lucas ressalta algo de fundamental importância para a compreensão do pentecostalismo global e seu

---

[282] Stronstad, *A teologia carismática de Lucas*, p. 126.

PENTECOSTALISMOS

ethos marcado pela experiência carismática.[283] Nas palavras do próprio Stronstad, "esse paralelismo revela que, como Jesus transferiu seu próprio dom de profecia a seus seguidores, eles terão, como comunidade e individualmente, o mesmo tipo de ministério profético que ele próprio tinha".[284] Para Robert Menzies, a mensagem aqui é clara: assim como Jesus foi ungido pelo Espírito para cumprir seu chamado profético, também os discípulos de Jesus foram ungidos como profetas do fim dos tempos para proclamar a Palavra de Deus.[285] Gostaria de deixar claro algo que foi muito importante para minha autocompreensão pentecostal: Lucas mostra o dom do Espírito como uma experiência carismática e *vocacional*.[286]

A teologia carismática de Lucas-Atos é uma sucessora da teologia carismática do Antigo Testamento.[287] O dom do Espírito Santo em Lucas-Atos só pode ser interpretado no contexto da liderança carismática em Israel e da esperança profética associada à vinda do ungido do Senhor e a uma comunidade profética (que receberá o dom e a habitação do Espírito).[288] O tema da transferência ressalta, à luz do Antigo Testamento, a importância da sucessão da liderança e da vocação profética por transferência de um portador anterior. Dois casos são emblemáticos: a sucessão entre Elias e Eliseu (2Rs) e a transferência do Espírito que estava sobre Moisés para os setenta anciãos (Nm 11). Em ambas as passagens, um portador do Espírito transfere para alguém, total ou parcialmente, a unção que o capacita ou capacitava para o exercício de sua liderança-vocação profética. Com a transferência, institui-se uma nova liderança profética vocacionada para uma missão divina. É justamente isso que Lucas ensina em sua obra de dois volumes. O interessante (e, por sinal, muito esclarecedor para o pentecostalismo) é que, na transferência do Espírito de Jesus para os discípulos, constituiu-se uma comunidade carismática profética sem restrições de etnia, cor, gênero, idade ou condição social, pois o derramar do Espírito na nova aliança é sobre toda carne (At 2:17). Stronstad, comentando a relação entre a passagem envolvendo Moisés e os setenta anciãos em Números 11 e o Pentecoste neotestamentário, esclarece:

---

[283] "O tema da transferência do Espírito, tão característico nos tempos do Antigo Testamento, também é destacável em Lucas-Atos, sobretudo na transferência do Espírito de Jesus para os discípulos" (R. Stronstad, *A teologia carismática de Lucas*, p. 126).

[284] Stronstad, *Teologia lucana sob exame*, p. 26.

[285] Menzies, *Pentecoste*, p. 26.

[286] Stronstad, *A teologia carismática de Lucas*, p. 125.

[287] Ibidem, p. 124.

[288] Ibidem, p. 124.

PENTECOSTALIDADE, REINO DE DEUS E EXPERIÊNCIAS PENTECOSTAIS

Os paralelos inconfundíveis entre os dois episódios ilustram que, na geração em que a aliança é firmada no monte Sinai, os 70 anciãos tornam-se os profetas daquela aliança; assim, agora, no Dia de Pentecostes, a comunidade dos 120 discípulos torna-se os profetas da Nova Aliança.[289]

Diferentemente das restrições observadas no Antigo Testamento, quando o Espírito era derramado em casos bem específicos e sobre um número restrito de pessoas, na nova aliança uma profecia veterotestamentária de improvável cumprimento nos tempos da antiga aliança se cumpre: a do profeta Joel (Jl 2:28-32). O derramamento do Espírito, nesse caso, é amplíssimo e condizente com a revelação do mistério de Deus em Cristo de incluir os gentios em seu povo como herdeiros da promessa de Deus (Ef 3:6-9). Ainda levando em consideração o pano de fundo do Antigo Testamento e o caráter vocacional e profético do dom carismático do Espírito, é necessário observar que a transferência do Espírito se caracteriza por ser *visível*. Os exemplos do Antigo Testamento, somados às narrativas da concessão do Espírito em Lucas-Atos, apontam para essa caracterização. Aqui, em particular, temos o "tema dos sinais complementares", também proeminente na obra lucana e de extrema relevância para a autocompreensão pentecostal. Em palavras simples: para Lucas, a concessão do dom do Espírito é acompanhada de fenômenos visíveis e audíveis.[290] As incontáveis experiências com o Espírito observadas e testemunhadas, principalmente no Sul Global, encontram seu *background* na singularidade da pneumatologia lucana. Ainda que tais experiências envolvam as emoções e, portanto, o corpo, não se trata de mero emocionalismo; mesmo que pareçam demasiadamente extravagantes, não se trata de apego à irreverência pelo simples prazer da irreverência. Não podemos esquecer que a própria narrativa canônica revela que o apóstolo Pedro, em seu discurso, foi impelido a refutar a tese jocosa de embriaguez, afirmando que "estes homens não estão bêbados, como vocês supõem" (At 2:15).

A lição de Roger Stronstad é que "o tema dos sinais está presente nos fenômenos visíveis e audíveis que acompanham o dom do Espírito Santo" e que, com isso, Lucas enfatiza que, assim como "a unção de Jesus é atestada por sinais visíveis e audíveis, assim também a transferência do Espírito Santo para os discípulos no dia de Pentecostes é atestada por sinais visíveis e audíveis", pois, "na sua terminologia, os fenômenos

---

[289] Stronstad, *Teologia bíblica pentecostal*, p. 215.
[290] Stronstad, *A teologia carismática de Lucas*, p. 127.

PENTECOSTALISMOS

visíveis e/ou audíveis 'dão testemunho' do dom do Espírito".[291] Portanto, o dom do Espírito Santo em Lucas-Atos é sempre um *fenômeno experiencial*: não se trata de fé-percepção, mas de *experiência-realidade*.[292] Foi essa experiência, disponível a todos os crentes, de todas as épocas e lugares, que o movimento pentecostal de certa forma recuperou para o cristianismo. Segundo a erudição pentecostal, a disponibilidade da experiência carismática não é um mero *desejo* pentecostal de experimentar na contemporaneidade a mesma experiência apostólica. É o próprio Lucas que, intencionalmente e, portanto, canonicamente, afirma a disponibilidade da experiência em quaisquer circunscrições de tempo e lugar. E eu ainda acrescentaria: de *modo*.

Com efeito, Lucas estrutura sua narrativa a fim de ressaltar que 1) a experiência de Jesus com o Espírito serve de modelo para a experiência dos discípulos no dia de Pentecoste e que 2) a experiência dos discípulos no dia de Pentecoste e as posteriores narradas em Atos servem de modelo para os cristãos de todas as épocas.[293] Segundo Menzies, "Lucas enfatiza que a capacitação profética vivida pelos discípulos no Pentecostes está disponível para todo o povo de Deus", pois "Lucas fala diretamente para sua igreja e para a nossa".[294] Cito aqui as precisas palavras de Amos Yong sobre a *disponibilidade* permanente da experiência carismática do Espírito Santo a todas as pessoas, épocas e lugares:

> Se o grande trunfo do pentecostalismo está em seu desejo por experimentar a força do Espírito tal qual manifestada na igreja primitiva, e se Lucas é de fato o autor bíblico mais interessado e preocupado em descrever os modos de agir do Espírito, então uma hermenêutica inspirada pela dupla Lucas-Atos não deveria surpreender ninguém. Essa visão que o pentecostalismo tem da igreja primitiva é motivada pela convicção de que os relatos de Atos (em especial) não servem somente para nos contar da história dos primórdios da igreja, mas *são um convite para que participemos da obra que o Espírito prossegue a fazer desde então*.[295]

O relato de Lucas não apenas *informa* e *ensina*, mas também *convida* todos os crentes de todas as épocas e lugares a continuarem a obra do

---

[291] Ibidem, p. 128-9.
[292] Ibidem, p. 132.
[293] Menzies, *Pentecostes*, p. 29.
[294] Ibidem, p. 31, 34.
[295] Yong, *O Espírito derramado sobre a carne*, p. 36 (grifo nosso).

PENTECOSTALIDADE, REINO DE DEUS E EXPERIÊNCIAS PENTECOSTAIS

reino de Deus na mesma unção de Jesus e da igreja apostólica.[296] A disponibilidade da experiência pentecostal com o Espírito, como já afirmei, não está circunscrita a nenhuma condição de tempo, lugar e modo. Não existe um "modelo experiencial fixo" que ateste a experiência pentecostal do Espírito. As palavras de Roger Stronstad são bastante esclarecedores a esse respeito e creio que todos os interessados no pentecostalismo não podem deixar de lê-las:

> Esse dom espiritual ou empoderamento carismático pode ser recebido como uma experiência individual ou como parte de uma experiência coletiva; pode ser ou não no contexto de oração; pode ser administrado pela imposição de mãos ou distante de qualquer fator humano; pode ser praticamente simultâneo à conversão ou posterior a ela; e, finalmente, pode preceder o batismo nas águas ou segui-lo. *Claramente, o recebimento contemporâneo do empoderamento carismático do Espírito terá sua própria particularidade contemporânea* da mesma forma que teve sua particularidade histórica para as primeiras comunidades cristãs.[297]

São imprevisíveis as maneiras que o Espírito é derramado, pelo simples fato de se tratar de um ato de liberdade de Deus. No dia de Pentecoste, estavam todos reunidos no mesmo lugar quando, "de repente veio do céu um som" (At 2:2). À luz dessa liberdade do Espírito em se doar como e quando lhe apraz, o pentecostalismo global tem demonstrado um leque impressionante de *modos de recepção* do dom carismático do Espírito. A riqueza experiencial do pentecostalismo tem ligação direta com a explosão global do cristianismo pentecostal-carismático. A constatação óbvia é que, "no século XX, milhões de cristãos passaram comumente a ter experiências [...] que servem como base para entender a experiência da igreja primitiva com o Espírito Santo".[298] O fato de o pentecostalismo ter alcançado recentemente as regiões e culturas mais diversas do globo trouxe à baila os diferentes modos de experiência de derramamento do Espírito, tão diversificados quanto os contextos em que tais experiências ocorrem. O Espírito tem sido derramado tanto em contextos

---

[296] "Na opinião de Lucas, cada membro da igreja é chamado (Lc 24.45-49; At 1.4-8/Is 49.6) e capacitado (At 2.17-21; cf. 4.31) para ser profeta. Longe de ser único e irrepetível, Lucas enfatiza que a capacitação profética vivida pelos discípulos no Pentecoste está disponível para todo o povo de Deus" (R. P. Menzies, *Pentecoste*, p. 31).

[297] Stronstad, *Teologia lucana sob exame*, p. 53 (grifo nosso).

[298] Stronstad, *Hermenêutica pentecostal*, p. 82.

PENTECOSTALISMOS

cosmopolitas, como São Paulo e Cidade do México, quanto em regiões rurais de cultura autóctone espalhadas pelo Sul Global.

Sendo o pentecostalismo primordialmente experiencial, não racionalista, sua expressão se dá, *prima facie*, por meio de sua rica espiritualidade, não da doutrina. Com essa afirmação, não nego a existência de doutrinas pentecostais. Contudo, "para que o ensino possa ser chamado de 'pentecostal', deverá passar pelo momento inevitável e fundamental da experiência".[299] Assim, é necessário admitir que a elaboração de uma teologia pentecostal esteja condicionada ao viés não conceitual da experiência do Espírito; por isso, jamais poderá se fechar em um sistema rígido de doutrinas. Por mais que as conexões históricas e as doutrinas sejam de extrema importância para a autocompreensão pentecostal, é a espiritualidade, como continuidade contemporânea do Pentecoste, que marca a origem da teologia pentecostal.[300] Não podemos perder de vista que o pentecostalismo não apenas compreende o lugar central da experiência na fé cristã, mas, a rigor, é a própria realização dessa experiência, não apenas o discurso teórico sobre ela. Quando falamos de experiência pentecostal, estamos falando de experiência cristã e, portanto, de experiência à luz da Bíblia. O pentecostalismo é uma tradição profundamente arraigada à Palavra de Deus, e a experiência pentecostal só existe porque se entende como bíblica. Na verdade, para a tradição pentecostal-carismática, recusar ou não buscar a experiência carismática no Espírito constituem um esvaziamento da própria Bíblia e, na prática, uma negação de sua autoridade. É sobre a inalienável relação entre experiência, espiritualidade e teologia pentecostal que falarei no próximo capítulo.

---

[299] Vondey, *Teología pentecostal*, p. 29.
[300] Ibidem, p. 24.

CAPÍTULO • 6

Encontro com Deus, espiritualidade e teologia pentecostal

O ENCONTRO COM DEUS E O PENTECOSTALISMO COMO ESPIRITUALIDADE

O pentecostalismo é uma tradição cristã cuja identidade, em última análise, está fundada no relato bíblico do derramamento do Espírito Santo no dia de Pentecoste. Por isso, a ênfase pentecostal na experiência de encontro divino-humano é o corolário da leitura de Atos dos Apóstolos. Sendo o Pentecoste neotestamentário um evento experiencial, o paradigma que ele cria no âmbito do pentecostalismo global é o de uma expectativa constante e ardente de encontrar Deus pelo Espírito Santo. A experiência de encontro com Deus é a força vital da tradição pentecostal-carismática. Os pentecostais mundo afora estão sedentos e famintos por mais de Deus. Eles sabem, pela Escritura, que não ficaram órfãos (Jo 14:18), que o Pai está em busca dos verdadeiros adoradores (4:23) e que eles podem viver a vida cheios do Espírito Santo neste mundo (At 4:31). Sem dúvida, a experiência de encontro pessoal e direto com Deus, a presença extraordinária do Espírito Santo, é a característica predominante dessa tradição cristã, independentemente do local em que está incorporada. No lugar de certos temas doutrinários ligados à sistematização teológica, é essa característica que unifica os pentecostalismos e fundamenta seu impressionante alcance global. Com efeito, é principalmente a ênfase no encontro experiencial com Deus que explica a mudança do centro de gravidade do pentecostalismo e do cristianismo para o Sul Global, ou seja, para culturas que não foram absorvidas pelo paradigma técnico-científico. Nas

301

culturas africana, asiática e latino-americana, via de regra, há uma fusão imediata do horizonte sobrenaturalista do mundo bíblico com a visão de mundo, igualmente sobrenaturalista, vigente nessas culturas. O *sobrenatural* é o *natural*; as forças espirituais nunca saíram de cena, mas sempre estiveram presentes no dia a dia das pessoas. Lidar de alguma forma com os poderes espirituais é quase uma necessidade para a maioria das pessoas do Sul Global.

Assim, o pentecostalismo é considerado um movimento restauracionista. Fundamental para a identidade pentecostal é a compreensão da necessidade de restaurarmos o poder espiritual da igreja primitiva. Esse poder espiritual da igreja tem como fonte e marco histórico e simbólico--teológico o derramamento do Espírito Santo no Pentecoste. À época de seu surgimento, no início do século 20, o pentecostalismo representou uma espécie de protesto contra formas de cristianismo histórico que haviam sido absorvidas pelo racionalismo moderno e, por consequência, proclamavam um evangelho cessacionista, desprovido de sinais, maravilhavas, milagres, curas e exorcismos, e contrário ao que é testemunhado em toda a Bíblia.[1] Os pentecostais perceberam que princípios exógenos e contrários ao sobrenaturalismo bíblico foram elevados ao status de princípios teológicos legítimos quando, a rigor, não passavam de princípios filosóficos iluministas que visavam "adequar" a Bíblia à mente moderna. Como, graças ao princípio protestante do *sola Scriptura* e à defesa do caráter histórico do cristianismo, era muito constrangedor e comprometedor opor-se ao texto bíblico, pouco a pouco foi construído o entendimento de que os milagres narrados na Bíblia haviam, sim, ocorrido, porém não eram mais vigentes: equilibravam-se, portanto, a autoridade, a inspiração e a historicidade das Escrituras com as exigências antissobrenaturalistas da modernidade. A possibilidade da ocorrência de milagres foi resguardada, mas relegada ao campo da *excepcionalidade* e da *raridade*.

Os primeiros pentecostais nadaram vigorosamente contra a forte maré antissobrenaturalista. Para eles, os milagres diminuíram ao longo da história da igreja não porque já haviam cumprido seu papel na história da salvação, mas por preguiça e desleixo espiritual. A igreja, para eles, deveria ser

---

[1] Vinson Synan, em sua extraordinária história do pentecostalismo, afirma que o movimento de santidade, que precedeu o pentecostalismo e lhe forneceu, entre outras coisas, as primeiras lideranças, na segunda metade do século 19 já enfrentava o desafio do darwinismo, do socialismo, da alta crítica bíblica, do evangelho social e da chamada "depressão moral" dos Estados Unidos pós-guerra civil. Por certo, esses elementos também ajudaram a constituir o *ethos* restauracionista do pentecostalismo (V. Synan, *A tradição de santidade e do pentecostalismo*, p. 28).

ENCONTRO COM DEUS, ESPIRITUALIDADE E TEOLOGIA PENTECOSTAL

sempre *como* a do Novo Testamento e a vida e a missão cristãs, *como* a da igreja apostólica.[2] Ao se afastar do modelo do Novo Testamento, a fé cristã se degenerou em mais uma filosofia no grande mercado das ideias e perdeu seu caráter de "loucura" e "escândalo", que revela o poder de Deus ao mundo (1Co 1:22-24). Por essa razão, o pentecostalismo inicial se autointitulava "Fé Apostólica". Esse rótulo remetia à ideia de que o pentecostalismo intentava retornar à fé e à prática do período apostólico.[3] Segundo o *Dicionário do movimento pentecostal*, o Movimento da Fé Apostólica "surgiu a partir da visão restauracionista do jovem evangelista metodista da Santidade", Charles F. Parham.[4] O próprio movimento de santidade forneceu a Parham a visão de que algo de errado havia ocorrido ao longo da história da igreja e, por consequência, a vida cheia do Espírito que caracterizara a igreja primitiva fora substituída por um enorme aparato de credos e formas litúrgicas, recitados e observados sem adesão do coração, sem conversão real e sem paixão (*pathos*). O cristianismo salvaguardara uma ortodoxia sem ortopatia. Com a imposição filosófico-iluminista da modernidade, a ortodoxia ficou presa ou na camisa de força do fundamentalismo antissobrenaturalista ou na camisa de força do liberalismo teológico.[5] No final do século 19 e início do 20, parecia não haver saída para a decadência do cristianismo; foi justamente o que muitos filósofos e sociólogos da época "profetizaram": o fim iminente do cristianismo.

Enquanto vivia em Topeka, Parham começou a chamar sua mensagem, sugestivamente, de "cristianismo vivo" e começou a publicar uma revista semanal denominada *Apostolic Faith*.[6] Tudo isso já ocorria antes

---

[2] D. Dayton, *Raízes teológicas do pentecostalismo*, p. 60.

[3] A aplicação do princípio restauracionista tem levado ao desenvolvimento de novas leituras do Novo Testamento centradas no termo "apostólico". Novos modelos eclesiológicos e práticas litúrgicas têm surgido a partir da noção de que a restauração plena do *ethos* do período apostólico deve ter por eixo central o ressurgimento dos cinco ministérios aludidos em Efésios 4:11. Por isso, fala-se em restauração da doutrina apostólica, do poder apostólico, da prática apostólica e, sobretudo, da autoridade apostólica. Uma interpretação particular de Efésios 2:20 tem dado azo ao surgimento dos Ministérios Apostólico-Proféticos (MAP). Em suma, a amplíssima disseminação dos MAP em todo o mundo, especialmente no Sul Global, tem como um dos seus pilares a ampliação hermenêutica do princípio restauracionista, o qual considera que o espírito e a prática do período apostólico, outrora completamente perdidos, agora necessitam ser completamente recuperados.

[4] *Dicionário do movimento pentecostal*, 599.

[5] "Na história da teologia protestante, o 'liberalismo' é um movimento que floresceu no século XIX e começo do XX. Mesmo que haja grandes diferenças entre os liberais, em geral concordam com a necessidade de reconciliar a doutrina e a fé cristã com a modernidade" (J. González L., *Breve dicionário de teologia*, p. 191).

[6] *Dicionário do movimento pentecostal*, p. 599; A. H. Anderson, *Uma introdução ao pentecostalismo*, p. 46.

303

PENTECOSTALISMOS

de Parham iniciar sua emblemática Escola Bíblica Betel, em outubro de 1900. Poucos anos após os fatos ocorridos nessa escola, em meados de 1905, "Parham estava no auge de sua influência e milhares de pessoas teriam recebido o batismo no Espírito nesse novo movimento conhecido como Fé Apostólica".[7] Foi nessa época que os caminhos de Parham e de seu mais conhecido discípulo, William J. Seymour, se cruzaram. Seymour, ao desembarcar em Los Angeles, em 1906, não só repetiu a mensagem de seu professor, mas também adotou o nome do movimento: Missão da Fé Apostólica.[8] Além disso, intitulou seu jornal *The Apostolic Faith*.[9] Não quero que o leitor perca de vista o que estou argumentando: para o pentecostalismo, a experiência de encontro com Deus ocupa lugar central. É a afirmação pentecostal sobre a acessibilidade contemporânea à experiência com o Espírito como a dos discípulos no dia de Pentecostes que leva à busca pela restauração da "fé apostólica" e de todos os elementos sobrenaturais/experienciais relatados no Novo Testamento.[10] Com efeito, para Parham, o Movimento da Fé Apostólica tinha o propósito de restaurar *integralmente* a fé da igreja apostólica. Essa restauração, levada às últimas consequências, restabelecia a experiência dos discípulos no dia de Pentecoste, pois tal experiência, segundo Lucas, foi decisiva para consolidar a presença extraordinária do Espírito Santo na igreja primitiva (At 1:8). De certo modo, então, o Movimento da Fé Apostólica pode ser considerado o antigo sinônimo do movimento pentecostal.[11] Os ensinos de Charles F. Parham lançaram os fundamentos teológicos e experienciais do avivamento da rua Azusa e da moderna prática pentecostal.[12] Quanto a isso, Vinson Synan diz algo muito importante:

> Charles F. Parham foi, sem dúvida, um pioneiro de diversas maneiras. Foi ele quem cunhou os nomes mais tradicionais aplicados ao moderno pentecostalismo, entre eles "movimento pentecostal", "movimento da chuva serôdia" e "movimento da fé apostólica". Esses três nomes constam do título de seu primeiro relato publicado acerca dos fatos ocorridos em Topeka naquele culto de Ano-Novo: "The latter rain: the story of the origin of the original apostolic faith or Pentecostal movements" (Chuva

---

[7] Anderson, *Uma introdução ao pentecostalismo*, p. 47.
[8] *Dicionário do movimento pentecostal*, p. 600.
[9] Ibidem, p. 600.
[10] Dayton, *Raízes teológicas do pentecostalismo*, p. 61.
[11] *Dicionário do movimento pentecostal*, p. 600.
[12] Synan, *O século do Espírito Santo*, p. 65.

ENCONTRO COM DEUS, ESPIRITUALIDADE E TEOLOGIA PENTECOSTAL

serôdia: a história da origem dos movimentos originais da fé apostólica e pentecostal). Em 1899, ele fundou o periódico *Apostolic Faith*, que logo se tornou modelo para todos os jornais de linha pentecostal.[13]

Portanto, se, por um lado, o restauracionismo evidente na autodesignação "Movimento da Fé Apostólica" remetia à apostasia predominante entre os séculos 4 e 20, e a uma forma particular de entender a história do cristianismo, por outro lado, o pentecostalismo se autocompreendia como a restauração do cristianismo vivo a partir da metáfora da *chuva serôdia* ou *última chuva*. Isso é importante para que possamos compreender como a experiência com o Espírito Santo está no centro do pentecostalismo. Essa experiência não era e continua não sendo qualquer experiência. Assim, Douglas Jacobsen, ao discorrer sobre o pentecostalismo seminal, afirma que "era a experiência interpretada de maneira pentecostal que fazia alguém pentecostal".[14] A visão do pentecostalismo como chuva serôdia ou última chuva forneceu uma base bíblica e profética para o novo derramamento do Espírito. Diz Steve J. Land:

> Os primeiros pentecostais entenderam o derramamento do Espírito no primeiro século no Pentecostes, e o início do movimento pentecostal do século XX, como cumprimentos da promessa divina, especialmente a profecia de Joel a respeito dos últimos dias.[15]

Nos tempos bíblicos, as chuvas na Palestina ocorriam em dois períodos: na primavera, durante a época do plantio, e no outono, antes da colheita. Tais chuvas são chamadas, respectivamente, "temporã" e "serôdia". O fenômeno climático das terras bíblicas acabou fornecendo a metáfora mediante a qual os pentecostais compreenderam sua relação com a igreja apostólica e o fim dos tempos.[16] O apreço pentecostal pelo livro de Joel fez com que um versículo fosse ressaltado com forte conteúdo profético: "Alegrai-vos, pois, filhos de Sião, regozijai-vos no SENHOR, vosso Deus, porque ele vos dará em justa medida a chuva; fará descer, como outrora, a chuva *temporã* e a *serôdia*" (Jl 2:23, ARA). À luz desse texto bíblico, Donald Dayton afirma que o pentecostalismo desenvolveu um

---

[13] Ibidem, p. 67. Cf. D. Dayton, *Raízes teológicas do pentecostalismo*, p. 53.
[14] D. Jacobsen, *Thinking in the Spirit*, p. 3.
[15] S. J. Land, *Pentecostal spirituality*, p. 49.
[16] Dayton, *Raízes teológicas do pentecostalismo*, p. 63.

PENTECOSTALISMOS

senso de identidade e missão tão específico que chegou a ser conhecido pelo nome "Movimento da Chuva Serôdia". Dayton acrescenta:

> O Pentecostes original do Novo Testamento foram as "chuvas da primavera", quando o derramamento do Espírito foi acompanhado pelo "plantio da igreja". O pentecostalismo contemporâneo representaria, portanto, as "últimas chuvas", o especial derramamento do Espírito nos últimos dias para a restauração dos dons como parte da preparação da "colheita", o retorno de Cristo em glória.[17]

Também os textos de Deuteronômio 11:14 e Tiago 5:7, que fazem referência aos períodos de chuva, passaram a corroborar a perspectiva de que o movimento pentecostal era a "última chuva", aquela que preparava a terra para a grande colheita que precede a volta de Jesus. A alusão às chuvas temporã e serôdia permitiu que os pentecostais unissem teologicamente o período do primeiro derramamento do Espírito sobre a igreja apostólica no Pentecostes ao último derramamento do Espírito, que resultou na restauração da presença extraordinária do Espírito Santo. Essa perspectiva justificava também o "longo período de seca" carismática entre a época apostólica e o início do século 20. Se, na primeira chuva, houve pungentes manifestações do Espírito (glossolalia, curas, exorcismos e outros sinais miraculosos), seria de esperar que, na última, as mesmas manifestações se fizessem presentes. É relevante afirmar, com Allan H. Anderson, que, entre as teorias sobre a origem do pentecostalismo, a teoria chamada "providencial" postula que o movimento veio por meio de um derramamento repentino do Espírito: a "chuva serôdia".[18] Ainda que a historiografia contemporânea tenha rastreado as raízes pentecostais pelo menos até as influências da espiritualidade medieval sobre John Wesley[19] e comprovado a presença de grupos que poderiam ser chamados "carismáticos" ao longo da história da igreja,[20] a teoria providencial revela que, ao lado de influências históricas, perspectivas teológicas singulares situavam a experiência de encontro com Deus no centro do pentecostalismo. Como afirma Steve J. Land, "o movimento foi simultaneamente restauracionista e escatológico".[21]

---

[17] Ibidem, p. 63.
[18] Anderson, *Uma introdução ao pentecostalismo*, p. 56-7.
[19] W. J. Hollenweger, *Pentecostalism*, p. 2.
[20] E. Hyatt, *2000 anos de cristianismo carismático*, p. 17.
[21] S. J. Land, *Pentecostal spirituality*, p. 6.

ENCONTRO COM DEUS, ESPIRITUALIDADE E TEOLOGIA PENTECOSTAL

O fato que nos interessa aqui é que a igreja primitiva forneceu o padrão da experiência de encontro divino-humano disponível a qualquer pessoa e comunidade de qualquer época e lugar. Para o pentecostalismo, essa experiência de encontro não pode ficar adstrita ao campo da mera *potencialidade*, mas precisa acontecer realmente, para que o cristianismo seja, de fato, um cristianismo arraigado nas Escrituras e, portanto, de acordo com *todo* o propósito de Deus. Podemos ir além e dizer que, para o pentecostalismo, há mesmo a *necessidade* da experiência com o Espírito, pois foi justamente o *aspecto experiencial da fé cristã* o elemento-chave perdido ou negligenciado ao longo da história do cristianismo.[22] Não foi o pentecostalismo que "acrescentou" a experiência carismática no Espírito ao cristianismo; na verdade, os pentecostais "recuperaram" a experiência com o Espírito para o cristianismo e promoveram o retorno à dimensão sobrenatural da fé cristã.[23]

Como tenho afirmado, não é a teologização *sobre* o Espírito Santo que caracteriza o pentecostalismo, mas a própria experiência *com* o Espírito Santo que ocupa o centro da tradição pentecostal-carismática. O pentecostalismo não está *pre*ocupado, acima de tudo, com a construção de um "sistema" de pneumatologia. A *pre*ocupação primordial dos pentecostais é ter o encontro com Deus pelo seu Santo Espírito. Com efeito, Keith Warrington afirma que "os pentecostais sempre enfatizaram o cristianismo experiencial em vez da confissão doutrinária".[24] Por isso, os pentecostais em todo o mundo estão orando efusivamente, jejuando, participando de vigílias, adorando e lendo e pregando a Palavra de Deus. Todo esse clamor, que expressa um desejo profundo por Deus, dá vazão a uma riquíssima espiritualidade, que revela uma indomável paixão pelo reino.[25] A teologia pentecostal é, em primeiro lugar, essa *teologia de encontro* e a diversificada espiritualidade que decorre desse encontro e ao mesmo tempo o fomenta. Segundo Warrington, "a teologia pentecostal pode ser mais bem identificada como uma teologia de encontro".[26]

---

[22] "Hoje, o objetivo de muitos cristãos, tanto em comunidades católicas como protestantes, é *ecclesia reformata semper reformanda*, ou seja, uma igreja reformada sempre deve ser reformada. Os puritanos e pietistas redescobriram uma verdade que está clara na tradição agostiniana: a precondição de reforma perpétua é a revitalização espiritual da igreja" (R. F. Lovelace, *Teologia da vida cristã*, p. 12).

[23] D. M. Oliveira, *Pneumatologia como característica do ser cristão*, p. 324.

[24] K. Warrington, *Pentecostal Theology*, p. 15.

[25] Land, *Pentecostal spirituality*, p. 174.

[26] K. Warrington, *Pentecostal theology*, p. 21.

PENTECOSTALISMOS

ESPIRITUALIDADE PENTECOSTAL E TEOLOGIA

A espiritualidade é a origem da teologia pentecostal e, portanto, seu ponto de partida.[27] A ênfase dessa espiritualidade é o encontro pessoal com Jesus Cristo como centro do evangelho.[28] Desse modo, a espiritualidade pentecostal retoma o mais básico da experiência religiosa cristã: o encontro com o Deus Vivo, o Deus de Abraão, de Isaque, e de Jacó, o Deus e Pai de nosso Senhor e Salvador Jesus Cristo.[29] O foco cristológico da espiritualidade pentecostal acentua a obra do Espírito Santo como o componente mais essencial para conhecermos o Filho e, por conseguinte, o Pai. Nas precisas palavras de David Mesquiati de Oliveira: "O Espírito aponta para o Cristo e o Cristo aponta para o Espírito. No primeiro, temos o papel do Espírito para a salvação e, no segundo, sua atuação pentecostal no seguimento do Pentecostes".[30]

A espiritualidade pentecostal é a contextualização da experiência com o Espírito à luz das narrativas bíblicas das experiências de encontro transformador com Deus. Ela não é a narrativa bíblica em si, mas a reverberação concreta da *acessibilidade* da experiência com Deus no mundo. A transformação decorrente desse encontro é testemunhada por meio de um amplo espectro expressivo, como: cantos espirituais, glossolalia, hinos, danças, pulos, risos, quedas, gritos, prantos, testemunhos, profecia, curas, atos simbólicos e a utilização de um vocabulário típico que, em regra, se vale de expressões como "Glória a Deus", "Aleluia" e outras similares, que variam conforme o contexto. Por causa dessa centralidade da experiência de encontro com Deus, os pentecostais exibem certa *teologia ad hoc* que eleva a vivência acima da reflexão crítica, a oralidade acima da cultura letrada e a narrativa-testemunho acima da sistematização.[31] Essa teologia, distinta de outras tradições cristãs, começou a ficar evidente a partir dos avivamentos que surgiram no final do século 19 e início do 20. Contudo, o pentecostalismo, em um primeiro momento, apesar de suas peculiaridades teológicas, como a original concepção do *batismo com o Espírito Santo* de Charles F. Parham, não logrou desenvolver um programa teológico independente.[32]

---

[27] Vondey, *Teología pentecostal*, p. 24; S. J. Land, *Pentecostal spirituality*, p. 28; D. M. Oliveira, *Pneumatologia como característica do ser cristão*, p. 319; A. H. Anderson, *Uma introdução ao pentecostalismo*, p. 208.

[28] Vondey, *Pentecostal theology*, p. 4.

[29] Oliveira, *Pneumatologia como característica do ser cristão*, p. 321.

[30] Ibidem, p. 323.

[31] Vondey, *Pentecostal theology*, p. 1.

[32] Ibidem, p. 1.

ENCONTRO COM DEUS, ESPIRITUALIDADE E TEOLOGIA PENTECOSTAL

Decorrido mais de um século desde o início do pentecostalismo e após diferentes tradições terem absorvido seu *ethos* experiencial, a teologia pentecostal tem ampliado sua influência, trazendo à tona diversos temas teológicos ligados ao encontro divino-humano. As expressões da espiritualidade formada das experiências de encontro com Deus são como as águas torrenciais que correm em um grande rio. Não são águas que podem ser represadas. A própria natureza da fonte impede qualquer tentativa de represamento. O Deus trino, que é a fonte de todas as coisas, não pode ser contido em sua soberana liberdade por nenhuma empresa conceitual de suas criaturas,[33] tampouco seu modo de agir se torna previsível: a narrativa bíblica está aí para corroborar essa assertiva. O agir de Deus na história sempre surpreendeu, principalmente seu próprio povo. Por isso, com razão se diz: "Tal conhecimento é maravilhoso demais e está além do meu alcance; é tão elevado que não o posso atingir" (Sl 139:6). Entretanto, como também afirma a Escritura: "As coisas encobertas pertencem ao SENHOR, o nosso Deus, mas as reveladas pertencem a nós" (Dt 29:29). Nesse sentido, à luz do revelado, o ser humano pode falar do encontro pessoal com o Deus que é mistério profundo e "habita em luz inacessível" (1Tm 6:16). As Sagradas Letras proveem a metanarrativa de fundo e a linguagem (não só escrita, mas também simbólica) a partir das quais a experiência viva de encontro com Deus pode ser expressa.[34]

Como a espiritualidade é a expressão do encontro com Deus, a teologia pentecostal se apresenta como uma forma de teologia que não busca a articulação de doutrinas como um *fim em si mesmo*. Aqui, faz-se imprescindível a menção a uma importante frase de Charles André Bernard: "O conteúdo da espiritualidade, de fato, somente pode ser percebido por intermédio de uma experiência pessoal".[35] Assim, consciente de seus limites e fiel à sua motivação original, a teologia pentecostal labora para manter sempre aberta a porta da experiência com Deus, que está em

---

[33] "Por razões pentecostais, a vida Trina e, portanto, o Deus da confissão cristã, não pode se reduzida a um conceito teológico" (D. Castelo, *Pentecostalismo*, p. 27). Segundo Mário de França Miranda, "Deus é *mistério infinito* para os humanos, já que sua inteligência só pode captar, entender e definir o que é finito e limitado. Deus, por ser Deus, não pode ser dominado pela inteligência humana, já que sempre a excede" (M. F. Miranda, *Mística cristã*, p. 8 [grifo no original]).

[34] "A espiritualidade na raiz da teologia pentecostal não é simplesmente qualquer forma de experiência exuberante ou revivalista, mas expressão de uma participação pessoal do indivíduo e da comunidade na história bíblica de Deus atualizada em Jesus Cristo e tornada possível pelo Espírito Santo" (W. Vondey, *Pentecostal theology*, p. 4).

[35] C. A. Bernard, *Introdução à teologia espiritual*, p. 17.

PENTECOSTALISMOS

sua raiz e constitui a sua razão de existir.[36] Com o deslocamento do cristianismo para o Sul Global e o surgimento do cristianismo carismático mundial, uma riquíssima espiritualidade tem vindo à tona. Essas "espiritualidades" são o reflexo contextualizado da presença extraordinária do Espírito Santo em todo o mundo. Diz Wolfgang Vondey:

> Uma espiritualidade pentecostal global comunica os compromissos centrais do movimento com uma vida no Espírito e o resultante entusiasmo, espontaneidade e improvisação que sugerem uma metodologia teológica alternativa muitas vezes mal compreendida no Ocidente como imatura ou incompleta.[37]

De acordo com Daniel Castelo, o encontro pessoal com Deus se encontra no cerne da confissão cristã, sendo considerado pela espiritualidade em um contexto mais amplo que inclui simultaneamente 1) as atividades e práticas que *antecipam* tal encontro 2) e as atividades e práticas que são o *resultado* desse encontro.[38] Certamente, o pentecostalismo e a teologia pentecostal surgiram no Ocidente como uma resposta ao divórcio entre teologia e espiritualidade. Richard F. Lovelace faz referência a essa negligência em relação à espiritualidade com as seguintes palavras:

> A espiritualidade, de várias formas, é tratada como o enteado negligenciado do movimento cristão. Muitas vezes, é reduzida a uma cobertura emocional que recobre a superfície de outras partes do cristianismo, consideradas mais substanciais e importantes, como a manutenção da doutrina saudável, o correto envolvimento social ou a política institucional. Mas poucas vezes é reconhecido como sendo o *alicerce indispensável* sem o qual todos esses ingredientes perdem a força e se desintegram.[39]

Por isso, podemos dizer que o pentecostalismo opera na interface espiritualidade-teologia.[40] Mesmo que a teologia pentecostal desenvolva, principalmente no Hemisfério Norte, um excelente trabalho teológico de conceitualização e sistematização, ainda assim, ela deve fazê-lo priorizando a dinâmica experiencial da fé. Só se amalgamar a dimensão da

---

[36] Vondey, *Pentecostal theology*, p. 4.
[37] Ibidem, p. 4.
[38] D. Castelo, *Pentecostalismo*, p. XIX.
[39] R. F. Lovelace, *Teologia da vida cristã*, p. 12 (grifo nosso).
[40] Castelo, *Pentecostalismo*, p. 27-36.

espiritualidade com a da reflexão é que a teologia pentecostal conseguirá ser fiel ao seu compromisso central com o Pentecoste e, ao mesmo tempo, apresentar-se como tradição teológica distinta.

A espiritualidade pentecostal, que tem como eixo a experiência de encontro divino-humano em sua indissociável relação com a reflexão teológica, traz à superfície a constatação de que, à luz da interface espiritualidade-teologia, a teologia pentecostal deve ser considerada uma *teologia espiritual*.[41] Com essa terminologia, que abarca o pentecostalismo, mas não se restringe a ele, ressalto a importância que o cristianismo dá a vida espiritual como encontro pessoal com Deus.[42] A teologia espiritual eleva a vida de fé ao status de componente indispensável à consideração teológica. Essa vida de fé, conforme se observa amplamente na experiência cristã, tem na *oração* o momento por excelência da realização do encontro com Deus. Na oração, não se evoca uma *ideia* de Deus, mas a própria *presença* de Deus. Ainda que nos aproximemos de Deus com alguma ideia *sobre* ele, na vida de oração, queremos, acima de tudo, estar *com* ele. A busca profunda por Deus, que tem marcado algumas tradições cristãs, entre as quais a pentecostal-carismática, enfatiza uma atitude de receptividade radical ao Deus que transcende toda conceitualização e que, "de repente" (At 2:2), manifesta sua presença de maneira surpreendente e inusitada. Ficar "atônitos", "perplexos" e perguntar "Que significa isto?" (At 2:12) são marcas da autenticidade da vida cristã diante do mistério infinito de Deus, que jamais será domado pela inteligência humana.[43]

Logo, podemos afirmar que o pentecostalismo compartilha um aspecto que caracteriza a ortodoxia oriental: a teologia apofática ou teologia negativa.[44] Alister McGrath explica o termo "apofático":

---

[41] Sobre a teologia espiritual, Lovelace afirma: "Os cristãos católicos há muito reconheceram a existência e a importância desse estudo, e já é tempo de os protestantes perceberem que eles compartilham com os católicos de um interesse profundo e de uma herança rica em espiritualidade cristã" (R. F. Lovelace, *Teologia da vida cristã*, p. 11).

[42] Bernard observa que os teólogos espirituais, dependendo da tradição a que pertencem, ressaltam diferentes aspectos da experiência de encontro pessoal com Deus. Segundo o autor, "a preferência dada a determinado aspecto teológico não impede que se considerem outros; pelo contrário, todos se completam reciprocamente" (C. A. Bernard, *Introdução à teologia espiritual*, p. 20). Na esteira dessa assertiva, é adequado ressaltar que o pentecostalismo enfatiza a experiência com Deus à luz do derramamento do Espírito Santo no Pentecoste e a partir de sua interpretação particular em Lucas-Atos.

[43] M. F. Miranda, *Mística cristã*, p. 10

[44] "*Teologia negativa* ou apofática (do grego, *apó-phasis*, 'negação') é a que diz que a Deus não podem ser aplicados conceitos ou termos da linguagem humana e que Deus pode ser melhor conhecido negando-se dele as categorias próprias do ente finito" (*Dicionário de mística*, p. 1007).

PENTECOSTALISMOS

Expressão especificamente utilizada em relação a certo tipo de abordagem à teologia, que ressalta o fato de Deus não poder ser conhecido por meio de categorias humanas. O termo "apofático" (derivado da palavra grega *apophasis*, que significa "rejeição" ou "negação") diz respeito à perspectiva teológica ligada à tradição monástica da Igreja Ortodoxa Oriental.[45]

No pentecostalismo, há certa tensão e harmonização entre a teologia catafática (afirmativa, positiva) e a teologia apofática. Enquanto a teologia positiva no Ocidente "geralmente começa com conceitos, numa busca racional de informações sobre Deus", a teologia oriental "é, acima de tudo, um estilo de vida, e não um dogma".[46] Embora dogmas e doutrinas sejam considerados necessários para confirmarmos o significado do evangelho de Cristo no mundo, são apenas indicadores de uma realidade inexprimível.[47] O pentecostalismo, como ramo da árvore do protestantismo, traz consigo um forte legado da teologia catafática. Contudo, quando consideramos que a árvore protestante está plantada no grande jardim do cristianismo, alimentada pelos mais diversificados nutrientes histórico--teológicos, podemos perceber que a tradição pentecostal-carismática, com sua ênfase na renovação espiritual, quando apresentada como *tradição de síntese*, heuristicamente recuperou e continua recuperando vários elementos da espiritualidade cristã. À luz de tais considerações, podemos dizer que o discurso racional-conceitual é necessário, mas insuficiente.

Com perspicácia, Richard F. Lovelace adverte que "a experiência genuína de Cristo já gerou várias linguagens teológicas diferentes durante a história da igreja"; por isso, "precisamos escutar com cuidado e sensibilidade, procurando ouvir as notas características do verdadeiro cristianismo expresso em moldes pouco familiares".[48] Seguindo o mesmo ponto de vista, Charles A. Bernard ensina que "a variedade de caminhos espirituais cristãos parece ilimitada" e, por conseguinte, "a igreja permanece aberta a todas as formas espirituais conformes à revelação evangélica".[49] A ênfase no encontro com Deus, como já afirmamos, faz com que o pentecostalismo seja uma teologia espiritual que opera na dimensão da interface espiritualidade-teologia. Essa teologia de encontro, como também já salientamos, tem na oração seu ato de fé primaz. A oração é a resposta

---

[45] A. McGrath, *Teologia sistemática, histórica e filosófica*, p. 706.
[46] *Dicionário global de teologia*, p. 948.
[47] Ibidem, p. 948-9.
[48] Lovelace, *Teologia da vida cristã*, p. 21.
[49] C. A. Bernard, *Introdução à teologia espiritual*, p. 22.

ENCONTRO COM DEUS, ESPIRITUALIDADE E TEOLOGIA PENTECOSTAL

de fé à interpelação de Deus, à sua iniciativa graciosa: é o posicionar-se diante da Presença. Não é uma relação sujeito-objeto, mas uma relação Eu-Tu.[50] É relação no sentido pessoal-afetivo, não lógico-teórico. Por isso, a teologia pentecostal não considera Deus objeto de investigação racional, mas aquele a quem entregamos nosso coração.

Com efeito, a vida espiritual não pode ser reduzida à especulação, mas envolve primordialmente o posicionamento radical diante de Deus (conversão) e a obediência de coração a ele (santificação).[51] Em outras palavras, vida espiritual se torna experiência espiritual.[52] Não se trata de elaborar uma doutrina especulativa sobre Deus, mas de encontrá-lo, conhecê-lo (Jr 29:13). Toda a espiritualidade pentecostal é tanto uma evocação quanto uma celebração da manifestação da presença de Deus. Vida espiritual se torna experiência espiritual.[53] Merecem ser citadas aqui as palavras de Charles A. Bernard sobre a relação entre a teologia espiritual e a experiência, que se aplicam perfeitamente à teologia pentecostal:

> A teologia espiritual deve levar na devida conta o desenvolvimento concreto da vida cristã. Isso significa que *a consideração da experiência cristã* — ou seja, a realização pessoal da vida de fé proposta a cada cristão — constitui outro princípio para a elaboração da teologia espiritual, princípio que não pode ser reduzido a uma simples dedução a partir das proposições da teologia dogmática [...]. Essa dimensão experiencial faz com que a teologia espiritual contribua para o enriquecimento do pensamento teológico. Ela entra como elemento constitutivo na tradição da igreja. Podemos, portanto, considerá-la uma *fonte doutrinal*, ou seja, um *locus theologicus* que contém elementos específicos para uma compreensão mais profunda da vida cristã.[54]

O pentecostalismo é uma tradição de renovação espiritual. Surgiu como fruto de avivamentos e despertamentos, de sede e fome por Deus em tempos de esterilidade espiritual e de experiências profundas que homens, mulheres, jovens e até crianças tiveram com Deus. Surgiu do clamor de pessoas sinceras que não queriam passar por esta vida conhecendo Deus

---

[50] Castelo, *Pentecostalismo*, p. 54.
[51] Sobre a "abertura radical para Deus" como uma das características do pentecostalismo, v. J. K. A. Smith, *Pensando em línguas*, p. 72-9.
[52] Bernard, *Introdução à teologia espiritual*, p. 25.
[53] Ibidem, p. 25.
[54] Ibidem, p. 23 (grifo nosso).

PENTECOSTALISMOS

apenas de ouvir falar, mas desejaram conhecê-lo mais profundamente (Jó 42:5). As orações e os clamores criaram o ambiente para os encontros com Deus; os encontros, pessoais ou comunitários, são experiências com a presença pessoal de Deus. O pentecostalismo global tem testemunhado de maneira efusiva tais experiências de encontro divino-humano. Os diversos segmentos da tradição pentecostal-carismática precisam estar atentos a esses testemunhos e à espiritualidade ligada a eles. Qualquer descuido nesse campo pode levar alguns "pentecostais" a se distanciarem da visitação de Deus em nosso tempo. Ser pentecostal e, ao mesmo tempo, perder o senso de ardente expectativa pela presença extraordinária e surpreendente do Espírito Santo apontam para uma imensa crise de identidade.

No pentecostalismo, a vida de piedade, de experiências com Deus, constitui a base orientadora para o trabalho da reflexão teológica.[55] O teólogo pentecostal precisa estar envolvido em um contexto mais amplo do que o puramente dogmático. Ele precisa estar inserido no próprio contexto experiencial da vivência de seu "Pentecoste pessoal", a partir do qual os horizontes teológicos pentecostais verdadeiramente se abrem. No pentecostalismo, não se empreende o labor teológico *apenas* com esforço e proeza intelectual, mas principalmente com a unção do Espírito. A vida cheia do Espírito se caracteriza por reagir com adoração à presença tão desejada de Deus. A primeira reação à experiência da presença de Deus é a adoração: sussurros, palavras, cantos, lágrimas, mãos levantadas, gritos, línguas e saltos de alegria. A presença verdadeira de Deus pode fazer uma pessoa de coração duro chorar como uma criança ou o enfermo sair aos pulos de seu leito.

Assim, a vida no Espírito e, por conseguinte, a teologia pentecostal operam desde um *modo doxológico*, ou seja, desde um contexto de adoração.[56] Isso é muito importante para compreendermos o pentecostalismo, pois estamos no reduto de uma epistemologia tipicamente pentecostal. Para os pentecostalismos, só podemos conhecer verdadeiramente a Deus em um contexto de adoração (doxológico).[57] Só no âmbito da experiência pessoal ou comunitária de encontro, que envolve oração/evocação e adoração diante da presença de Deus, é possível dizer que Deus se faz

---

[55] Castelo, *Pentecostalismo*, p. 20.

[56] Ibidem, p. 21.

[57] "A adoração aqui não diz respeito a uma atividade em uma igreja ou culto de avivamento; mais que isso, adoração é uma forma de perceber, interagir e comprometer-se como o mundo (que inclui, mas não se limita à igreja ou atividades de avivamento)" (D. Castelo, *Pentecostalismo*, p. 21).

314

ENCONTRO COM DEUS, ESPIRITUALIDADE E TEOLOGIA PENTECOSTAL

realmente conhecido. Essa autorrevelação *direta* de Deus para seu povo constitui o cerne da experiência pentecostal: é o encontro com Jesus Cristo pelo seu Espírito. Jesus está no centro (cristologia) e nós o encontramos pelo Espírito (pneumatologia). Cristo aponta para seu Espírito, que o revela, e o Espírito revela Cristo, que é o centro do evangelho.[58] Para o pentecostalismo, Deus não cessou de se revelar com o fechamento do cânon. Pelo contrário, o pentecostalismo crê que o próprio texto sagrado *garante* que, pelo Espírito Santo, Deus continua falando em *sintonia* com a revelação escrita. Para o pentecostal, crer que Deus fala, cura, batiza no Espírito Santo e concede sonhos, visões e dons espirituais, tudo isso diz respeito à estrita fidelidade à Bíblia. Descrer na presença extraordinária do Espírito Santo, que se manifesta em todo tempo e em qualquer lugar, é, para o pentecostalismo, a maior negação da autoridade da Bíblia Sagrada. A presença de Deus na vida dá azo à experiência de encontro, e a experiência, à espiritualidade. Portanto, a espiritualidade, como repertório testemunhal da experiência de encontro, está indelevelmente ligada à teologia.

Com enorme perspicácia, Clodovis Boff, discorrendo sobre o encontro com Cristo e sua fundamental importância para a vida cristã, afirma que, nessa seara, estamos no campo da "pré-teologia", pois "dizer que Cristo é o Senhor é confissão de fé, não tese teológica".[59] Antes mesmo de começar a refletir, o teólogo, em clima de fé, declara que Jesus Cristo é o Senhor:[60]

> Aqui, o teólogo está na posição de qualquer fiel: recebe a fé em Cristo Salvador de joelhos, como iluminação surpreendente e dom imerecido. *Cristo Senhor é uma categoria da "teologia genuflexa", que precede continuamente e para sempre toda a "teologia reflexa".*[61]

Karl Barth desenvolve a relação entre teologia e Espírito com uma sensibilidade teológica incomum. Sobre o Paráclito, ele afirma:

> Trata-se do poder presente e atuante no conteúdo das teses da teologia, na história da salvação e na revelação, no ouvir e no falar das testemunhas bíblicas, na existência e na ação da comunidade por eles convocada, poder

---

[58] "Em verdade, a posição cristocêntrica, quer na fé, quer na teologia, é inexpugnável. E o é pura e simplesmente porque Cristo é a 'pedra' de fundação que sustenta todo o edifício da igreja (Mt 16,18)" (C. Boff M., *A crise da igreja católica e a teologia da libertação*, p. 119).

[59] C. Boff, *A crise da igreja católica e a teologia da libertação*, p. 118.

[60] Ibidem, p. 118.

[61] Ibidem, p. 119 (grifo nosso).

que, ao ser testemunhado, está presente e atuante também no labor da comunidade — mas poder que a transcende em todos os sentidos".[62]

Segundo o teólogo suíço, ninguém manuseia esse poder, e feliz é o teólogo que ouve a voz do Espírito e descobre que suas teses são definidas, regidas e controladas por ele. Logo, a teologia só poderá permitir que seu raciocínio e suas palavras sejam controlados pelo Espírito, não o contrário.[63] O Espírito Santo é o poder atuante de Deus, poder de se revelar livremente ao ser humano e penetrar sua vida. Barth cita 2Coríntios 3:17 para fundamentar a absoluta liberdade do Espírito de Deus: "Ora, o Senhor é o Espírito, e, onde está o Espírito do Senhor, ali há liberdade".[64] Seguindo o mesmo ponto de vista de Clodovis Boff, Barth ensina que não é a teologia que põe ou pressupõe seu fundamento, como se tivesse, ela mesma, o poder de assegurar a plausibilidade de uma tese fundamental. Como a teologia nasce da confissão de fé que surge da livre iniciativa de Deus ao nos interpelar pela iluminação do Espírito, ela não pode, segundo Barth, se apoderar do Espírito, dispor dele ou usá-lo como argumento.[65] A confissão de fé primordial não surge de algum postulado imposto pela razão, mas de um encontro divino-humano cuja iniciativa é totalmente divina: "Porque vocês são filhos, Deus enviou o Espírito de seu Filho ao coração de vocês, e ele clama: 'Aba, Pai'" (Gl 4:6). Só mais tarde a razão entra em cena, mas sem prescindir da importância da *experiência* de encontro com Deus. A primeira reação ao chamado de Deus é, sem dúvida, a adoração: a expressão de uma profunda e alegre perplexidade de ter sido encontrado pelo Totalmente Outro, que se aproxima com desconcertante proximidade.

Os pentecostais espalhados pelo globo estão testemunhando essa experiência de encontro. Por isso, em um primeiro momento, a teologia de encontro se expressa de forma doxológica e, na maioria das vezes, permanece nesse plano. Segundo a lição de Veli-Matti Kärkkäinen, "a experiência de adoração com o desejo profundo de encontrar-se com o Senhor está no centro da vida da igreja pentecostal".[66] Essa modalidade doxológica privilegia a oralidade e a narratividade. Os pentecostais contam suas histórias. Eles falam de como Deus os encontrou e de como ele agiu. Essas histórias de encontro são narradas com emoção. Na verdade,

---

[62] K. Barth, *Introdução à teologia evangélica*, p. 36.
[63] Ibidem, p. 37.
[64] Ibidem, p. 37-8.
[65] Ibidem, p. 36.
[66] V. M. Kärkkäinen, "O re-volver da religião no terceiro milênio", p. 266.

ENCONTRO COM DEUS, ESPIRITUALIDADE E TEOLOGIA PENTECOSTAL

o encontro com Deus é um encontro de amor. Suscita lágrimas e desperta paixão por Deus e pelo reino. O Deus que é amor causa um impacto tão avassalador que raramente alguém tocado por ele consegue descrever o encontro como se estivesse lendo um discurso. De imediato, a pessoa tocada por Deus se torna testemunha do Deus vivo. O pentecostalismo global tem demonstrado, em larga escala, as diferentes maneiras pelas quais o Espírito de Jesus tem operado. Típico do pentecostalismo global é o testemunho da cura de enfermidades. É muito comum o relato de pessoas que se converteram ao serem curadas de uma doença física. Experiências com profecia, palavra de conhecimento e palavra de sabedoria também são comuns no pentecostalismo. É quase rotineiro, nos meandros pentecostais, alguém declarar sua fé em Cristo após ter os segredos de seu coração revelados (1Co 14:25) ou ouvir um relato de sua vida por intermédio de um dom espiritual (Jo 4:29). Tais experiências abundam em cultos, vigílias e rodas de oração.

Ao trazer a experiência de encontro com Deus para o centro, o pentecostalismo não intenta propagar um cristianismo apenas experiencialista ou, em outras palavras, um cristianismo que propaga a experiência como um fim em si mesmo. É certo que muitos desdobramentos do pentecostalismo têm restringido o alcance da renovação pentecostal a uma caricatura de cristianismo. Não obstante, observar responsável e honestamente os precursores pentecostais e as principais correntes pentecostais que atravessaram o século 20 deixa claro que o pentecostalismo nunca intentou ser um cristianismo só de *emoção,* mas, sim, de *relação* e *transformação.* Os pentecostais, aliás, fiéis à sua herança metodista, não ficaram restritos às experiências de conversão e/ou empoderamento, mas sempre enfatizaram a transformação ética decorrente da vida em Cristo (santificação) e a responsabilidade missionária intrínseca ao evangelho do reino.

Para os pentecostais, não existe vida de fé sem emoção. Nenhuma acusação de *emocionalismo* resiste a uma análise do desenvolvimento histórico e teológico da tradição pentecostal-carismática. Por ser uma tradição arraigada à cultura dos reavivamentos ocorridos nos Estados Unidos entre os séculos 18 e 19, o pentecostalismo trouxe consigo a marca da religião popular, do cristianismo simples e do povo, que fala ao coração. Sem dúvida, é o cristianismo mais próximo daquele que se lê no Novo Testamento. É a fé que impressiona e emociona. E uma fé mais proverbial e ligada à sabedoria de vida do que aos grandes temas e tratados teológicos. É a fé que "prefere" ler a Bíblia, digamos, como ela é: testemunho de Deus em linguagem humana *a todos* os seres humanos. Deus veio em

PENTECOSTALISMOS

busca do ser humano pecador. Movido por seu profundo e incompreensível amor, ele veio ao nosso encontro, pagou o preço pelos nossos pecados e habita em nós. Essa é a mensagem da *história* de Deus: profunda, simples, amorosa e transformadora. É mais ação do que reflexão, mais oração do que meticulosa exposição. É algo mais improvisado, lúdico e informal e, como já afirmei, oral e narrativo.

Sob pena de ser demasiadamente repetitivo, reitero: a fé não é contrária à razão. Tampouco advogo uma fé cristã irracional. O que entendo é que o pentecostalismo fez o cristianismo retornar ao seu âmago: o centro da vida cristã é a confissão de fé que brota da experiência de encontro com Deus por seu Espírito. É possível discorrer racionalmente (*a posteriori*) sobre isso, mas o encontro *em si* não depende da razão nem decorre dela o testemunho acerca de Deus. A fala *primordial* sobre Deus é uma confissão, não uma explicação. Essa confissão pode ter sido feita mais tarde, por meio de fórmulas e credos, mas a universalidade da experiência com Deus aponta para as confissões de fé não intelectualmente articuladas e que não dependem de uma cultura letrada. Não é comum alguém dizer que foi levado a Jesus por causa de um catecismo, embora isso não seja impossível. Na maioria das vezes, as pessoas são atraídas ao Espírito Santo por algum tipo de experiência pessoal de encontro. No meio evangélico brasileiro, por exemplo, abundam as histórias de filhos de pastores, missionários e pais piedosos versados em conhecimento bíblico e teológico que, não obstante toda a instrução (e exemplo) que receberam, precisaram, em algum momento da vida, de uma experiência pessoal com o Espírito de Cristo para que uma profunda e inabalável confiança em Deus fosse estabelecida no recôndito do coração. Também é corriqueiro que muitas pessoas criadas em lares com profunda instrução cristã acabem se desapegando de tal maneira das convicções *intelectuais* do cristianismo que se tornem até mesmo avessas à fé que receberam dos pais.

Com isso, quero afirmar, com Charles A. Bernard, que a experiência cristã estabelece um contato com Deus que instaura uma "relação de conhecimento". É esse conhecimento que leva tanto à formação espiritual quanto à elaboração da doutrina.[67] Segundo as lições do mencionado autor, é importante ressaltarmos que "o primeiro aspecto que caracteriza a consciência espiritual e diferencia a expressão espiritual da dogmática é a *afetividade*".[68] É o que James K. A. Smith denomina "saber afetivo".[69]

---

[67] Bernard, *Introdução à teologia espiritual*, p. 26.
[68] Ibidem, p. 38 (grifo nosso).
[69] J. K. A. Smith, *Pensando em línguas*, p. 119.

ENCONTRO COM DEUS, ESPIRITUALIDADE E TEOLOGIA PENTECOSTAL

Trata-se de um modo de conhecer o mundo que não se reduz *apenas* à cognição ou à percepção intelectual.[70] Há o resgate da esfera de conhecimento ligada ao que se chama "coração". Nas precisas palavras de Steve J. Land, "não se trata de um mero equilíbrio entre mente e coração, ou entre pensamento e sentimento; em vez disso, há uma integração, uma compreensão afetiva que é essencial para existência cristã".[71]

Baseadas nas lições de Smith, as palavras que escrevo (ou transcrevo) a seguir são importantíssimas para a (auto)compreensão pentecostal:

- O saber afetivo (afeto pentecostal) afirma que o contato com a verdade parte da experiência de encontro com Deus pelo seu Espírito.[72]
- O que se afirma é a *primazia* do coração e das afeições como *base* de um engajamento intelectual e racional.[73]
- O que é chamado "coração" ou "afeição" não se limita às emoções ou às manifestações emocionais; por isso, não se propõe aqui uma dicotomia entre afeto e cognição.[74]
- O pentecostalismo não credencia um cristianismo caracterizado por um emocionalismo anti-intelectual, mas destaca o fato de que a experiência cristã de Deus é suprarracional e, portanto, não depende *necessariamente* de estruturas conceituais para ser vivida em sua plenitude.
- A experiência de encontro com Deus é uma experiência de conhecimento de Deus pelo coração, que deflagra uma mudança radical nas afeições humanas. A principal transformação afetiva é o surgimento de uma paixão por Deus e pelo reino.[75]
- As expressões primárias da paixão pelo reino constituem o amplo leque que compõe a espiritualidade pentecostal. A espiritualidade antecipa a experiência de encontro, criando a atmosfera de fomento à experiência, mas também é sempre renovada pela experiência. Assim, a espiritualidade tanto antecipa a experiência de encontro como decorre dela.

O fato é que a maioria dos cristãos, ao longo da história, e a maioria dos cristãos hoje espalhados pelo mundo vivem uma fé simples, de pura

---

[70] Ibidem, p. 103.
[71] Land, *Pentecostal spirituality*, p. 129.
[72] Smith, *Pensando em línguas*, p. 119-20.
[73] Ibidem, p. 103.
[74] Ibidem, p. 103.
[75] Land, *Pentecostal spirituality*, p. 174.

PENTECOSTALISMOS

confiança pessoal em Jesus, sem depender de grandes arcabouços teóricos para consubstanciar essa confiança. Não é a fé letrada que constitui o cristianismo vivido e testemunhado pelo mundo. Grande parte dos cristãos vive uma fé experiencial, mais fincada na presença extraordinária do Espírito Santo do que em sistemas teológicos. Essa fé experiencial está alicerçada em uma leitura simples e direta da Bíblia, e não em métodos sofisticados de interpretação. É bem provável que esse tipo de fé cristã como modo de vida seja o que Jesus Cristo pretendia que todos os cristãos vivessem. Discorrendo sobre a espiritualidade dos pentecostalismos, David Mesquiati de Oliveira afirma:

A espiritualidade pentecostal pode ser inculturada de diversas formas. Como uma expressão da fé, tem elementos dinâmicos e criativos. Destacam-se o lugar da experiência de Deus, a retomada do sobrenatural da fé, as dimensões missionais no seguimento de Jesus no poder do Espírito e a ampliação dos agentes religiosos "cheios do Espírito", dinamizando a vida e o labor teológico.[76]

A espiritualidade experiencial não afasta, de modo algum, a importância da reflexão teológica: ela apenas reintegra o labor teológico e a espiritualidade. Essa integração faz a teologia se reconhecer como uma "ciência modesta".[77] É ciência porque é dotada de um rigoroso método e submete-se às formas corretas do raciocínio. É modesta porque, ao contrário das ciências exatas e humanas, não tem um "objeto", nem se apropria dele de alguma forma. Na verdade, o teólogo é que é capturado por aquele do qual pretende falar. Por isso, Karl Bath afirma que a teologia só pode existir como *teologia pneumática*.[78] A teologia só será possível e real, segundo ele, no campo de força do Espírito. Ao responder sobre como a teologia arroga a lógica humana do *logos* divino, Barth diz que "ela não se arroga coisa nenhuma". Sucede que o Espírito vem sobre a teologia, e ela não deve opor-lhe resistência, nem tentar se apoderar dele, limitando-se a segui-lo:

Uma teologia não espiritual (venha ela a se manifestar-se em púlpitos ou cátedras, em produções literárias ou em discussões entre teólogos velhos

---

[76] D. M. Oliveira, *Pneumatologia como característica do ser cristão*, p. 331.
[77] Barth, *Introdução à teologia evangélica*, p. 39.
[78] Ibidem, p. 39.

ENCONTRO COM DEUS, ESPIRITUALIDADE E TEOLOGIA PENTECOSTAL

ou jovens) seria um dos fenômenos mais horríveis que pode existir nessa terra. A teologia deixa de ser espiritual onde se deixa afastar do ar fresco e movimentado do Espírito do Senhor, que é o único ambiente em que poderá vingar.[79]

A própria expressão "teologia espiritual" é adequada para revelar como o pentecostalismo se insere no contexto maior da fé cristã como tradição que valoriza a experiência com Deus pelo Espírito Santo. Jonas Machado traz importantíssimas noções acerca do trabalho teológico que tem em alta conta a experiência com o Espírito. Ele admite que a pesquisa relativa à experiência religiosa é complexa e difícil, mas afirma que não podemos ignorar o fato de que a produção literária dos primeiros cristãos carrega uma experiência religiosa e de que, "quando o fazem, é sempre pela perspectiva de um poder que vem de fora, transcendente", o qual, na verdade, é "o poder do 'Espírito' de Deus".[80] Com efeito, a "fé experimentada" tem importância primordial para os autores bíblicos.[81] Discorrendo sobre o papel da experiência na literatura paulina, Machado destaca o fato de que, mesmo sendo um autor que trata de temas "didáticos", Paulo articula "uma quantidade impressionante de linguagem experiencial".[82] Por isso, entre outras perspectivas, vão ganhando espaço as que indagam sobre a natureza da experiência religiosa de Paulo por trás de seus textos.[83] Aliás, Machado vai além e, amparado em robusta pesquisa sobre o cristianismo primitivo, assevera que as visões e revelações extáticas, ou seja, as experiências com Deus, eram os paradigmas da teologia paulina e, obviamente, da igreja apostólica.[84]

Para os pentecostais, essas observações são de suma importância, pois, ainda que o pentecostalismo encontre na obra de Lucas seu eixo hermenêutico e o próprio nome da tradição, o movimento pentecostal não entende a pneumatologia como *exclusivamente* lucana. O pentecostalismo desenvolve a pneumatologia *a partir* da obra de Lucas: partindo do campo literário lucano, desenvolve uma *pneumatologia integral*. À luz disso, Machado observa algo importante sobre a relação não só pessoal, mas principalmente literária entre Lucas e Paulo: Lucas faz de Paulo

---

[79] Ibidem, p. 39.
[80] J. Machado, *O misticismo apocalíptico do apóstolo Paulo*, p. 43-4.
[81] Ibidem, p. 20.
[82] Ibidem, p. 20.
[83] Machado, *Paulo, o visionário*, p. 167.
[84] Machado, *O misticismo apocalíptico do apóstolo Paulo*, p. 46.

PENTECOSTALISMOS

o personagem principal na segunda e maior parte do livro de Atos.[85] Os dois apóstolos não falam de experiências com Deus ocorridas (no passado), mas de experiências com Deus que ocorrem (no presente). À luz das Escrituras, é justamente esta a fé pentecostal: a disponibilidade da experiência de encontro com Deus. O Espírito Santo foi e continua sendo derramado sobre toda carne.

Ronaldo Cavalcante observa uma grande diferença entre o Antigo e o Novo Testamento no fato de que, na antiga aliança, a presença do Espírito tem caráter transitório, esporádico e, eu acrescentaria, seletivo. Já na nova aliança, há "uma flagrante distinção qualitativa com a experiência pneumática", pois "as manifestações do Espírito têm um *status* de permanência e estabilidade" e, novamente acrescento, de universalidade.[86] Sobre essa diferença, Cavalcante escreve:

> Já no Novo Testamento, pelo contrário, percebemos algo novíssimo, inusitado: a manifestação do Sagrado e a relação com ele de maneira não domesticada, não calculada ou limitada a lugares ou formas previsíveis, pois ela se instaura e efetiva pela presença do "Espírito, que isso tudo realiza [...] conforme lhe apraz (1Co 12,11b). Na metáfora do "vento [que] sopra onde quer e ouves o seu ruído, mas não sabes de onde vem nem para onde vai" (Jo 3,8) é que se consegue perceber a singularidade da revelação da "nova aliança".[87]

A universalidade e a permanência da presença extraordinária do Espírito Santo caracterizam não só a igreja primitiva, mas a própria nova aliança. A experiência acessível da presença de Jesus pelo Espírito está no cerne do novo pacto. O cristianismo é essencialmente experiencial. O próprio Deus planejou e prometeu derramar seu Espírito: Pedro interpreta esse derramamento, ocorrido no dia de Pentecoste, como o cumprimento das promessas do Antigo Testamento.[88] Por isso, os pentecostais mergulham no Pentecoste, perscrutam os tesouros nele escondidos e clamam por novos Pentecostes. De modo geral, ao longo da história, o cristianismo negligenciou o Pentecoste. A narrativa de Atos era considerada apenas um relato do passado. O Pentecoste, como aquelas certidões de

---

[85] Ibidem, p. 52.
[86] R. Cavalcante, *Espiritualidade cristã na história*, p. 65.
[87] Ibidem, p. 62-3.
[88] Ibidem, p. 69.

322

ENCONTRO COM DEUS, ESPIRITUALIDADE E TEOLOGIA PENTECOSTAL

nascimento antigas e amareladas, ficou restrito, quando muito, a pinturas e gravuras sacras que recordavam a data do nascimento da igreja.

Contudo, os pentecostais, como legítimos herdeiros do experiencialismo e da teologia prática de John Wesley, guardiões da "fé viva" dos pietistas e morávios, entusiastas como os precursores dos Grandes Despertamentos, adeptos da vida cristã profunda do Movimento *Holiness* e das conferências de Keswick, crentes na cura divina por força da influência dos ministros de cura do final do século 19 e sedentos e famintos por um avivamento como o ocorrido no País de Gales, com Evan Roberts, entenderam que a experiência do Pentecoste não era para o passado, mas que "a promessa é para vocês, para os seus filhos e para todos os que estão longe, para todos quantos o Senhor, o nosso Deus, chamar" (At 2:39). Eles não só a "entenderam", mas, acima de tudo, viveram a experiência de encontro com Deus. Em simples palavras: experimentaram o poder pentecostal do Espírito. Quem tem essa experiência não consegue ficar calado nem parado, pois deseja dar testemunho de Cristo. A experiência pentecostal torna possível a compreensão *experiencial* do Pentecoste.

Para os pentecostais, a experiência serve de modelo ou "quadro de plausibilidade" que orienta a interpretação da Bíblia.[89] A leitura e a interpretação da Sagrada Escritura se baseiam no *método histórico-religioso*. Tanto o método histórico-gramatical quanto o histórico-crítico podem ser observados, desde que respaldados pelo histórico-religioso, "que vê os textos como expressões da experiência religiosa".[90] Por "experiência religiosa", não me refiro a qualquer experiência, mas, sim, à experiência cristã de Deus, que, para os pentecostais, corresponde à participação da comunidade na história de Deus no mundo e, em especial, na irrupção do reino. Os pentecostais creem que a própria Bíblia afirma que Deus quer ser conhecido pela experiência de encontro por meio do Espírito. A participação no reino é *no* Espírito e *pelo* Espírito. Quanto mais se experimenta Deus à luz do modelo bíblico, mais se entende quem é o Deus da Bíblia e, por conseguinte, a própria Bíblia. Sem a experiência, não podemos ter uma compreensão profunda das passagens bíblicas que testemunham experiências com Deus. Quando somos curados de uma enfermidade ou presenciamos a cura de uma doença, passamos para outro nível de compreensão dos relatos bíblicos: a compreensão experiencial.

---

[89] Machado, *O misticismo apocalíptico do apóstolo Paulo*, p. 46.
[90] Machado, *Paulo, o visionário*, p. 167.

PENTECOSTALISMOS

Por isso, o cristianismo, por um lado, decresce em países mais raciona-listas e, por outro lado, cresce assustadoramente nos países do Sul Global, cuja cultura majoritária é sobrenaturalista. Em ambientes culturais em que existe abertura para o sobrenatural, como no Brasil, o cristianismo pentecostal prospera, pois é sobrenatural, e a Bíblia dá testemunho da ação sobrenatural de Deus no mundo. Há, portanto, uma nítida fusão de horizontes: o horizonte do texto e sua sobrenaturalidade e o horizonte do local da contextualização e sua sobrenaturalidade. O resultado: curas, exorcismos, mortos ressuscitados, glossolalia, profecia, dons espirituais e toda a sorte de milagres, para a glória de Deus. Em minha jornada pes-soal, tive inúmeras experiências que mudaram profundamente minha compreensão da Bíblia. No início, eu era um pentecostal ainda com uma reserva considerável de ceticismo. Contudo, à medida que fui tendo expe-riências com o Espírito Santo, meu ceticismo foi cedendo, e o espaço para a fé no poder de Deus foi se abrindo. Por exemplo, eu tinha enorme difi-culdade para crer na ação demoníaca como fonte de influência na vida de uma pessoa, mas, pouco a pouco, fui presenciando casos impressionantes de pessoas endemoniadas e de exorcismos que me abriram o entendi-mento acerca dos relatos bíblicos que envolviam demônios. Compreendi, por experiência, a importância da "batalha espiritual" e a relevância dos ministérios de oração intercessora e de libertação. Também por essas experiências, entendi, à luz das Escrituras, a importância que agora se dá aos cinco ministérios: apóstolos, profetas, evangelistas, pastores e mes-tres (Ef 4:11). O surgimento do ministério apostólico-profético em todo o mundo está ligado à experiência de encontros de poder entre luz e trevas em várias partes do globo onde o sobrenatural se manifesta em ações de feitiçaria e bruxaria, que muitas vezes apresentam forte resistência à ação missionária e evangelizadora da igreja. A experiência de guerra espiri-tual fomentou novas leituras dos textos bíblicos que tratam do confronto com as forças demoníacas e as estratégias para derrotá-las. Philip Jenkins lembra que a teologia da guerra espiritual não é uma visão exclusiva-mente restrita ao Sul Global, pois a crise do paradigma racionalista levou ao ressurgimento dos "rumores de anjos" também no Hemisfério Norte.[91]

Até algumas das atitudes "primitivas" observadas na África ou na Ásia perante o mundo espiritual no fim do século 20 vão ganhando crédito

---

[91] "Rumor de anjos" é o sugestivo título do livro de Peter Berger que discorre sobre a redesco-berta do sobrenatural pela sociedade moderna (*Rumor de anjos: a sociedade moderna e a redes-coberta do sobrenatural* [Petrópolis: Vozes, 2018]).

ENCONTRO COM DEUS, ESPIRITUALIDADE E TEOLOGIA PENTECOSTAL

crescente entre os evangélicos e pentecostais do Ocidente, com sua crença na *guerra espiritual*. Uma das manifestações dessa crença é o *mapeamento espiritual*, que identifica as localidades em que se acredita estarem escondidas as forças do mal, para que seja possível enfrentá-las mediante a oração e o exorcismo. Não é só no Hemisfério Sul que as pessoas leem as cartas de Paulo aos Efésios e acreditam também estarem em guerra contra vastos poderes do mal espiritual.[92]

Por isso, a metodologia histórico-religiosa é apropriada para descrever a forma pentecostal de entender a Bíblia, pois, sem abrir mão de outros métodos, afirma a absoluta necessidade da experiência para compreendermos apropriadamente a Escritura. A conclusão de Jonas Machado acerca do trabalho teológico é a mesma da teologia pentecostal contemporânea, a saber, a experiência cristã de Deus pelo Espírito precede a reflexão teológica:

> É preciso levar em conta que a experiência religiosa vem antes da teologia, pelo menos da teologia mais elaborada. Esta sempre é um segundo momento. A experiência religiosa é um "carro-chefe" que, depois, até mesmo por influência da comunidade religiosa acolhedora, dará os subsídios para a elaboração teológica que ocorrerá em vários graus de sofisticação, dependendo do indivíduo e de seu contexto.[93]

Essas experiências nas comunidades pentecostais formam a espiritualidade pentecostal. São experiências de participação na história redentora de Deus e, principalmente, de participação ativa em seu reino, o qual irrompeu na terra. A efusão do Espírito no Pentecoste é o princípio de uma comunhão entre Deus e seu povo, que prossegue pelos tempos. O Espírito guia e conduz a igreja adiante. Jesus permanece como Senhor da igreja e, pelo seu Espírito, exerce seu governo.[94] Na igreja apostólica, havia plena abertura ao Espírito para a concessão de dons (1Co 12:12-31) e a realização de vários ministérios, pois, com o Pentecoste, a vida cristã se torna uma constante apreensão do poder sobrenatural do Espírito e, por isso, pode ser descrita como andar ou viver pelo Santo Espírito.[95] Esse é o modelo de igreja para os pentecostais. Com a chegada do reino

---

[92] P. Jenkins, *A próxima cristandade*, p. 185-6.
[93] Machado, *O misticismo apocalíptico do apóstolo Paulo*, p. 19-20.
[94] Cavalcante, *Espiritualidade cristã na história*, p. 69.
[95] Ibidem, p. 70.

PENTECOSTALISMOS

e o derramar do Espírito, vem a reboque o chamado ao discipulado e à missão, que, segundo o modelo do Pentecoste, estão ligados ao "dom do Espírito" (At 1:8; 2:38). O derramamento do Espírito no Pentecoste concede identidade à igreja. É a partir daí que a igreja inicia sua missão, que estava condicionada ao derramar do Espírito (Lc 24:49; At 1:8). É a partir daí que a igreja se entende como empoderada pelo Espírito de Jesus. Ronaldo Cavalcante, com precisão, ensina:

> Em síntese, podemos dizer que toda a existência do cristianismo depende de ter ocorrido o derramamento do Espírito em Pentecostes. A experiência que a comunidade cristã teve do Espírito provou a chegada da era messiânica e o cumprimento das profecias das Escrituras em Jesus Cristo. A participação na igreja é comunhão com Cristo pelo seu Espírito.[96]

O movimento pentecostal recuperou essa importância do Pentecoste. A negligência para com o Pentecoste e seu viés experiencial, como não poderia deixar de ser, acarretou também a perda e o distanciamento do modo de vida apostólico. Esse *ethos* apostólico diz respeito ao comportamento pneumático pré-litúrgico, típico da igreja apostólica. A igreja era guiada dinâmica e criativamente pelo Espírito. Sem dúvida, existiam formas eclesiológicas e litúrgicas no primeiro século, porém estavam a serviço do Espírito, não o contrário. Tudo indica que o montanismo (século 2) tenha sido a primeira reação contundente à domesticação do Espírito Santo. O pentecostalismo recuperou esse *ethos* para o cristianismo como um todo. A pentecostalização das formas históricas do cristianismo é a prova cabal disso. Tradições sacramentais, como o catolicismo e alguns ramos do protestantismo histórico, permitem agora que a ação dinâmica e surpreendente do Espírito, segundo o modelo pentecostal, revitalize sua espiritualidade, sua liturgia e sua doutrina. Contudo, é importante frisarmos que a recuperação desse *ethos* apostólico tem dado margem ao surgimento de pentecostalismos fundamentados exclusivamente na relação entre experiência contemporânea e contextualizada do Espírito e em uma leitura da Bíblia cujo filtro hermenêutico é o Pentecoste neotestamentário. Por isso, a enorme variedade de experiências testemunhadas no pentecostalismo global incomoda alguns críticos, que, acostumados a modelos praticamente fixos de expressão da fé cristã, acabam por anatematizar as inusitadas formas pelas quais a espiritualidade pentecostal se manifesta.

---

[96] Ibidem, p. 70.

ENCONTRO COM DEUS, ESPIRITUALIDADE E TEOLOGIA PENTECOSTAL

Isso acontece porque, ao se afastar do *ethos* apostólico experiencial primitivo, o cristianismo também se distanciou de uma elaboração teológica que considerasse o Pentecoste um símbolo teológico. Por consequência, muitos setores do cristianismo não conseguem compreender teologicamente o pentecostalismo, que não pode ser adequadamente entendido senão por uma metodologia própria que mergulhe profundamente no sentido teológico da experiência do Pentecoste e leve em conta a espiritualidade pentecostal como decorrência dinâmica desse fluxo do Espírito.

Contudo, a reflexão metodológica pentecostal recente tem revelado que o pentecostalismo, na verdade, recuperou, no âmbito do protestantismo, a interface espiritualidade-teologia, elevando-a a um patamar de primeira importância. Não estou afirmando que a interface espiritualidade-teologia tenha estado no ostracismo. Autores e escolas católicas e protestantes certamente preservaram essa relação. Entretanto, a forte influência do racionalismo iluminista no Ocidente desencadeou uma espécie de divórcio entre reflexão teológica e espiritualidade. Sob o manto da influência racionalista, a espiritualidade passou a ser considerada mera piedade pessoal, paixão subjetiva ou o elemento irracional do cristianismo, que não podia ser levado em conta na reflexão teológica. Nesse diapasão, a experiência espiritual, normalmente apenas "testemunhada", foi relegada ao plano da religiosidade privada, por não poder ser "provada" segundo as exigências do método científico, que capturou as ciências humanas e a teologia. Com a crise da hegemonia da razão e o advento da pós-modernidade, outras formas de conhecimento, ao lado da razão, passaram a ser consideradas. Outros caminhos para conhecer a verdade foram (re)descobertos. À guisa de exemplo, os relatos comunitários de sociedades predominantemente orais foram reconsiderados como narrativas que legitimam uma forma de saber que expressa o conhecimento de forma simbólica, não por meio de proposições. E justamente esse tipo de constatação reabilitou a experiência religiosa como fonte de conhecimento de Deus e, por conseguinte, como fonte da teologia. Como se não bastasse, a ampla pentecostalização do cristianismo pós-iluminista parece consagrar o entendimento de que, na verdade, a fé cristã foi liberta do cativeiro babilônico do *racionalismo*.

Como bem adverte Kenner Terra, "há diferenças entre racionalidade e racionalismo".[97] A tradição pentecostal-carismática não defende o

---

[97] G. Siqueira; K. Terra, *Autoridade bíblica e experiência no Espírito*, p. 176.

PENTECOSTALISMOS

"irracionalismo", mas, com sua ênfase na experiência do Espírito, entrou em choque com o racionalismo desenvolvido na modernidade iluminista. O autor esclarece com precisão:

> O movimento carismático critica, a partir de sua prática religiosa e experiência, o paradigma do sujeito, cujo modelo se estabeleceu nas ciências desde o século XVI, desenvolveu-se especialmente nas ciências naturais dos séculos seguintes e alcançou as ciências sociais no século XIX. Essa perspectiva de racionalidade tem um caráter triunfalista porque hipertrofia o valor da razão, afirmando sua ação pura e direta. Na perspectiva racionalista, acredita-se que os métodos técnicos e objetivos possibilitam anular a interferência do corpo ou da tradição no processo de conhecimento. Assim, desconsidera-se qualquer outro conhecimento que não se enquadre no paradigma que nega o corpo e desloque a importância do sobrenatural. À vista disso, todos os outros saberes não adequados a tal forma de conhecimento são vistos com indiferença e tratados como ilegítimos.[98]

O que parece claro é que houve um desvio no próprio âmbito da teologia, que, com a hipertrofia da razão, manteve a cabeça no lugar, mas perdeu o coração. Mesmo não sendo um movimento liderado por intelectuais, o pentecostalismo influenciou grandemente a reflexão teológica, pois sua espiritualidade revela uma epistemologia que permite interpretar o mundo como o lugar de ações sobrenaturais de Deus e da ação imprevisível do Espírito Santo. Por isso, a racionalidade pentecostal se desenvolve na interação entre razão, compreensão, afetividade, corpo, intuição e criatividade.[99] Nessa seara, onde faço menção à interface espiritualidade-teologia, em virtude da importância central da experiência de encontro com Deus ao modo pentecostal, são de máxima importância as lições de Clodovis Boff, que, salvo juízo contrário, provavelmente é o teólogo que mais se aprofundou no tema da metodologia teológica no Brasil. Segundo Boff, a teologia cedeu ao espírito da modernidade. O espírito moderno pôs o ser humano no lugar de Deus. É a chamada virada antropocêntrica.[100] O homem se tornou o Sol, e Deus, seu satélite. A modernização da teologia cobrou um alto preço da fé.[101]

---

[98] Ibidem, p. 176-7.
[99] Ibidem, p. 183.
[100] Boff, *A crise da igreja católica e a teologia da libertação*, p. 91.
[101] Ibidem, p. 92.

ENCONTRO COM DEUS, ESPIRITUALIDADE E TEOLOGIA PENTECOSTAL

Essa inversão operada na modernidade sublevou a razão ao posto de critério absoluto da verdade. Nesse movimento, simultaneamente, e seguindo Immanuel Kant (1724-1804), a modernidade postulou também os limites da razão e sua inaptidão para conhecer aquilo que estaria além das possibilidades de suas categorias de apreensão.[102] Na prática, a "revelação" de Deus passou a ser desconsiderada como forma de conhecimento e, aos poucos, foi relegada ao campo da subjetividade religiosa. Convém lembrar aqui que, historicamente, o Iluminismo é um movimento em grande medida contrário ao conhecimento religioso, tratado como mera superstição. A própria expressão "Iluminismo" está ligada à metáfora que remete à saída da escuridão, das trevas. O período histórico que gestou a modernidade via a religião como a nuvem negra que obscurecia a luz da razão humana. Por tais razões, na teologia, o "nível transcendental" foi substituído e confundido com o "nível categorial".[103] Um caso clássico dessa inversão e que diz respeito direto ao pentecostalismo é o surgimento do cessacionismo. Mesmo que vozes pré-modernas tenham considerado os milagres restritos ao período apostólico, foi na modernidade que o cessacionismo ganhou força. Isso se deu pelo fato de o cessacionismo se relacionar de maneira muito específica com uma metodologia teológica desenvolvida especialmente com referência contínua à razão.[104] O paradigma epistemológico do cessacionismo, na esteira das exigências da razão iluminista, buscou assegurar o conhecimento por meio de uma racionalização da fé cristã que não deixou espaço para o sobrenatural, a não ser como referência ao passado. Essa metodologia teológica tributária ao racionalismo está ligada à produção teológica do Seminário Teológico de Princeton, no final do século 19 e início do século 20. Segundo Daniel Castelo, "uma das características mais destacadas do Antigo Princeton foi sua dependência da ilustração escocesa e de seu fundamento epistemológico e metodológico".[105]

Na confusão entre o nível transcendental e o categorial, um postulado *exclusivamente* racional foi posto no lugar do transcendental. O aspecto sobrenatural, que caracteriza o "nível transcendental", foi afastado para que as demandas do racionalismo fossem atendidas, mesmo em matéria

---

[102] Segundo Danilo Marcondes, no âmbito da relação sujeito-objeto e no campo da investigação sobre as condições de possibilidade do conhecimento, Kant distinguiu o mundo dos *fenômenos*, a realidade de nossa experiência, do mundo do *número*, a realidade considerada em si mesma, sobre a qual podemos pensar, mas não conhecer (*Iniciação à história da filosofia*, p. 214-5).

[103] Boff, *A crise da igreja católica e a teologia da libertação*, p. 86.

[104] Castelo, *Pentecostalismo*, p. 84.

[105] Ibidem, p. 91.

329

PENTECOSTALISMOS

religiosa. Desse modo, a teologia moderna, via de regra, começa com um postulado racionalista de caráter imanente, ou seja, adequado ao paradigma do sujeito.[106] Contudo, como afirma Boff, "somente a transcendência redime a imanência".[107] Só uma realidade que transcenda a história pode dar consistência à própria história.[108] O racionalismo moderno pressupõe um universo fechado e regido por leis físicas. O cristianismo moderno considera o milagre uma exceção à regra do fluxo dos acontecimentos regidos pelas leis físicas estabelecidas por Deus. Entretanto, não parece que os milagres, sinais e maravilhas fossem a exceção no mundo do Novo Testamento. A rigor, também nunca foram a exceção na maioria das culturas. O crescimento avassalador do pentecostalismo global está ligado diretamente ao viés antimoderno das culturas do Hemisfério Sul, sobrenaturalistas por excelência. Antes de qualquer objeção, esclareço que o sobrenatural não se opõe ao racional e vice-versa. É o "racionalismo" que se opõe ao sobrenatural, que compreende a razão à luz da ideia de que nada transcende a razão. O pentecostalismo representa uma ruptura com a modernidade no que se refere ao *des*respeito que ela promove pela hipertrofia da razão; além disso, o movimento pentecostal pressupõe um universo permeado pelo sobrenatural e regido, em última análise, por forças espirituais em conflito. Para os pentecostais, os avanços científicos e tecnológicos não afastam o sobrenatural da vida, mas se inserem em um panorama maior de uma cosmovisão sobrenaturalista. Sem dúvida, o pentecostalismo promoveu uma revisão na teologia ocidental. Essa revisão reabilitou o "nível transcendental" à sua condição de "princípio primeiro e regente".[109] Segundo Clodovis Boff, qualquer teologia, para se renovar e se corrigir, precisa sempre voltar à fonte, que é o mesmo que dizer: retornar ao seu princípio vital, à sua raiz.[110]

E qual seria esse princípio vital? A resposta é: a "fé como encontro com Cristo".[111] A fé em Jesus Cristo é "experiência de encontro". Para Boff, encontro é a "grande categoria" que "define a essência íntima da fé cristã". Fé "é encontro de pessoa a pessoa, encontro vivo com o Cristo vivo".[112] Esse

---

[106] O paradigma do sujeito está ligado a uma visão de mundo entusiasta "na força da razão e no conhecimento da verdade alcançados pelos métodos e pelas ferramentas das ciências modernas" (G. Siqueira; K. Terra, *Autoridade bíblica e experiência no Espírito*, p. 178).

[107] Boff, *A crise da igreja católica e a teologia da libertação*, p. 91.

[108] Miranda, *Mística cristã*, p. 27.

[109] Boff, *A crise da igreja católica e a teologia da libertação*, p. 87.

[110] Ibidem, p. 97.

[111] Ibidem, p. 99.

[112] Ibidem, p. 99.

ENCONTRO COM DEUS, ESPIRITUALIDADE E TEOLOGIA PENTECOSTAL

é o "conteúdo existencial da fé", alicerçado no "encontro direto com Cristo", que constitui o fundamento da teologia e situa-nos no nível do originário e do "rigorosamente indemonstrável".[113] Aqui, as primeiras (re)ações são doxológicas e (des)articuladas em forma de oração, cânticos, lágrimas e até mesmo no silêncio responsivo da alma diante da perplexidade do mistério da graça de Deus. A posição cristocêntrica é inexpugnável na fé e/ou na teologia, "porque ninguém pode colocar outro alicerce além do que já está posto, que é Jesus Cristo" (1Co 3:11). E esse Cristo é o "Cristo crucificado, o qual, de fato, é escândalo para os judeus e loucura para os gentios" (1Co 1:23). Como já afirmei, o Cristo do Novo Testamento é também o profeta ungido pelo Espírito Santo, sendo, pois, o "Cristo carismático", pois o conjunto Lucas-Atos testemunha que, pela capacitação do Espírito, Jesus foi carismático e, pelo derramamento do Espírito, constituiu uma comunidade carismática, a saber, a igreja.[114] Com efeito, para o pentecostalismo, o encontro com Jesus pelo Espírito é o encontro com o Cristo carismático que empodera pelo seu Espírito. O Espírito Santo que atua em nós é o mesmo que agiu na vida de Jesus; por isso, devido à presença atuante do Espírito em nós, nosso encontro com o mistério que é Deus será um "encontro qualificado".[115] Para o pentecostalismo, o Espírito Santo é o agente da conversão interior *e* do empoderamento carismático: essas duas realidades espirituais não podem ser dissociadas. Como o empoderamento carismático está ligado às manifestações externas do Espírito, como as curas, os exorcismos, as visões e outras, o espírito moderno, com sua descrença no sobrenatural, acabou por obliterar do cristianismo tais manifestações como resquício de uma mentalidade pré-moderna.

Para Boff, a teologia nasce concretamente do coração da fé.[116] A fé também pode ser compreendida como conversão ou novo nascimento. Quem nasceu de novo em Cristo ingressa na tradição teológica do "creio para entender" de Agostinho de Hipona e Anselmo da Cantuária. A fé-encontro revela a Luz que a razão tanto buscava: Jesus Cristo, a Verdade (Jo 14:6). A Verdade, portanto, é uma pessoa, e sua revelação é interpessoal ou relacional. É participando da vida da Trindade que o ser humano conhece a Verdade. Como Deus é Amor, o ser humano se relaciona com ele em amor. Para os pentecostais, o relacionamento com Deus

---

[113] Ibidem, p. 99, 119.
[114] R. Stronstad, *A teologia carismática de Lucas*, p. 133.
[115] Miranda, *Mística cristã*, p. 21.
[116] Boff, *Teoria do método teológico*, p. 17.

331

PENTECOSTALISMOS

implica a participação no reino. Implica participar da missão de Deus no mundo. Os pentecostais estão comprometidos com a agenda escatológica de Deus e, como afirma Robert P. Menzies, a história da salvação passa a ser a história deles.[117] O reino de Deus irrompeu com Cristo e pelo Espírito: para os pentecostais, o encontro com Deus opera uma mudança tão profunda no ser humano que o leva à convicção e ao desejo profundo de participar do *já* do reino.

Na teologia, a reflexão não pode prescindir de seu pressuposto: a iluminação própria da fé e sua iniciação. O teólogo é iluminado pelo Espírito e capacitado a enxergar pela luz da fé.[118] Nesse sentido, todo teólogo é "teólogo da fé".[119] A teologia tem "uma essencial dimensão *pneumatológica* ou espiritual". A relação com Deus é pelo Espírito Santo, que "testemunha ao nosso espírito que somos filho de Deus" (Rm 8:16). O acesso a Deus se dá pela fé em Cristo, pelo encontro com ele. Por meio de Cristo, ocorre a reconciliação com Deus (Rm 5:11) e, quando cremos nele, recebemos o selo do Espírito (Ef 1:13). Crer em Jesus é crer em sua morte e ressurreição; é crer na loucura da cruz. Por isso, embora a teologia seja uma exposição racional-discursiva, "a fé é em parte racional ou racionalizável e em parte não". O fato é que a cruz impede a razão de se fechar em si mesma, pois se curva à "sabedoria paradoxal de Deus".[120] Aqui, fé e razão não estão em contradição, mas a razão está aberta ao transcendente: todas as indagações da razão a levam ao transcendente. A Verdade sacia a irrefreável busca da razão por sentido. E a Verdade é uma pessoa: está em um relacionamento que começa com um encontro. O pentecostalismo é experiência com Deus; é experiência com a Verdade, Jesus Cristo. O caráter experiencial do pentecostalismo não o transforma em uma religião pós-moderna que relativiza a verdade e se compraz na busca pela experiência como sensação meramente subjetiva. Essa é uma percepção muito superficial acerca do pentecostalismo. Como adverte Kärkkäinen, "quaisquer paralelos entre pentecostalismos e pós-modernidade têm de ser contrabalançados por uma análise cuidadosa das diferenças reais", pois, "por trás dos pentecostalismos, há também uma grande história, a história do evangelho".[121] O pentecostalismo é irremediavelmente cristocêntrico. Os pentecostais são o povo da Bíblia, e o pentecostalismo é um movimento de renovação da

---

[117] Menzies, *Pentecoste*, p. 22.
[118] Boff, *Teoria do método teológico*, p. 21.
[119] Boff, *A crise da igreja católica e a teologia da libertação*, p. 88.
[120] Boff, *Teoria do método teológico*, p. 25.
[121] Kärkkäinen, "O re-volver da religião no terceiro milênio", p. 268-9.

experiência cristã de Deus da igreja apostólica. Os pentecostais creem que encontrar Cristo, a Verdade, é se encontrar com seu poder de salvar, santificar, curar, batizar com o Espírito Santo e receber a vívida esperança de que ele voltará.[122] Nas irretocáveis palavras de Robert P. Menzies:

> Os pentecostais ecoam a mensagem apostólica: Jesus é Senhor. Jesus é quem batiza no Espírito. Observemos também que a fé pentecostal e a prática pentecostal emanam da Bíblia. É frequente retratarem os pentecostais como extremamente emocionais e experiencialmente conduzidos, mas essa é caricatura da imagem real. Na realidade, os pentecostais são o "povo da Bíblia". Embora os pentecostais incentivem a experiência espiritual, fazem-no com um olho atento às Escrituras. A natureza centrada em Cristo e dirigida pela Bíblia do movimento pentecostal é característica que não devemos perder de vista.[123]

No pentecostalismo, assim como na tradição cristã ampla, o acolhimento da Palavra se dá no maravilhamento da contemplação e do amor, "fonte secreta de toda palavra teológica".[124] A palavra da fé é determinada, *a montante*, pela experiência de fé.[125] O exemplo dado por Clodovis Boff acerca da experiência de acolhimento da palavra é esclarecedor para a realidade pentecostal:

> A "velhinha cristã" é o tipo de todo fiel (também do teólogo), que, crendo na simplicidade do seu coração, se torna discípulo do Espírito, que lhe faz conhecer o sentido da vida de maneira muito mais profunda que o poderia compreender o maior pensador, privado de fé.[126]

O encontro com Deus se dá de muitas maneiras diferentes, mas sempre ocorre na simplicidade do coração. Não são apenas as pessoas

---

[122] Nesse sentido, David Mesquiati de Oliveira afirma que "o movimento pentecostal pode oferecer à igreja mais que uma experiência religiosa e fervor espiritual: há doutrina e teologia também" (*Pneumatologia como característica do ser cristão*, p. 331).

[123] Menzies, *Pentecostes*, p. 17;

[124] Boff, *Teoria do método teológico*, p. 28.

[125] Ibidem, p. 32. Sobre o papel da experiência no pentecostalismo, Terra afirma que "isso não é sinônimo de colocar a Bíblia em segundo plano". E aduz que "o movimento sempre tratou a Bíblia como Palavra de Deus, mas isso significa dizer que o texto está em relação circular e dialética com os dramas e as experiências carismáticas do fiel em comunidade" (Siqueira; Terra, *Autoridade bíblica e experiência no Espírito*, p. 188).

[126] Boff, *Teoria do método teológico*, p. 32.

PENTECOSTALISMOS

intelectualmente mais simples que se encontram com Deus, mas todas as pessoas com simplicidade de coração que invocam Deus com paixão, despidas de seus (pré)conceitos. Qualquer pessoa que tem fome e sede Deus pode invocá-lo com confiança e experimentar sua presença com profundidade existencial, sem os embaraços das questões de cunho teórico. Mário França de Miranda, com sensibilidade, ensina:

> No fundo, não deveria ser essa fé, em sua simplicidade, também a fé das camadas mais cultas e questionadoras da sociedade? Não deveria valer para todos, diante do mistério insondável que é Deus, assumir a atitude da criança diante dos pais: "Se não vos tornardes com crianças, não entrareis no Reino do Céu" (Mt 18,3)?[127]

Os encontros com Deus acontecem no cotidiano e estão sempre ligados a uma "leitura de fé" proporcionada pelo Espírito Santo.[128] Esse conhecimento de Deus, típico do saber originário da fé, é um conhecimento espiritual que, como ressalta Boff, é *simpático* ou *experiencial*.[129] A teologia precisa estar sempre ciente de que, em seus primórdios, ela dizia respeito a uma "palavra sobre Deus" com um perfil essencialmente contemplativo, mas houve recentemente, na teologia, "uma deriva grave para o lado de um intelectualismo esterilizante".[130] Assim, o ponto de partida da teologia não é a doutrina da fé nem qualquer princípio dogmático, mas o encontro com aquele que é "o Alfa e o Ômega, o Primeiro e o Último, o Princípio e o Fim" (Ap 22:13).[131] Como não podemos dominar Deus, encerrando-o em um conceito como objeto de nosso conhecimento, é ele mesmo, pelo seu Espírito, quem nos possibilita encontrá-lo.[132] Segundo Clodovis Boff, o encontro com Deus, como ponto de partida da fé e da teologia, "implica antes de tudo favorecer de todas as formas uma relação interpessoal, de amizade, de intimidade, de amor-paixão pela pessoa de Cristo", e é justamente por isso que "somos remetidos à esfera da *espiritualidade*".[133] Quando leem a Bíblia, os pentecostais de toda parte do mundo encontram Deus. Eles entendem pela Bíblia que Deus quer encontrá-los em

---

[127] Miranda, *Mística cristã*, p. 29.
[128] Ibidem, p. 22.
[129] Boff, *Teoria do método teológico*, p. 32.
[130] Ibidem, p. 32.
[131] Boff, *A crise da igreja católica e a teologia da libertação*, p. 99.
[132] Miranda, *Mística cristã*, p. 23.
[133] Boff, *A crise da igreja católica e a teologia da libertação*, p. 100.

ENCONTRO COM DEUS, ESPIRITUALIDADE E TEOLOGIA PENTECOSTAL

qualquer lugar, porque quer ser adorado em qualquer lugar (Jo 4:23). Os encontros com Deus são encontros de poder, pois, quando Deus encontra alguém, cura os cegos e paralíticos, ressuscita os mortos, levanta líderes improváveis, orienta profeticamente, concede visões e dons, sustenta, fortalece, alegra, multiplica, consola, adverte, ensina, disciplina e enche do Espírito Santo.

A espiritualidade pentecostal é fruto da fé viva que surge do encontro com o Deus vivo, que se manifesta pela presença extraordinária do Espírito Santo. A linguagem da espiritualidade é uma "linguagem espiritual", pois nasce do "estupor de um Encontro".[134] O encontro é sempre experiência. Não existe religião que viva apenas de assentimento intelectual. Se a fé cristã se caracterizar pelo ato de assentir a dogmas e proposições, não se distinguirá da filosofia. Segundo Hans-Jürgen Greschat, uma religião é vista como uma totalidade que pode ser abordada por quatro perspectivas ou camadas: como comunidade, como sistemas de atos religiosos, como conjunto de doutrinas e como experiência religiosa. Para o autor, ainda que todas as camadas citadas componham um todo, a experiência é o "elemento central" ou a "força vital" de qualquer religião.[135] Quanto mais fiéis vivenciam a verdade de sua crença, mais forte sua religião se torna; quanto menos conseguem experimentá-la, mais vulnerável sua fé se torna.[136] A vida pulsante de uma religião depende da experiência. A fé cristã depende da experiência de encontro com Deus, de onde flui o rio da espiritualidade. As palavras de Veli-Matti Kärkkäinen, que transcrevo a seguir, sintetizam praticamente tudo o que apresentei até o momento na presente obra:

> Se há um denominador comum, não só entre os pentecostais (clássicos), mas também entre aqueles que se dizem católicos romanos carismáticos e de igrejas autóctones africanas, tem a ver com uma espiritualidade única. Embora possa ter outros nomes, tem tudo a ver com uma espiritualidade carismática cristocêntrica, com um desejo apaixonado de se "encontrar" com Jesus Cristo, o Portador do "Evangelho Pleno", isto é, aquele que salva, santifica, cura, batiza com o Espírito e que em breve voltará como Rei. A espiritualidade, e não a teologia/credo ou a sociologia da religião, é a chave para entender o pentecostalismo.[137]

---

[134] Ibidem, p. 102.
[135] H. J. Greschat, *O que é ciência da religião?*, p. 24-5.
[136] Ibidem, p. 24-5.
[137] Kärkkäinen, "O re-volver da religião no terceiro milênio".

STEVE JACK LAND: ESPIRITUALIDADE PENTECOSTAL E PAIXÃO PELO REINO

No âmbito dos estudos pentecostais acadêmicos, não é possível falar de espiritualidade pentecostal sem fazer menção, ainda que brevemente, ao trabalho de Steve Jack Land. Segundo Daniel Castelo, foi Land quem teve a "ousadia" de tratar o pentecostalismo como espiritualidade nos estudos acadêmicos. Ainda de acordo com Castelo, "em muitos sentidos, a publicação de Steve J. Land [...] foi um momento decisivo para os estudos pentecostais".[138] Essa obra, publicada em 1993, se chama *Pentecostal spirituality: a passion for the kingdom* [Espiritualidade pentecostal: uma paixão pelo reino]. Nela, Land faz uma revisão do pentecostalismo, partindo do *ethos* pentecostal da primeira década do movimento. Seguindo a opinião de Walter Hollenweger, ele dá por certo que a primeira década do pentecostalismo não representa a infância do movimento, mas revela o coração do pentecostalismo.[139] Sobre esse ponto, Land escreve que sua pesquisa "aceitará como limitação histórica, coincidindo com Walter Hollenweger, os dez primeiros anos do século XX como o coração, e não como a infância, da espiritualidade pentecostal".[140] Aqui, há evidente referência ao avivamento da rua Azusa, em Los Angeles, liderado por William J. Seymour.[141]

Ao se debruçar sobre esse *ethos* inicial, Land identificou alguns valores característicos do pentecostalismo, entre os quais destacam-se a oralidade, a narratividade, a espontaneidade, a adoração, a oração, a experiência e a autoridade bíblica. Para Land, esses valores correspondem à *dimensão de altura* do pentecostalismo e estão ligados ao culto pentecostal. Uma segunda dimensão mencionada por Land é a da *profundidade*, "que trata das coisas profundas do coração humano: os sentimentos, as decisões, motivações e disposições que caracterizam os pentecostais".[142] Ou seja, a dimensão da altura indica uma dimensão de profundidade, e ambas as dimensões devem ser consideradas em conjunto com a espiritualidade pentecostal. Land as chama "dimensões de impacto", que demandam uma observação acurada.[143] Para o autor, a "lógica" interna que governa essa dupla dimensão é a paixão pentecostal pelo reino de Deus.[144]

---

[138] Castelo, *Pentecostalismo*, p. 2.
[139] Ibidem, p. 2.
[140] Land, *Pentecostal spirituality*, p. 37.
[141] Ibidem, p. 4.
[142] Ibidem, p. 11, 14-5.
[143] Ibidem, p. 9.
[144] Ibidem, p. 11.

ENCONTRO COM DEUS, ESPIRITUALIDADE E TEOLOGIA PENTECOSTAL

A compreensão de Land, segundo Daniel Castelo, é a seguinte: levando-se em consideração que o foco da vida pentecostal gira em torno da adoração comunitária, o que os pentecostais creem só pode ser adequadamente considerado em relação às suas práticas e disposições. Consequentemente, a principal categoria que chamou a atenção de Land foi a espiritualidade.[145] Como já mencionei, o pentecostalismo operou uma revisão da teologia contemporânea ao afirmar a interface espiritualidade-teologia. Um dos grandes responsáveis pelo sucesso dessa empreitada foi, sem dúvida, Steve J. Land. Até bem pouco tempo, levar em consideração os elementos componentes da espiritualidade na reflexão teológica não era um procedimento academicamente respeitável, tampouco metodologicamente viável. Testemunhos de fé e práticas de adoração eram considerados pietistas e subjetivos demais diante da sofisticação do labor teológico.

O crédito de Land foi compreender que qualquer estudo do pentecostalismo requer uma lente teológica e um enfoque metodológico condizentes e pertinentes ao *ethos* pentecostal. Do contrário, sistematizar a fé pentecostal pelo uso de aparatos conceituais divorciados das dimensões de impacto de sua espiritualidade implicaria descaracterizar por completo o pentecostalismo como modo de viver a fé cristã. Por conseguinte, os testemunhos, os sermões, as atividades do culto, as danças, as línguas e as experiências são considerados absolutamente relevantes por Land para a construção de um método pautado pela já mencionada integração entre espiritualidade e teologia.[146] Como ensina Castelo:

> Land escreveu seu livro com uma autocompreensão metodológica diferente. Como pentecostal formado no meio acadêmico, buscou compreender a teologia pentecostal de uma maneira pentecostal autoconsciente. Dada a sua criatividade (e fortaleza!), a ele se atribui um avanço metodológico na teologia pentecostal.[147]

Por isso, Land analisa a teologia e a espiritualidade sem pressuposições racionalistas e observa que seu enfoque provê uma estrutura cognoscitiva, porém como uma *base afetiva* para produzir uma construção teológica diferente.[148] Segundo Land, mesmo fluindo do grande rio da

---

[145] Castelo, *Pentecostalismo*, p. 3.
[146] Ibidem, p. 4.
[147] Ibidem, p. 4.
[148] Land, *Pentecostal spirituality*, p. 15.

PENTECOSTALISMOS

tradição evangélica protestante, "o pentecostalismo não pode ser simplesmente identificado com algum tipo racionalista ou escolástico do evangelicalismo", pois "o pentecostalismo flui em uma relação paradoxal de continuidade-descontinuidade com outras correntes do cristianismo".[149] Quanto a isso, em virtude da enorme importância para a identidade pentecostal, convém citar as próprias palavras de Land:

> O pentecostalismo [...], quando conserva seus vínculos com os primeiros dez anos do movimento, se apresenta mais como arminiano do que calvinista, especialmente em sua aproximação a temas da ação e perseverança humanas. É mais calvinista do que luterano em sua compreensão do chamado "terceiro uso da lei" para guiar o crescimento e a conduta cristãs. É mais oriental que ocidental em sua compreensão da espiritualidade como perfeição e participação na vida divina (*theosis*). É ascético e místico. O pentecostalismo é mais católico que protestante quando acentua a santificação-transformação mais que a justificação forense. Porém, é mais protestante do que católico quando afirma que a palavra de Deus é autoridade sobre a igreja e sobre a tradição em assuntos relacionados com a fé, a prática, o governo e a disciplina. Em suas origens, o pentecostalismo foi mais anabatista que a reforma magisterial em sua preocupação pela paz e por uma igreja entendida como um companheirismo de crentes onde o discipulado e a disciplina eram tarefas essenciais da vida congregacional. O pentecostalismo tem tido uma hermenêutica mais próxima da tradição *Holiness* do que da tradição fundamentalista-evangélica em sua compreensão do uso atual da Sagrada Escritura e sua compreensão do papel da razão.[150]

Essa compreensão das raízes profundas do pentecostalismo não se restringe ao âmbito acadêmico. Na verdade, Land esclarece em seu livro que um dos motivos centrais de sua investigação é de caráter pastoral. Viajando pelo mundo inteiro, Land percebeu a necessidade de uma literatura que pudesse trazer claridade e estabelecer uma plataforma teológica conectada com as preocupações pastorais e missionárias. A explosão pentecostal no Sul Global fez com que milhares de pessoas ingressassem nas fileiras pentecostais. Entre elas, novos convertidos à fé cristã e pessoas advindas de outros ramos do cristianismo. Fez-se urgente um discipulado

---

[149] Ibidem, p. 18
[150] Ibidem, p. 18-9.

ENCONTRO COM DEUS, ESPIRITUALIDADE E TEOLOGIA PENTECOSTAL

que pudesse trazer instrução sem comprometer os fundamentos da espiritualidade pentecostal.[151] Também à luz dessa necessidade, Land percebeu que certas pressuposições, convicções e compromissos teológicos constituem pontos de partida para se aproximar da espiritualidade pentecostal. O ponto de partida principal, contudo, "é o Espírito Santo, que é Deus conosco".[152] Isso se dá pelo fato de que, como movimento de renovação, a ênfase pentecostal está na experiência atual da presença do Espírito, assim como esteve presente na igreja apostólica. Esse restauracionismo, segundo Land, nasceu do anelo pela fé apostólica e do desejo ardente de ver o poder e as manifestações do Espírito Santo *na* igreja e *pela* igreja.[153]

A igreja é o povo de Deus batizado no Espírito Santo. O dom do Espírito é um sinal visível, reconhecível e indiscutível da presença do Paráclito, que torna a igreja "um organismo vivente de carismas e sinais".[154] Por isso, a espiritualidade pentecostal não difere muito da espiritualidade do cristianismo apostólico. Segundo Land:

> Se o Espírito Santo é tomado como ponto de partida e a centralidade da adoração tem primazia, se deve reconhecer que a oração [...] está no coração dessa espiritualidade. E, se a oração é o coração da espiritualidade, tem que ocupar também um lugar central na compreensão da tarefa teológica. A teologia concebida dessa forma não é uma empresa meramente especulativa.[155]

Todavia, fazer teologia não é colocar a experiência no patamar de norma ou regra, mas, sim, reconhecer a prioridade epistemológica do Espírito Santo em uma expectativa orante. Aqui é possível falar de uma *epistemologia pneumática*. Como as Escrituras são o resultado da experiência com o Espírito Santo, quando alguém tem um encontro com Deus que reflete as mesmas características da experiência apostólica, ele acaba ficando em melhor posição para se conectar com o testemunho apostólico, que é essencialmente pneumático. Daí decorre que a espiritualidade pentecostal pode alegar (e manifestar) uma continuidade pneumática com a comunidade de fé que deu à luz as Escrituras. Por isso, os

---

[151] Ibidem, p. 19.
[152] Ibidem, p. 20-1.
[153] Ibidem, p. 22.
[154] Ibidem, p. 23.
[155] Ibidem, p. 24-5.

PENTECOSTALISMOS

pentecostais não podem divorciar a reflexão teológica da espiritualidade, pois, "para uma teologia como espiritualidade pentecostal, com o Espírito Santo como ponto de partida, esta correlação é fundamental", tendo em vista que "a teologia cristã como espiritualidade tem que ser consistente, apropriada e sensível a sua fonte e objeto: o Deus vivo".[156]

Segundo Land, foi no contexto reavivalista e restauracionista americano que a espiritualidade negra dos antigos escravos nos Estados Unidos se encontrou com a espiritualidade de John Wesley e deu forma distintiva à espiritualidade pentecostal. Para Land, "nem Wesley nem os afro-americanos produziram teologia da maneira tradicional, de forma escolástica"; pelo contrário, "os meios de produção teológica desse movimento foram os sermões, os folhetos, os hinos, os testemunhos, conferências e os cantos espirituais (spirituals)".[157] Essa forma de teologizar é característica de uma espiritualidade que integra crenças (conhecer), afetos (ser) e ações (fazer). A tarefa teológica exige também essa integração de crenças, afetos e ações, para que a espiritualidade e a teologia não se fragmentem em intelectualismo, sentimentalismo e ativismo, respectivamente. Ou seja, a teologia pentecostal deve relacionar de maneira equilibrada a ortodoxia (que Land caracteriza pelo binômio "adoração-confissão" correta), a ortopatia (afetos corretos) e a ortopraxia (ação correta).[158]

O termo "ortopatia" se refere aos afetos que motivam o coração e caracterizam o crente. As afeições cristãs são o coração da espiritualidade cristã em geral e, por conseguinte, da espiritualidade pentecostal. É o centro de integração pessoal da ortodoxia e da ortopraxia.[159] A importante lição de Land é esta:

> Os afetos não são estados episódicos, meras sensações ou sentimentos individualistas. Existem, é claro, sensações e emoções que vêm e vão e que, em certo momento, se mesclam ao afeto. Diferente dos "sentimentos", os afetos são distintivamente formados e determinados pela história bíblica e evidenciam as marcas de uma localização comunitária e histórica particular.[160]

Como a fé, a visão de mundo, a experiência e as práticas pentecostais são profundamente escatológicas, pois se situam na tensão do "já e ainda

---

[156] Ibidem, p. 26, 30.
[157] Ibidem, p. 24.
[158] Ibidem, p. 31.
[159] Ibidem, p. 34.
[160] Ibidem, p. 34.

ENCONTRO COM DEUS, ESPIRITUALIDADE E TEOLOGIA PENTECOSTAL

não" do reino de Deus, "a paixão pelo reino de Deus é o princípio organizador, o centro integrador dos afetos".[161] Os primeiros pentecostais interpretaram o derramamento do Espírito no início do século 20 como a "chuva serôdia" (Jl 2:23, ARA) em relação ao primeiro derramamento, no dia de Pentecoste. Essa "última chuva" era um sinal escatológico da vinda iminente de Cristo e um chamado a participar da grande colheita antes do retorno de Jesus. Daí, derivam o senso de urgência escatológica do pentecostalismo e seu fervor missionário. A paixão pelo reino de Deus é uma marca indelével dos pentecostalismos. O afeto pentecostal é governado por essa paixão, que leva os pentecostais a um profundo compromisso com o reino. Os pentecostais não apenas observam o reino, mas *participam* dele, convencidos de que são agentes do reino pelo poder do Santo Espírito. Essa profunda convicção no coração põe a mente e as emoções em posição de total disponibilidade e abertura para a ação do Espírito, como na igreja apostólica. No pentecostalismo, foi estabelecida uma continuidade experiencial e pneumática com a igreja do primeiro século. Segundo Land:

> A razão da existência do pentecostalismo era cumprir o mandato missionário universal para os últimos dias, por parte daqueles que, como Cristo, testificavam no poder do Espírito Santo. O reino de Deus estava operando entre o povo de Deus e a evidência no século XX foi a mesma do século I. As maravilhas e os dons do Espírito Santo presentes no ministério de Jesus estavam sendo repetidos.[162]

Na irrupção do reino, o Espírito é o "dedo de Deus" que expulsa demônios, cura os enfermos e empodera para a proclamação do evangelho. Essa obra, segundo o modelo da fé apostólica, é uma visível e concreta ação do Espírito no culto e no testemunho.[163] Assim como o fluir do Espírito no Pentecoste constituiu uma comunidade escatológica e missionária no poder do Espírito Santo, no pentecostalismo, a presença do mesmo Espírito instituiu comunidades missionárias, cuja mensagem não consistia em palavras persuasivas de sabedoria humana, "mas em demonstração do poder do Espírito" (1Co 2:4). Com efeito, os pentecostais se referiam a si mesmos como um movimento de fé apostólica,

---

[161] Ibidem, p. 46, 174.
[162] Ibidem, p. 49.
[163] Ibidem, p. 51.

PENTECOSTALISMOS

dado o desejo de recuperar para o tempo presente a fé e o poder da igreja primitiva. "Fé apostólica" significa viver nos "últimos dias", no poder do Espírito Santo. Por isso, para os pentecostais, a vida diária e qualquer acontecimento estão investidos de significância cósmica, porque Deus está trabalhando para concluir seu plano escatológico com a volta de Cristo Jesus. Assim, "esse desejo pela vinda do Senhor, pelo Espírito Santo e pelo reino de Deus, forma parte de uma mesma realidade: é uma paixão" que, para os pentecostais, "se trata de uma paixão que transforma tudo".[164]

Na opinião de Allan H. Anderson, o trabalho de Land solucionou o impasse que havia quanto ao centro da teologia pentecostal. O pentecostalismo não pode ser visto como um evangelicalismo racionalista, pois deve ser compreendido a partir de sua distintiva espiritualidade. A preocupação central do pentecostalismo é a realidade vivida como participação no Espírito Santo; a experiência da plenitude do Espírito é o coração da tradição pentecostal-carismática.[165] No pentecostalismo global, essa experiência da presença do Espírito Santo é manifestada principalmente na oração, no culto e no evangelismo. Essa pneumatologia pentecostal global é contextual e dinâmica, e não há uma necessidade absoluta de harmonizar essa *pneumatologia contextual* com a teologia evangélica conservadora.[166] Uma das grandes dificuldades em entender o pentecostalismo global reside na tentativa de articulá-lo dentro dos parâmetros da teologia ocidental. O vácuo entre a visão de mundo predominante no Hemisfério Norte e a do Sul Global impede que muitos ocidentais compreendam os pentecostalismos, pois, se, pela perspectiva racionalista, tudo precisa ser explicado, pela perspectiva sobrenaturalista, nem tudo pode ser explicado, pois certas coisas podem ser só experimentadas. Para Anderson, a palavra que faz diferença é "experiência", e a espiritualidade pode ser descrita "como a consciência e experiência vivida de Deus".[167] Em grande parte pelo trabalho de Steve J. Land, hoje há um maior reconhecimento da importância da experiência com Deus e da espiritualidade para a construção do que Amos Yong chama "teologia pentecostal mundial".[168]

---

[164] Ibidem, p. 58.
[165] A. H. Anderson, *Uma introdução ao pentecostalismo*, p. 208-9.
[166] Ibidem, p. 209-11.
[167] Ibidem, p. 213.
[168] Yong, *O Espírito derramado sobre a carne*, p. 36.

ENCONTRO COM DEUS, ESPIRITUALIDADE E TEOLOGIA PENTECOSTAL

REGULA SPIRITUALITATIS, REGULA DOCTRINAE: A CONTRIBUIÇÃO DE CHRISTOPHER A. STEPHENSON PARA O MÉTODO TEOLÓGICO PENTECOSTAL

Quanto à interface espiritualidade-teologia, a obra de Christopher A. Stephenson, *Types of Pentecostal theology: method, system, Spirit* [Tipos de teologia pentecostal: método, sistema, Espírito], tem muito a contribuir para a autocompreensão pentecostal. Para Stephenson, historicamente, os pentecostais demoraram a perceber a grande influência que o método teológico pode ter sobre o conteúdo da teologia. Mesmo nas etapas iniciais da reflexão teológica, os pentecostais tomaram por empréstimo a estrutura metodológica da tradição evangélica reformada para moldar sua teologia.[169] Não obstante, Stephenson celebra o fato de que, recentemente, essa falta de atenção para com o método começou a recuar nos estudos pentecostais.[170] Assim, Mark J. Cartledge observa que, nos últimos anos, houve um grande aumento de estudos teológicos pentecostais que colocaram a espiritualidade pentecostal-carismática em diálogo com as tradições cristãs e com o pensamento contemporâneo.[171] A teologia pentecostal tem desenvolvido uma metodologia própria, em harmonia com seu *ethos* experiencial pneumático e escatológico.

Conforme ensina Stephenson, "a presença do Espírito na ausência do Filho é uma característica da existência cristã".[172] A presença extraordinária do Espírito Santo, fruto da irrupção do reino de Deus na terra, deflagra um modo de ser cristão caracterizado pelo estilo de vida cultual, em que a adoração e a oração ocupam lugares privilegiados. Desse modo de vida que ora e adora, fundamentado na experiência de encontro com Deus pelo Espírito, surge a espiritualidade das comunidades pentecostais. A espiritualidade que caracteriza o pentecostalismo precisa ser levada em conta na reflexão teológica, sob pena de perder a própria identidade pentecostal durante a produção teológica. Stephenson observa que a espiritualidade pentecostal tem alguns "aspectos centrais" e destaca três facetas dessa espiritualidade: 1) a obra transformadora do Espírito, 2) a orientação escatológica e 3) a universalidade da obra do Espírito.[173] Em relação à primeira, o autor afirma que o Espírito Santo está presente entre

---

[169] C. A. Stephenson, *Types of Pentecostal theology*, p. 111.
[170] Ibidem, p. 111.
[171] M. J. Cartledge, *The Cambridge Companion to Pentecostalism*, p. 254.
[172] Stephenson, *Types of Pentecostal theology*, p. 124.
[173] Ibidem, p. 119.

343

PENTECOSTALISMOS

o povo para transformá-lo, especialmente durante o culto público. Essa dimensão transformadora da atividade do Espírito é frequentemente chamada "derramamento" do Espírito Santo sobre o povo de Deus. A segunda e a terceira estão intimamente relacionadas com a primeira. A segunda é a consideração de que a espiritualidade pentecostal tem uma orientação escatológica. O reino de Deus entrou na história, e a volta de Cristo é iminente; por isso, "o Espírito cultiva anseio escatológico e fervor".[174] A terceira é a noção de que a atividade transformadora do Espírito Santo está disponível a todos os membros da comunidade de crentes, sem nenhum tipo de distinção.[175]

Com a finalidade de fornecer um método que preserve a interface espiritualidade-teologia, Stephenson introduziu o axioma clássico da tradição cristã, o *lex orandi, lex credendi*, na metodologia da teologia pentecostal. Esse axioma, que literalmente significa "lei de orar, lei de crer", é usado muitas vezes para expressar a relação indissolúvel entre o culto cristão e a crença cristã.[176] Stephenson reconhece que, na tradição cristã, há diferentes opiniões sobre como essa relação deve operar. Ele faz menção a pelo menos duas maneiras de interpretar o sentido do axioma *lex orandi, lex credendi*. A primeira considera que a lei da oração normatiza a lei da crença, caso em que o que é orado determina o que deve ser crido. A segunda maneira, ao revés, propõe que a lei da crença normatiza a lei da oração. Tanto o catolicismo quanto o protestantismo conhecem os dois sentidos de *lex orandi, lex credendi*, e as duas tradições entendem haver uma relação complementar e harmoniosa entre adoração e doutrina, ainda que as opiniões sobre como se deve dar essa relação variem muito.[177] No que diz respeito ao pentecostalismo, Daniel Castelo afirma que "os pentecostais sempre têm seguido a lógica inerente ao lema *lex orandi, lex credendi*".[178] A proposta de Stephenson é justamente esclarecer, em nível metodológico, o uso desse termo.

Stephenson propõe uma apropriação especificamente pentecostal da *lex orandi, lex credendi*, que ele denomina "a regra da espiritualidade e a regra da doutrina".[179] Tal abordagem deve envolver uma relação recíproca entre *lex orandi* e *lex credendi*. Diz Stephenson:

---

[174] Ibidem, p. 119.
[175] Ibidem, p. 119-20.
[176] Ibidem, p. 112.
[177] Ibidem, p. 113.
[178] Castelo, *Pentecostalismo*, p. 22;
[179] Stephenson, *Types of Pentecostal theology*, p. 114.

344

ENCONTRO COM DEUS, ESPIRITUALIDADE E TEOLOGIA PENTECOSTAL

Os pentecostais poderiam reconhecer o fato de que cada um influencia o outro, e eles poderiam encorajar a interação entre adoração e crenças em sua formulação da doutrina teológica. A regra da oração seria intencionalmente empregada para influenciar a regra da crença, e a regra da crença seria empregada para influenciar a regra da oração.[180]

A apropriação pentecostal do axioma *lex orandi, lex credendi* também deve ter cuidadosa atenção com a "devoção popular" no desenvolvimento doutrinário. As práticas devocionais pentecostais, mesmo que não sejam recebidas acriticamente, têm um papel formativo na reflexão teológica e no desenvolvimento doutrinário. Para Stephenson, os pentecostais precisam discernir quais práticas podem ser transmitidas, quais precisam ser revisadas e quais devem ser descartadas.[181] O autor avança em sua proposta de apropriação pentecostal do *lex orandi, lex credendi* quando sugere que, para os pentecostais, o axioma pode ser denominado *regula spiritualitatis, regula doctrinae* (a regra da espiritualidade e a regra da doutrina). Para Stephenson, a mudança de *lex orandi* para *regula spiritualitatis* se justifica pelo fato de capturar melhor as práticas pentecostais e as experiências formativas que se encontram fora dos limites do culto público. Com efeito, a "regra da espiritualidade" envolve o que diz respeito à natureza existencial da espiritualidade conforme relatada por alguém que viveu a experiência com Deus. Na outra ponta, a "regra da doutrina" faz referência aos ensinos conscientemente formulados e adotados pelas comunidades pentecostais.[182]

Stephenson explica a mudança de *lex* ("lei") para *regula* ("regra"), a fim de garantir a flexibilidade da relação entre espiritualidade e doutrina. A palavra *lex* aponta para algo obrigatório, vinculativo e inflexível, e dá a entender que a influência mútua entre espiritualidade e doutrina é inevitável. A palavra *regula*, por sua vez, não atribui caráter normativo à relação espiritualidade-doutrina. O uso do vocábulo ainda assegura a ideia de que a teologia é também uma "prática ascética realizada em comunidade que envolve o treinamento rigoroso de todas as faculdades para a maior glória de Deus".[183] Em suma, "a teologia é em si uma

---

[180] Ibidem, p. 114.
[181] Ibidem, p. 115.
[182] Ibidem, p. 115.
[183] Ibidem, p. 116.

disciplina espiritual que alguém desenvolve com cuidado, determinação e em comunhão com outros crentes".[184] Diz Stephenson:

> Ao contrário daqueles que tendem a escolher uma ou outra abordagem para *lex orandi, lex credendi*, os pentecostais podem adotar ambos os entendimentos da regra da espiritualidade e a regra da doutrina. Assim como a espiritualidade tem algo a dizer sobre a doutrina, a doutrina tem algo a dizer sobre a espiritualidade. Se os teólogos pentecostais permitirem que a espiritualidade e a doutrina estejam em um relacionamento adequado, o resultado pode ser a articulação de doutrinas que não sejam antagônicas aos aspectos da espiritualidade que são intencionalmente abraçados por uma comunidade pentecostal, bem como uma doutrina que pode, por sua vez, informar, e, se necessário, corrigir aspectos da espiritualidade de uma comunidade pentecostal que precisam ser ajustados.[185]

Desse modo, com o axioma *regula spiritualitatis, regula doctrinae*, Stephenson pretende contribuir para uma metodologia especificamente pentecostal, cuja proposta é que a articulação doutrinária seja sempre informada pelas facetas da espiritualidade. A doutrina resultante de tal articulação, tendo sido informada pela espiritualidade, atingirá um nível maior de clareza e especificidade.[186] Além disso, será capaz de corrigir aspectos indesejáveis da espiritualidade. Em suma, a grande tarefa da teologia pentecostal é tornar-se sensível à mútua influência entre espiritualidade e doutrina. Cito as palavras conclusivas de Stephenson acerca de sua proposta metodológica:

> Argumentei que uma forma de *lex orandi, lex credendi* pode servir como uma valiosa ferramenta metodológica para teólogos pentecostais em suas tentativas de formular doutrina à luz da espiritualidade e informar a espiritualidade a partir da perspectiva da doutrina. Chamei *regula spiritualitatis, regula doctrinae*, "a regra da espiritualidade e a regra da doutrina", a abordagem que envolve honestidade intelectual sobre a influência que a adoração e as crenças, inevitavelmente, exercem uma sobre a outra.[187]

---

[184] Ibidem, p. 116.
[185] Ibidem, p. 116.
[186] Ibidem, p. 116.
[187] Ibidem, p. 129.

RUMO A UMA TEOLOGIA PENTECOSTAL: RAÍZES DA TEOLOGIA PENTECOSTAL

Certamente, o pentecostalismo é um fenômeno desconcertante.[188] Quando se faz referência ao pentecostalismo em sentido amplo, como a complexa diversidade que abrange o pentecostalismo clássico, o movimento carismático e as igrejas independentes, a suspeita em relação à legitimidade da teologia pentecostal parece válida.[189] Tais suspeitas normalmente incluem:

- a apreensão daqueles que temem que uma teologia sistemática possa eclipsar a ênfase espiritual do pentecostalismo;
- a renúncia daqueles que entendem que uma teologia pentecostal ocultaria a imensa diversidade global do pentecostalismo;
- a incredulidade daqueles que duvidam que os pentecostais possam contribuir para a reflexão teológica;
- a desaprovação daqueles que pensam que o pentecostalismo não é uma tradição teológica por direito próprio.[190]

Contudo, em meio à enorme complexidade do mundo contemporâneo e aos crescentes desafios da tarefa teológica, o pentecostalismo surgiu como uma nova tradição teológica.

Com Wolfgang Vondey, podemos afirmar que "pentecostalismo" é o nome de uma tradição teológica com uma especificidade que o distingue das demais tradições cristãs. Para dizer o óbvio, os nomes que identificam a tradição, "pentecostal" e "pentecostalismo", afirmam uma associação estreita com o dia de Pentecoste. Essa observação óbvia é importante, pois tal associação é inerentemente teológica. Ou seja, a designação da tradição está arraigada à própria Bíblia Sagrada na emblemática passagem do Novo Testamento. Vale lembrar que nem todas as tradições cristãs têm uma vinculação tão direta com a Sagrada Escrita, sendo até mesmo o caso de algumas delas estarem mais identificadas com a obra de algum teólogo do que com a própria Bíblia. Com o pentecostalismo, não ocorre essa mediação. Os pentecostais recorrem diretamente ao livro de Atos dos Apóstolos a fim de desenvolver sua autocompreensão teológica.

---

[188] Vondey, *Teología pentecostal*, p. 13.
[189] Ibidem, p. 11-2.
[190] Ibidem, p. 11.

PENTECOSTALISMOS

Um típico pentecostal, em qualquer lugar do globo, pode não conhecer o pensamento de nenhum teólogo de prestígio, mas sabe de cor os primeiros versículos do segundo capítulo de Atos e provavelmente muitos outros. Por isso, são relevantes as palavras de Vondey:

> A teologia pentecostal tem existido por pouco mais de cem anos. Surgiu com uma série de avivamentos espirituais que marcaram o começo mundial do pentecostalismo moderno no início do século XX. No coração desses primeiros avivamentos se encontrava uma espiritualidade tipicamente transmitida de forma oral e ritual [...]. A teologia, da perspectiva dessa autoidentificação, se reflete em uma espiritualidade experiencial arraigada no dia do Pentecostes, e que os pentecostais creem que, todavia, está disponível como uma continuação, ou repetição ou expansão (às vezes as três) dessa experiência original.[191]

À luz de sua progressão mundial, o pentecostalismo sempre foi mais caracterizado por uma doxologia *ad hoc* do que por uma teologia sistemática e dogmática. Com isso, não estou afirmando que não houvesse sistematização teológica nos primórdios do pentecostalismo. O pentecostalismo emergiu do amálgama de convicções teológicas dos movimentos que o precederam e, em dado momento, a própria identidade pentecostal irrompeu, conferindo-lhe singularidade genética. O monumental trabalho de pesquisa de Douglas Jacobsen em *Thinking in the Spirit: theologies of the early Pentecostal movement* [Pensando no Espírito: teologias do nascente movimento pentecostal] revela a prolífica produção teológica do início do pentecostalismo.[192] Contudo, se os primórdios do pentecostalismo podem ser considerados o coração da *espiritualidade* pentecostal, o mesmo não pode ser dito de sua teologia.[193] Segundo Wolfgang Vondey, as convicções, as crenças e o ensino entre os pentecostais se formularam em linguagem e estrutura de outras confissões teológicas e, com frequência, sofreram mal-entendidos e distorções.[194] Segundo Vondey:

> Somente com o surgimento global do pentecostalismo, com o surgimento de movimentos pentecostais e carismáticos mais amplos nas igrejas históricas, com a participação dos pentecostais em diálogos ecumênicos

---

[191] Ibidem, p. 12-3.
[192] Jacobsen, *Thinking in the Spirit*, p. 1-15.
[193] Villafañe, *Introducción al pentecostalismo*, p. 31.
[194] Vondey, *Teología pentecostal*, p. 13.

348

ENCONTRO COM DEUS, ESPIRITUALIDADE E TEOLOGIA PENTECOSTAL

internacionais e o aumento da erudição teológica pentecostal, é que se dão passos conscientes para a formulação de uma teologia pentecostal integral e organizada.[195]

De acordo com Amos Yong, as implicações de um dinâmico cristianismo global para a renovação da teologia cristã são significativas e, portanto, não podem ser ignoradas. Muito do que foi codificado em textos de teologia sistemática deriva do modelo racionalista euro-americano de reflexão teológica. Contudo, o atual momento nos estudos teológicos é marcado por uma sensibilidade pós-ocidental e pós-iluminista.[196] Essa sensibilidade valoriza outras fontes de conhecimento ao lado da razão e abre caminho para a valorização da experiência como fonte da teologia. A experiência à qual me refiro é a de encontro com Deus, que pode ser fomentada pela doutrina e até mesmo legitimamente julgada por ela. Entretanto, a doutrina, em forma de proposições, não pode ter prioridade sobre a experiência e exercer um prévio juízo absoluto sobre o que é e o que não é uma autêntica experiência com Deus. Nesse tipo de arquitetura conceitual, mesmo que não se admita explicitamente, Deus está "preso" em conceitos previamente estabelecidos e a teologia pode ter aparência de piedade, mas negar o poder de Deus (2Tm 3:5).

Daniel Castelo, comentando o respeitado livro de Douglas Jacobsen, ensina que a reflexão pentecostal inicial teve duas correntes. A *primeira* envolvia principalmente a publicação de testemunhos e toda a gama de experiências com Deus. A *segunda* envolvia, em regra, mas não exclusivamente, obras mais elaboradas intencionalmente escritas como tratados explicativos e abrangentes.[197] Jacobsen se debruçou majoritariamente sobre a segunda corrente em *Thinking in the* Spirit, no qual destaca a produção e/ou o pensamento teológico de doze líderes pentecostais entre 1900-1925.[198] Jacobsen se utilizou desses trabalhos para resumir como se

---

[195] Ibidem, p. 13.

[196] Yong, *Renewing Christian theology*, p. 22.

[197] Castelo, *Pentecostalismo*, p. 28.

[198] Os autores pesquisados por Jacobsen, na ordem em que aparecem no livro, são: Charles F. Parham (*The Historical-Apocalyptic Theology*); Richard G. Spurling (*The Restoration Theology*); William J. Seymour (*The Pastoral Theology*); George Floyd Taylor (*The Precise Theology*); David Wesley Myland (*The Poetic Theology*); William H. Durham (*Simple Gospel of Full Salvation*); Joseph Hillery King (*Holiness Theology of Pentecostal Faith*); Garfield Thomas Haywood (*Speculative Theology*); Andrew David Urshaw (*Spiritual Theology*); Robert Clarence Lawson (*The Anti-Racist Theology*); Frede Francis Bosworth (*Theology of Divine Love*); Essek William Kenyon (*Theology of Identification with Christ*) (*Thinking in The Spirit*, p. 18, 50, 61, 84, 110, 136, 164, 197, 232, 263, 290, 313).

349

PENTECOSTALISMOS

deu a reflexão teológica pentecostal durante os primeiros anos do movimento.[199] Daniel Castelo, com muita sensibilidade e respeito ao trabalho de Jacobsen, demonstra que o prestigiado autor é um dos muitos teólogos que assumem a postura de que a teologia pentecostal deve ter algum tipo de estrutura ordenada ou sistemática para constituir teologia genuína. Segundo Castelo, "Jacobsen tem privilegiado certo tipo de evidência textual no desenvolvimento de sua compreensão da teologia pentecostal".[200] Castelo, a título exemplificativo, cita em sua obra duas passagens que constam na introdução do livro de Jacobsen para corroborar sua opinião. Desse modo, de acordo com Jacobsen:

> Desde o começo do movimento, os pensadores pentecostais têm produzido tratados teológicos junto com suas canções, sermões, orações e testemunhos. Escreviam como pentecostais para pentecostais com fins teológicos pentecostais enquanto tratavam de ser tão minuciosos e sistemáticos quanto seus pares teológicos não pentecostais. O objetivo principal dessas apresentações sistemáticas da fé pentecostal não foi a transformação pessoal, mas a revelação da verdade. O propósito inicial era a explicação, não o testemunho. O impulso motivador não era necessariamente levar o leitor a uma ou outra experiência espiritual [...], mas explorar o significado teológico das experiências.[201]

Com efeito, Jacobsen não pressupõe que as narrativas e os testemunhos, por exemplo, sejam considerados teologia por direito próprio, ou seja, ele não entende a espiritualidade como teologia. Conforme argumenta Castelo, a perspectiva de Steve J. Land, ao contrário, é de que a narrativa e o testemunho são categorias teológicas legítimas e que a interface espiritualidade-teologia é o único viés metodológico que pode expressar com fidelidade, na reflexão teológica, a paixão pentecostal pelo reino de Deus. Castelo argumenta que a teologia pentecostal não pode ficar nessa "encruzilhada metodológica".[202] Segundo ele, a segunda corrente do pentecostalismo não é metodologicamente diferente de outras alternativas dentro da tradição cristã. Por isso, ele defende que é a primeira corrente que captura o significado distintivo do pentecostalismo em face de outras

---

[199] Castelo, *Pentecostalismo*, p. 28.
[200] Ibidem, p. 29.
[201] Jacobsen, *Thinking in the Spirit*, p. 7-8.
[202] Castelo, *Pentecostalismo*, p. 29.

350

ENCONTRO COM DEUS, ESPIRITUALIDADE E TEOLOGIA PENTECOSTAL

correntes do cristianismo. Não apenas isso: ele também considera que a espiritualidade pentecostal constitui a grande contribuição do pentecostalismo para a fé cristã, pois é justamente essa espiritualidade, e não uma teorização pentecostal da experiência, a grande responsável pela pentecostalização de outras tradições cristãs e pela explosão mundial do cristianismo carismático.[203]

Castelo percebe algumas implicações da adoção da interface espiritualidade-teologia na metodologia pentecostal. A primeira é que tal reconhecimento implica a teologia não precisar ser cativa da tendência à abstração que caracteriza certas correntes teológicas que desvalorizam a experiência. Aliás, algumas teologias, no afã de promover a objetividade na reflexão teológica, acabam suprimindo da teologia o testemunho experiencial, sob acusação de subjetivismo. Com esse procedimento, a teologia fica restrita a um "jogo conceitual", normalmente limitado aos teólogos profissionais. Esquece-se aqui que Deus fala sempre com pessoas, que subjetividade (experiência pessoal) não é o mesmo que subjetivismo e que o conhecimento não se dá apenas de forma proposicional. A segunda implicação é que, se a teologia quer ser *theos*-lógica (acerca de Deus), então não pode estar divorciada da espiritualidade, ou seja, da esfera que manifesta o encontro com Deus.[204] É a dimensão da total liberdade do Espírito, na qual Deus escolhe as coisas loucas do mundo para confundir as sábias e escolhe as coisas (e pessoas) humildes, desprezadas, fracas e que nada são para confundir as que são, para que ninguém se glorie na presença de Deus (1Co 1:27-29).

Separar espiritualidade e teologia como se fossem coisas diferentes constitui um grande "erro teológico",[205] pois a teologia, ao se propor a falar de Deus, nunca poderá fechar os ouvidos, trancar-se em uma torre de marfim ou recusar-se a ouvir aqueles com quem Deus fala. Nesse sentido, deve-se considerar que a interface espiritualidade-teologia no pentecostalismo, além de fazer jus ao *ethos* pentecostal, concede certo "privilégio metodológico"[206] ao não fechar as portas da teologia aos testemunhos de "primeira mão" das experiências com Deus. Contudo, esse privilégio requer humildade. O teólogo precisa estar sempre aberto à atuação extraordinária e livre do Espírito Santo e curvar-se em adoração

---

[203] Ibidem, p. 30.
[204] Ibidem, p. 31.
[205] Ibidem, p. 31.
[206] Ibidem, p. 31.

PENTECOSTALISMOS

onde, quando e como o Espírito se manifesta. Como assinala Castelo, a interface espiritualidade-teologia salvaguarda a grande preocupação do pentecostalismo em estabelecer uma reflexão teológica que não compromete a experiência de fé genuína.[207]

Amos Yong observa que o século 20 viu o pleno florescimento da síntese da fé cristã na forma de teologias sistematicamente organizadas.[208] No campo protestante, essas teologias sistemáticas seguiram e consagraram o método bíblico indutivo. Nesse método, cada tópico doutrinário é formulado ao coletar o que a Bíblia diz sobre ele e depois o material é organizado da maneira mais coerente possível.[209] O plano geral de organização geralmente elege como ponto de partida a doutrina de Deus ou a da Sagrada Escritura e, como ponto de chegada, a escatologia. O resultado dessa opção rigidamente sistematizadora, segundo Yong, é que a radicalidade da renovação operada pelo pentecostalismo pode ser silenciada pelo menos em dois aspectos. Em primeiro lugar, ao longo do século 20, o pentecostalismo floresceu precisamente como um fenômeno de renovação da fé cristã e com um viés contracultural, especialmente quando contrastado com igrejas estabelecidas. Isso não quer dizer, segundo Yong, que o pentecostalismo tenha sido anticlerical, mas que sua principal contribuição foi renovar as igrejas, proporcionando novas perspectivas para a vida cristã. No entanto, os manuais sistemáticos de teologia tendem mais a seguir os padrões estabelecidos do que a refletir as características distintivas da espiritualidade pentecostal.[210]

Em segundo lugar, a presença de um discurso teológico majoritário e unívoco tende a criar um "entorno periférico" de vozes minoritárias da tradição cristã. As expressões teológicas periféricas que não se amoldam ao padrão sistemático do "centro" são consideradas, quando muito, teologias de segunda classe. Isso cria uma grande dificuldade diante do impetuoso crescimento do pentecostalismo no Sul Global, em razão de as culturas presentes nessa região não adotarem a rigidez logocêntrica da cultura racionalista de matriz europeia. Cabe aqui a observação de que, desde as suas origens, o cristianismo tem sido constituído por uma pluralidade de línguas, culturas e tradições. A única fé em Jesus assumiu muitas formas desde o século 1 até o presente. Contudo, a doutrina cristã, a dogmática

---

[207] Ibidem, p. 31.
[208] Yong, *Renewing Christian theology*, p. 8.
[209] Ibidem, p. 9.
[210] Ibidem, p. 11.

ENCONTRO COM DEUS, ESPIRITUALIDADE E TEOLOGIA PENTECOSTAL

e a teologia sistemática, pelo menos na forma escrita e elaborada, têm sido reservadas ao Ocidente. A questão premente é como conservar esse riquíssimo legado teológico e, ao mesmo tempo, envolver vozes e perspectivas globais.[211] Acredito que a metodologia teológica que leva a sério a interface espiritualidade-teologia seja a resposta a essa questão.

"Renovado e sempre renovando": para Amos Yong, esse é o lema que o cristianismo e a teologia cristã devem seguir.[212] O autor aposta que a tradição teológica cristã como um todo tem algo a ganhar ao envolver-se com vozes e perspectivas de renovação, especialmente, podendo ser revitalizada nessa relação. Uma característica das crenças e práticas pentecostais, em especial, apresenta-se como promissora para a renovação da teologia cristã: no coração do movimento, há uma espiritualidade caracterizada pelo encontro relacional com o Cristo vivo por meio de seu Espírito Santo.[213] A teologia pneumática e escatológica do pentecostalismo é uma teologia do coração. O coração, nas tradições bíblicas, significa toda a pessoa humana e chama a atenção para os desejos, afeições e emoções que definem de forma tão fundamental o que significa ser humano. Com efeito, os seres humanos são orientados afetivamente, não apenas cognitivamente, motivados mais pela carga holística do desejo do que apenas por ideias abstratas.[214]

Essa concepção tipicamente pentecostal vai de encontro à rigidez conceitual da teologia racionalista, sem desprezar o patrimônio teológico do Ocidente, do qual, por óbvio, o pentecostalismo deriva. Um dos subprodutos do racionalismo iluminista foi a redução da religião, mesmo a fé cristã, a proposições doutrinárias.[215] O pentecostalismo, como movimento de renovação, com sua teologia de encontro que enfatiza a importância do coração, liberta o cristianismo do cativeiro babilônico da hipertrofia da razão iluminista, devolve-lhe o coração e, por conseguinte, recupera a paixão (*pathos*) pelo reino de Deus. A univocidade esterilizante cede lugar à diversidade de manifestações da única fé que, uma vez por todas, foi entregue aos santos (Jd 3). No cristianismo, a unidade de fé sempre foi expressa por uma pluralidade de vozes. É uma "invenção" da racionalidade iluminista a concepção de que existe um único discurso

---

[211] Ibidem, p. 11.
[212] Ibidem, p. 12.
[213] Ibidem, p. 14.
[214] Ibidem, p. 15.
[215] Ibidem, p. 19.

PENTECOSTALISMOS

autorizado a expressar a verdade da fé cristã. A razão, como atributo exclusivo da espécie humana, sempre ocupou e sempre ocupará lugar de honra na teologia. Contudo, a ascensão do racionalismo é inerente a uma visão de mundo que põe o ser humano no lugar de Deus. Ao fim e ao cabo, o racionalismo é o grande artifício iluminista em sua tentativa de "destronar" o Criador e relegá-lo ao plano do irracional e da superstição. Os pentecostais, com simplicidade, sinceridade, devoção e jejuns, acabaram impondo sobre a racionalidade atrofiante da modernidade a "síndrome de Hamã". A modernidade, enquanto se gabava de ter preparado a "forca" da religião, não atentou para o fato de que um povo orava com fervor e jejuava clamando por um novo Pentecoste. Quando o Espírito desceu, no início do século 20, o racionalismo foi pendurado na forca que havia preparado para o cristianismo. A previsão de morte deu lugar ao maior crescimento cristão da história ao longo do século 20 e início do século 21.

Assim, se o intelecto é apenas uma dimensão importante ao lado de outras, simbolizadas pelo coração humano, começar com o Espírito exige que prestemos atenção não só a ideias abstratas, mas às narrativas e aos afetos. A ortodoxia teológica (crenças corretas) cresce em importância quando harmonizada com a ortopatia (sentimentos corretos) e a ortopraxia (comportamentos corretos).[216] É claro que a Bíblia é essencial para renovar a teologia cristã: sem Escritura, não há cristianismo. Contudo, a Bíblia não apenas nos oferece proposições, mas principalmente fomenta a experiência de encontro com Deus pelo Espírito e pela participação na história da redenção. Portanto, a Escritura é vista como fundamento para moldar corações (afetos) e mãos (comportamentos), e não apenas para fornecer informações. A espiritualidade pentecostal tem o potencial de inspirar exatamente essa reformulação triádica (ortodoxia-ortopatia--ortopraxia) da teologia cristã, em parte dadas as suas predisposições pietistas (contrárias à especulação meramente abstrata) e, em parte, graças à sua inclinação pragmática.[217]

Por essas razões, para Yong, do ponto de vista prognóstico, tudo aponta para que a fé pentecostal-carismática seja cada vez mais atrativa às culturas no terceiro milênio. Essa distinta teologia pentecostal certamente continuará brotando nos mais diversos contextos culturais, sempre "a partir de uma experiência com o próprio Espírito de Deus".[218]

---

[216] Ibidem, p. 19.
[217] Ibidem, p. 21-2.
[218] Yong, *O Espírito derramado sobre a carne*, p. 25, 38.

ENCONTRO COM DEUS, ESPIRITUALIDADE E TEOLOGIA PENTECOSTAL

Nesse sentido, a *confessionalidade pentecostal* está ligada, em primeiro plano, à esfera dos testemunhos daquilo que Deus está fazendo. Com isso, não se invalidam credos e confissões doutrinárias. Mas, à luz da interface espiritualidade-teologia, o pentecostalismo preserva aquilo que justamente o distingue: o testemunho do encontro divino-humano como primeira expressão teológica. Com isso em mente, é possível falar de um "ambiente confessional pentecostal global" que não se refere a credos e confissões de fé escritas como centro da teologia pentecostal, embora tais declarações tenham enorme importância, até mesmo para discernir a experiência, conforme proposto por Christopher A. Stephenson. A teologia pentecostal "não apenas é formada pela experiência (sendo, assim, descritiva), como também molda a experiência (de maneira prescritiva)".[219] Por excelência, o ambiente confessional pentecostal está ligado ao "que acontece no viver pentecostal diário e comum" e aos seus constantes relatos da ação do Espírito Santo na vida das pessoas e das comunidades. É por essa perspectiva que "a teologia pentecostal está longe de ser algo meramente abstrato, mas sim intensamente prático".[220] Essa postura, como sempre tento deixar claro, não é irracional, apenas pós-iluminista.

A postura pentecostal valoriza a razão pelo "creio para compreender", que reconhece as limitações da razão e sabe que só a revelação de Deus pode realizar seu desejo de conhecer a verdade. A razão aqui se deleita no mistério de Deus como seu ponto de chegada em sua busca pela verdade e curva-se em adoração diante da absoluta transcendência de Deus. É a própria razão que, em plena convicção racional, pode fazer coro à declaração do apóstolo Paulo: "*Ó profundidade da riqueza da sabedoria e do conhecimento de Deus! Quão insondáveis são os seus juízos e inescrutáveis os seus caminhos!*" (Rm 11:33). O pentecostalismo, com sua irrefreável paixão pelo reino, recuperou o fôlego do cristianismo e, a reboque, recuperou também o lugar da razão conforme preconizado na tradição cristã: a razão *aponta* para o transcendente e Deus não *desaponta* os que o buscam. Na modernidade, a razão se fechou em si mesma, negou o transcendente, etiquetou a religião como superstição pré-moderna e pôs o ser humano no centro, no lugar de Deus. O surgimento do pentecostalismo *recolocou* Deus em seu trono e, com isso, reconduziu a razão ao seu papel de glorificar a Deus como resposta final às indagações humanas por sentido. Essa mudança, como se vê claramente pelo mundo, revitalizou a

---

[219] Ibidem, p. 45.
[220] Ibidem, p. 39.

PENTECOSTALISMOS

fé cristã e revigorou a vida espiritual de milhões de pessoas que (re)adqui-riram a liberdade de encontrar Deus e, vencendo a incredulidade, podem dizer como Tomé: "Senhor meu e Deus meu!" (Jo 20:28).

Por causa da centralidade que o pentecostalismo atribui ao encontro com Deus pelo Espírito Santo, segundo o modelo do dia de Pentecostes, Yong afirma que a atual geração cristã está vivenciando "uma notável expansão daquilo que podemos chamar de teologia pneumatológica".[221] Contudo, convém esclarecer que isso não significa apenas uma renovada atenção aos estudos *sobre* o Espírito Santo, mas também uma reno-vada atenção e priorização à vida *com* o Espírito Santo. A vida pneumá-tica precede a reflexão pneumatológica. Essa vida pneumática é o coração do ambiente confessional pentecostal. Por essa razão, a teologia pen-tecostal labora em uma "postura multiperspectivista", em uma espécie de "via de mão dupla", indo do campo da experiência de encontro ao campo da reflexão teórica com desenvoltura e sem preconceitos.[222] Na teologia pentecostal, as experiências no campo missionário, no culto, na vida pas-toral e ministerial e na vida de oração fornecem poderosos e constantes *insights* para a reflexão teológica. Esta, por sua vez, utilizando a faculdade racional para a glória de Deus, igualmente fornece seus *insights* ao minis-tério e à devoção pessoal. Assim, o conteúdo e a estrutura da teologia são redefinidos "nos termos da experiência pentecostal e das dinâmicas do Espírito", e a teologia está sempre em via de construção, pois uma teologia centrada no Espírito está sempre no "caminho".[223]

Estando a teologia pentecostal profundamente arraigada à experiência com o Espírito Santo no dia de Pentecoste, é imprescindível que sempre voltemos àquela narrativa como verdadeira lente hermenêutica pela qual enxergamos o tempo presente. Na ocasião, a multidão atônita e perplexa perguntava: "Que significa isto?". O apóstolo Pedro respondeu, afirmando que a promessa de Joel 2:28-32 estava se cumprindo, porque, "exaltado à direita de Deus, ele [Jesus] recebeu do Pai o Espírito Santo prometido e der-ramou o que vocês agora veem e ouvem" (At 2:12,16,33). Cada geração pre-cisa fazer a mesma pergunta feita pelas primeiras testemunhas do derramar do Santo Espírito. Por essa razão, a teologia pentecostal necessita indagar: o que significa dizer hoje que Deus derramou e está derramando o seu Espírito sobre toda carne? Essa indagação é essencial, pois, segundo Yong,

---

[221] Ibidem, p. 37.
[222] Ibidem, p. 40.
[223] Ibidem, p. 40-1.

ENCONTRO COM DEUS, ESPIRITUALIDADE E TEOLOGIA PENTECOSTAL

conecta a teologia pentecostal com três aspectos que não podemos perder de vista. O primeiro aspecto diz respeito ao fato de que a teologia deve sempre surgir em um contexto de adoração e levar o crente à doxologia. Portanto, a teologia pentecostal deve ser o "reflexo" das orações, da adoração e das ações de graças decorrentes do derramar do Espírito. O segundo aspecto ressalta que a teologia pentecostal reflete o estado caído em que o ser humano se encontra e sua perene dependência da revelação divina pelo Espírito Santo. O terceiro aspecto afirma que a teologia pentecostal é sempre uma reflexão de segunda ordem que reflete as experiências pneumáticas daqueles que foram visitados pelo Espírito. Em suma, o esboço de uma teologia pentecostal deve representar a obra salvífica de Deus realizada por meio do derramamento do Espírito Santo sobre toda carne.[224]

VIVENDO O EVANGELHO PLENO: A TEOLOGIA PENTECOSTAL DE WOLFGANG VONDEY

O teólogo alemão Wolfgang Vondey publicou, em 2017, o livro *Pentecostal theology: living the full gospel* [Teologia pentecostal: vivendo o evangelho pleno], que logo se tornou uma das mais influentes obras sobre teologia pentecostal.[225] Vondey se propôs a construir uma teologia pentecostal a partir da interface espiritualidade-teologia e trabalhou com habilidade incomum a ampla gama de literatura acadêmica pentecostal produzida nos últimos anos. Vondey constatou algo que, de certa forma, me inquietava no início de minha caminhada teológica como pentecostal: o fato de que o movimento pentecostal começou a solidificar sua presença em todo o mundo sem afirmar sua identidade teológica. Confesso, respeitosamente, que algumas obras de teologia sistemática em perspectiva pentecostal que estudei, por mais bem escritas e edificantes que fossem, ainda me soavam como teologias sistemáticas reformadas acrescidas de um capítulo sobre a pneumatologia pentecostal e/ou de algumas informações sobre a renovação pentecostal em curso. A verdade é que nunca me senti teologicamente ambientado estudando algumas obras que, durante um bom período, serviram de referência aos estudos pentecostais no Brasil.

Minha visão teológica foi imensamente influenciada pela leitura do clássico *Pentecostal spirituality: a passion for the kingdom* [Espiritualidade

---

[224] Ibidem, p. 43-4.
[225] Trabalho com a versão em espanhol da obra: W. Vondey, *Teología pentecostal: viviendo el evangelio completo* (Salem, OR: Kerigma Publicaciones, 2019).

357

PENTECOSTALISMOS

pentecostal: uma paixão pelo reino], já citado, de Steve J. Land. Foi o livro de Land que, parafraseando Kant, me despertou de meu sono dogmático em relação à teologia pentecostal e introduziu-me na metodologia teológica que valoriza a relação entre espiritualidade e teologia, concedendo lugar de honra ao *ethos* experiencial pentecostal na reflexão teológica. Foi como chegar em casa depois de uma longa viagem. Por sinal, como afirma Vondey, a expansão do pentecostalismo em todo o mundo tem contribuído para renovar a consciência teológica entre muitos pentecostais. Vondey escreve que "a revisão das doutrinas tradicionais e das disciplinas teológicas desde uma perspectiva pentecostal" agora estão em harmonia com "as perguntas e preocupações do movimento pentecostal mundial".[226]

Vondey reconhece que falar de pentecostalismo não é se referir a um *tipo* de pentecostalismo, como o pentecostalismo clássico. Como demonstrei no capítulo 1, com base nas lições de Philip Jenkins, o cristianismo global é um cristianismo pentecostal-carismático, e fechar os olhos a essa realidade é uma postura que, na melhor das hipóteses, revela ignorância teológica e, na pior, miopia espiritual. O tempo em que vivemos é precioso para a fé cristã. Deus está fazendo algo novo, que já está saindo à luz (Is 43:19). O cristianismo carismático mundial não é *uma* expansão do cristianismo, mas *a* grande expansão-explosão da história do cristianismo. Para Harvey Cox, "o vento do Espírito está soprando" e, com isso, "sacudindo e renovando o cristianismo". Para o conceituado teólogo, o que estamos presenciando atualmente é o "momento em que se vira uma nova página na história cristã", pois "o cristianismo hoje é mais planetário do que jamais foi".[227] Contrariando os contundentes prognósticos de outrora, a fé pentecostal-carismática está varrendo o Hemisfério Sul e não podemos duvidar de que um *tsunami* espiritual vindo do sul possa invadir o norte ao longo do terceiro milênio. Jenkins escreve:

> Será provável que vejamos cristãos do sul efetivamente convertendo ou recristianizando o norte? Mesmo hoje, algumas denominações já apelam para os florescentes recursos espirituais do sul. Em alguns casos, as igrejas do Terceiro Mundo realizam um trabalho missionário real na América do Norte secularizada e, em especial, na Europa.[228]

---

[226] Vondey, *Teología pentecostal*, p. 19.
[227] Cox, *O futuro da fé*, p. 227-8, 284.
[228] Jenkins, *A próxima cristandade*, p. 276-7.

ENCONTRO COM DEUS, ESPIRITUALIDADE E TEOLOGIA PENTECOSTAL

Desse modo, Vondey é sensível ao fato de que o pentecostalismo global se desenvolveu em meio a uma impressionante variedade de contextos e, portanto, buscar um padrão para a teologia pentecostal que corrobore uma identidade para a tradição pode parecer pretensioso ou mesmo utópico. Não obstante, a observação crucial é que, para o pentecostalismo como tradição teológica, não está muito em jogo aquilo em *que* os pentecostais acreditam, mas *como* eles acreditam. De modo geral, distinguir uma tradição de outra, do ponto de vista teológico, depende da identificação de um sistema de crenças específico de um grupo. Contudo, "no pentecostalismo, a doutrina não é o ponto".[229] Para Vondey, antes de pensar em discorrer sobre o conteúdo de uma doutrina pentecostal, é preciso esclarecer o "caráter peculiar da teologia pentecostal".[230] É necessário aprofundar-se nos princípios que precedem a construção de uma doutrina pentecostal. Ou seja, antes de qualquer questão doutrinária, devemos perguntar: o que há nisso de teologia pentecostal? Para Vondey, "a resposta que determinará todo o trabalho é: Pentecostes". Para ele, "Pentecostes é o símbolo teológico central da teologia pentecostal".[231]

Com efeito, os pentecostais operam uma anamnese ou "memória do Pentecostes" com o intuito de ter no presente a mesma experiência de transformação que a comunidade original. Trata-se de um momento específico de construção e representação do Pentecoste original, que, à luz de sua transparência escatológica, interrompe, intensifica, desafia e critica a comunidade atual. O meio primário de expressão da anamnese pentecostal é a oralidade, que, como forma de transmissão tradicional, está ligada à existência de "culturas orais". Cultura oral não é a mesma coisa que cultura iletrada, mas, sim, aquela que não adotou o discurso escrito como *única* forma de expressar conhecimento. Para o pentecostalismo, a oralidade em si mesma é uma forma de anamnese: a memória da Palavra de Deus que foi ouvida e da experiência com o Espírito que foi derramado e a resposta humana em testemunho profético, glossolalia, testemunhos, pregação, poemas, orações e canções. A oralidade, fruto da memória do Pentecoste, é a maior característica do pentecostalismo global. É uma oralidade pneumática e, por isso, direta, imediata, volátil, simbólica e corporal. O povo sobre o qual o Espírito foi derramado não pode deixar de se expressar imediatamente sobre a experiência com Deus,

---

[229] Vondey, *Teología pentecostal*, p. 21.
[230] Ibidem, p. 21.
[231] Ibidem, p. 21.

PENTECOSTALISMOS

mesmo que não haja lógica nenhuma nessa expressão. Assim, a oralidade decorrente da anamnese do Pentecoste é praticamente um meio ritual necessário para articular e comunicar o encontro com Deus facilitado pelo Espírito. Nesse âmbito da oralidade, a extensão da proclamação perpassa toda a natureza humana, mas principalmente o corpo tem a capacidade de manifestar a presença de Deus como um sinal externo para a humanidade. No entanto, muitos pentecostais, mesmo no Sul Global, têm domesticado a oralidade e reduzido seu alcance simbólico. Infelizmente, com esse proceder, acabam se desacostumando da linguagem do Espírito. Portanto, é sempre importante ensinar aos que desejam o vinho novo do Espírito que a comunicação que emerge das experiências pentecostais sempre se manifesta pela expressividade simbólica que envolve palavra *e* corpo, não *apenas* crenças e doutrinas, por mais importantes que sejam.

Para Vondey, dizer que existe uma única narrativa teológica para os pentecostalismos é uma afirmação ambiciosa. Contudo, ele defende com firmeza que a unidade e a força do pentecostalismo residem no fato de a tradição ter o Pentecoste como símbolo. A afirmação a seguir sem dúvida é uma das mais importantes da literatura acadêmica para a compreensão do pentecostalismo e da teologia pentecostal:

> De uma perspectiva teológica, sugiro que o pentecostalismo pode ser identificado pelo dia de Pentecostes como *a preocupação por um encontro imediato com Deus por meio do Espírito Santo* manifestado em sinais e maravilhas discerníveis como evidência da presença transformadora e redentora de Deus, que conduz toda vida ao Reino. A articulação pentecostal, por conseguinte, vai profundamente ao coração do Pentecostes.[232]

Vondey reconhece que essa "premissa metodológica" teve origem na erudição pentecostal da escola de Cleveland, altamente influenciada pelo trabalho de Steve J. Land, e esclarece que a referência ao Pentecoste como *símbolo* central da teologia pentecostal não pode ser interpretada como uma referência à *doutrina* central do pentecostalismo.[233] Essa diferenciação é vital. O Pentecoste não é a "doutrina" central da teologia pentecostal, pois esse tipo de enfoque forçaria o pentecostalismo a se ajustar ao padrão de muitos sistemas teológicos que põem a doutrina em primeiro lugar e, por isso, se tornam dogmaticamente condicionados. Quando

---

[232] Ibidem, p. 14 (grifo nosso).
[233] Ibidem, p. 16, 21.

ENCONTRO COM DEUS, ESPIRITUALIDADE E TEOLOGIA PENTECOSTAL

uma tradição adota essa forma de proceder, é identificada e comparada *em razão* de seu sistema doutrinário. Esse não é, nem pode ser, o caso do pentecostalismo. Ao revés, ao se afirmar o Pentecoste como símbolo da teologia pentecostal, a intenção deliberada é justamente "superar a regra da doutrina como o único árbitro para determinar a teologia pentecostal". Por isso, Vondey ensina que o Pentecoste é o próprio *prolegômeno* da teologia pentecostal.[234] Para estabelecer o pentecostalismo como uma tradição cristã global, é preciso reconhecer o papel do Pentecoste como símbolo teológico e a operação mnemônica atualizadora que subjaz os pentecostalismos em seus diferentes contextos. É principalmente nessa seara pré-doutrinal que residem a unidade da diversidade pentecostal e a possibilidade de uma teologia pentecostal-carismática global. Só poderemos chegar a uma teologia pentecostal mundial quando compreendermos a epistemologia afetiva que caracteriza o pentecostalismo e as formas primárias de expressão do encontro com Deus pelo Espírito.

Os pentecostais enfatizam, acima de tudo, o comprometimento total com a *mesma* experiência de encontro divino-humano *como* a do dia de Pentecostes. Dessa perspectiva, surge o "conceito" de pentecostalismo de Vondey, que, em seu livro, foi destacado em itálico: *"O pentecostalismo é uma forma de vida fundamentalmente preocupada com a obra renovadora de Deus, tal como surge da efusão do Espírito Santo no dia de Pentecostes".*[235] Os sistemas teológicos de outras tradições, embora inspiradores e até mesmo dignos de admiração, não são totalmente adequados para expressar o autêntico *ethos* pentecostal. A teologia pentecostal, desse modo, não pode ser simplesmente construída pelo uso acrítico da linguagem e da lógica de outros sistemas dogmáticos. A teologia pentecostal, ao chegar ao profundo do coração do Pentecoste, emerge das experiências e práticas dele derivadas. Esse repertório da espiritualidade pentecostal não pode ser rigidamente sistematizado, mas deve ser primordialmente narrado, e a narrativa teológica mais consistente que surge na história do pentecostalismo é o chamado "evangelho completo", "evangelho pleno" ou mesmo *full gospel*: Jesus salva, santifica, batiza com o Espírito Santo, cura e voltará.[236] Essa narrativa é tanto a síntese do que emerge da

---

[234] Ibidem, p. 22.
[235] Ibidem, p. 22.
[236] O padrão com os "cinco pontos" emergiu do movimento de santidade. A tradição pentecostal, majoritariamente, consolidou o padrão com "quatro pontos": Jesus salva, batiza no Espírito Santo, cura e voltará. Conforme amplamente esclarecido pela historiografia pentecostal,

PENTECOSTALISMOS

espiritualidade quanto a abertura a novas experiências e sensibilidades espirituais dinamicamente presentes no pentecostalismo global.[237]

A TEOLOGIA PENTECOSTAL COMO JOGO

A importante afirmação de Vondey significa que "os pentecostais tradicionalmente não têm tido uma teologia: eles a têm vivido".[238] Não há uma resposta premeditada ao encontro pentecostal com Deus pelo Espírito. Acima de tudo, deve haver total rendição à liberdade do Espírito antes de tentar captar o sentido da experiência em qualquer sistema articulado de doutrinas.[239] No entanto, a teologia pentecostal, por estar indissociavelmente ligada à experiência pneumática que a fundou, não pode simplesmente fazer uso de um arcabouço sistemático-doutrinário à revelia da dimensão do encontro com Deus. Não basta à teologia pentecostal articular uma "doutrina da experiência": no pentecostalismo, a "experiência da experiência" constitui o ponto axial da tradição, não uma doutrina da experiência. A teologia pentecostal tem a missão de atravessar a espiritualidade manifestada na experiência fundacional do Espírito.[240] Com isso em mente, é possível perceber que a teologia pentecostal, apesar de buscar a articulação doutrinária, não concebe essa busca como um fim em si mesmo, pois a tarefa primária da teologia pentecostal é sustentar a possibilidade de atualização contínua do encontro com Deus que torna possível a articulação da *experiência real com Deus* como doutrina. Por isso, a teologia pentecostal nunca estará contida em um manual de teologia sistemática. Podemos (e acredito que devemos) escrever livros e mais livros de teologia pentecostal. É uma tarefa inegociável no âmbito de qualquer tradição cristã minimamente preocupada com o discipulado e com a transmissão de um legado de uma geração para outra. Contudo, a tarefa teológica pentecostal não pode se degenerar em um projeto que hipertrofie o intelecto e perca de vista o coração. No labor teológico pentecostal, mais do que em qualquer outra tradição cristã, o orgulho intelectual é fatal. O teólogo pentecostal precisa sempre ter ouvidos para ouvir o que

---

a influência da "obra consumada", de William H. Durham, fez com que o tema tipicamente wesleyano da santificação fosse absorvido pela concepção de santificação progressiva ligada à regeneração-justificação de Durham. Para uma compreensão histórica do tema, v. D. Dayton, *Raízes teológicas do pentecostalismo*, p. 50-3.

[237] Vondey, *Teología pentecostal*, p. 16.
[238] Ibidem, p. 24.
[239] Ibidem, p. 24.
[240] Ibidem, p. 22.

ENCONTRO COM DEUS, ESPIRITUALIDADE E TEOLOGIA PENTECOSTAL

o Espírito está falando à igreja (Ap 2:7). Por isso, o teólogo pentecostal precisa estar no ambiente devocional e cultual. Ele, simultaneamente, observa *e* participa. Assim como muitos biólogos e antropólogos se mudam para os lugares nos quais realizam suas pesquisas e montam seus escritórios até mesmo no coração de reservas florestais ou indígenas, o teólogo pentecostal precisa se comprometer totalmente com a comunidade pentecostal, o *locus* privilegiado em que ocorrem as manifestações do Espírito de Deus. O teólogo pentecostal que se vê enredado apenas em conceitos teológicos e não respira mais o ar fresco da surpreendente atmosfera profética do Espírito não passa de um simulacro de teólogo pentecostal.

O movimento para a reflexão teológica pentecostal passa sempre por um encontro pessoal com Cristo por meio do Espírito. À luz do Pentecoste, o pentecostalismo expressa uma participação pessoal do indivíduo e da comunidade na história bíblica de Deus, tornada possível pelo Espírito Santo. Desse modo, a atividade teológica pentecostal começa *como* espiritualidade. Os aspectos primários da teologia pentecostal emergem, identificam, preservam e retornam à experiência fundamental do Espírito Santo. Essa espiritualidade tem como conteúdo um enorme leque de práticas ordinárias presentes nas comunidades pentecostais. Dependendo da comunidade, pode haver maior ênfase em uma ou outra prática. Essas práticas permanecem no terreno experiencial e tornam impossível que a teologia pentecostal seja *exclusivamente* um empreendimento teórico. A expressão teológica entre os pentecostais pode ser especulativa e sistemática apenas quando isso significar uma integração com a espiritualidade e as dimensões cognitiva, afetiva e comportamental do ser humano. Nessa busca constante por uma relação entre espiritualidade e teologia, podemos invocar a noção de jogo para caracterizar a maneira pela qual a teologia pentecostal é possível. A teologia pentecostal é um vaivém, uma ida e volta, um movimento constante, com a experiência de um lado e a articulação teológica de outro. O caráter da teologia pentecostal como um jogo está enraizado nas práticas da espiritualidade pentecostal, que são a expressão concreta da liberdade do Espírito Santo. Nessa perspectiva, a teologia pentecostal detém um viés lúdico.

Uma "lógica" diferente, portanto, mantém unida a teologia pentecostal: o espírito do jogo. O jogo é uma "metáfora heurística" que se refere a um modo de fazer teologia que, mesmo utilizando conceitos e disposições sistemáticas, não se torna refém deles. No espírito desse jogo, não se abre mão da liberdade de transcender as estruturas sistemáticas e manter

PENTECOSTALISMOS

aberta a porta para o reino das expectativas. A teologia como um jogo tem caráter de espontaneidade, entusiasmo, improvisação e livre compromisso com o movimento ilimitado do Espírito de Deus. A rigor, o jogo é uma forma alternativa de fazer teologia condizente com o caráter experiencial do pentecostalismo. No fundo, trata-se de uma maneira de se comprometer com o mundo não só por meio de sistemas rígidos, mas também de modo espiritual, estético, corporal e afetivo. Rubem Alves reconhece que parece até ofensivo, diante das tradicionais formas de teologia, que o jogo possa ser apresentado como virtude teologal.[241] Contudo, Alves esclarece que a teologia não é uma atividade produtiva: ela não tem por objeto produzir *algo*. No mundo do jogo, as estruturas nunca se transformam em *lei*.[242] O jogo é um fim em si mesmo para ser desfrutado, porque existem coisas que devem ser usadas e coisas que devem ser desfrutadas.[243] O jogo é uma denúncia da rigidez e frieza conceitual da teologia e um manifesto pelo caráter lúdico e alegremente improvisado de uma teologia de encontro com o Espírito. O espírito do jogo, portanto, permite que a teologia pentecostal perpetue, no plano histórico, a efusão do Espírito Santo sobre toda carne, sem a criação de impedimentos conceituais para a experiência com Deus.[244] Assim, o espírito do jogo não é um conceito na teologia pentecostal, mas uma forma primordial de aceitar a liberdade do Espírito Santo na vida cristã. Consiste na atitude de abrir mão do intento de submeter a experiência com Deus a um crivo conceitual antes de vivenciar a própria experiência com o Espírito.[245] O jogo é um modelo apropriado para a teologia pentecostal, porque mantém a experiência com o Espírito e a reflexão teológica em harmonia. Não existe a compulsão de categorizar e alocar a experiência pneumática no âmbito de uma estrutura rígida de doutrina, tampouco se deixa de teologizar, refletir e sistematizar, desde que se entenda "sistematizar" como uma atividade teológica mais lúdica do que hermética.

Na construção da teologia pentecostal, o espírito de jogo opera com os seguintes elementos: 1) espiritualidade; 2) experiência; 3) afetos; 4) práxis; 5) evangelho pleno; 6) altar. Discorrerei, ainda que brevemente, sobre cada um deles.

---

[241] R. Alves, *La teología como juego*, p. 44-5.
[242] Ibidem, p. 48.
[243] Ibidem, p. 45.
[244] Vondey, *Teología pentecostal*, p. 23.
[245] Ibidem, p. 24.

Espiritualidade

A espiritualidade é a origem da teologia pentecostal. A própria possibilidade de articular uma teologia pentecostal tem suas raízes na espiritualidade evidente na vida pentecostal. Essa espiritualidade é uma expressão da participação pessoal e comunitária da história de Deus, atualizada em Jesus Cristo e feita possível pelo Espírito Santo. Essa espiritualidade cristocêntrica acentua sobremaneira a obra do Espírito Santo como o componente mais essencial para viver uma vida semelhante à de Jesus. A teologia pentecostal se desenvolve, portanto, com uma espiritualidade que passa por um encontro pessoal com Deus pelo Espírito Santo. Como tenho dito inúmeras vezes, a teologia pentecostal é uma teologia de encontro. As crenças, as práticas, as sensibilidades, os valores e tudo o que pode ser concebido como "pentecostal" têm, como centro, a experiência com Deus. Consequentemente, no pentecostalismo, certas doutrinas se baseiam muito mais na experiência do que na explicação racional. Conforme ensina Vondey:

> A teologia pentecostal não é sinônimo de espiritualidade. A tarefa que nos ocupa é esclarecer que tipo de espiritualidade subjaz a reflexão e articulação da teologia pentecostal, e se e como essa espiritualidade chega à formação da doutrina, e como a espiritualidade continua informando a teologia pentecostal.[246]

Experiência

A experiência é o campo de jogo da teologia pentecostal. Como teologia de encontro, a teologia pentecostal é derivada da *atualidade* (não apenas da *possibilidade*) da experiência do Espírito Santo como revelação imediata de Deus. A narração oral, o testemunho, a proclamação, a oração, o canto, a dança, a profecia e o falar em línguas são apenas algumas das expressões nativas da experiência de encontro com Deus. Segundo Vondey, "qualquer ensino que não esteja sujeito à primazia da experiência do Espírito Santo não pode ser atribuído ao Pentecostes como símbolo", pois, "para que tal ensino seja chamado 'pentecostal', deve passar pelo momento inevitável e fundamental da experiência".[247] Duas observações

---

[246] Ibidem, p. 28.
[247] Ibidem, p. 29.

PENTECOSTALISMOS

aqui são de enorme importância para compreendermos o papel da experiência na articulação da teologia pentecostal. Aliás, a importância da experiência tem sido muitas vezes mal compreendida pelos observadores externos e, não poucas vezes, depreciada. Portanto, em *primeiro* lugar, é preciso deixar claro que outras tradições cristãs e não cristãs também podem conceder lugar central à experiência. Contudo, como observa Vondey, "é um conjunto particular de experiências" relacionadas ao dia de Pentecoste e centradas no encontro imediato com Deus em Cristo e por meio do Espírito Santo que constituem a base para levar a cabo a teologia pentecostal.[248] O teólogo pentecostal jamais pode perder de vista essa perspectiva. Em *segundo* lugar, o que os pentecostais querem dizer com "experiência" exige mais do que crer em uma experiência, mas "a experiência da experiência mesma". Para ser ainda mais preciso, é um tipo particular de experiência, não só a ideia de experiência, que constitui o momento fundamental de articulação da teologia pentecostal. Vondey, com precisão, observa: "Os pentecostais recusam-se a conceitualizar suas experiências por receio de perder o dinamismo da experiência real e converter o encontro desinibido com Deus em mero objeto de reflexão doutrinal alienado de uma transformação pessoal".[249]

Afetos

Os afetos são a energia da teologia pentecostal. A teologia pentecostal é afetiva: surge da adoração e regressa à adoração. Esse é o tipo de "detalhe" que faz toda a diferença. A teologia, por certo, fala e ensina acerca de Deus. Contudo, para o pentecostalismo, a teologia é doxológica, não apenas *lógica*. A teologia pentecostal não visa apenas informar sobre Deus, mas adorar a Deus. O pentecostalismo reconhece que a esfera decisiva da vida humana é o coração. O ser humano pode saber e não agir conforme o seu saber, pois seu querer pode estar divorciado de seu saber. Existe uma poderosa lição paulina sobre isso: "O conhecimento traz orgulho, mas o amor edifica" (1Co 8:1). Por essa razão, Vondey escreve que "a paixão é a ponte entre a experiência e a doutrina pentecostal".[250] Para quem tem treinamento formal em teologia baseado apenas na transmissão de informações e na leitura de tratados teológicos, compreender isso pode ser

---

[248] Ibidem, p. 29.
[249] Ibidem, p. 30.
[250] Ibidem, p. 35.

ENCONTRO COM DEUS, ESPIRITUALIDADE E TEOLOGIA PENTECOSTAL

um pouco difícil. O divórcio entre teologia e vida profunda de oração é uma "invenção" moderna. A teologia sempre foi doxológica. A teologia feita apenas com a razão é a do teólogo solitário: só ele e seus pensamentos. A teologia pentecostal é feita de joelhos e com o coração incendiado. Eu diria que, na teologia, o uso correto da razão deve passar pelo coração. Essa pode ser a tônica do trabalho das ciências modernas, mas não da teologia. Karl Barth ensina que todo falar e todo raciocinar humanos sobre Deus só poderão ter caráter de resposta, ou seja, de oração. Barth chega a afirmar que todas as atividades relacionadas ao labor teológico constituem modalidades de oração. O teólogo suíço assevera que o fazer teológico é "um agir que em todas as suas dimensões, relações e comoções terá o caráter e o sentido de uma oração".[251] A energia da teologia pentecostal diz respeito aos afetos de um coração apaixonado por Deus e por seu reino.

Práxis

A práxis se refere à materialidade da teologia pentecostal. A centralidade da espiritualidade, da experiência, do testemunho e dos afetos caracteriza a teologia pentecostal inerentemente como práxis. A vida cristã no Espírito é, antes de tudo, uma prática de vida. A teologia como práxis é uma orientação específica que nos conduz à ideia de que a teologia pentecostal é uma teologia viva e vivida. Tal concepção está ligada à participação na história de Deus e ao seu sentido escatológico, que fomenta zelo missionário (dimensão missiológica), amor pelas almas (dimensão soteriológica) e compromisso ético com os valores do reino (dimensão eclesiológica). Esse elemento do jogo na teologia pentecostal é herança da teologia prática de John Wesley, que foi, acima de tudo, um "teólogo prático, e não especulativo".[252] Para se referir à teologia, Wesley constantemente utilizava as expressões "divindade experimental" e "divindade prática". Com essas referências, além de apontar para o "grande papel que a experiência tem em sua teologia", Wesley também demonstrava que "a verdade da Escritura deve ser atualizada, operacionalizada em crescente semelhança com Cristo tanto na vida pessoal como na vida comunitária".[253]

---

[251] Barth, *Introdução à teologia evangélica*, p. 102-3, 107.
[252] K. J. Collins, *A teologia de John Wesley*, p. 16.
[253] Ibidem, p. 16.

Evangelho pleno

É a narrativa da teologia pentecostal. A articulação doutrinal deve levar em conta a articulação de sua história teológica. A narrativa é amplamente aceita como *a* forma de expressão da espiritualidade pentecostal. O marco narrativo que emergiu da tradição pentecostal e é utilizado para expressar de maneira mais consistente o conjunto de experiências pentecostais é o chamado "evangelho pleno", de cinco ou quatro pontos. O evangelho pleno proclama as boas-novas que Jesus Cristo traz: 1) ele traz salvação; 2) ele traz santificação; 3) ele batiza com o Espírito Santo; 4) ele traz cura; 5) ele voltará. Diz Vondey:

> Em vez de representar elementos de uma doutrina propositiva ou um sistema de doutrinas, identificar o evangelho completo como uma narrativa para articular experiências significativas e espiritualidade sugere que esses acentos teológicos constroem a motivação central da teologia pentecostal, mas não regras ou estruturas exclusivas para articular sua doutrina.[254]

Importante frisar, com Vondey, que o evangelho pleno não é uma estrutura para explicar a doutrina pentecostal, mas a narração de uma forma de vida. Funciona como um mecanismo descritivo da espiritualidade pentecostal. Os pentecostais empregam os elementos do evangelho pleno de maneira criativa e nem sempre constante. Sua utilização não pode ser entendida de maneira reducionista ou como uma fórmula definitiva para o conteúdo da teologia pentecostal.[255] A esta altura, uma observação sutil faz muita diferença para que se compreendam o caráter da teologia pentecostal e o papel da narrativa do evangelho pleno. Os pentecostais falam mais de como experimentam a salvação do que da doutrina da salvação; falam mais de suas experiências de santificação do que da doutrina da santificação; dão mais testemunho de como ficaram cheios do Espírito Santo do que de uma doutrina do batismo no Espírito Santo; discorrem mais sobre suas experiências de cura do que sobre uma doutrina de cura; preferem cantar sobre suas expectativas com a volta de Jesus a elaborar uma escatologia. Por isso, a narrativa do evangelho pleno é uma expressão do "evangelho completo", não de uma "doutrina completa". A principal compreensão que se precisa ter, portanto, é que

---

[254] Vondey, *Teología pentecostal*, p. 31.
[255] Ibidem, p. 32.

ENCONTRO COM DEUS, ESPIRITUALIDADE E TEOLOGIA PENTECOSTAL

a narrativa do evangelho pleno não é a integração de doutrinas outrora isoladas, mas a expressão das experiências fundacionais que brotam do evangelho vivo de Jesus Cristo.[256]

Altar

O altar é a metáfora que se refere ao culto de adoração pentecostal. O culto pentecostal constitui a fonte das práticas pentecostais que são objeto da reflexão teológica. Mesmo que seja impossível abordar todos os matizes do pentecostalismo global, é possível construir uma narrativa histórica e teologicamente aplicável a todos os pentecostais do mundo.[257] A narrativa do evangelho pleno está diretamente ligada às práticas pentecostais de culto. Assim, o culto pentecostal passa para o centro da atenção teológica. Como uma teologia de encontro, o pentecostalismo é um movimento radicalmente doxológico. As práticas doxológicas pentecostais encontram seu clímax no apelo ao altar e na resposta a esse apelo. Assim, pode-se falar de uma verdadeira "hermenêutica do altar".[258] O contexto relacionado ao altar concede legitimidade à narrativa do evangelho pleno e, ao mesmo tempo, impede que tal narrativa degenere em um relato abstrato e especulativo. A dinâmica do altar é sempre viva, pulsante e surpreendente. Assim, a narrativa do evangelho pleno está próxima das experiências do altar, que é um "lugar" de salvação, santificação, batismo no Espírito Santo, cura e convicções escatológicas. As experiências com o evangelho pleno são experiências com o Espírito de Jesus, que convida para o encontro transformador. Os pentecostais vivem a dinâmica experiencial do altar em todo o mundo e os testemunhos de encontro com o Espírito de Jesus são ouvidos por toda a terra. Assim, pela dinâmica do altar, "o evangelho pleno é uma narrativa aberta".[259] A importantíssima lição de Vondey é que as doutrinas conceituais e as considerações filosóficas devem ser levadas ao altar e às suas práticas, não o contrário. É no ambiente dinâmico do altar que se conhece o evangelho vivo do Deus vivo; é no altar que se toma conhecimento acerca do que *Deus está fazendo agora*. Para encerrar, cito a importante síntese do Vondey sobre o caráter singular da teologia pentecostal:

---

[256] Ibidem, p. 33.
[257] Ibidem, p. 40.
[258] Ibidem, p. 41.
[259] Ibidem, p. 42.

Os estudos rituais, históricos e fenomenológicos contemporâneos do pentecostalismo mundial afirmam certos ritos fundacionais orientados em torno do altar como as práticas e tradições consistentes do movimento global. Uma teologia pentecostal sistemática deve se esforçar por encarnar a espiritualidade, as experiências, os afetos e as práticas pentecostais que se comprometem com o mundo não apenas por meio da doutrina, mas também material, física, espiritual, estética, moral e socialmente. Só assim podemos falar de pentecostalismo como uma tradição teológica.[260]

---

[260] Ibidem, p. 41, 43.

Conclusão

Concluo a breve narrativa da jornada teológica que percorri em minha formação pentecostal até o dia em que escrevo estas linhas. Contudo, concluo com a ressalva de que qualquer jornada teológica e espiritual, como peregrinação, prossegue até o dia em que estivermos face a face com aquele que nos escolheu em Cristo antes da fundação do mundo (Ef 1:4). Ao longo desta obra, cingi-me dos principais aspectos teológicos que considerei importante compartilhar com aqueles que se autocompreendem como pentecostais, mas que, por qualquer razão, não receberam um treinamento histórico-teológico mais robusto acerca de sua tradição teológica. Espero ter preenchido uma lacuna, que identifiquei como crente e pastor de uma comunidade pentecostal. Nas duas últimas décadas, senti falta de uma obra introdutória que sobrevoasse panoramicamente o complexo território pentecostal e lograsse situar o pentecostalismo no universo do cristianismo.

Percebi que o estudo da história do cristianismo é tão imprescindível para os pentecostais quanto para qualquer outra tradição cristã. Nesse campo, duas pedras de tropeço foram postas no caminho dos pentecostais. A primeira dizia respeito à efusiva repetição do clichê de que "a letra mata" e o Espírito é suficiente. Em outras palavras, os pentecostais não precisam estudar, apenas orar e ler a Bíblia. A segunda dizia respeito ao mito de que os pentecostais não tinham história ou, na melhor das hipóteses, de que a história do pentecostalismo começou nos primórdios do século 20, trazendo consigo inovações quanto às tradições cristãs historicamente consolidadas. Na prática, a adesão a esse raciocínio fez com que o pentecostalismo ficasse no banco dos réus do cristianismo e fosse julgado pelas outras tradições dentro da lógica que afirma que "antiguidade é posto".

Contudo, a historiografia pentecostal tem demonstrado de forma inconteste o liame entre o pentecostalismo e vários movimentos restauracionistas que surgiram ao longo da história, sendo o mais antigo deles o montanismo, datado do século 2 da era cristã. Como se não bastasse, mais especificamente os historiadores do pentecostalismo têm demonstrado a íntima relação entre a ala radical da Reforma Protestante e muitas ênfases teológicas pentecostais. No entanto, o principal antecedente histórico do pentecostalismo se encontra no metodismo e em seus posteriores desdobramentos. Essa rica herança ainda está sendo explorada e eu espero que o leitor tenha sido estimulado a mergulhar nas profundezas da história pentecostal.

Além da riqueza do passado, a reflexão sobre o presente do cristianismo convida especialmente os pentecostais para a linha de frente dos estudos históricos e teológicos. O deslocamento do cristianismo do Hemisfério Norte para o Hemisfério Sul está mudando completamente a fisionomia da fé cristã. Conforme demonstrei, o Sul Global está consolidando a Nova Cristandade, que, em essência, é pentecostal-carismática. O encolhimento do cristianismo no Norte Global e seu deslocamento para o Sul são a principal característica do cristianismo mundial no início do terceiro milênio.[1] Com efeito, os pentecostalismos foram alçados ao protagonismo da história do cristianismo.

Essa alteração de caráter demográfico e geográfico ensejou a mudança de paradigma no cristianismo contemporâneo. O paradigma técnico-científico, tributário ao racionalismo iluminista, sucumbiu diante do paradigma holístico do cristianismo mundial. O novo paradigma não está preso às amarras epistemológicas do racionalismo, mas recupera outras formas de conhecer, como o saber afetivo, que, ao lado da razão, se amalgamam no empreendimento teológico. A maioria das culturas do Sul são orais e narrativas. Dessa forma, o crescimento do cristianismo no mundo majoritário suscita novas formas de expressão teológica para além do discurso lógico-racional. Aqui, encontramos a legitimidade das expressões tipicamente pentecostais, como sonhos, visões, curas, línguas, exorcismos e suas respectivas narrativas e testemunhos. O *ethos* sobrenaturalista das culturas do Sul vai ao encontro da ênfase pentecostal na ação direta do Espírito Santo no mundo e, em especial, no dia a dia do ser humano.

Com a ascensão global do pentecostalismo, estamos contemplando a consolidação de uma *nova tradição teológica* ao lado da católica romana, da ortodoxia oriental e do protestantismo histórico.[2] O caminho está pavimentado para novas experiências e reflexões teológicas.

---

[1] G. A. Zurlo; T. M. Johnson, *O cristianismo está encolhendo ou deslocando-se?*, p. 5.
[2] W. Vondey, *Teología pentecostal*, p. 11.

Bibliografia

AARINGTON, F. L.; STRONSTAD, R., orgs. *Comentário bíblico pentecostal do Novo Testamento* (Rio de Janeiro: CPAD, 2015). vol. 1.

AGOSTINHO. *Confissões* (São Paulo: Cia das Letras, 2017).

ALMEIDA, M. et al. *Do avivamento metodista à igreja do século 21* (Barueri: Ágape, 2021).

ALVES, R. *La teología como juego* (Buenos Aires: Ed. La Aurora, 1982).

ANÉAS, A. *A racionalização da experiência com Deus* (Curitiba: CRV, 2019).

ANDERSON, A. H. *Uma introdução ao pentecostalismo: cristianismo carismático mundial* (São Paulo: Loyola, 2019).

_____. "Varieties, taxonomies and definitions". In: ANDERSON, A. H.; BERGUNDER, M.; DROOGERS, A.; VAN DER LAAN, C. *Studying global Pentecostalism: theories and methods* (California: University of California Press, 2010). p. 13-29.

ARAÚJO, I. *Dicionário do movimento pentecostal* (Rio de Janeiro: CPAD, 2015).

ARCHER. K. J. *A Pentecostal hermeneutic: Spirit, Scripture and community* (Cleveland: CTP Press, 2009).

BARRETT, D. B. "O avivamento mundial do Espírito Santo". In: SYNAN, V. *O século do Espírito Santo: 100 anos de avivamento pentecostal e carismático* (São Paulo: Vida, 2009). p. 502-44.

BARRERA, P. "Matrizes protestantes do pentecostalismo". In: PASSOS, J. D., org. *Movimentos do Espírito: matrizes, afinidades e territórios pentecostais* (São Paulo: Paulinas, 2005). p. 79-112.

BARTLEMAN, F. *A história do avivamento da Azusa* (Americana: Impacto, 2016).

BARTH, K. *Introdução à teologia evangélica* (São Leopoldo: Sinodal, 2006).

BAUCKHAM, R. *Jesus e as testemunhas oculares: os Evangelhos como testemunhos de testemunhas oculares* (São Paulo: Paulus, 2011).

BERNARD, C. A. *Introdução à teologia espiritual* (São Paulo: Loyola, 2014).

BERGER, P. L., org. *The desecularization of the world: ressurgent religion and world politics* (Michigan: Eerdmans, 1999).

_____. *Rumor de anjos: a sociedade moderna e a redescoberta do sobrenatural* (Petrópolis: Vozes, 2018).

BRUNELLI, W. *Teologia para pentecostais: uma teologia sistemática expandida* (Rio de Janeiro: Central Gospel, 2016). vol. 4.

BUBER, M. *Eu e tu* (São Paulo: Centauro, 2001).

BINGEMER, M. C. "A cristologia de Antonio Manzatto (revelação, antropologia e literatura)". *Revista de Cultura Teológica*, ano XXVIII, n. 95, jan./abr. 2020.

_____. *O mistério e o mundo: paixão por Deus em tempos de descrença* (Rio de Janeiro: Rocco, 2013).

_____. "Paixão por Deus nos desertos contemporâneos (mística e secularidade)". In: ANÉAS, A., org. *Diálogos sobre a experiência com Deus* (São Paulo: Recriar, 2022). vol. 2. p. 45-70.

BITTENCOURT, J. F. "Pentecostalismo autônomo; remédio amargo". In: *Alternativa dos desesperados: como se pode ler o pentecostalismo autônomo* (Rio de Janeiro, CEDI, 1991).

BOFF, C. *Teoria do método teológico* (Petrópolis: Vozes, 2014).

_____; ADORNO, L. R., org. *A crise da igreja católica e a teologia da libertação* (Campinas: Ecclesiae, 2023).

BOOKER, R. *Celebrando Jesus nas festas bíblicas* (Niterói: BV Filmes, 2016).

BRANDÃO, C. R. *Os deuses do povo* (São Paulo: Brasiliense, 1980).

BROWN, C. *Filosofia e fé cristã* (São Paulo: Vida Nova, 2007).

BRUNNER, E. *Dogmática* (São Paulo: Fonte, 2010).

CAIRNS, E. E. *O cristianismo através dos séculos: uma história da igreja cristã* (São Paulo: Vida Nova, 2008).

CAMPOS, B. *O princípio da pentecostalidade: hermenêutica, história e teologia* (São Paulo: Recriar, 2018).

_____. *Da Reforma Protestante à pentecostalidade da igreja* (São Leopoldo/ Quito: Sinodal/ CLAI, 2002).

_____. *La Reforma Radical y las raices del pentecostalismo: de la Reforma Protestante a la pentecostalidade de la iglesia* (Salem Oregón: Kerigma, 2017).

_____. *Pastoral pentecostal: elementos de teología prática* (Salem Oregón: Kerigma, 2016).

CAMPOS, L. S. "As origens norte-americanas do pentecostalismo brasileiro: observações sobre uma relação ainda pouco avaliada". *Revista USP*, São Paulo, n. 67, p. 100-5, set./nov. 2005.

CARSON, D. A. et al. *Comentário bíblico Vida Nova* (São Paulo: Vida Nova, 2009).

_____; MOO, D. J.; MORRIS, L. *Introdução ao Novo Testamento* (São Paulo: Vida Nova, 1997).

CARTLEDGE, M. J. "Pentecostal theology". In: ROBECK JR., C. M.; YONG, A., orgs. *The Cambridge companion to Pentecostalism* (New York: Cambridge Press, 2014). p. 254-72.

BIBLIOGRAFIA

CARVALHO, C. M. *Pentecostalismo e pós-modernidade* (Rio de Janeiro: CPAD, 2017).

_____; CARVALHO, C. *Teologia sistemático-carismática* (Rio de Janeiro: Thomas Nelson Brasil, 2022). 2 vols.

CASTELO, D. *Pentecostalismo: una tradición mística Cristiana* (Oregón: Kerigma, 2018).

CAVALCANTI, Robinson. *Igreja evangélica: identidade, unidade e serviço* (Viçosa: Ultimato, 2013).

CAVALCANTE, Ronaldo. *Espiritualidade cristã na história: das origens até santo Agostinho* (São Paulo: Paulinas, 2007).

CHIQUETE, D.; BARRIOS, A. *Entre cronos e kairos: estudios históricos y teológicos sobre el pentecostalismo latino-americano* (Salem Oregón: Kerigma, 2017).

COMISSÃO INTERNACIONAL DE DIÁLOGO CATÓLICO-PENTECOSTAL. "Não extingais o Espírito (1 Ts 5,19): os carismas na vida e na missão da Igreja". Documento da Sexta Fase do Diálogo Internacional Católico-Pentecostal (2011-2015) (Brasília: CNBB, 2021).

COLLINS, K. J. *A teologia de John Wesley* (Rio de Janeiro: CPAD, 2013).

COSTA, H. M. P. *Raízes da teologia contemporânea* (São Paulo: Cultura Cristã, 2004).

_____. *Introdução à metodologia das ciências teológicas* (Goiânia: Editora Cruz, 2015).

COUTO, V. *Quadrilátero wesleyano como método teológico e hermenêutico: revisitação, adaptação e renovação* (São Paulo: Reflexão, 2019).

COX, H. *O futuro da fé* (São Paulo: Paulus, 2015).

DAYTON, D. *Raízes teológicas do pentecostalismo* (Natal: Carisma, 2018).

DEERE, J. *Surpreendido pelo poder do Espírito* (Rio de Janeiro: CPAD, 2021).

DEIROS, P. A. *História global do cristianismo* (São Paulo: Vida, 2020).

_____. *O mundo religioso latino-americano* (São Paulo: Vida, 2021).

_____; MRAIDA, C. *Latinoamérica en llamas* (Nashville: Caribe, 1994).

DeMOSS, N. L.; SMITH, M. *O avivamento do País de Gales* (Americana: Impacto, 2016).

DICIONÁRIO de mística (São Paulo: Paulus/ Loyola, 2003).

DICIONÁRIO global de teologia (São Paulo: Hagnos, 2016).

DRIVER, J. *La fe en la periferia de la historia: una historia del pueblo cristiano desde la perspectiva de los movimientos de restauración y Reforma Radical* (Guatemala: Semilla, 1997).

DUQUE, J. M. *Para o diálogo com a pós-modernidade* (São Paulo: Paulus, 2016).

DUNN, J. G. *El bautismo del Espíritu Santo* (Buenos Aires: La Aurora, 1977).

FERREIRA, F. *A igreja cristã na história* (São Paulo: Vida Nova, 2013).

FERGUSON, E. *História da igreja: dos dias de Cristo à Pré-Reforma* (Rio de Janeiro: Central Gospel, 2017). vol. 1.

FRESTON, P. "Breve história do pentecostalismo brasileiro". In: ANTONIAZZI, Alberto et al. *Nem anjos nem demônios: interpretações sociológicas do pentecostalismo* (Petrópolis, Vozes, 1996). p. 67-159.

_____. *Protestantes e política no Brasil: da Constituinte ao impeachment*. 1992. Tese (Doutorado em Sociologia). IFCH-Unicamp, Campinas,1993.

GUERREIRO, J. M. "A demonologia isopentecostal: uma busca pela ressignificação e superação do sofrimento humano". *Via Teológica*, [S. l.], vol. 16, n. 32, p. 11-38, 2019.

GIUMBELLI, E. "A vontade do saber: terminologias e classificações sobre o protestantismo brasileiro". *Religião e Sociedade*, Rio de Janeiro, 21 (1): 87-119, 2000.

GILBERTO, A. et al. *Teologia sistemática pentecostal* (Rio de Janeiro: CPAD, 2015).

GONZÁLEZ, J. L. *Mañana: Christian theology from a Hispanic perspective* (Nashiville: Abingdon, 1990).

_____. *Breve dicionário de teologia* (São Paulo: Hagnos, 2005).

_____. *História ilustrada do cristianismo* (São Paulo: Vida Nova, 2011). vol. 2.

_____. *Uma breve história das doutrinas cristãs* (São Paulo: Hagnos, 2015).

GRESCHAT, H. J. *O que é ciência da religião?* (São Paulo: Paulinas, 2005).

HAIGHT, R. *A comunidade cristã na história: eclesiologia comparada* (São Paulo: Paulinas, 2012). vol. 2.

HICKS, S. R. C. *Explicando o pós-modernismo: ceticismo e socialismo de Rosseau a Foucault* (São Paulo: Callis, 2011).

HILBERATH, B. J. "Pneumatologia". In: SCHNEIDER, T., org. *Manual de dogmática* (Petrópolis: Vozes, 2012). vol. 2.

HOLLENWEGER, W. J. "De Azusa-Street ao fenômeno de Toronto: raízes históricas do movimento pentecostal". *Concilium*, n. 265, 1996, p. 382-94.

_____. *Pentecostalism: origins and developments worldwide* (Peabody: Hendrickson, 1997).

HORTON, S. M. *O ensino bíblico das últimas coisas* (Rio de Janeiro: CPAD, 2013).

_____; MENZIES, W. W. *Doutrinas bíblicas: os fundamentos da fé pentecostal* (Rio de Janeiro: CPAD, 2022).

HYATT, E. *2000 anos de cristianismo carismático* (Natal: Carisma, 2018).

JACOBSEN, D. *Thinking in the Spirit: theologies of the early Pentecostal movement* (Bloomington: Indiana University Press, 2003).

JENKINS, P. *A próxima cristandade: a chegada do cristianismo global* (Rio de Janeiro: Record, 2004).

JEREMIAS, J. *Teologia do Novo Testamento* (São Paulo: Hagnos, 2008).

KÄRKKÄINEN, V. M. "O re-volver da religião no terceiro milênio: pentecostalismos e pós-modernidades". In: SIQUEIRA, G.; TERRA, K. *Autoridade bíblica*

BIBLIOGRAFIA

e experiência no Espírito (Rio de Janeiro: Thomas Nelson Brasil, 2020). p. 249-80.

KAY, W. K. *Pentecostalism: a very short introduction* (New York: Oxford University Press, 2011).

KEENER, C. S. *A hermenêutica do Espírito: lendo as Escrituras à luz do Pentecoste* (São Paulo: Vida Nova, 2018).

_____. *Comentário histórico-cultural da Bíblia: Novo Testamento* (São Paulo: Vida Nova, 2017).

KESSLER, H. "Cristologia". In: SCHNEIDER, T., org. *Manual de dogmática* (Petrópolis: Vozes, 2012). vol. 1.

KÜNG, H., *El cristianismo: esencia e historia* (Madrid: Trotta, 2006).

LADD, G. E. *O evangelho do Reino: estudos bíblicos sobre o reino de Deus* (São Paulo: Shedd, 2008).

_____. *Teologia do Novo Testamento* (São Paulo: Hagnos, 2003).

_____. *A presença do futuro: a escatologia do realismo bíblico* (São Paulo: Shedd, 2021).

LAND, S. *Pentecostal spirituality: a passion for the kingdom* (Cleveland: CTP Press, 2010).

LIBANIO, J. B. *Qual o futuro do cristianismo?* (São Paulo: Paulus, 2006).

_____; MURAD, A. *Introdução à teologia: perfil, enfoques, tarefas* (São Paulo: Loyola, 2014).

LOVELACE, R. F. *Teologia da vida cristã: as dinâmicas da renovação espiritual* (São Paulo: Shedd, 2004).

MACCHIA. F. D. *Bautizado en el Espíritu: una teología pentecostal global* (Miami: Vida, 2008).

MACDONNELL, K.; MONTAGNE, G. T. *Iniciação cristã e batismo no Espírito Santo* (Rio de Janeiro: Louva-a-Deus, 1996).

MACGRATH, A. *A revolução protestante* (Brasília: Palavra, 2012).

_____. *Teologia histórica: uma introdução à história do pensamento cristão* (São Paulo: Presbiteriana, 2007).

_____. *Heresia* (São Paulo: Hagnos, 2014).

_____. *Teologia sistemática, histórica e filosófica: uma introdução à teologia cristã* (São Paulo: Shedd, 2015, 2021).

MACHADO, J. *O misticismo apocalíptico do apóstolo Paulo: um novo olhar nas cartas aos coríntios na perspectiva da experiência religiosa* (São Paulo: Paulus, 2009).

_____. "Paulo, o visionário: visões e revelações extáticas como paradigma da religião paulina". In: NOGUEIRA, P. A. S., org. *Religião de visionários: apocalíptica e misticismo no cristianismo primitivo* (São Paulo: Loyola, 2005).

McGEE, G., org. *Evidência inicial: perspectivas históricas e bíblicas sobre a doutrina pentecostal do batismo no Espírito* (Natal: Carisma, 2017).

MACCLYMOND, M. J. "Charismatic renewal and neo-Pentecostalism: from North American origins to global permutations". In: ROBECK JR., C. M.; YONG, A., orgs. *The Cambridge companion to Pentecostalism* (New York: Cambridge Press, 2014).

MARCONDES, D. *Iniciação à história da filosofia: dos pré-socráticos a Wittgenstein* (Rio de Janeiro: Jorge Zahar, 2008).

MARIANO, R. "Sociologia da religião e seu foco na secularização". In: PASSOS, J. D.; USARSKI, F., orgs. *Compêndio de ciência da religião* (São Paulo: Paulinas/Paulus, 2013). p. 231-42.

_____. *Neopentecostais: sociologia do novo pentecostalismo no Brasil* (São Paulo: Loyola, 2014).

MARTELLI, S. *A religião na sociedade pós-moderna: entre secularização e dessecularização* (São Paulo: Paulinas, 1995).

MARTIN, D. *Tongues of fire: the explosion of Pentecostalism in Latin America* (Oxford: Blackwell, 1990).

MARIZ, C. L. "Perspectivas sociológicas sobre o pentecostalismo e o neopentecostalismo". *Revista de Cultura Teológica*, ano III, n. 13, p. 37-52, out./dez. 1995.

MARSHALL, I. H. *Fundamentos da narrativa teológica de são Lucas* (Natal: Carisma, 2019).

MENDONÇA, A. G. *Protestantes, pentecostais e ecumênicos: o campo religioso e seus personagens* (São Bernardo do Campo: UMESP, 1997).

_____; FILHO, P. V. *Introdução ao protestantismo no Brasil* (São Paulo: Loyola, 1990).

MENZIES, R. *Teologia pentecostal: sua natureza evangélica e cristocêntrica* (Natal: Carisma, 2022).

_____. *Glossolalia: Jesus e a igreja apostólica como modelos sobre o dom de línguas* (Natal: Carisma, 2019).

MENZIES, R. P. *Pentecostes: essa história é a nossa história* (Rio de Janeiro: CPAD, 2017).

MENZIES, W.; Menzies, R. P. *No poder do Espírito: fundamentos da teologia pentecostal* (Natal: Carisma, 2020).

MILLOS, E, C. *Las siete fiestas de Jehová* (Barcelona: Clie, 2021).

MILNE, B. *Estudando as doutrinas da Bíblia* (São Paulo: ABU, 2005).

MIRANDA, M. F. *Mística cristã: o mistério de Deus na vida dos cristãos* (São Paulo: Paulus, 2022).

MOINGT, J. *Deus que vem ao homem: do luto à revelação de Deus* (São Paulo: Loyola, 2010).

BIBLIOGRAFIA

MONDIN, B. *Curso de filosofia* (São Paulo: Paulus, 2013). vol. 1.

MORAES, M. O. *Panorama histórico do avivamento* (Joinville: Santorini, 2021).

MÜLLER, G. L. *Dogmática católica: teoria e prática da teologia* (Petrópolis: Vozes, 2015).

NEYMANN, P. D. *Pentecostal experience: an ecumenical encounter* (Eugene: Pickwick, 2012).

NOLL, M. A. *Momentos decisivos na história do cristianismo* (São Paulo: Cultura Cristã, 1997).

OLIVEIRA, D. M. "Pneumatologia como característica do ser cristão: a contribuição do pentecostalismo ao conjunto do cristianismo". *Perspectiva Teológica*, Belo Horizonte, vol. 52, n. 2, p. 311-34, maio/ago. 2020.

_____; TERRA, K. R. C. *Experiência e hermenêutica pentecostal: reflexões e propostas para a construção de uma identidade teológica* (Rio de Janeiro: CPAD, 2018).

OLSON, R. *História da teologia cristã: 2000 anos de tradição e reformas* (São Paulo: Vida, 2001).

ORO, A. P. "Podem passar a sacolinha: um estudo sobre as representações do dinheiro no pentecostalismo autônomo brasileiro atual". *REB*, n. 210, p. 301-23, 1993.

_____. "Neopentecostais e afro-brasileiros: quem vencerá esta guerra?" *Debates do NER*, n. 1, p. 10-36, 1997.

_____; SEMÁN, P. "Neopentecostalismo e conflitos éticos". *Religião e Sociedade*, n. 20 (1), p. 39-54.

PILCO, S. "Movimiento pentecostal, movimiento carismático y movimientos religiosos contemporâneos". In: ALVAREZ, C., org. *Pentecostalismo y liberacion: una experiencia latino-americana* (San José, Costa Rica: DEI, 1992). p. 235-45.

POMERVILLE, P. A. *A força pentecostal em missões* (Rio de Janeiro: CPAD, 2020).

RATZINGER, J. *Jesus de Nazaré: do batismo no Jordão à transfiguração* (São Paulo: Planeta, 2016).

REALE, G.; ANTISERI, D. *História da filosofia: do romantismo ao empiriocriticismo* (São Paulo: Paulus, 2005).

ROBECK JR., C. M. "William J. Seymour e 'a evidência bíblica'". In: MacGEE, G., org. *Evidência inicial: perspectivas históricas e bíblicas sobre a doutrina pentecostal do batismo no Espírito* (Natal: Carisma, 2017). p. 101-27.

ROCHA, A. *Introdução à teologia* (São Paulo: Reflexão, 2016).

SANTANA, L. F. R. *Liturgia no Espírito: o culto cristão como experiência de Espírito Santo na fé e na vida* (Rio de Janeiro/ São Paulo: PUC-Rio/ Reflexão, 2015).

SARAH, R.; DIAT, N. *A noite se aproxima e o dia já declinou* (São Paulo: Fons Sapientiae, 2019).

SCHNELLE, U. *Teologia do Novo Testamento* (Santo André/ São Paulo: Academia Cristã/ Paulinas, 2017).

SELL, C. E.; BRÜSEKE, F. J. *Mística e sociedade* (Itajaí/ São Paulo: Universidade do Vale de Itajaí/ Paulinas, 2006).

SHELLEY, B. L. *História do cristianismo* (Rio de Janeiro: Thomas Nelson Brasil, 2018).

SIEPIERSKI, P. D. "Pós-pentecostalismo e política no Brasil". *Estudos Teológicos*, vol. 37, n. 1, p. 47-61, 1997.

SIQUEIRA, G. F. *Revestidos de poder: uma introdução à teologia pentecostal* (Rio de Janeiro: CPAD, 2018).

_____; TERRA, K. *Autoridade bíblica e experiência no Espírito: a contribuição da hermenêutica pentecostal-carismática* (Rio de Janeiro: Thomas Nelson Brasil, 2020).

_____. *Pneumatologia: uma perspectiva pentecostal* (Rio de Janeiro: Thomas Nelson Brasil, 2023).

SILVA, A. G., org. *Teologia sistemática pentecostal* (Rio de Janeiro: CPAD, 2015).

SMITH, J. K. A. *Pensando em línguas* (Rio de Janeiro: Thomas Nelson Brasil, 2020).

STEPHENSON, C. A. *Types of Pentecostal theology: method, system, spirit* (Oxford: Oxford University Press, 2013).

STRONSTAD, R. *Hermenêutica pentecostal* (Natal: Carisma, 2020).

_____. *Teologia bíblica pentecostal: de Gênesis a Apocalipse — momentos decisivos da história da redenção* (Natal: Carisma, 2020).

_____. *Teologia lucana sob exame: experiências e modelos paradigmáticos em Lucas-Atos* (Natal: Carisma, 2018).

_____. *A teologia carismática de Lucas: trajetórias do Antigo Testamento a Lucas-Atos* (Rio de Janeiro: CPAD, 2018).

SUSIN, L. C. *A criação de Deus* (São Paulo/ Valência, Espanha: Paulinas/ Siquem, 2010).

SYNAN, V. *A tradição de santidade e do pentecostalismo* (Maceió: Sal Cultural, 2019).

_____. *O século do Espírito Santo: 100 anos de avivamento pentecostal e carismático* (São Paulo: Vida, 2009).

_____; FOX JR., C. *William Seymour: a biografia* (Natal: Carisma, 2017).

SOUZA, B. M. *A experiência de salvação: pentecostais em São Paulo* (São Paulo: Duas Cidades, 1969).

TABORDA, F. "*Lex orandi — lex credendi*: origem, sentido e implicações de um axioma teológico". *Perspectiva Teológica*, n. 35, p. 71-86, 2003.

TERRA, K. "Racionalidade, experiência e hermenêutica pentecostal". In: ANÉAS, A., org. *Diálogos sobre a experiência de Deus* (São Paulo: Recriar, 2020). p. 111-35.

BIBLIOGRAFIA

TILICH, P. *Perspectivas da teologia protestante nos séculos XIX e XX* (São Paulo: ASTE, 2010).

USARSKI, F. "História da ciência da religião". In: PASSOS, J. D.; USARSKI, F. *Compêndio de ciência da religião* (São Paulo: Paulinas/ Paulus, 2013). p. 51-61.

VANHOOZER, K. J. *Autoridade bíblica pós-Reforma: resgatando os* solas *segundo a essência do cristianismo protestante puro e simples* (São Paulo: Vida Nova, 2017).

VILLAFAÑE, E. *Introducción al pentecostalismo: manda fuego, Señor* (Nashville: Abingdon, 2012).

VILEEGAS, E. U. *Pentecostés: el nuevo Sinai* (Salem Oregón: Kerigma, 2020).

VITÓRIO, J. *Análise narrativa da Bíblia: primeiros passos de um método* (São Paulo: Paulinas, 2016).

VONDEY, W. *Teología pentecostal: viviendo el evangelio pleno* (Oregón: Kerigma, 2019).

_____. 2023. *Pentecostal theology*. St. Andrews Encyclopaedia of Theology. Ed. Brendan N. Wolfe et al. Disponível em: https://www.saet.ac.uk/Christianity/ PenecostalTheology. Acesso em: 15 abr. 2023.

WADHOLM JR., R. *A teologia do Espírito nos antigos profetas: uma perspectiva pentecostal* (São Paulo: Reflexão, 2020).

WAGNER, C. P. *Apóstolos nos dias de hoje* (Belo Horizonte: Sete Montes, 2013).

_____. *Apóstolos e profetas: o fundamento da igreja* (Belo Horizonte: Sete Montes, 2014).

_____. *Por que crescem os pentecostais?* (São Paulo: Vida, 1994).

WALTON, J. H.; MATTHEWS, V. H.; CHAVALAS, M. W. *Comentário histórico-cultural da Bíblia* (São Paulo: Vida Nova, 2018).

WARRINGTON, K. *Pentecostal theology: a theology of encounter* (London: T. e T. Clark, 2008).

WILLIAMS, J. R. *Teologia sistemática: uma perspectiva pentecostal* (São Paulo: Vida, 2011).

WOODBRIDGE, J. D.; JAMES III, F. A. *História da igreja: da pré-Reforma aos dias atuais* (Rio de Janeiro: Central Gospel, 2017). vol. 2.

WRIGHT, N. T. *Simplesmente cristão* (Viçosa: Ultimato, 2008).

YONG, A. *Quem é o Espírito Santo? Uma caminhada com os apóstolos* (Cuiabá: Palavra Fiel, 2019).

_____. *O Espírito derramado sobre toda a carne: pentecostalismo e a possibilidade de uma teologia global* (Campinas: Aldersgate, 2022).

_____. *Renewing a Christian theology: systematic for a global Christianity* (Texas: Baylor University Press, 2014).

ZURLO, G.; JOHNSON, T. M. "O cristianismo está encolhendo ou deslocando-se? Movimento Lausanne, 2021. Disponível em: https://lausanne.org/pt-br/recursos-multimidia-pt-br/agl-pt-br/2021-03-pt-br/o-cristianismo-ests-encolhendo-ou-se-deslocando-se. Acesso em: 10 out. 2023.

Este livro foi impresso pela Vozes, em 2024, para a Thomas
Nelson Brasil. A fonte do miolo é Warnock Pro.
O papel do miolo é avena 70g/m².